民商法论要

江 平◎著

中国政法大学出版社

2019·北京

声　明　1. 版权所有，侵权必究。
　　　　2. 如有缺页、倒装问题，由出版社负责退换。

图书在版编目（ＣＩＰ）数据

民商法论要/江平著. —北京：中国政法大学出版社，2019.2
ISBN 978-7-5620-8037-4

Ⅰ.①民… Ⅱ.①江… Ⅲ.①民法－中国－文集②商法－中国－文集
Ⅳ.①D923.04-53

中国版本图书馆CIP数据核字(2018)第301902号

书　名	民商法论要
	MINSHANGFA LUNYAO
出版者	中国政法大学出版社
地　址	北京市海淀区西土城路 25 号
邮　箱	fadapress@163.com
网　址	http://www.cuplpress.com (网络实名：中国政法大学出版社)
电　话	010-58908466(第七编辑部) 010-58908334(邮购部)
承　印	北京中科印刷有限公司
开　本	720mm×960mm　1/16
印　张	32.5
字　数	455 千字
版　次	2019 年 2 月第 1 版
印　次	2020 年 5 月第 2 次印刷
定　价	138.00 元

自序

　　我自结识论字以来，对于民商法情有独钟。

　　一是(感)民商法的博大精深，尤其是写与(?)法。许多民商法的条文不仅有生活需求的需求，也有法律理念之推理。

　　二是感到民法的人文关怀。民法的人文关怀就是平等、自由、权利（人权）、(?)诚信、民生，(这)和我一生追求的理念是相吻而不悖的。

　　三是中国古代社会向来是重刑轻民的，中国的司法制度也是如此。要改变这种司法制度也要有重视民法的研究，加重她在法律体系中的地位。

　　四是今天社会主义制度中刑法确实非常重要，但(?)太重，又与阶级斗争紧紧相连，意识形态色彩太浓，(?)(?)(?)，我想避开"(?)太重"的法域。

最近中国政法大学出版社向我约稿，要出版我在民商法领域内的一些著作、文章。新写吧，我已有些力不从心，年纪已经87岁，又没有些新的创作、新的思想，只好从旧作中去整理。我师兄弟生萧镣从旧纸中整理一下，他先是从旧作中整理这本"民商法论要"也有30万字左右。这样拼拼凑凑的"炒旧饭"总算完成了任务，但心中仍有些忐忑不安。

　　心中不安的原因一有二。一是不成体系，不仅不成体系而且内在联系也不大；二是跨度超过三十年时间内写成的文章，有的已是过时，有的或许还有矛盾，总望请读者理解。

江平
二○一七年8月25日

目　录

民　法

商　法

民法

《中华人民共和国民法通则》剖析[*]

江 平

我国《民法通则》的制定和颁布是我国法制建设中的一件大事。它对于我国立法体系的确定，对经济体制改革的促进，对公民合法权利的保护以及对国际经济交往的发展，都将产生重要的作用。本文拟对这部民事立法的特点作一概括探讨。

一

民法和商品生产的密切关系通过民法制定工作几起几落的历史表现得特别明显。第一次民事立法是在 1955～1956 年进行的。当时正是开始第一个五年计划之时，大规模经济建设刚要起步，经济的繁荣活跃需要充分利用商品经济的积极作用。这时开始制定民法正是国家重视经济建设、重视商品经济作用、重视法制的必然体现。但是，为时不久，商品经济的作用和规律被抛诸脑后，国家经济建设受到严重挫折，民法的起草工作自然也就束之高阁了。

我们党在总结了"大跃进"时期忽视经济规律、忽视商品经济作用的教训之后，1962 年开始注意按经济规律办事，搞活经济，发展经济。正是在这个时候，民法的制定又重新被提到议事日程上来，开始了第二次起草工作。人们满怀信心地期望国家从此走上重视经济建设和法制建

　＊　原文载于《政法论坛》1986 年第 3 期。

设的轨道。但是好景不长,"以阶级斗争为纲"的路线使我国的经济走到几乎崩溃的边缘。民法的起草工作自然也就随之夭折。

党的十一届三中全会以后,国家经济建设走上了健康发展的轨道。对内搞活经济,对外实行开放,都是重视商品经济作用的体现。正是在这种形势下,于1979年又开始了第三次民法起草工作,并且陆续颁布了一系列属于民法或与民法密切相关的单行法规。特别是在十一届三中全会中央关于经济体制改革的决定公布之后,计划指导下的商品经济作用又被提到新的高度来认识,《民法通则》正是在这种形势下制定和通过的。

民法三次起草工作的起落说明:

民法主要调整平等主体间的财产关系,而这种关系正是商品经济关系的体现。商品经济越发达,就越需要民法;反之,商品经济作用越被限制,民法也就越受忽视。民法是商品经济的法律表现。

民法和经济法都是直接调整经济关系的法律部门,它们可以直接促进和保护生产力的发展。社会主义时期的主要任务是发展生产力,因此,必须重视民法的作用。小平同志最近提出:一手抓建设,一手抓法制。《民法通则》的制定和颁布正是这一指示的具体体现,也是经济建设和法制建设有机结合、用法制手段促进经济发展的集中表现。

二

我国民事立法究竟走什么样的路,是从20世纪50年代起,特别是1979年开始第三次民法起草工作以来,人们不断探索、争论的中心之一。《刑法》《刑事诉讼法》《民事诉讼法(试行)》都是以完整的形式制定的,民法理应也是如此。一部完整的、统一的民法将会在体系、内容和形式上更科学、更和谐、更周密。这是绝大多数学者所期望的。1979年开始的民法起草工作也是以此为目标进行的,而且也草拟了民法草案四稿作为其三年辛勤劳动的成果。

但是，立法工作没有按四稿的模式继续下去。这里有两个原因：一是农村经济体制改革的模式已经确定，但城市经济体制改革刚刚起步，许多问题还缺乏经验，还看不准。法律应是实践经验总结的稳定表现，在还没有肯定把握时匆匆制定一部完整而详尽的民法，必定会带来消极的后果。二是我国经济发展水平很不平衡。各个地区、各个民族的经济生活、财产关系以及风俗习惯均有很大差异，而民法又是涉及每一个人切身利益的法律。有些问题可以用"一刀切"的办法，有些问题如果"一刀切"，就会带来相反的作用。例如，什么叫高利贷就是一个很复杂的问题，如果把民间有偿借贷超过某一利率标准就统统叫做高利贷，或者会导致正当的民间有偿急需借贷的路子被堵死，或者会使本来是高利贷的借贷得到合法承认。

出路何在呢？或者推迟颁布，或者把条件已经成熟的部分先颁布。只有这两种选择，别无他路。权衡利弊，自然还是选择第二种办法为好。民法草案四稿中最成熟的部分是继承法部分，所以继承法先作为单行法颁布。这样，民事立法就采取了分篇颁布的路子。继承法颁布后，制定民法总则就被提到议事日程上。公民的行为能力、宣告死亡、法人、代理、时效等制度急切需要有统一的规定。也曾经考虑过先颁布一个法人条例以适应搞活经济和开放政策的需要。

民法的这一部分到底叫什么为好，曾有不同的意见。有的人主张叫"大纲""纲要"。但"纲要"是指民法全部内容的原则规定，如苏联的民事立法纲要。原来的名称叫"民法总则"也有欠妥之处。世界大多数国家的民法都有总则、分则之分。总则是共同性规定，分则是各种具体民事关系的规定。有总则必有分则，而我们所制定的这部分规范虽然主要属于总则范围，但又包括一些分则的规定（如所有权、相邻权、债权以及各种侵权行为等）。最后还是采用了"通则"一词。《民法通则》的"通"字可以包含三层意思：

（1）它不仅包含总则的一般规定，而且还包含分则的一部分内容。哪些成熟了就规定哪些，哪些需要就规定哪些，不受总则、分则的限制。

（2）它是民事立法的原则规定。虽然有些部分规定得详细些，有些部分简单些，但总体来说，只是原则性规定。整部立法只有156条，比法国民法典的2281条、德国民法典的2385条、日本民法典的1044条、苏俄民法典的569条，都简要得多。

（3）它是调整横向财产关系的基本法。一切其他法律部门（婚姻法、劳动法、经济法、土地法、国际贸易法等）中的横向财产关系都要受民法通则规范的管辖。各种包含横向财产关系的单行法都要以它的规范为准则。

三

《民法通则》制定过程中争论最大的是第二条，即民法的调整对象问题。如果说，前些年关于民法和经济法调整对象的争论属于学术争论、学术探讨的话，那么，现在就是一个立法思想和立法体系的问题了。不同的观点和意见，不同的建议和主张，有时甚至争论很激烈，这也是很自然的现象。分歧最大的集中在四个问题上：

（1）法人制度，尤其是国营企业，是否应当由民法调整，法人和法人之间的财产关系是否应当由民法调整。

（2）平等主体间的财产关系是否都由民法调整，经济法是否应调整横向经济关系或是主要只调整纵向经济关系。

（3）国家并不是民事权利主体，国家所有权是否要由民法规定。

（4）国营企业的经营权是否要由民法来调整，是否要把它看作是一种民事权利。

这四个问题集中到一点就是：民法的"民"字到底指什么？是仅指

公民之间的财产关系和人身关系呢，还是指一切平等主体间的财产关系和人身关系呢？有些经济法学者尖锐地提出：民法只能姓"民"，经济法应当姓"国"；民法管的是"民"事行为，经济法管的是"国"事行为。

民法从其诞生开始，就始终是社会经济生活的法律表现，所以恩格斯说："民法的准则是以法律的形式表现了社会的经济生活条件。"[1]民法是调整市民社会生活的法律规范，而"市民社会"是指物质生产的社会。在资本主义社会中，它既包括生产关系，又包括家庭婚姻关系。

另一方面，民法从其诞生开始，就不断从其自身中分化和独立出一些法律部门，如商法、婚姻法、家庭法、土地法、劳动法乃至经济法等。民法不可能是包罗万象的，也不可能把社会上一切平等财产关系都归入其中进行调整，更不可能把那些由于社会经济条件越来越复杂而从民法中独立出来的上述法律部门又并入到民法中。

我国《民法通则》采用的立法原则是：民法主要调整横向经济关系，经济法主要调整纵向经济关系。这种划分方法肯定还会引起学术上的争论，而且在可预见的将来还会有分歧意见。

但是，民法通则经全国人民代表大会通过后，它的调整范围就将作为正式的法律依据。

四

什么是民法的基本原则，这也是民事立法过程中不同意见较多的部分。在已经出版的各种民法教科书、教材、讲义中，对民法原则的论述是很不相同的。立法究竟应当怎样规定呢？

一部分同志主张，我国民法的原则应突出公有制的特点，应突出国家的利益。因此，必须规定诸如："国家财产神圣不可侵犯"，"国家、

---

[1] 《马克思恩格斯选集》（第 4 卷），第 248~249 页。

集体、个人利益兼顾"等原则。也有些同志则主张我国民法的基本原则
应是当事人民事地位平等。应该看到,民法的最本质特征是"平等",
任何人的合法权利只要受到侵犯,无论是国营企业、国家机关或集体组
织、个人都应受到同样的保护,不能仅仅因为一方是全民所有制单位就
应享有特殊的保护,更不能因此而保护它的非法利益。同样,也不能因
为权利受侵害的一方是公民、个体经营者,就可以放在次要地位。国
家、集体和个人的权益受到侵犯时,应当明确是非,旗帜鲜明。谁的利
益受到侵犯就保护谁的利益,这里谈不上"兼顾"。在我国审判实践水
平还不很高的情况下,规定"兼顾"原则就容易不分曲直、均担责任。
这种做法是与社会主义原则相违背的。因此,法律对财产权的保护,也
应和权利能力一样,是平等的。当事人的平等地位及其权利保护,也不
因当事人双方经济力量的强弱、中央或地方隶属关系不同、是否享有行
政权力等原因,而有所不同。因此,不同民事主体之间民事关系的最本
质特征就是平等。规定了这一原则,显然要比"神圣""兼顾"等概念
准确得多。

自愿、等价有偿原则是从平等这一基本特征派生而来的。真正平等
的地位,要求任何人都不能因自己的权利而强制另一方参与一定的民事
活动,这是自愿的含义。任何人自愿实施的法律行为自然有效,不是自
愿的则无效。对于我国民法的"自愿"原则不能作绝对的理解,计划任
务要服从,这就是对自愿的某种国家限制。1981年我国《经济合同法》
颁布时,在第五条中规定了"平等权利、协商一致、等价有偿的原则",
就是没有提"自愿原则",于是有些人就认为它已不是民事关系了。这
是一种误解。任何合同,包括依据计划而订立的合同,都包含自愿的原
则。《经济合同法》中"任何一方不得把自己的意志强加给对方,任何
单位和个人不得非法干预"的规定就是自愿原则的体现。

"公平"和"诚实信用",这是过去从未在教科书中提到过的两个原
则。为什么要规定这两个原则呢?社会民事关系是众多而又复杂的。有

些民事关系甚至很难给予适当的名称。例如，某甲有耕牛而缺劳力，某乙有劳力但无耕牛，双方协议乙可以使用甲的耕牛但必须为他耕地。这种民事关系，法律并没有规定，它是否合法呢？只要符合"公平"原则，就应认为是合法的。公平也是平等原则的体现，不公平就是当事人不平等。"诚实信用"不仅指民事义务的履行上要诚实守信用，更重要的是实施法律行为时必须诚实信用，不得从事不正当的经营，如虚假广告、虚假说明书、以假充真、以次充好、缺斤少两、搭配出售、欺行霸市、盗用商标、索取回扣、变相贿赂等。还有，社会主义企业之间应当展开竞争。这种竞争是社会主义的，因而也应当建立在诚实信用的基础上。

五

民法的核心问题是民事权利（义务），它贯穿整个民法通则。而民事权利（义务）的首要问题是谁可以享受它。

公民（自然人）的法律地位问题主要涉及"三种宣告"。《民法通则》明确规定了宣告无行为能力、宣告失踪和宣告死亡制度。过去在民事诉讼中只从诉讼程序的特征上提到法院宣告无行为能力和宣告死亡的程序，但始终没有实体法对此作明确规定。这三种宣告都会引起公民法律地位的变更，也可以使本来长期处于不确定状态的民事关系（财产、婚姻、子女抚养、债务、继承等）得到确定。这些规定是民事立法规范走向健全的表现。

"法人"一词在一些单行法中已被使用，但法人制度在立法上的确定却是第一次。规定法人制度的核心，是要明确它的独立民事权利和独立民事责任的地位。法人制度的重要意义不仅在于它的独立自主权利，更在于它的独立民事责任，这一点过去常被忽视。《民法通则》中法人财产责任问题明确了三点：

（1）法人独立承担民事责任，国家和法人的上级主管机关均不再对国营企业的债务承担偿还责任。

（2）法人以它自己所有的（或经营管理的）财产承担民事责任。能够用来偿还债务的国营企业的财产，应当不限于商品和流动资金，还应当包括固定资产，即以它的全部财产来偿还债务。如果它的全部财产仍不能抵偿债务时，就宣告破产。《民法通则》明确提到"宣告破产"，这也是立法中的第一次，它将为颁布"破产法"打下基础。

（3）法人对它的法定代表人和其他工作人员执行业务的活动，承担民事责任。但法人并不对其代表人和其他工作人员非执行业务的活动承担任何责任。此外，《民法通则》还对法人的法定代表人从事非法活动时应负的法律责任作了明确的规定。

合伙和联营是共同经营的两种形式。在《民法通则》中如何规定，有三种不同意见：一种认为合伙和联营不必在主体中单独规定，合伙的独立主体资格是公民，联营的独立主体资格则是法人；一种认为合伙是指公民个人合伙，应在"公民"一章中专设一节加以规定，联营是指法人的联合经营，应在"法人"一章中专设一节加以规定；第三种意见认为合伙和联营都是共同经营体，它们既不是自然人，又不同于法人，应该专立一章。立法最后采取了第二种意见，即把个人合伙看成是公民作为主体的一种特殊形式，把联营看成是法人作为主体的一种特殊形式。在国务院决定发展横向经济联系作为城市经济体制改革的重要方向后，《民法通则》关于联营三种形式的规定就是横向经济联系的法律形式。

关于个体工商户和农村承包经营户的法律地位问题，在立法过程中也有不同的意见：一种意见认为这两种经营户内部财产关系很复杂，有些是全部家庭成员共同经营，有些是部分家庭成员共同经营，有些则是某一个成员独立经营，但其他家庭成员与这种经营有财产联系。发生财产纠纷时，有时很难分清哪些是共同经营者的财产，哪些是未参加共同经营者的财产，所以，以不规定为好。另一种意见认为，这两种家庭经营是我国民法带有独自特色的内容。此外，法律上明确规定了它们的法律地位，有利于保障它们的合法权益并调动其积极性，所以，以规定为好，《民法通则》最后采取了第二种意见。

六

民法不但要规定谁可以享受民事权利，还要规定他们可以享受哪些民事权利。《民法通则》起草过程中这一章也是争论最大的一章。世界各国民法典都无专门的"民事权利"一章，这是因为，通部法典都是关于民事权利的规定。所有权、债权、继承权等都有专章详细规定。我国《民法通则》则不然。如果不规定，则缺少所有权、债权、知识产权等一系列主要的规定，也就起不到"通则"的作用了。如果规定得过于详细，这部分就相当于一部压缩的民法典，将会形成"大肚子"，与整个通则的体例很不相称。经过反复考虑，采取了现今既明确规定，又简明扼要的方法。

《民法通则》将民事权利分为四类：

（1）财产所有权和与所有权有关的财产权。这里规定的有所有权、使用权、经营权、承包权、相邻权和继承权。为了使通则更易为人们所理解，法律避免使用"物权"一词。这就为概括所有权以外的其他物权带来困难。用"与所有权有关的财产权"来代替"其他物权"，只能是相对的准确。因为严格说来，任何财产权，包括债权、知识产权也与所有权有关。使用权、经营权和承包权这三种权利都是所有权与其权能的分离，都是非所有人对属于国家、集体财产的一种使用、收益权，都具有我国经济模式的特色。确定这"三权"是社会主义公有制下所有权与经营权（使用权）分离在民法中的确认。

（2）债权。世界各国民法典均以债权债务，尤其是合同债权债务作为其中心内容。我国《民法通则》规定了合同之债、不当得利之债和无因管理之债，但没有规定侵权行为之债。《民法通则》将侵权行为放在"民事责任"一章中去规定，而没有在债权中规定，这是为了便于人们接受和理解。把人打伤应负民事责任，人们好理解；把人打伤后一方成了债权人，另一方成了债务人就很不好理解。我们的法律应尽量使广大群众了解，这样的改变是必要的而且颇具中国的特色。

把抵押权和留置权放在债权（债的担保）中，而不是在物权中规定，也是为便于人们理解。抵押权在《民法通则》中进行正式规定具有重大意义。在经济合同法中还没有关于抵押权的规定。为了适应对内搞活经济、对外实行开放的需要，抵押权的作用将会越来越被人们所了解。

（3）知识产权。《民法通则》又采用了国际通用的"知识产权"一词，放弃了民法草案四稿中使用的"智力成果权"一词。这样将会更便于我国以后加入世界知识产权组织。

《民法通则》规定了六种知识产权：著作权、专利权、商标权、发现权、发明权及其他科技成果权。专利权和发明权是指两种关系密切但又内容不同的发明制度。前者包括发明专利，但又不限于发明专利，还有实用新型和外观设计的专利。后者专指依《中华人民共和国发明奖励条例》领取发明证书、奖金或其他奖励的发明。前者的发明财产权归发明人，后者的发明财产权归国家。除专利权和发明权外，法律特别规定并保护其他科技成果权。这是因为我国的科技合同，或者发明以外的其他科技成果有偿转让制度，都要求对这种科技成果予以承认其权利并加以保护。

（4）人身权。过去公民和法人的人身权只是在宪法中加以规定，但这主要也是从政治权利角度规定的。人身权的保护主要是采用刑事保护手段。《民法通则》对人身权作出规定，意味着民法必须从民事权利的角度规定公民和法人的人身权，并可以在刑事手段外，采取民事保护手段。《民法通则》规定的人身权有：生命健康权、姓名权、肖像权、名誉权、荣誉权及婚姻自主权。《民法通则》并没有全部列举各种人身权，有些人身权如通讯秘密自由、生活秘密自由等，虽然法律上没有明确写明，但并不等于可以任意侵犯。

七

除人身权外，《民法通则》所规定的其他民事权利都只能是一种权利能力，是指民事主体依法可以享受的权利，它还不是民事主体实际享有的权利。要让法律上规定的权利变为主体实际掌握并享有的权利，民事主体就要以自己的行为去取得权利并行使这些权利。而民事权利的取得和行使离不开法律行为制度和代理制度。

《民法通则》一个新的发展就是区别了民事法律行为和民事行为。民事法律行为即法律行为，它是公民、法人设立、变更、终止民事权利和民事义务的合法行为。它区别于公民、法人以同样目的所实施的不法行为、违法行为。后者就叫民事行为。区别民事法律行为与民事行为也是为了便于广大群众理解。顾名思义，法律行为既然冠以"法律"二字就应当是合乎法律规定的行为，但又有"违法的法律行为""无效的法律行为"等概念，这样就会产生混乱。于是，《民法通则》区分了二者的不同，合法行为称民事法律行为，非法的称为民事行为。

民事法律行为的最本质特征是行为人的意志（即意思表示），那么就有个他的意志能否达到预期效果的问题，这就是法律行为的有效和无效。有效和无效是法律行为的核心问题。《民法通则》仍然规定了无效民事行为和可撤销民事行为。但哪些民事行为属于前者、哪些属于后者，却与传统民法和以往教科书规定的不同了。过去把凡是意思表示与意思不一致的民事行为均视为可撤销的，当事人可以提出撤销，也可以不提出。一方以欺诈、胁迫的手段，使对方在违背真实意思的情况下所实施的法律行为过去就属于可撤销的。现在考虑到这种行为的严重违法性以及受害人可能仍然处于胁迫之下，或由于其他原因不敢提出撤销的要求，所以将这类民事行为改为无效民事行为。不仅自始无效，而且无需提出撤销请求就无效。这样就可以加强对受害人利益的保护。

代理制度将随着商品经济的发展，越来越显示其重大作用。《民法通则》总结了我国代理制度的经验，规定了三种连带民事责任，这是具有我国特色的代理制度：

（1）委托书授权不明的，被代理人应当向第三人承担民事责任，代理人应负连带责任。这样规定可以加强对第三人利益的保护，避免实践中因委托书授权不明而给第三人带来难以赔偿的财产损失。

（2）代理人与第三人共负连带民事责任。这种连带责任适用于代理人与第三人串通损害被代理人利益时，或第三人明知代理人越权代理但仍与其进行民事活动时。过去，被代理人所受到的这种损失只能要求代理人赔偿，如果代理人无偿还能力，被代理人就无法再要求他人偿还。现在规定了第三人对此负连带责任，这就加强了对被代理人合法权益的保护。

（3）被代理人与代理人共负连带民事责任。这种连带责任适用于代理人明知被委托代理的事项违法仍进行代理活动时，或被代理人明知代理人的代理行为违法而不表示反对时。这种情况在我国经济活动实践中不时发生，《民法通则》规定了连带责任，这就加强了对第三人合法权益的保护。

八

民事权利的关键是法律保护。再多的、再好的民事权利如果离开法律保护也是一纸空文。所以，民事权利的保护，也就是不履行民事权利时应当承担的民事责任以及实现民事权利保护的时效，在《民法通则》

中占有主要地位。

《民法通则》首先确定了民事责任的过错原则：有过错、有责任；无过错、无责任。此外，《民法通则》又规定了无过错时也承担责任的例外情况，即法律明确规定无过错责任的除外。可见，无过错责任是个例外，而非原则。扩大无过错责任范围是个世界性趋势，但还不是一个原则，不能称它为无过错责任原则。

《民法通则》明确规定了民事责任、行政责任和刑事责任的关系。一方面，对承担民事责任的人需要追究行政责任、刑事责任的，应当依法追究；另一方面，对承担行政责任、刑事责任的人，需要追究民事责任的，也应当依法追究。这样的规定为审判实践中同时追究几种责任提供了明确的法律依据。

《民法通则》区分了违反合同的民事责任和侵权的民事责任。违反合同的民事责任在经济合同法及涉外经济合同法中都有较多篇幅的规定，而侵权责任以前尚无明确、完善的规定。所以，《民法通则》用十七条来规定侵权民事责任，并分别列举了各种侵权民事责任。

我国立法第一次规定了因产品质量不合格造成他人财产、人身损害时的侵权责任。产品质量问题可以引起违约责任，也可以引起侵权责任。前者在我国合同实践中有着丰富的经验，后者在我国还是一个崭新的课题。需要在《民法通则》一般规定的基础上，制定我国的产品责任法，从而加强对消费者权益的保护。

《民法通则》在列举各种积极行为所造成的侵权责任的同时，还规定了不行为的侵权责任，这一点在现今有着重要意义。法律明确规定：在公共场所、道旁和通道上堆放物品或者挖坑、修缮安装地下设施等，没有设置明显标志和采取可靠安全措施，造成他人财产、人身损害的，堆放人或施工人应当承担民事责任。类似的不行为造成的侵权责任还有许多种形式，如对危险作业未提供必要的安全保护措施等。

《民法通则》规定了十种主要的承担民事责任的方式。这种集中规定民事责任形式的做法是我国民事立法的特点。这十种民事责任方式是我国几十年来民事审判实践经验的总结。有了这多种民事制裁手段，就可以对不同民事权利给以不同的保护。无论民事责任方式有多少种，赔偿损失始终是民事责任中最具有民法特点的一种方式，应当在实践中充分利用这一民事责任方式。

民法中的视为、推定与举证责任*

江 平

　　《民法通则》中多次出现"视为"的概念。《民法通则》第 11 条第 2 款把 16 周岁以上不满 18 周岁的公民，以自己的劳动收入为主要生活来源的，"视为完全民事行为能力人"。《民法通则》第 15 条规定，经常居住地与住所不一致的，"经常居住地视为住所"。《民法通则》第 66 条规定，本人知道他人以本人名义实施民事行为而不作否认表示的，"视为同意"。此外，在继承法、专利法与涉外经济合同法中也有一些条款含有"视为"的规定。

　　什么是民法中的视为呢？民法中的视为是指民事法律对当事人的某种地位或意思的认定。民法中的视为有两种：一种是对主体地位的法律认定，一种是对行为人意思的法律认定。

　　对主体地位的法律认定包含三个要素：（1）不具有同一性的两个不同的主体地位或资格。例如，不满 18 周岁的人和完全民事行为能力人不具有同一性，因此，18 周岁以上的人"是为"完全民事行为能力人，而 18 周岁以下的人才可以"视为"完全民事行为能力人，"是为"和"视为"不同。（2）法律赋予原本不具有同一性的两种主体以同一法律地位，但这种认定必须有前提条件。例如，不满 18 周岁的公民要被认定为完全民事行为能力人，必须具备两个条件：年满 16 周岁和以自己的劳动收入为主要生活来源。凡不具备法律规定的要件者，便不能发生

---

　　* 原文载于《政法论坛》1987 年第 4 期。

同一的法律效果。(3)法律赋予同一地位的认定是绝对的,当事人不能用证据来推翻这一认定。这个要件是非常重要的。因此,16周岁以上不满18周岁的公民,只要有独立劳动收入并以它作为主要生活来源的,即使他不愿意成为完全民事行为能力人,也不允许。

对行为人意思的认定是另一种视为,这就是在特定的情况下,行为人无口头、书面或行动的表示时,法律就其意思的认定。民法通则中关于本人明知他人以本人名义实施民事行为而不作否认表示的就属这种情况,这时法律视为本人同意。《继承法》第25条关于继承开始后继承人放弃继承时应明确表示放弃继承也属于这种情况,未作表示的,法律视为接受继承。反之,受遗赠人没有表示接受或放弃遗赠的,视为放弃受遗赠。《专利法》第37条关于申请人在指定期限内无正当理由不答复的,法律视为申请人撤回申请。类似情况在民法中时有所见。

这种视为有时也称推定,例如,民法中默示法律行为中就有推定行为,即根据行为人的行为或不行为来推定他的意思。但这种推定其实质仍为视为,因为这种默示法律行为法律认为也同样不能用证据来推翻。既然本人明知他人以他的名义实施民事行为又不作否认的表示,那么他也就失去了再用其他证据来证明自己本意是不同意的可能。其他这类情况也都同样,不同的只是如果法律规定有条件时,行为人可以就条件是否具备提出证明,但不是在条件具备时就自己的真实意思提出证明。例如,《专利法》第37条规定:"专利局对发明专利申请进行实质审查后,认为不符合本法规定的,应当通知申请人,要求其在指定的期限内陈述意见,或者对其申请进行修改;无正当理由逾期不答复的,该申请即被视为撤回。"依照该条文,申请人可以举证证明他没有及时答复是有正当理由的,但他不能证明他的真实意思不是要撤回申请,后一种举证在法律上没有意义。所以,虽然有些书籍把行为人意思的法律认定也叫作推定,但其实质应是视为。

这一种视为和前一种视为都具有一个最重要的共性:当事人不得用

证据加以推翻。但二者也有一些不同点：这种视为是行为人意思的认定，而不是地位的认定，因此不存在法律地位和资格的拟制。这种视为的前提是行为人没有作出任何积极的意思表示（口头、书面、作为），即不作为、不行为。但法律又要求行为人在某些特定情况下必须作出积极的意思表示。所以，法律把行为人的不行为视为某种意思表示。从这个意义上说，意思表示确是推定的，但其法律认定的效力则是绝对的、不可改变的。

推定在民法中具有重要地位。在我国民法通则中，推定也得到了承认和体现。推定在传统的民法中有广义和狭义的区别。广义的推定也称法律上的推定、完全的推定或绝对的推定；狭义的推定也称事实上的推定、不完全的推定或相对的推定。前一种推定也称为视为，上面已经论述过。我们这里所研究探讨的推定是指狭义的推定，指法律对某种事实或责任所作的、允许当事人举证否认的一种认定。因此，推定和举证责任紧密相关。

推定分为两种：一种是事实推定，另一种是责任推定。

事实推定涉及范围很广，我国《民事诉讼法（试行）》第 59 条规定："人民法院对经过公证证明的法律行为、法律事实和文书，应当确认其效力。但是，有相反证据足以推翻公证证明的除外。"这就意味着，经公证证明的事实，在无相反的证据提出以前，当事人主张这项事实的，就无须再提出证据，也就是说，他可以免除举证责任。在我国的民事实践中，除公证证明具有这种事实推定的效力外，有关主管机关登记的事实和发出的证书也应具有事实推定的效力。例如，户籍登记的事实，主管部门发出的营业执照、产权证书等。房契上所写的所有权人应该就是享有产权的人，他无须再提出什么证据。但当事人另一方要想推翻这个证据，必须举出相反的证据。记名有价证券也属于这种情况：存折上写的名字就推定为存折中存款的所有人。否认存折上记名的人享有存款所有权时，就必须负举证责任，不能举证证明时，就推定为记名人所有。类似情况尚有许多，不一一列举。这种推定行为对于法院和审判人员正确处理民事案件很有益处。

在传统的民法学中，这种推定的使用范围要比我们目前的更宽。从罗马法时起就有诸如下面所述的推定："占有人推定为所有人"，"占有人推定其为以所有之意思善意、和平及公然占有者"。因此，财产的占有人不负有举证责任，任何人想否认占有人是所有人的，必须负举证责任。不能举证证明时，财产仍然属于占有人。同样，占有人推定为善意而非恶意，推定占有人享有占有时效，除非其他人能证明他是恶意的。我国法律目前没有这种推定，依照《民事诉讼法（试行）》的规定，"当事人对自己提出的主张，有责任提供证据"。因此，谁提出主张和请求，谁就应负举证责任。

在推定的适用中，最主要的是责任推定。过错责任与举证责任是紧密联系在一起的，无过错责任也与过错推定紧紧扣在一起。可以说，过错责任（乃至无过错责任）中的过错有无是确定民事责任时第一位应考虑的，举证责任中的谁承担什么样的举证责任以及不能举证时的后果是确定责任时第二位应考虑的。过去的民法书籍对此论述的甚少，其原因或是由于我国立法尚无明文规定，或是由于某种偏见，认为举证责任乃是资产阶级法律制度中的产物，或是由于某种顾虑，怕涉"无罪推定"之嫌。现在，民法通则对于举证责任已有明确规定，该是认真探讨举证责任与民事责任关系的时候了，该是审判机关在审判实践中理直气壮地使用举证责任的时候了。

举证责任分为诉讼法的举证责任和实体法的举证责任。诉讼法的举证责任是指诉讼当事人向法院提出请求和主张时应同时提出证据以支持他的请求和主张。所以，诉讼法上的举证责任是广泛的，无所不在的，只要有诉讼要求就有举证责任。实体法的举证责任是指民法中的推定，即实体法就责任的性质和责任的承担所作的法律认定。例如，我国《民法通则》第123条规定："从事高空、高压、易燃、易爆、剧毒、放射性、高速运输工具等对周围环境有高度危险的作业造成他人损害的，应当承担民事责任；如果能够证明损害是由受害人故意造成的，不承担民事责任。"这就是说，从事高度危险作业的人必须证明是受害人故意造成自己损害时，才免除其责任。这时行为人承担的责任显然要大于过错责任，甚至要大于一般的无过错责任。这就是实体法规定举证责任的意义。这里所要探讨的正是实体法上的举证责任，而非诉讼法意义上的举证责任。

为了研究实体法上的举证责任，我们需分析罗马法中对侵权行为（当时称私犯）的分类。罗马法将侵权行为和准侵权行为视为两种独立构成债的发生的根据。前者即后世所称的一般侵权行为；后者即后世所称的特殊侵权行为。罗马法将故意或过失侵害他人财产或人身的均称侵权行为。准侵权行为包括两类情况：一类是违反公共安全利益的，如抛弃物和悬挂物造成他人损害的；一类是依其职务应当承担责任的，如承审员（即审判员）所做的错误判决及馆舍、马厩主人等对旅客造成的损害。依照罗马法模式建立起来的《法国民法典》虽然只有 5 条涉及侵权行为和准侵权行为，但二者区别的划分是很明确的：任何人对自己行为所致的损害属于侵权行为（即一般侵权行为），任何人对应由其负责的他人的行为或在其管理之下的物件（包括动物和房屋）所造成的损害则属于准侵权行为（即特殊侵权行为）。自德国、日本民法典颁布以降，研究这方面问题的许多学者主张这种观点：侵权行为是指因故意或过失不法侵害他人权利的行为。准侵权行为则不受行为人故意或过失的限制，也不受必须是由自己的行为而致人损害的限制。所以，没有严格意义上的不法行为以及这种行为违反保护公共安全利益是准侵权行为的主要标志。在责任承担上，加害人在准侵权行为中所承担的责任比在侵权行为中要重。西方国家民法的传统理论认为：在一般侵权行为中，受害人要证明侵害人的不法行为和故意、过失。这就是说，如果受害人不能证明这两点，侵害人就不承担民事责任，因此，这是推定侵害人无过错的理论。而在特殊侵权行为中侵害人必须要证明自己没有过错，如果不能证明自己没有过错，就应当承担民事责任。这就是推定侵害人有过错。因此，这是一种加重责任。

我国民法书籍一直有关于一般侵权行为和特殊侵权行为的划分，但是其划分的界限则始终存在着分歧意见。有的学者认为，特殊侵权行为是指具有特殊身份或占有特殊物的人所承担的侵权责任；有的学者认为，特殊侵权行为是对他人的行为和管理的物所造成损害的侵权责任；有的学者认为，特殊侵权行为是无需具备一般侵权责任要件的一种侵权责任；有的学者认为，特殊侵权行为就是无过错侵权责任，以与实行过错原则的一般侵权行为相区别。这些意见都有其合理的成分。

我国《民法通则》的制定和颁布，为我们进一步探讨特殊侵权行为的性质及其责任条件构成提供了良好的机会。我们必须从我国现有立法的规定出发，作出合乎我国情况的分析。我认为，《民法通则》中关于一般侵权行为的规定共有 4 条，即第 117 条、第 118 条、第 119 条、第 120 条。关于特殊侵权行为的规定共有 8 条，即第 121~127 条和第 133 条。另外 5 条，即第 128~132 条是有关责任的免除、减轻、连带和公平承担的规定。如果承认这样一种划分，那么我们可以看出，《民法通则》中的特殊侵权行为就是一种不同于一般侵权行为的加重责任。规定加重责任的目的是提高某些单位和个人对公共安全所应承担的义务和责任。这种加重责任不仅限于过错责任，它是过错责任、无过错责任与举证责任相互结合的表现。可以把我国《民法通则》中规定的特殊侵权行为分为下面五种。

第一，推定有过错的侵权责任。推定侵害人有过错就是指侵害人必须承担举证责任证明自己没有过错才能免除其责任。在一般侵权行为中，受害人必须证明侵害人有过错，否则侵害人不承担民事责任，受害人负举证责任；而在这一种特殊侵权行为中，侵害人必须证明自己没有过错，否则他就得承担民事责任，侵害人负举证责任。可见侵害人承担了比一般侵权行为更重的责任，但这种责任还不是无过错责任，它仍然是过错责任，因为，他能证明自己无过错时就可以免除责任。举证责任的转移就是一种加重责任，因为谁负举证责任，谁就承担不能举证时的风险。也可以说，在这种情况下，法律推定侵害人有过错，但允许他举证推翻这种推定。属于这种情况的是《民法通则》第126条，建筑物所有人或管理人必须要能证明自己没有过错，才能免除由于建筑物或其他设施、物件等倒塌、脱落、坠落而造成损害的侵权责任。这种情况是加重责任中最轻的一种。

第二，视为有过错的侵权责任。有些侵权行为从其事实本身很难断定行为人是否有过错。这种事实可能有行为人的过错，也可能没有过错，法律认为没有必要追查行为人的主观过错，而是从这种事实本身就可以认为行为人有过错。例如，产品质量不合格的事实，本身就应视为产品制造者有过错。违反国家保护环境防止污染的规定而污染了环境的事实本身就应视为有过错。在公共场所、道旁或通道上挖坑、修缮安装地下设施等，没有设置明显标志和安全措施这一事实本身就应视为施工人有过错。这种视为是法律的认定，责任人不能用证据来推翻这种认为，所以它比起前一种可以举证免除责任的情况，侵权责任又加重了一些。这一类情况有人认为是无过错责任，我觉得把它叫做无过错责任不甚恰当，因为在绝大多数情况下责任人都是有过错的。把它叫做过错责任也不合适，因为无过错时也要负责任。所以，把它叫做视为有过错的侵权责任更为合适。《民法通则》中的第121条、第122条、第124条、第125条都属于这类情况。

第三，无过错减轻的侵权责任。在一般侵权行为和第一种特殊侵权行为中，当事人都遵循"有过错、有责任，无过错、无责任"的原则。而在这一类特殊侵权行为中，当事人即使没有过错，也要承担民事责任，所以它是一种无过错责任。显然它比起上面两种情况，一般说来，责任又加重了。但是，当事人没有过错虽然不能免除他的民事责任，但可以减轻他的民事责任。从这个意义上说，这种责任在加重中又有减轻。《民法通则》第133条规定无民事行为能力人、限制行为能力人造成他人损害的，由监护人承担民事责任，这是对监护人规定的加重责任。但监护人能够证明自己尽了监护责任时，也就是监护人能够证明自己确实没有过错时，法律规定可以减轻他的责任。

第四，受害人过错免除的侵权责任。这一种侵权责任属于民法中的无过错责任。侵害人即使能举证证明自己没有过错也不能免除其民事责任。只有当他能举证证明受害人的过错时，他才能免除其民事责任。可见，在这种情况下，侵害人与受害人如果都没有过错，仍然要侵害人承担全部民事责任。例如，《民法通则》第127条规定，饲养的动物造成他人损害的，动物饲养管理人应当承担民事责任；由于受害人的过错造成损害的，动物饲养人或者管理人不承担民事责任。如果饲养的狗将人咬伤，受害人和饲养人都没有过错，也没有第三人的过错时，就应由狗的主人承担全部民事责任，而不能引用第132条"当事人对造成损害都没有过错的，可以根据实际情况，由当事人分担责任"。《民法通则》第132条应是对实行过错责任原则的侵权责任而言的，所以，在双方都没有过错时，就应实行公平原则，由当事人分担责任。但对无过错侵权责任来说，加害人即使没有过错也应负全部责任，所以不能适用《民法通则》第132条。

第五，受害人故意免除的侵权责任。这一种侵权责任也属于无过错侵权责任，而且是所有这些加重责任中承担民事责任最重的一种（当然，法律规定对不可抗力造成的损失也要承担民事责任的情况，是最重的民事责任，因为它不属于民法中的特殊侵权行为，故此不在这里叙述）。由于从事高度危险作业造成他人损害的，就是这种加重的无过错责任。《民法通则》第123条规定的从事高空、高压、易燃、易爆、剧毒、放射性、高速运输工具等作业就属于具有高度危险性的。

在这一种侵权责任中，只有当侵害人能够证明损害是由受害人故意造成的时，才不承担民事责任。这就是说，即使侵害人没有任何过错，而且受害人本人有重大过失时，从事这种高度危险作业的侵害人也不能免除民事责任。法律这样规定并不意味着受害人有过错时侵害人仍要承担全部民事责任。不免除民事责任并不意味着必须承担全部责任。如果说在前一种无过错侵权责任中，侵害人只要能证明受害人有过错，就可以免除责任的话，那么在这种无过错侵权责任中，他必须证明受害人是故意的，才可以免除责任。但是如果他能证明受害人有重大过失时，可以援引《民法通则》第131条，减轻他的民事责任。在汽车交通事故赔偿中就应按照这一原则处理。

所有上述五种加重的侵权责任都与视为、推定有关。视为就是法律认定为有过错，侵害人不得举证推翻；推定就是法律认为应承担侵权责任，但侵害人可以举证推翻，举证的内容和限度又有所不同。所以，研究民法中的视为、推定和举证责任有着现实的重要意义，尤其是在侵权责任中。

论民法传统与当代中国法律（上）[*]

江 平 米 健

人类社会的法律发展史上，业已形成了种种法系，其中代表着东方社会历史文化的中华法律传统和代表着西方社会历史文化的民法传统和普通法法律传统无疑是最为重要的。但是，从近代开始，中华法律传统也渐受西方法律思想及其制度，特别是受民法传统的法律制度影响。质言之，亘古数千年自成一统，与世界上其他民族的法律传统无缘的中国法律制度，由于近代西方资本主义列强以坚船利炮击破了天朝大国的国门，因而不得不将自身发展纳入近现代社会生活的轨道。晚清自光绪二十八年正式开始酝酿实施的一系列立法活动，乃从一个方面反映了这一中国法制现代化的进程。从法律发展史上看，清末立法活动从根本上改变了中国法律制度的发展方向，标志着中国近现代法律制度发展的开端。它完全突破了作为中华法律传统代表的中国法律制度数千年来与世隔绝的封闭保守局面，情愿抑或不情愿地逐步与西方法律思想与制度发生接触，从而使自己渐渐具备了大陆法系传统，即民法法律传统的基本特征。当然，作为一个民族历史及其文化的体现，中国法律制度并不由此完全失去其本身固有的传统与特点。而且，亦不能否认除大陆法系外，英美法系的法律制度与法律思想也在某种程度或某些方面对它产生了一定影响。于是，研究当代中国法律，评价其得失，揭示其未来发展的一般趋向，颇有必要了解它由以构造的民法传统。

---

* 原文载于《政法论坛》1993 年第 2 期，系与米健教授合著。

一、民法传统的起源

民法传统或民法法系（civil law tradition 或 civil legal system）是指渊源于上古罗马法——一般指罗马市民法（Jus civile），并以其法律制度为基础演进发展而最终形成的法律传统。由于这一法律传统不仅与罗马法有最久远的历史渊源关系，而且至今还多奉罗马法的制度、体例及诸多法律原则为楷模，故习惯上又称其为"罗马法系"。另外，因其产生与发展及至后来的"继受"都首先发生并且实现于欧洲大陆，所以人们又称其为大陆法系。

民法传统的源点是上古罗马国家的法律，所谓"民法"（civil Law）一词即由罗马"市民法"（jus civile）沿用而来。市民法是早期罗马国家适用于"公民"或"市民"（civic）之间的法律，并非是罗马法律的全部内容。它发生于古罗马各部族的习惯，是罗马民族本身固有的行为规范，这些习惯通过罗马王政时代（758B. C. -510B. C.）的国王立法被有选择地加以确认，至共和国初期的公元前 50 年前后，复以国家立法形式出现，是为《十二表法》（Lex Duodecim Tabularum），这是市民法的最古老渊源。由于它主要源出于古罗马各部族的习惯，故也当然不免所有民族远古行为规范那种保守僵化、形式主义的普遍特点，而这些特点从一开始就注定了市民法未来的命运。当罗马共和国通过一系列扩张战争和商业贸易迅速发展了它的对外交往之后，新的适用于各民族的法律即"万民法"（jus gentium）随之产生，以适应发展了的罗马社会关系。这种万民法通过裁判官（praetor）的司法创制即裁判官告示（edictum）、法学家解答（responsa prudentium）以及皇帝的敕令（edictum, constituti-ones principium）等逐渐形成，极大地丰富发展了罗马法。在全部罗马法中，万民法代表着较为成熟并广为后世所接受的那一部分内容。所以，作为罗马法的渊源之一，它起着远比市民法重要的作用。不过，就一个法律制度总体而言，罗马法又始终以"市民法"这种形式体现。公

元6世纪东罗马皇帝查士丁尼主持编纂的《民法大全》（Corpus Juris Ci-
vilis）又最终以"民法"这种形式集罗马法之大成。后世之"民法传
统"至此方得确定的语源。美国学者谢尔曼曾说："在罗马法发展和变
化的历史过程中，市民法是起点，并且贯穿于全过程。这样，罗马法就
形成了以市民法为主线的三个体系，即市民法、最高裁判官法和万民
法。罗马国家的法律规范正是由这样三个法律部门组成而且构成具有内
在联系的统一整体。"〔1〕又如法国比较法学者达维德所言："罗马日耳曼
法的另一个特征在于这样的事实：由于历史原因，这些法首先是为了规
定公民间的关系而制定的，法的其他部门只是从'民法'的原则出发，
较迟较不完备地发展起来的，民法曾长期是法学的主要基础。"〔2〕

二、民法传统的形成

民法传统发源于罗马法，但其形成却是在中世纪德意志各部族继受
罗马法之后。公元6世纪的《民法大全》既是罗马法的总结，也是罗马
法的终结。此后直至注释法学派兴起，罗马法一度经历数百年沉默。不
过，借助于教会的讲习研究，它同时也无声无息地存续并积蓄其生命
力。经过中世纪早期的长期战乱纷争之后，到了11世纪，欧洲各民族
国家已相继大体完成了封建化过程。其中日耳曼诸部族国家由于立足于
古罗马帝国的废墟之上并处于特定的历史环境中，故亦得以从军事民主
社会直接过渡到封建社会。由于新的社会组织结构形成，部族国家得到
初步统一，故使社会政治相对稳定，社会经济相对发展。后者主要体现
在手工业与农业的分离加速，劳动生产者之间、封建主之间及各民族之
间的经济乃至文化交流日益频繁广泛。作为上古希腊、罗马时代城市的

---

〔1〕 C. P. Sherman, *Roman Law in the Modern world*（《罗马法在现代世界》），The Boston
Book Company 1917，第26页。

〔2〕 ［法］勒内·达维德：《当代主要法律体系》，漆竹生译，上海译文出版社1984年
版，第25页。

重现，作为当时的商业中心与枢纽，中世纪商业城市开始萌生或复兴。在这种历史条件下，数个世纪以来用以维系世俗社会秩序的宗教色彩的慈善公正观念及其相应的规范与制度，渐渐不能适应社会发展的需要。所以，人们便开始着力寻求一种产生于世俗社会的、理性的公平、正义观念及与其相应的规范与制度。而这种规范与制度恰恰早在数世纪前就由罗马人予以创造并高度完善，还通过教会法得到充分的体现。古罗马人的法律成就如此明显，以致当时人们只需发现并解释它们，就能满足现实探索的需求。于是，隐姓埋名甚久的罗马法以注释法学的形式跨出教会的门庭走向世俗社会。据说注释法学派的创始人，被时人誉为法学泰斗的伊尔耐里（Trnerius，1085～1125）曾主讲了《学说汇纂》的第一课。[1]法国比较法学者达维德曾就此写道："罗马日耳曼法系的建立是同十二十三世纪在西欧发生的复兴现象相联系的。这种复兴表现在各个方面；其重要表现方面之一即法律。随着城市与商业的复兴，社会上终于认为只有法才能保证秩序与安全，以取得进步。以仁慈为基础的基督教社会的理想被抛弃了；不再想在人间建立上帝之国。……人们不再把宗教与道德同世俗秩序与法混淆在一起，承认法有其固有的作用与独立性。这种作用和独立性将是此后西方文明与观点的特征。……世俗社会应以法为基础，法应该使世俗社会得以实现秩序与进步。这些思想在十二与十三世纪成为西欧的主要思想，并从此在西欧无争议的占统治地位，直到今天。"[2]

对实现上述法律复兴起着重要作用的是当时业已在欧洲，主要是在意大利城市形成的文化中心。作为中世纪欧洲第一所大学的博伦纳大学（Bologna）是最早讲授教习罗马法的大学，它以产生培育了注释法学派而尤负盛名，一度成为当时研究罗马法的学术中心，吸引了各国众多的

---

〔1〕 Mary Ann Glendon, M. W. Gordon, C. Osakwe, *Comparative Legal Traditions*（《比较法律传统》），West Publishing Co. 1982, p3.

〔2〕 ［法］勒内·达维德：《当代主要法律体系》，漆竹生译，上海译文出版社 1984 年版，第 38 页。

学人，从而对罗马法在意大利和意大利以外的传播做出了重要的贡献。时至 13 世纪，注释法学派的工作因阿库修斯〔1〕的《注释大全》而得以集大成。此后，评论法学派兴起，从而又将罗马法的复兴引向一个新的阶段。该学派不似注释法学派仅以注解古典罗马法为已足，而是力求把罗马法的解释适用于当时社会发展的需要。在意大利域外的欧洲，最先成功地继受罗马法的是德意志民族国家，而他们的继受也是由博伦纳开始。我国台湾地区学者曾有评价说："由于波罗那（即博伦纳——引者）大学为欧洲中世纪法学研究的先驱，同时为注释法学派的大本营，故意大利法学之研究成就，冠盖欧洲各国，因此德国青年留学国外攻读法律，同以意大利为最理想的国家。"〔2〕由此可知，中世纪欧洲罗马法复兴首先体现为罗马法研究的恢复。"其结果是在欧洲恢复了法的意识，法的尊严，法在保障社会秩序，使社会得以进步方面的重要性。"〔3〕从这种意义上来说，罗马法研究的恢复的确可以被视作罗马日耳曼法系诞生的主要现象。〔4〕

　　一般来说，德意志各民族继受罗马法的步骤首先是在大学进行法律教育，培养年轻的法律专家，而这种法律教育大多是以罗马法为主，其年轻的法律专家无不受到罗马法的熏陶。因为当时"在欧洲的所有大学里，任何法律教育的基础是罗马法，辅之以教会法"〔5〕，这种情况甚至一直延续到 19 世纪。当然 15 世纪以前德意志法学教育中寺院法尚居主要。但"寺院法与罗马法关系密切，如无罗马法的修养，绝无法执教寺

---

　　〔1〕　F. 阿库修斯（约 1182~1260），中世纪意大利杰出的法学家，注释法学派的集大成者。早年曾师从阿佐，后也成为博伦纳大学的教授。他编著的《法令注释》（或称《注释大全》）对以往注释法学派的研究成果作了概括总结。

　　〔2〕　戴东雄：《中世纪意大利法学与德国的继受罗马法》，台湾大学 1981 年初版，第 154 页。

　　〔3〕　［法］勒内·达维德：《当代主要法律体系》，漆竹生译，上海译文出版社 1984 年版，第 48 页。

　　〔4〕　［法］勒内·达维德：《当代主要法律体系》，漆竹生译，上海译文出版社 1984 年版，第 49 页。

　　〔5〕　［法］勒内·达维德：《当代主要法律体系》，漆竹生译，上海译文出版社 1984 年版，第 41 页。

院法。反之，学习寺院法，必以罗马法为基础"。[1]早在 12 世纪，留学于博伦纳的德意志学生既已形成团体，后又有学生组织。13 世纪约 489 人，14 世纪达 1650 人，15 世纪约有 1038 人。从 1289～1562 年计有 4400 名德意志学生在博伦纳学习过。[2]德国学者威格尔（weigel）根据已发现的中世纪各大学考试资料研究指出，从公元 1485 年到 1520 年，每三位博士候选人中就有一名德意志学生，而德意志学生中又以攻修法律居多。此亦可见德意志继受罗马法的人才基础。[3]与此同时，许多德意志学生还在法国学习罗马法。初在巴黎，公元 1219 年巴黎禁授罗马法后，又移向南部法国之奥尔良。1387 年那里有德国学生 58 人，15 世纪后增至 100 人。其学习研究的内容也多以罗马法为对象。所有这些，都足以表明德意志国家继受罗马法的基础及其必然。

在上述历史背景下，中世纪德意志民族国家于 16 世纪首先完成了对罗马法的继受，但是继受的程度因地区不同而有异。较为深入普遍的继受发生在当时德国，即神圣罗马帝国的西南部与西部，如今西部的法兰克福（Frankfurt）、瑞士的巴塞尔（Basel）及法国的斯特拉斯堡（Strasburg），还有莱茵河（Rhine）流域及其支流美茵河流域等地区。大体相当于今日的黑森（Hessen）、巴登-威腾贝格（Baden-wurtenberg）及莱因兰-普法茨（Rheinland-Pfalz）。总之，有如美国比较法学者所言："在巴黎和牛津、布拉格和海德堡、科拉克夫和哥本哈根等地，中世纪罗马日耳曼法和以复兴罗马法为基础的法学之间发生了一种融合。这种新生的混合物以不同的方式在不同程度上形成了未来一切民法制度将要发生的各种变化和法典编纂的基础。而这种为所有北意大利受教育的学者所共享的新学问也为各民族法律的进一步发展提供了共同的方

---

[1] 戴东伟：《中世纪意大利法学与德国的继受罗马法》，台湾大学 1981 年初版，第 164 页。

[2] 戴东伟：《中世纪意大利法学与德国的继受罗马法》，台湾大学 1981 年初版，第 155 页；参见 H. Coing, *Römisches Recht in Deutschland*（《罗马法在德国》）和 F. Weigel, *Dcutsche Studenten in ltalien*（《德意志学生在意大利》）。

[3] 戴东伟：《中世纪意大利法学与德国的继受罗马法》，台湾大学 1981 年初版，第 156 页。

法论。"〔1〕实际上,此处所谓"新生的混合物"即"罗马普通法"(Jus commune),"这是欧洲学术界完成的不朽作品",〔2〕也是民法传统得以形成确立的实质基础。如果没有这种变古代为现世,融个别为一般,化局部为一统的罗马普通法,欧洲大陆上的民法传统将无从谈起。

三、民法传统的确立

民法传统在欧洲大陆上的确立是以近代资本主义国家的法典编纂为标志的,其中最主要的还是 1804 年《法国民法典》。此前虽有一系列民族国家的法典出现,但都未产生像这部法典那样深远的影响。如 17 世纪斯堪的纳维亚国家的法典,其影响仅限于本地区或本国。另外,18 世纪还产生了由普鲁士弗里德里克二世和奥地利约瑟夫二世主持编纂的法典,其影响也较为有限。这些早期民族国家的法典均在很大程度上以罗马普通法为基础。而 1804 年《法国民法典》及随后其他法典的出现,对民法传统的确立起了一锤定音的作用。它将发源于罗马法的、形成于中世纪德意志民族和其他民族之继受罗马法过程中的法律传统,划时代地以近代社会生活的思想观念和生活内容集大成于一典。从此,一个严格意义上的、自成体系的民法传统最终得以确立。作为民法传统的典型代表,作为当时和后世其他国家编纂法典的重要模式,法国民法典的编纂影响极为深远。

在历史上,法国法与罗马法有更久远的渊源。早在古罗马人于共和国末年征服山外高卢之后,罗马法就已在高卢地区实施。而且,即使西罗马帝国倾覆以后,罗马法也仍然在日耳曼人那里发挥一定作用,如依旧为西哥特、勃艮地两个王国的非日耳曼法源。公元 506 年西哥特国王阿拉利克二世(Alarich Ⅱ)颁布的《阿拉利克简明法典》(Breviarium

---

〔1〕 Mary Ann Glendon 等, *Comparative Legal Traditions*, p. 22.
〔2〕 [法] 勒内·达维德:《当代主要法律体系》,漆竹生译,上海译文出版社 1984 年版,第 43 页。

Alaricianum 或 Lex Romana Wisigothorum），实为《狄奥多西法典》及其他法源的缩编和相应的评论与阐述。十一十二世纪，当罗马法在北意大利复兴之际，对《民法大全》的研究也在法国的蒙彼利埃与图卢兹（Montpellier 和 Toulouse）两所大学开始进行。由于法国南部深受罗马成文法影响，而北部则以日耳曼人习惯法为主，故当时形成了法国法律两分的基本格局。当然，这种两分始终也不是十分严明的。11 世纪前后，法国法由于教会与王朝地方特权的分割而极为杂乱不一。13 世纪始出现一批法律著述，多以特定的地方习惯为根据。其中最为重要的有反映奥尔良习惯的《正义与申辩》（Livrede Jostice et de Plet），《诺曼底习惯大全》（Grand coutumier de la Normandie）和博马努瓦尔的《博韦习惯集》（Coutumes de Beauvaisis）等。对各地混乱纷杂的习惯，人们自 12 世纪起开始予以整理。1454 年，卡尔七世颁布敕令，规定各地习惯应在王室专家委员会的参与下整理。已整理的也要重新编录。16 世纪末，所有重要的习惯已不复只是地方性的了。尽管如此，革命前法国的习惯仍不下60 个大的适用区域，在地方适用的习惯约有 300 种。[1]不过，巴黎习惯法始终占有重要的地位，时至 16 世纪初，这种地位更加牢固不可动摇。十七十八世纪，法国出现了一批法学家，他们的著述被直接作为民法典编纂的基础。[2]通过法学家们对法国习惯法的研究，"普通习惯法"（droit coutumier commun）或 "法兰西法" 的观念得以确立，它成为法国法律统一的思想基础的重要方面。因而，当法国革命到来时，当拿破仑以其权威倡导法国法律统一时，法国法的编纂成典就成为自然而然并有客观基础的事了。

　　法国法的历史因 1789 年的革命而发展到一个新的阶段。它首先表

---

　　〔1〕 K. Zweigert，H. Kötz，*Einführung in die Rechtsvergleichung auf dem Gebiete des Privatrechts*（《比较私法导论》）J. C. B. Mohr，Tübingen，1982 2·Auflage S. 90。

　　〔2〕 其中如布尔戎（Bourjon），律师，法国杰出的习惯法专家，其所著的《法国普通法和巴黎习惯法基本论》颇有影响。

现为革命政府以 1759～1799 年间的"过渡期法"（droit intermediaine）破坏了传统的社会制度，并初步建立了新的革命法制与社会制度。1799年以后，根据执政府宪法，第一执政拿破仑主称，立法会议负责实施立法。经过几番周折，1803～1804 年不到一年内，法国立法会议制定通过了 36 项单行法。1804 年 3 月 31 日所有这些法律被冠以"法国民法典"颁布实施。至此，法国法制史上，同时也是世界法制史上实现了一项伟大的创作。

作为近代史上第一部重要的法典，1804 年《法国民法典》实际是"法兰西法"，即"普通习惯法"和罗马法长期融合的产物。前者是混乱不成文的，后者则是一统且成文的。所以 1804 年《法国民法典》在形式上完全是奉罗马法——查士丁尼的《法学阶梯》[1]结构为模式。不仅如此，在许多具体内容或规范原则方面，《法国民法典》都颇多取材于罗马法。对此，只要将罗马法与《法国民法典》稍作比较即当了然。所以，《法国民法典》的颁行，无论是就其历史源流而言，还是就其现实内容而言，都确实体现为民法传统的继续与发展。该法典颁行后的几十年内，不仅成了欧洲拉丁民族的立法典范，而且还为东欧、近东、中美洲和南美洲甚至非美地区所效仿。即使是在德国和意大利，它也长期地发生着影响。时至今日，比利时、卢森堡和尼德兰的民法典还依旧受《法国民法典》的支配。当然，应该指出的是，一种异民族法律的继受并非是"质量问题"，而是"力量问题"。"法律继受的发生至少是基于被继受法律在思想与文化方面的强有力地位，而这种强有力的地位又复以该法律乃属强大的政治力量的法律为条件，假使这种力量仍然实际存在，假使它及其文化至少还生机依然而且记忆犹新。"[2]因而，在考察

---

〔1〕 Institutes Justiniani，或 Institutiones，制定于公元 533 年，《民法大全》的组成部分之一，源出盖优斯的"Institutiones"。又称《法学大纲》《法学总论》（参见查士丁尼：《法学总论——法学阶梯》，张企泰译，商务印书馆 1989 年版）。

〔2〕 Paul Koschaker, *Europaund das Römische Reche*（《欧洲与罗马法》），C. H. Beck 1966, S. 138。

民法传统的确立及其分布之时，不能不注意到法国当时在政治上、军事上所处的强有力地位这一因素。实际上，正像古代罗马法曾被推行到被征服的广袤的帝国领土上一样，《法国民法典》也被拿破仑和他的军队带到了比利时、荷兰、波兰大部、意大利以及德国西部地区。然而，在殖民时代，法国将其法律影响远远扩大到大陆欧洲以外的远东、北非和亚撒哈拉非洲、印度支那、大洋洲、法属圭亚那和法属加勒比群岛等地区。"法国民法的影响不仅经久不衰，而且还超越了拿破仑称霸之域和法国殖民地区。"[1]

由此，我们可以确信，"历史常有惊人的重复之处，而这种重复又是多么规律地从自然趋向于必然。罗马法的命运和法国法的命运恰恰就是这种何其相似的螺旋式重复，以致我们不能不将二者的命运紧密地联系起来。当我们谈到今天的大陆法系时，不能不考察法国法，而考察法国法则又自然要了解罗马法，因为前者正是站在后者这个'巨人'的肩膀之上，拓展了现今世界上得到最广泛承认的法律科学"。[2]

四、民法传统的巩固与发展

如果说 1804 年《法国民法典》的颁布是"民法"之所以最终确立为传统的标志，那么，1890 年颁布的《德国民法典》则是这一传统的巩固与发展。换言之，没有后者，民法传统也已是现实的存在，但由于后者的出现，民法传统又得到了进一步地发展改进，从而使得这一传统又获得了在新的历史条件下存续的生命力。《德国民法典》的历史功绩高于《法国民法典》之处，正在于此。

从历史上看，德意志民族与拉丁民族有很深的渊源。公元 476 年，日耳曼人攻灭西罗马帝国，并在罗马帝国的废墟上继续其相对滞后于罗

---

〔1〕 Mary Ann Glendon 等，*Comparative Legal Traditions*，pp. 39~40.

〔2〕 参见米健："罗马法对法国法的影响"，载《法国研究》，武汉大学法国问题研究所 1986 年版，第 66 页及以下。

马人社会的军事民主制社会。从这时起，日耳曼人的社会政治、经济和文化等就与罗马人的社会政治、经济和文化结下不解之缘。早在中世纪日耳曼各部族继受罗马法之前，他们就通过各种途径，主要是教会法讲习和一般法律教育来接触了解罗马法。15世纪后半叶在德意志国家中展开的罗马法继受"远远胜于在法国，英国更不用说。它不仅造成罗马法律制度和概念的广泛继受，而且还促使了法律思想的科学化，而如此规模的继受是其他民族所未曾经历的"。[1]日耳曼民族之所以如此深刻地继受了罗马法，自有其特定的历史背景和社会条件。首先，形成于日耳曼习惯法法律渊源的法律及其相应的形式与制度在中世纪后期已渐渐不能满足日耳曼人社会生活本身及其与异民族交往活动的需要。而罗马法恰恰是在思想原则、立法形式和规范内容诸方面给日耳曼人社会提供了现成的典范。其次，德意志帝国的国力到中世纪后半叶时已颇为削弱，中央集权的帝国司法机构与体系并未真正确立，而一个代表着德意志民族法律文化本身的法律职业阶层还没有形成。因此，体系与制度完备的罗马法就有可能顺利地进入德意志人社会的法律生活并渐渐喧宾夺主，取而代之。当然，这种夺主与取代只能是在融合渗透的基础上发生。也就是说，罗马法在德意志民族国家中的继受并不意味着继受民族或国家本身固有的法律或其文化完全被摒弃。相反，德意志人继受罗马法的结果只是它拥有了后者，或者是后者成为前者法律文化中的一部分。而一个法律传统的形成、确立及其发展不外乎就是各个不同民族或国家之法律文化的相互影响和渗透，彼此借鉴和融合的结果。

不过，或许对于近现代法律文化更有意义的是，德意志人又在以往历史已奠定的基础上制定颁布了与罗马法有血脉之缘的《德国民法典》。这部民法典的诞生将已由《法国民法典》及其他法国诸法典确立的民法传统予以拓展光大，并使之在制度与技术上、原则与思想上、形式与内容上达到了新的时代高度。其结果，民法传统在现代社会的生命力得以

---

[1] K. Zweigert, H. Kötz, *Einführung in die Rechtsvergleichung*, S. 156.

加强，在当今世界上的分布范围更为扩大。

　　《德国民法典》制定颁布于 19 世纪末期，但其准备工作可溯及 18 世纪初。如前所述，最早将法典编纂付诸实施的动议出自于弗里德里希二世，此人曾是法国启蒙哲学的追随者。不过，"当十八十九世纪之交《普鲁士普通邦法》和《奥地利普通民法典》相继颁行之时，理性法这颗明星已开始沉坠"。[1]继之兴起的是对德国近现代法学及法律制度产生了重大影响的历史法学派，其代表人物之一是冯·萨维尼（Savigny，1779～1861）。历史法学派的主要思想是：法律不外乎是一种"民族精神"的体现，是来源于民族灵魂深处，并经过长期历史进程孕育成熟的一种文化现象。所以，离开民族自身的历史和文化，体现为法律的"民族精神"就无从谈起。该学派的思想观点在 19 世纪初萨维尼与蒂鲍之间的著名论战中得到了系统的阐发。[2]"由于萨维尼认为所有法律都是历史上生长的法律，所以他和他的历史法学派同仁们均将注意力放在历史发展中的法律之上。"[3]而事实上他也对德国的日耳曼法研究起了决定性的推动作用。但是，萨维尼本人终生致力于研究的则大体是古典罗马法，他的主要门生也多效法其学。就此而言，萨维尼的历史法学纲领并未被其本人贯彻。不过在历史法学派的倡导下逐渐形成了一种新的学派，此即"学说汇纂派"。[4]它以把罗马法律材料加以系统化、教条化的整理作为主要任务。通过学说汇纂派的努力，"德国法律秩序现今体现为一个以罗马法为基础而发展的，制度、概念及原则完整的体系；通

---

　　〔1〕　K. Zweigert，H. Kötz，*Einführung in die Rechtsvergleichung*，S. 162.

　　〔2〕　即发生于 1814 年的"法典编纂之争"。这一法学论争可谓世纪之争，因为它反映了当时历史条件下两种势力、两种思想之间的斗争。论争的双方，萨维尼与蒂鲍均为当时德国的著名法学家。起因是当时任海德堡大学教授的蒂鲍（1772～1840）发表了一篇论文《论统一德国民法对德国的必要性》。这篇文章中提出的看法立即遭到萨维尼（1779～1861）的激烈反对，他针锋相对地发表了《论当代立法与法学的使命》一文。一场波及甚广、愈演愈烈的学术大论战遂由此展开。这场论战最终以萨维尼占上风而结束，这使得德国民法典的制定缓滞了半个多世纪。

　　〔3〕　K. Zweigert，H. Kötz，*Einführung in die Rechtsvergleichung*，S. 164.

　　〔4〕　一译"法律全书学派"。

过逻辑的因而也是'科学的'运用，就能获得对所有法律案件的判决。在这种情况下，法律的适用就沦为一种纯'技术'过程，一种只听从抽象概念那种臆想的'逻辑必然性'的计算过程，而对实际的理智、社会的评价，伦理的、宗教的、法律政策及国民经济的权衡斟酌则根本不再发生联系"。[1]学说汇纂派造就的这种"概念法学"，后来颇多地影响了《德国民法典》的制定，以致给后者以明显的烙印。总的说来，这既是《德国民法典》与《法国民法典》的不同或高明之处，又是它的不足之处。[2]

在前述历史背景下，德国于19世纪中期开始实施近代私法的统一编纂。1848年通过了《汇票条例》，1861年又通过了《德国普通商法典》，1865年复由专家与学者提出了一部债法草案——《德累斯顿债法草案》。普法战争[3]之后，俾斯麦借民族国家统一之势，加紧了立法工作。从1874~1896年，22年间先后有两个民法编纂委员会执行民法典草案的起草工作。当1887年第一委员会将差不多完全产生于书斋的第一部草案提出以后，受到多方面的指摘，显然它不能为人们接受。于是，1890年复召集第二委员会对该草案加以修订。第二委员会除了对该草案遭受最激烈抨击的部分作了略微变动外，并没有对原草案作什么重大修改。1895年，第二部民法典草案连同其"备忘录"一并提呈国会，次年由国会通过，并由皇帝钦定于1900年1月1日生效。

和《法国民法典》相比，《德国民法典》不仅独具风格，而且还在形式、内容方面有很多不同。究其原因，主要是两部法典所处的历史时

---

〔1〕 K. Zwcigert, H. Kötz, *Einführung in die Rechtsvergleichung*, S.165.

〔2〕 参见 *Die Vorlage der Redaktoren für die erste Kommission zur Ausarbeitung des En twurfs eines Bürgerlieqen Gesetzbuches*（《民法典草案第一起草委员会提案》）。

〔3〕 1870~1871年普鲁士同法国的战争，以法国的失败而告终。普鲁士在这次战争中的胜利促成了德意志各邦的统一。

代颇不相同。通常"一部民法典编纂的特点根本上是要由它所赖以产生的特定历史条件来决定"。[1]《德国民法典》较之《法国民法典》差不多晚了一个世纪，而在这段历史时期内，欧洲社会恰恰酝酿并实现着时代的转折。《法国民法典》颁行之时，正值大资产阶级夺取政权不久，尚为自由资本主义蓬勃发展之际；而《德国民法典》颁布之时则是自由资本主义向垄断资本主义过渡已接近尾声或基本完成，因此，反映在这部法典中的思想与规范远非像前者那样激昂进步，相反，明显地冷静保守。就此，当代德国法学家拉德布鲁赫的评价颇为中肯：《德国民法典》"与其说是 20 世纪的序曲，毋宁说是 19 世纪的尾声"。[2]或如齐特尔曼所言，它是"一个历史现实的审慎终结，而非一个新的未来的果敢开端"。[3]然而无论怎样，它毕竟是反映了《法国民法典》限于时代而不能或未能反映的社会关系。另外，由于受学说汇纂派的深刻影响，《德国民法典》在语言、技术、概念和结构诸方面独树一帜。质言之，它是要用之于专家或法官的法典，而不是要用之于人民大众的法典。不过，这种缺憾也许又正是它的价值所在，即它的规范的准确性、清晰性及完整性。历史已证明，《德国民法典》的颁布，又把民法传统发扬光大。它对后来意大利、希腊、葡萄牙及亚洲的日本、我国民国时期的法典编纂都有着直接或间接的影响。

（待续）

---

[1] K. Zweigert, H. Kötz, *Einführung in die Rechtsvergleichung*, S. 168 及以下.

[2] K. Zweigert, H. Kötz, *Einführung in die Rechtsvergleichung*, S. 169.

[3] *Deutsche Juristenzeitung*（《德国法律家报》），1900，3。

论民法传统与当代中国法律（下）[*]

江 平 米 健

五、民法传统的特征

民法传统既是世界法律发展史上最为重要的法律体系之一，而它在当代世界的社会生活中又产生着如此广泛深刻的影响，那么，我们何以判断并评论它的历史发展和现实存在呢？毋庸赘言，我们首先要明确民法传统所据以区别于其他法系或法律传统的基本特征。德国学者茨威格特和科约茨曾就法系的划分提出他们的标准或应予考虑的要素：（1）一个法律秩序的发源与演进；（2）其独特法律思想方式；（3）特定的、有代表性的法律制度；（4）法律渊源及其解释的种类；（5）思想因素。[1]法国学者达维德则简单地认为："罗马法学研究的恢复是标志罗马日耳曼法系诞生的主要现象。属于这个法系的国家就是历史上其法学家与法律实际工作者使用罗马法学家的分类、概念与推理方式的那些国家。"[2]他们的观点各有独到之处，但基本特点还是一致的。就全面性而论，前一种观点似更有启发。其实，作为一种法律体系，民法传统的特征是多方面的，举其大端可见之于以下几点。

---

* 原文载于《政法论坛》1993 年第 3 期，系与米健教授合著。

〔1〕 K. Zweigert, H. Kötz, *Einführung in die Rechtsvergleichung*, S. 40.

〔2〕 ［法］勒内·达维德：《当代主要法律体系》，漆竹生译，上海译文出版社 1984 年版，第 49 页。

第一，发源于罗马法，与罗马法有直接或间接的历史文化渊源。在某种程度上，可以说民法传统是以罗马法为基础的。不仅如此，民法传统还直接取义于罗马法，即罗马的"市民法"[1]。西罗马帝国灭亡后，日耳曼各部族也都自觉或不自觉地、情愿或不情愿地与罗马法相交融；中世纪中期罗马法的复兴，直接产生了民法传统赖以形成的罗马普通法。[2]近代世界第一个民法典——《法国民法典》无论是在历史上、思想上、法律制度和法典体例上乃至许多具体规定上，都与罗马法有着不可分割的联系。而此后近百年颁行的《德国民法典》也同样如此。当然，两个法典对罗马法的借用与倚重有很大不同。即使如此，它们也显然在诸多方面可归源于罗马法。至于近现代社会因受法国法和德国法影响而应纳入罗马法系或民法传统的众多民族国家的法律，则应就其所受的影响而被视为间接地源于罗马法。

第二，以法典法为主要法律渊源，法规法辅之。近现代以来，民法传统也渐渐以判例法作为对法典的补充，这一新的趋势在民法传统的国家中愈来愈明显。尽管如此，以法典法为主的这一民法传统特征依旧是它区别于普通法传统的重要所在。从罗马法开始，法典编纂就成为民法传统的重要组成部分。公元前450年《十二表法》的制定，可谓"民法"最古老的法典编纂。罗马古典法时期以后，在罗马法和罗马法学得到空前发展的基础上，曾相继出现了几部法典，即《格雷高利法典》（Codex Gregoriahus，295A. D.）、《赫尔摩格尼法典》（codex Hermogenianus，324A. D.）和《狄奥多西法典》（Codex Theodosianus，435A. D.）。此外，西罗马帝国灭亡以后，复有几部日耳曼习惯法与罗马成文法杂糅的法典编纂，如《狄奥多利克敕令》（Edictum Theodorici，约500A. D.）、《西哥特罗马法》（即《简明阿拉利克法典》）及《勃垦地罗马法》（Lex Romana Burgrundi-onum，约517A. D.）。此外，当然还有最为著名的《民法大全》。中世

---

〔1〕　"Civil Law"从语源学上亦可溯及"juscivile"。

〔2〕　参见本文第二部分。

纪晚期，欧洲又出现了《现代法学汇纂实用》，它主要是经过注释法学派和评论法学派的加工，并"受教会法各种观念的影响而深刻畸变的罗马法"。[1]除此之外，中世纪欧洲各国差不多都曾进行过法典编纂的尝试，且无不受罗马法影响。西班牙卡斯提尔国王阿方索十世时曾编纂有《七章法》(Siere Partidas，Codogo de Las，1265 A. D.)。至于近代史上，民法传统则更以其法典编纂彪炳于世。如法国的民法典及其他诸典，德国的民法典及其他诸典，意大利、瑞士、荷比卢、西班牙、葡萄牙、日本和中国等无不以法典编纂为基本法源。

不过，将法典法作为民法传统中的基本法源，并不应忽视该法律传统中的其他法源。特别是近现代以来，法规法和判例发挥着愈来愈重要的作用，它们弥补了法典的不足，为适应社会发展而不断开拓着新的法律领域，创建着新的法律原则，已经成为民法传统法律制度中不可缺少的重要组成部分，以致没有法规法，一个完整的法律制度就无从谈起。本世纪以来，民法传统中另一个引人注目的趋向是判例法也愈来愈多地渗入法源体系当中，即成为当代民法传统法源的一部分，它对制定法的改进修订起着日益重要的作用。[2]但是，尽管民法传统的法源有许多发展变化，可它在几千年演进过程中所具备的基本特征之一，即以法典法为基本法源的局面或制度仍然未能被改变，它依旧是我们用以与普通法系相区别的一个重要方面。

第三，以民法为其法律制度的核心。民法传统的法律制度或法律体系，差不多均奉"民法"为核心。当然，此处所言民法是指作为一个法律领域意义上的民法。所以如此，有其历史和社会的原因。如前所述，从历史上看，民法传统源起于罗马法，而且直接取义于"市民法"。实际上，我们现今所谈罗马法，一般系指以"市民法"笼统概括的私法。

---

〔1〕〔法〕勒内·达维德：《当代主要法律体系》，漆竹生译，上海译文出版社1984年版，第43页。

〔2〕 Mary Ann Glendon 等，*Comparative Legal Traditions*，第48页及以下。

无论"市民法"也好，罗马私法也好，它们所含内容恰恰基本上相当于近现代的民法范畴。于是，以罗马法为基础发展而成的法律传统以"民法"自我标榜就不足为奇了。民法传统的历史表明，民法始终是其法学与法制的重要基础，其他法律部门通常是随着民法的发展而发展。从社会方面讲，民法制度或民法范畴反映着最一般最普遍的生活劳动关系，是处于一定社会制度下生活、劳动和进步的人们无时不涉及的行为规则。古往今来，此情已成规律。因而，说明一个社会或国家的法律制度首先着眼于民法制度，这也是理所当然的。正因如此，当今世界上大多数法学家仍视民法为民法传统的真正核心。"在某些国家，它甚至可以具有准宪法性质。"〔1〕这也说明了为什么许多比较法学者在研究近现代民法法系乃至其他法系时都以民法典为主要的考察对象。

第四，法律的进步倚重于法学。虽然各个法系中的法律发展都无一例外地受法学影响，但像民法法系这样特别地倚重法学则是其他法系所不及的。在罗马法时代，促成罗马法迅速发展成熟的重要因素就是罗马法学的发达。可以肯定地说，如果没有罗马法学，就不可能有存留后世千载享誉的罗马法律。在罗马共和国中期至古典罗马法时期以前，虽然是法官法，即裁判官告示（edictum Praetorum）极大地丰富了罗马法，但殊不知这种裁判官告示也是经常地以法学家的见解或咨询为依据的。〔2〕古典罗马法的繁荣，实际上可以说是罗马法学的繁荣。德国当代罗马法学的权威马克斯·卡泽尔写道："前古典和古典时期的，亦即在此期间获得决定性发展的罗马私法，体现为法学家法。它的思想上的创作者，即精谙法律的人们，并不是脱离现实的学者，而是实际法律生活中的人们——即使不一定是司法组织——他们直接地从实际法律生活中创造着他们的科学并转而又以其学识直接地服务于法律实践。通过这种

---

〔1〕 ［法〕勒内·达维德：《当代主要法律体系》，漆竹生译，上海译文出版社 1984 年版，第 46 页。

〔2〕 Rudolph Sohm, *Institutionen*（《罗马法原理》）Duncker & Humblot 1917, 15 Auflage, S. 102。

法律适用、法律改进和法律科学的完美结合，罗马法的这种生活现实性成为可能。"[1]集罗马法之大成的《民法大全》，其主体部分正是集罗马法学之大成的《学说汇纂》及《法学阶梯》，而法典和新律相形之下显得逊色多了，至少对后世罗马法的继受与传播是如此。11世纪开始的罗马法复兴，也正是着眼于法学，最后又归结于法学，注释法学派和评论法学派莫不如此。十八十九世纪德意志国家的学说汇纂学派在德意志法律发展过程中也起着至关重要的作用。至于民法传统确立之后直到今天，法学始终是该法律传统的重要组成部分。民法传统中倡导学理教条，盖与此不无联系。这也是它和普通法传统的重要区别之一。在后者那里，是法官法或判例法对法律进化起着关键作用。所以，一般地说，民法传统中法学家的地位要高于法官，普通法传统中则是法官的地位高于法学家；在法律发展史上，民法传统中的法学家往往名垂后世，而普通法传统中的法官则往往倍享殊荣。[2]不过，当代以来，民法与普通法两个传统间这方面的区别趋于缩小。在民法传统内部，也渐渐不乏有人批评或贬黜法学的作用。德国学者基希曼曾发表了一篇著名的论文《论作为科学的法学的无价值性》，索性直白道："只要立法者三句话，全部的有关藏书就可能成为废纸。"[3]不过，法学家在民法传统中的地位，他们对该传统法律制度发展的作用并未因此被动摇和削弱。法国学者达维德曾说："确实，在罗马日耳曼法系各国，现在有很多法学家或多或少有意识地变成了决疑论者。他们的头脑中，关心描述判例甚于批判精神，博闻强识重于思考判断。假使这种态度占上风的话，例如每件司法上的判决都被看成具有法律效力的规范，罗马日耳曼法系就要发生深刻变化而酷似普通法了。然而我们还没有到这个地步，次要的法律规范的存在既没有

---

〔1〕 Max Kaser, *Das Romische Privatrecht*（《罗马私法》），C. H. Beck 1966, 5 Auflage, S. 12 及以下。

〔2〕 Mary Ann Glendon 等，*Comparative Legal Traditions*，第 81 页及以下。

〔3〕 引自，Radbruch, *Einführung in die Rchtswissenschaft*（《法学导论》），K. F. Koehler 1958, 9 Auflage, S. 102。

把我们的法变成判例法，也没有把我们的体系变成决疑论体系。"〔1〕

以上所述，是我们用以识别民法传统的几个主要方面。除此之外，民法传统的法律精神或思想也有独特之处，如它始终与自然法观念息息相关，兴衰与共。但自然法思想所体现的那种公平正义理念，却是整个西方社会乃至人类社会共有的。因此，这是一个较为复杂的、涉及广泛的问题，当立为专题予以探讨。

六、民法传统在中国

中华法律传统历史悠久，绵延二千余年，但它是一种笼罩在东方神秘雾霭中的，政治、经济和文化上完全自我封闭的法律传统。换言之，它存续的重要前提乃是与世隔绝。所以，当近代人类社会生活的公使在西方资本主义列强侵略的陪伴下来叩响中国近代化命运之门，并且凭着军武之力闯入中国封锁千余年的国门时，传统的中国社会一下就面临着许多绝难适应的问题。作为调整社会关系的行为规范，法律首先是这种中西冲突的接触点。近代中国与西方列强签订的一系列不平等条约即可予以说明。在这种历史条件下，一切有识之士都知道，要想抵御列强的侵侮，要想适应近代人类社会的生活节奏，要想维系本民族的命脉，就必须积极主动地将本民族的生活纳入世界民族之林的共同生活轨道之上。所以，无论自觉与否，愿意与否，中国的社会都自然且必然地面对世界开放，而传统的中国法律制度也当然要加以改造。这就直接导致了清朝末年的一系列近现代立法活动。尽管清王朝的法律改革由于清王朝的覆灭而未能成就，但它无疑对当代中国法律的发展有着重大影响，并且在客观上为国民党政府初期的现代化立法创造了条件。从法律史的角度看，清朝末年的立法活动规定了当代中国法发展的基本方向，即使其

---

〔1〕〔法〕勒内·达维德：《当代主要法律体系》，漆竹生译，上海译文出版社 1984 年版，第 92 页及以下。

纳入了近现代各民族社会共同的法律生活轨道。无论有什么不同的看法，大概都不应否认由此发展而来的中国法律在其现实性上，实可归于罗马日耳曼法系即民法传统。这当然不意味着中国法律对自身传统的背离，相反，在历史渊源、文化背景等方面，当代中国不能不有其取决于自身民族之历史与文化的各个方面，而且还会一如既往地以此标榜其与异民族法律的种种区别。总之，每个民族国家的法律都不可能脱离其赖以植根的本民族的历史与文化，但同时也不应排斥吸收借鉴异民族的法律文化。正如美国学者梅里曼所言："法律传统是特定文化的组成部分，并且是悠远古老、根深蒂固的一部分。基本的法律观念与深刻的社会、政治、经济思想之间有着极为密切与复杂的联系。法律既取义于也补充着文化的其他部分，两者之间不可分割。……法律植根于文化之中，并且在各文化范围内对处于一定时间和地点的现实社会所提出的特定要求产生反响。从根本上说，法律是人们用以认识、阐述和解决某些社会问题的历史确定的过程。用一个法系去代替另一个法系既不可能也无需要。"[1]

传统中国法律之纳入罗马日耳曼法系或民法传统，乃自清末立法开始，至民国初立法完成。它大致体现为既有法律制度渐渐脱离了中华法律传统的窠臼，并且从各项制度、创制方式、结构体例及实施过程等方面基本具备了民法传统的特征，从而与当代世界各国法律制度取得了调谐。这一过程的实现，大体上是通过继受德国、瑞士的法律完成。其中日本法学及法学者扮演着重要角色。这是由当时中国立法改革的主导思想和特定的历史条件决定的。

中国近现代立法是近现代中国社会面向世界的必然结果。其发生的契机可见诸闭关锁国的失败。有学者认为，"近代我国立法运动最初之起源，远在中日战争之后，而盛于清之末季"。[2]而实际立法活动"实

---

〔1〕 John Henry Merryman, *The Civil Law Tradition*（《民法传统》一译《大陆法系》）Stanford, Colifornia 1969, p. 152。

〔2〕 杨幼炯：《近代中国立法史（增订本）》，我国台湾地区"商务印书馆"1967年版，第1页。

始于日俄战争之后，当时所谓士大夫认定日本以蕞尔小国竟能战胜大国，咸归功于日本立宪之结果。深信专制国家必难图强，于是'颁布宪法'、'召集国会'已成为一般知识阶级之愿望"。[1]不过，根据当时的历史情况看，清末立法活动酝酿既久，实际活动乃正式开始于1902年，即日俄战争前二年。它源起于清末的修订法律。而且，立法改制这种愿望也决非仅仅限于"知识阶级"。光绪二十七年，两江总督刘坤一、湖广总督张之洞会衔于五月二十七日、六月四日、六月五日连奏三折，提出了一些涉及司法改制、各类立法的建议主张，是为"江楚会奏变法之折"，此番奏议颇得当时大权在握的慈禧嘉许，称赞"事多可行，即当遵照所陈，随时设法，择要举行"，甚至还首肯"集思广益，博采群言，逐渐施行。择西法之善者，不难舍己从人，救中法之弊者，统归实事求是"。[2]于是，法律改制遂于次年由清廷正式下诏议定。二月初二清廷诏曰："惟是为治之道，尤贵因时制宜，今昔情势不同，非参酌适中，不能推行尽善。况近来地利日兴，商务日广，如矿律、路律、商律等类，皆应妥议专条。著各出使大臣，查取各国通行律例，咨送外务部。并著责成袁世凯、刘坤一、张之洞，慎选熟悉中西律例者，保送数员来京，听候简派，开馆纂修，请旨审定颁行。总期切实平允，中外通行，用示通变宜民之至意。"[3]清廷既明"通变宜民"之修律主旨，则当朝权臣颇有响应者。而袁世凯、刘坤一和张之洞更是及时会意上疏，既指出"经世宰物之方，莫大乎立法。律例者，治法之统纪，而举国上下胥奉为准绳者也"，又说明变法当从改律入手，以"便民益国、利赖无穷"。[4]此疏上奏于二月二十三日。同年四月初六光绪帝敕谕："现行通商交涉，事益繁多，著派沈家本、伍廷芳将一切现行律例，按照交涉情

---

〔1〕 杨幼炯：《近代中国立法史（增订本）》，我国台湾地区"商务印书馆"1967年版，第3页。

〔2〕《大清光绪实录》，卷486。

〔3〕《大清光绪实录》，卷495。

〔4〕 袁世凯等：《会保熟悉中西律例人员沈家本等听候简用折》。

形，参酌各国法律，细心考订妥为拟议。务期中外通行有裨治理，等因，钦此。"〔1〕两年后，即光绪三十年四月一日，清廷正式设馆修律，是为修订法律馆。次年，清廷根据光绪二十八年的上谕精神，派遣载泽等五大臣出洋考察法政，同时设"考察政治馆"。另外，清政府还以不同方式派员或选拔人才出国留学攻习法律政治。后来在国民党政府中任要职的伍廷芳、王宠惠等，即于此时出使或留学国外。通过各种途径，清政府的确为后来的立法和法律改制奠定了重要基础，包括制法人才和立法素材。光绪三十三年四月，民政部奏请定民律，五月，大理院奏准派院部大臣会订法律。七月，改"考察政治馆"为"宪政编查馆"，复议修订法律办法。"修订法律馆"独立设置，沈家本、俞廉三、英瑞为修订法律大臣。〔2〕光绪三十四年十月，"修律大臣沈家本奏聘用日本法学博士志田钾太郎、冈田朝太郎、小河兹次郎，法学士松冈义正，分纂刑法、民法、刑事民事诉讼法草案，允之"。〔3〕近现代中国民法编纂，即后来所谓《大清民律草案》严格说来即源于此。

传统中国法律实为礼刑合一或民刑不分，所谓"出礼入刑"，恰恰也说明了礼和刑作为传统中国社会行为规范的必然联系。所谓"礼"，多形成于"经"；"刑"，多形成于"律"。前者非法条，后者为法条，故刑事、行政立法在中国有史可鉴，而民事、商事在中国则难以援例。事实上，清末立法后来见诸成就的，对当代中国法律发展影响较大的也恰恰是其民事立法。当时民律草案的编纂是在"遴选馆员分赴各省采访民俗习惯，再依据调查情况参照各国之成例，斟酌各省报告之表册的情

〔1〕《大清光绪实录》，卷498，又见沈家本《删除律例内重法摺》。
〔2〕修订法律馆最初的活动是翻译外国法律。首先"遴选谙习中西律例司员，分任纂辑；延聘东西各国精通法律之博士律师以为顾问，后调取留学外国毕业生从事翻译"。参见罗志渊：《近代中国法制演变研究》（正中书局1974年印行）。沈家本曾说，"计光绪三十年四月初一开馆以来，各国法律之译成者，德意志曰刑法、曰裁判法，俄罗斯曰刑法，日本曰现行刑法、曰改正刑法、曰陆军刑法、曰海军刑法。臣廷芳以前游学英国，凤所研究，该二国刑法虽无专书，然散见其他籍者不少。饬员依类辑译，不日亦可告成，复令该员比较异同，分门列表，展卷瞭然"。（参见《沈寄簃先生遗书》甲编下册）由此可略知当时该馆的工作情况。
〔3〕《光绪朝东华录》，卷10第6019条。

况下完成。宣统二年初稿，尔后反复核阅并添按语，说明立法理由，最终于宣统三年定稿。[1]该草案的前三编，即总则、物权和债权是由日本人松冈义正起草；至于亲属、继承两编则因"关涉礼教"而奉上谕会同礼学部起草。负责此项工作的，亲属法为朱献文、章宗元二人，继承法为高种和、陈镶二人。大体仿德、瑞、日三国民法例。同年九月五日，修律大臣奏请饬下内阁核定提交资政院审议，是为《大清民律草案》。

由于晚清中国面临的中西冲突首先直观和客观地表现在对外商业贸易方面，故甚至早在将制定《大清民律草案》提到议事日程之前，清廷就已议订商律了。"中国古重邦交。有清盛时，诸国朝聘，皆与以礼。自海道大通而后，局势乃一变。其始葡萄牙，和兰诸国，假一席之地。迁居贸易，来往粤东；英、法、美、德诸大国联袂偕来，鳞萃羽集，其意亦求通市而已。洎乎道光己亥[2]，禁烟烽起，仓猝受盟，于是英以香港，开五口通商。嗣后法兰西、美利坚、瑞典、那威相继立约，日斯巴尼亚、义大里、奥斯马加、葡萄牙、比利时均援英、法之例，订约通商，海疆自此多事矣。"[3]在这种情况下，规范商事行为使中外互市有所遵行，自然成为当务之急。光绪二十九年三月二十五日清廷派载振、伍廷芳、袁世凯先订商律，并以条例出现。同年七月十六日，设商部，载振等出任尚书侍郎。商部成立后，以修订商律为务。[4]在商律制定过程中，清政府与西方列强签订了一系列通商条例是重要的立法参照。由于商律门类繁多，短期内难以完成，故先行制定商人通例9条及公司律131条奏进。是年十二月初五奉旨依议，旋即公布施行。然而《大清公司律》过于简陋，不能适应需要。于是，修订法律馆复于光绪三十四年委托日人志田钾太郎主持起草《大清商律》。此次草案多以日本商法为

---

[1] 参见潘维和：《中国近代民法史》，汉林出版社1982年版，第84页及以下。
[2] 道光十九年，公元1839年。
[3] 《清史稿》，卷153，志128·邦交一。
[4] 罗志渊：《近代中国法制演变研究》，正中书局1974年印行，第198页及以下。

蓝本，而日本商法差不多又完全出乎德国商法。[1]因此，宣统元年
（1909）完成的总则、商行二篇印行于世后，即因其"未适国情"而受
各地商会反对。尔后商会自行查访商场已沿之习，参照各国有关最新法
例，编成"商法调查案史"。上陈清廷后由当时的农工商部予以修纂，
是为新的"商律草案"，但也只有总则和公司律两篇。

清末修订民律与商律的同时，刑律与诉讼法也得制定。《大清刑律》
由日本学者冈田朝太郎主持起草。宣统二年四月十七日，草案完成，旨刊
印颁行。[2]诉讼法草案先由伍廷芳起草并于光绪三十二年提出，时民刑不
分。后又在日人小河兹次郎的参与下改拟，至宣统二年十二月同时完成民
事与刑事诉讼法草案，是为中国近现代法制史上第一部诉讼法草案。

清末完成的各项立法草案，大多数以欧洲大陆的民法传统为模式，
民法、商法、刑法乃至诉讼法尽然。《大清民律草案》是仿《德国民法
典》即学说汇纂式的体例，同时还在内容、风格甚至思想原则方面都以
德国、瑞士及日本的民法为典范。[3]所以，就其对本民族固有法源的忽
略而言，它在当时显然有不可能实现于本民族社会的缺欠。至于商律、
票据法、海商法因皆出自日人志田钾太郎一人之手，且多以日本商法为
参酌，而后者又以德国商法为蓝本，故当然要将其归为民法传统之制。
此外，清末立法中也曾涉及并草拟了破产法、银行法及轮船公司注册给
照章程，同样亦受民法传统法例的影响。清末立法几将完成，然却正值
清王朝覆灭，故未来得及全面付诸实施。可是，它毕竟大体奠定了当代
中国法律制度的基础，从而规定了当代中国法律发展的方向。后来国民
党时期的立法工作正是在此基础上进行的，因而可以说是清末立法的继
续与完成。就此而论，清末立法的历史贡献是不应抹消的。

---

〔1〕 日本第一部近现代商法典草案是由德国人吕思乐（Hermann Roseler，1834~1894）
起草的，差不多完全以德国商法为模式。

〔2〕 参见潘维和：《近代中国民法史》，汉林出版社 1982 年版，第 123 页。

〔3〕 法典分五编：依次为总则（323 条）、债权（654 条）、物权（369 条）、亲属（143
条）和继承（101 条），共计 1560 条。

在此还应指出，从清末整个立法过程看，日本法律家和日本法都发挥了重要作用。这更进一步说明，近代乃至现代中国法律当属民法传统无疑。因为，第一，日本于 19 世纪和 20 世纪之交的大多数杰出的法学家或法律家，都差不多曾留学德国或接受德国法教育，其中不少人都对罗马法颇有研究，如鸠山秀夫、我妻荣、中川善之助、梅谦次郎、穗积重远、松本烝治和中田薰等都曾在德国学习研究法律，而这些人都对日本近现代法制的建立与发展产生过重要影响。[1]第二，日本近代立法差不多完全仿照了德国法，日本的民法典和商法典实际就是以《德国民法典》和《德国商法典》为蓝本制定出来的。德人吕思乐更是直接参与了近现代日本的诸多立法工作。[2]因此，作为罗马法的杰出继受者，德国法对日本法的影响是毋庸置疑的。而日本法学者或法律家参与中国晚清的立法活动，实际是使中国间接地继受着民法传统中的德国法。当然，与此同时中国的法律家们也不同程度的、不同方面地通过其他西方国家的法律实现着民法传统在中国的确立。然而无论如何，近现代中国对于民法或大陆法的继受从未像日本之对于德国、德国之对于罗马法那么深刻普遍。

清朝覆灭，民国建立。由于当时各种政治力量的博弈，造成了北洋政权的建立。袁世凯上台伊始，即以"民国法律未经议定颁布"之故，颁令暂准援用前清法律及新刑律，除非其与民国国体抵触而应失效力。1912 年 4 月 3 日，民国参议院议决："所有前清时规定之《新刑律》《刑事民事诉讼法草案》，并先后颁布之禁烟条例、国籍条例等，除与民主国体抵触之处，应行废止外，其余均准暂时适用。惟民律草案，前清时并未宣布，无从援用，嗣后凡关民事案件，应仍照前清现行律中规定

---

[1]　鸠山秀夫（1884～1946），出身豪门，日本著名民法学者，对日本法学影响甚大；我妻荣（1897～1973），当代日本著名民法学家；中川善之助（1897～1975），梅谦次郎（1860－1910），穗积重远（1883～1951），松本烝治（1877～1954），中田薰（1877～1967）等均为日本最负盛名的法学家。

[2]　日本第一部近代商法典草案是由德国人吕思乐（Hermann Roseler，1834～1894）起草的，差不多完全以德国商法为模式。

各条办理。"[1]1914 年，北洋政府农商部依清末资政院未议决公布的《大清商律草案》为蓝本，参考全国商务总会提出的商法调查案改订商法。当年元月公布《公司条例》，三月公布《商人通则》，二者均于九月一日生效。由于未经正式立法程序，故不称"律"而称之为"例"。此两例编制上以日本商法为模式，内容多取自德国新商法。与此同时，北洋政府也开始制定票据法。至 1918 年，复设修订法律馆，置总裁、副总裁、总纂、纂修及调查员等。该机构的设置，继续了因清朝覆亡而中断的立法工作，把当代中国立法活动重新纳入轨道。1921 年，修订法律馆编修的《民事诉讼条例》公布。次年，在法国人艾思卡拉（Escara）的参与下完成票据法等第二次草案，后每年提出一次草案，直至 1925 年第五次票据法草案，该法始得议定。与此同时，新的民法典草案也完成并予公布，是为晚清以来中国第二次民法典草案。不过该草案没有最后付诸实施。它的总则由当时的大理院院长余肇昌，债编由该馆副总裁应时和总纂梁敬锌，物权由北京大学黄右昌，亲属和继承两编由高种和起草。其中副总裁应时和北京大学教授黄右昌对罗马法都颇有研究。[2]北洋政府的这次民法修订及其他立法完全确立了当代中国法制的基本体例与结构，大体完成了中国法制自我突破而向民法传统过渡的改造过程。中国台湾地区现行"民法"，即在此次民法典草案的基础上制定。

1929 年，国民党政府再次草拟民法，法国法学者宝窦（Padoux）作为顾问参与了这次民法起草。此次起草以第二次民法典草案为依据，三年内即予完成。这次草案又称第三次民法典草案，亦为我国台湾地区现行"民法"原身。该草案多以德国、瑞士民法为参照，同时也略受苏联、泰国新民法典的影响。总则、物、债三编先行颁布，亲属、继承两编到了 1931 年始得制定颁行。至此，晚清以来历时近 30 年的近现代中国立法工作始告完成，它最终把当代中国法律制度纳入了民法传统之

[1] 谢振民：《中华民国立法史》，正中书局 1937 年版，第 59 页。
[2] 黄右昌著有《罗马法与现代》，应时与陈允合著有《罗马法》。

列。当代中国比较法学者、国民党时期曾为东吴大学法学院院长的吴经熊说，"就新民法从第 1 至 1225 条仔细研究一遍，再和德意志民法和瑞士民法和债法逐条对照一下，倒有 95% 是有来历的，不是照章誊录，便是改头换面"。我国台湾地区学者梅仲协也指出："现行'民法'采德国立法例者，十之六七，瑞士立法例者，十之三四，而法、日、苏联之成规，亦尝撷取一二。"而我国台湾地区的另一学者王伯琦则更加明了地认为："我们'立法'上所采的，全套是西洋的最新法律制度。"

最后，作为结语，还应特别地指出：当代中国社会的历史以 1949 年为界分成两个截然不同的历史阶段。1949 年以前的中国，即国民党政府统治下的中国，它的法律制度直接继续着清末民初立法过程中所确立的法律制度与体系，而 1949 年以后的中华人民共和国则是以废除此前旧法统为基础建立起了新的法律制度。但是，这种对旧法统的废除，并不意味着当代中国法律发展过程的完全割断，而仅仅标志着新的发展阶段的开始。实质上，中华人民共和国对中华民国法律的否定，只是对其法律政策及反映在其法律中的某些政治思想的否定。至于那些建筑于一般社会生活规律、悠久历史文化基础上的法律思想、道德观念及其相应的规范原则，新中国的法律都必不可免地要予以接受，不论其形式有何变化，立法者如何宣称。总之，作为中华法律发展史上的两个阶段，国民党时期的法律与现今中华人民共和国的法律有着必然的历史与文化联系，它在客观上体现着当代中国法律发展的民族性与连续性。当然，1949 年以后，特别是 20 世纪 60 年代，中国的立法与法制在一段时期内未得正常发展。但自 20 世纪 80 年代以来，当代中国的立法与法制得以逐步健全和迅速发展，尽管在此过程中存在着许多欠缺。可以预言，未来中国法制的迅速进步已是不可逆转的历史趋向。而在此过程中，民法法律传统的特征仍将给中国法制以鲜明的烙印。

（续完）

市场经济和意思自治[*]

江　平　张礼洪

众所周知，市场和计划作为一对矛盾的两个方面在经济机制中同时存在。市场和计划的关系问题解决的好坏决定了现代国家经济建设的兴衰成败。政府作为国家的管理者，如何处理好这一难度大且重要性非同小可的问题呢？私法所奉行的意思自治对个人才智的激发，人类文明的演进所起的积极作用，市场经济国家经济建设和法制建设所取得的成功经验，清楚地告诉我们：实行市场经济机制、强化以意思自治为核心的私法系统，是政府正确解决市场与计划的关系，在经济政策和法律制度中的两个必然选择。因此，研究意思自治与市场经济的本质联系及互动关系；认清意思自治的实施现状与市场经济所要求的实施程度之差距；探求扩张意思自治的合理途径以促进市场经济的发展，控制意思自治实施的度，以防个人主义的泛滥，这是现代经济发展摆在每一个法律学者面前亟待研讨和解决的重大课题。我国自 1978 年起围绕计划与市场问题进行十四年之久的卓有成效的改革后，1992 年顺应时代的要求，明确了建立健全市场经济作为当前改革的主攻方向，故而研究市场经济与意思自治的上述相关问题，显得尤为迫切和具有现实意义。其研究成果将为我国尽快建立一个保障和促进市场经济的法律系统提供坚实的理论依据。

有鉴于市场经济与意思自治的本质联系，中外法律学者已做过充分

---

[*] 原文载于《法学研究》1993 年第 6 期，系与博士生张礼洪合著。

的论证，本文对此不再赘述，而将研讨的重点放于我国对意思自治之贯彻及其改进。

市场经济的实质就是商品经济，是以市场为资源配置中心的经济，它是开放式的经济，法治的经济。市场经济要求市场主体地位平等，竞争机会平等，均享有广泛的权利，以契约为纽带构筑彼此之间的社会关系；市场经济利用价值规律自发调控经济运行，激发市场主体之间的有效竞争。市场经济的上述属性决定了意思自治是市场经济在法律上的必然选择。因为，意思自治以主体地位平等、机会平等为其确立的前提；以竭力保障权利、救济权利的权利本位观为其基础。以契约自由为其核心内容，以维持有效竞争为其主要功能。由此可见，市场经济是意思自治的经济，意思自治的功能空间就是市场的生存空间，意思自治的实施是保障和促进市场经济发展的有效手段，意思自治是市场经济法律的灵魂。

那么，到底什么是意思自治呢？通过对传统法学理论的研究，我们至少可以概括出意思自治在三个层面上的内涵：（1）从法哲学、法律社会学层面理解，意思自治是个人主义、自由主义哲学思潮的直接产物，可大致定义为：每一社会成员依自己的理性判断，管理自己的事务，自主选择、自主参与、自主行为、自主负责。（2）从公法、私法划分层面上理解，意思自治指私法自治，又称私权自治，基本含义是：私法主体有权自主实施私法行为，他人不得非法干预；私法主体仅对基于自由表达的真实意思而实施的私法行为负责；在不违反强行法的前提下，私法主体自愿达成的协议优先于私法之适用，即私人协议可变通私法。私法自治是罗马法时期公法、私法划分理论的直接产物，它以承认民法是私法为理论前提，成为民法之精髓。随着现代民法的发展，私法自治分演为所有权绝对、契约自由、过失责任三大民法基本原则。（3）从冲突法层面上理解，意思自治指当事人有协商选择处理纠纷所适用之准据法的权利。冲突法为不同法域的私法冲突，故此层面上的意思自治似应理解为私法自治的反映。随着近现代私法、公法相互交融渗透，公法对私法自治给予充分的肯定和保护，私法自治，在公法领域进行了卓有成效的渗透。民事诉讼法上的选择主义与处分权主义就是私法自治在公法领域的直接延伸，它是意思自治在第四个层面上的含义，是法律现代化所赋予的新的时代内涵。后三个层面上的内涵是意思自治在实证法之反映，故本文所指的意思自治仅就后三个层面的含义而言。我们认为，准确、全面地把握意思自治的内涵，还应明确以下五点内容：（1）意思自治不是具体法规的具体指导原则。而是贯穿整个私法的灵魂和红线，是自由精神在法律领域最高层次的反映。（2）意思自治是为调和国家利益与个人利益的现实冲突而产生，它反映了作为政治主权者的国家对非政治主权实体的行为自由和经济利益给予多大程度的承认和保护。（3）意思自治的演绎空间是市场主体自由行为而不受国家权力干预的现实空间。（4）意思自治仅就民法主体行使私权而言，公法主体行使公权不存在意思自治之说。（5）意思自治鲜明地体现了现代法治的一大基本原则——对非政治主权实体而言，法律不禁止即为自由。

我国民法学界长期受计划经济的束缚，直到近期多数学者才接受了公法、私法划分理论，故意思自治在现有法律中未能一目了然的反映，但是在权利本位观之树立，自愿原则之确立，任意法之扩张，选择主义和处分权主义在民诉法之贯彻四个方面上，比较鲜明地贯彻了意思自治，同时这四个方面的内容也反映了我国法学界对意思自治的理解。

一、权利本位是意思自治之基础

权利是当事人在法律制约下的行为自由，是当事人获得合法利益的可能性。权利的核心是利益，权利的本质是自由，故尊重权利、保障权利是市场经济有序运行的前提，权利的存储空间就是意思自治的功能空间。权利本位的法律就是指在权利与义务这一矛盾体中，承认并贯彻权利是主导，权利是核心，义务围绕权利而设定，就是指承认法律是权利的科学，力求围绕权利的保障和救济构筑立法体系，健全司法制度。权利本位是意思自治的基础，不尊重权利，不竭力保障权利，不竭力救济权利，就根本谈不上实行意思自治，此为自明之公理。1804 年《法国民法典》对权利本位观给予了最充分的贯彻。受近代垄断经济的冲击，私法公法化的勃兴，权利本位观已逐渐为社会本位观所替代，这"亦惟权利本位法律之调整，绝非义务本位法律之复活也"[1]。

我国现行民事立法对权利本位观给予相当程度之贯彻。市场经济的基本法——《民法通则》就是以权利本位贯穿始终的法律。该法不仅将"公民、法人的合法的民事权益受法律保护，任何组织和个人均不得侵犯"规定为基本原则，而且还专门设立了"民事权利"一章，该章分别以财产所有权和与财产所有权有关的财产权、债权、知识产权、人身权为标题一一单独设节，对上述民事权利系统地进行了规定，此外，该法还设立"民事责任"一章，详细列举了民事救济措施。尽管如此，建立在计划经济体制之上的权力为本位，管理为本位的观念仍占有一席之地，这一点从法规名称的定夺上便可见一斑。如本应作为物权法之核心的土地法，在我国却以行政管理法规的形式制定，并命名为"土地管理法"。在中国大陆，法学界始终存在权利本位、义务本位、权利义务并重的观念之争。这种争论不仅反映在学理上，也反映在立法过程中。如在民法通则和著作权法制定当中，曾有人反对章节名称只写"民事权利"与"著作权人及其权利"，主张同时写上权利和义务；在商标法制定中，也曾有人主张定名为"商标管理法"。所幸的是，上述主张均未被立法机关采纳。应加以强调的是：大陆有关权利本位之争，不是我国台湾地区及其他国家和地区的有关权利本位与社会本位之争，而是计划经济体制下的义务本位、行政权力本位与市场经济权利本位之争。

进一步强化权利本位，彻底抛弃义务本位观，应着重解决好下列三方面的问题。（1）完善民事权利立法体系。当前，因民法通则过于抽

---

〔1〕 王伯琦：《民法总则》，正中书局 1979 年版，第 33 页。

象，致使私权的保障和救济往往不能充分落实。劳动法、商法更不健全，劳动权、股东权、票据权利、信托权利等民事特别法上的权利未能得到现行法的保障。因此，建立以民法典为核心，公司法、票据法、证券法、信托法等民事特别法为补充的民事立法体系势在必行。立法体系的科学化，方可保证民事权利设定的合理化，民事权利保障的彻底化。（2）完善土地立法，建立内容完善，功能健全的物权法。土地是万物之母，是人类文明进步的永恒物质基石，是一切资源的核心，土地权利是物权的核心，故旨在实现社会资源最佳配置的市场经济，必然要求土地得到高效益的利用。要求建立一个以土地权利为核心，讲求权利高效利用的物权法体系。1982年宪法规定"任何组织或者个人不得侵占、买卖或以其他形式非法转让土地"。因此，长期以来中国大陆土地上一切权利几乎全归于国家，土地的转让、处分均表现为国家的行政权力，而不是民事主体的民事权利，土地价值未能得到充分体现，对土地权利的研究也成为法学的禁区。土地权利的虚空直接导致了大陆物权制度内容简单、结构混乱，这不仅表现在缺乏地上权、地役权等重要物权种类，限制物权内容单薄，更表现在中国大陆至今仍未采用物权这一概念。1988年通过的宪法修正案，规定土地使用权可依法转让，这激发了中国大陆开发利用土地的热潮，但至今批租转让仍是中国大陆管理土地转让的行政手段，权力本位、管理本位的观念仍是土地法律的主导观念，这已经不能适应市场经济条件下土地开发利用的实践需要。因此，加强土地民事立法，确立广泛的土地权利，建立科学的物权制度已成为中国大陆进一步贯彻权利本位的突破口。（3）彻底抛除权力本位、官本位观念，把立法思想由管理与限制为核心转变为自由和放开为核心。"长官意志决定一切""权大于法""法律是管理人、约束人的工具"，这种观念在民众中尚有很大市场。我国法律以约束性管理性法规占绝对优势的现状，明显地反映出管理与限制的总体立法思想。这些思想观念是权利本位观的大致，是意思自治贯彻实施的拦路虎。为此，强化法律规范的引导功能，树立自主与放开为核心的立法思想，将国家权力还原为市场主体自由权利，势在必行。

二、自愿原则是意思自治的基本内容

《民法通则》第 4 条规定"民事活动应遵循自愿、公平、等价有偿、诚实信用的原则"。从而将自愿原则确立为民法的基本原则。对自愿原则的内涵，民法学界存有理解上的差异。有的认为该原则主要指当事人意志自由问题；有的认为该原则主要指当事人进行民事活动应以自愿为前提；有的认为该原则强调当事人只对自由表达的真实意愿实施的行为负责；有的认为该原则就是意思自治原则。[1] 大多数民法学者认为：自愿原则是指是否进行和如何进行民事活动应由当事人自主决定，不受他人意志的非法干预；自愿原则体现在当事人意志自愿、行为自主两个方面，它就是私法自治所指的当事人自主为私法行为的自由。自愿原则是权利自由的表现，它贯彻了意思自治所要求的自由观念，但并不等同于意思自治原则。因为意思自治所包括的民事诉讼法上的选择主义与处分权主义，以及私人协议优先于法律的内容，并不能为民法上的自愿原则所包含。

自愿原则在民事立法中已得到很大程度的贯彻。经济合同法、涉外经济合同法、技术合同法三大合同法及其他民事单行法规中均规定自愿原则或内容与其相近的原则为指导原则。自愿原则主要反映在合同法规范中，三大合同法对合同当事人的缔约自由，选择对方当事人的自由及决定合同内容和形式的自由均进行了规定。通过自愿原则在合同法中的贯彻，意思自治的核心——契约自由在一定程度上已在中国大陆得到贯彻。但也应当看到自愿原则和契约自由贯彻的不足：现行经济合同法受

---

[1] 参见《法学研究》编辑部编著：《新中国民法学研究综述》，中国社会科学出版社1990 年版，第 46 页。

计划影响很强，不仅合同法中存在大量有关计划合同的条款，将合同作为实现国家计划的工具来看待，而且还沿用"经济合同"这一带有明显计划经济烙印的名称；缺乏要约承诺制度。对合同效力，单方解除权之行使，现行合同法均未规定，契约自由无从获得有效之法律保障。

为进一步贯彻自愿原则，确保完全意义上的契约自由的实现，以下几方面的改进显得尤为迫切和重要：（1）摆脱计划合同的影响，制定统一合同法。针对现有经济合同法过于简略，作为计划经济体制的产物已明显不适应建立健全市场经济机制的需要的现状，立法机关已经制定了经济合同法修改草案，对经济合同法进行修改。在经济合同法的修改上始终存在两种不同的意见。一种意见主张对现有经济合同法中不适应现实部分进行修改，仅摒弃经济合同法中反映计划体制要求的条款，扩大经济合同法适用的主体范围，不作根本性的体系变动；另一种意见是制定统一合同法，结束现有合同法三足鼎立的现状，做到一步到位，反对仅修改经济合同法，实行过渡性修改的做法，只有尽快制定统一合同法，实行国内合同与涉外合同适用法律的统一，确立依行为性质制定合同法的模式，才能为市场经济的发展提供科学统一的运作规则，自愿原则才能得到进一步的贯彻。（2）制定要约，承诺制度。要约和承诺是订立合同的必经程序，是合同当事人意思自治的充分体现，但现行合同法中对此未进行任何规定，这是意思自治贯彻中的空白。规定要约、承诺的效力，弥补契约自由在现行法律的贯彻所存在的这一断层，市场经济所要求的交易安全和良好秩序才能实现。（3）加强国内、国际市场规范的统一，国内市场规范应尽快向国际市场规范靠拢。国际市场规范是国际经济交往中，当事人自愿形成的，在商事活动中多次反复使用并被证明为行之有效的市场规则，是意思自治的产物。国内市场规范对国际市场规范的吸收和运用程度如何，从一个侧面反映了该国市场经济规则的完善程度。目前的涉外经济合同法较充分地采纳了国际市场规范，而经济合同法对国际市场规范的吸收却较为欠缺，如有关违约金制度，依经济合同法的规定，经济合同的违约金数额由法律规定，实行法定违约金制，而依涉外经济合同法的规定，涉外经济合同的违约金数额由当事人自行协商约定，实行约定违约金。尽快结束这种国内涉外两套合同法规范的现状，结束国内市场规范与国际市场规范脱轨的局面，自愿原则才能在更广阔的范围内得到贯彻。

三、任意法是意思自治的灵魂

尽可能地赋予当事人的行为自由是市场经济和意思自治的共同要求，为此，意思自治发出了"私人简约可以变通法律"的呐喊，它鲜明地体现了意思自治极力推行任意性规范，以无限多样的契约触及丰富多彩的社会生活，克服强行法无法周延所有社会关系的局限性。以强行法划定违法行为及不法行为的界限。以任意法调整此范围之外的一些行为，这是意思自治的根本要求，因此，我们说，任意法是意思自治的灵魂。困束任意法，强化强行法，处处规定当事人应该干什么，不应该干什么，只会束缚市场主体的手脚，实行意思自治，发展市场经济只能成为一句空话。

罗马法学家曾深刻指出，私人协议可变通私法是意思自治的根本特征。之后，现代民法对此加以鲜明的继受。1804 年《法国民法典》第1134 条规定，"依法成立的契约在缔约当事人间有相当于法律的效力"。第一次在立法上把任意法扩张到私法的大部范围。长期以来，我国法学界以契约非由国家机关制定，不具有国家强制力为由对此条款大加鞭挞。今天要建立市场经济，弘扬意思自治，有必要重新认识"契约就是法律"的含义。应该说，这一论断并不含有契约由立法机关制定，自身具有国家强制力之意，它只是深刻地指出：当事人在不违反强行法前提下自愿达成的契约，受法律保护，其履行受国家强制力的保障。在我国立法原则中，任意法就是"约定优先于法定"，强行法就是"法定优先于约定"。这个认识是正确的。依此认识来考察任意法的实施状况，我们可以看到任意法在法律规范体系中的扩张已经进行。如 1992 年 12 月通过的《海商法》在第 6 章"船舶租用合同"第 127 条规定,"本章关于出租人和承租人之间权利、义务的规定,仅在船舶租用合同没有约定或没有不同约定时适用"。又如《著作权法》第 27 条在通过前追加进第 2 款,"合同另有约定的也可按照合同支付报酬"。《民法通则》中也存在一些任意性规范。但另一方面,我们应看到任意法在现行法中的存在范围仍极为狭窄。

如何扩张任意法的适用范围呢?我们认为首先应确立这样一个指导思想,即,市场经济的法律不能过于原则,欠缺可操作性,又不能具体到均为强行法。具体应解决好三方面的问题:(1)制定详细的法律规范。过去,我国一直奉行"宜粗不宜细""吃不准的不规定"的原则。这不仅造成立法落后于实践,还造成许多无法可依的法律"真空"。同时,法律规范过于抽象、粗略、缺乏可操作性往往造成扩大司法自由裁量权,甚至使法律一经实施即变形走样,《民法通则》就是一个典型。该法尽管贯彻了权利本位观,但条款过于粗略,仅仅是权利宣言书,以致最高人民法院制定了多达二百条的司法解释加以补充,造成立法体系的畸形。(2)依需调整的社会关系重要性不同,将其确定为归任意法抑或强行法调整。规范市场经济秩序及规范市场经济中不可动摇的且必不可少的规则的法律规范均应为强行法,如权利不得滥用,诚实信用原则等。对允许市场主体自主行为,较为次要的社会关系应由任意法调整。市场经济法律规范应以任意法占较大比重。(3)确立对市场主体而言市场经济法律不禁止即自由的原则。只有维护这一原则,权力本位、管理与限制的法律观念才能被破除,任意法才能获得自由发展的广阔天地。

四、选择主义和处分权主义是意思自治的司法保障

私法与公法既对立又统一,实体法与程序法既对立又统一。作为私法精神的意思自治的最终贯彻有赖于公法的保障。私权的救济有赖于民

事诉讼权利的行使。无完善的诉讼权利体系，无公正的裁判制度，无科学的公力救济制度，私权体系再科学，私法规范再合理，民事救济权再完善，也无从实现，只能成为一纸空文，因此，贯彻意思自治不仅是私法的任务，也是公法的职责。与贯彻意思自治最密切的公法是民事诉讼法，民事诉讼和仲裁制度中的选择主义和处分权主义是意思自治在公法上的延伸。所谓选择主义是指在民事诉讼中，允许当事人在不违反级别管辖、专属管辖的前提下选择管辖法院，在民事仲裁中，允许当事人协议选择仲裁机构、仲裁人员，涉外仲裁中允许当事人选择解决争议所适用的法律。处分权主义是指当事人在民事诉讼和仲裁中，有权自主处分其诉讼权利、民事权利和仲裁权利，法院对此不能加以干涉。与选择主义和处分权主义密切相联系的是辩论主义审判方式，这也是意思自治的体现。

我国《民事诉讼法》于1991年4月在修正了执行9年之久的《民事诉讼法（试行）》的基础上通过。经改进颁布的《民事诉讼法》更加强调了选择主义，如该法第35条规定了合同纠纷的协议管辖制度，允许当事人自愿协商选择被告住所地、合同签订地、合同履行地、标的物所在地、原告住所地法院管辖。仲裁制度中也充分体现了选择主义。在目前全国人大及其常委会制定的法律所规定的8种仲裁中，全部实行自愿仲裁，除经济合同仲裁外均实行协议仲裁。处分权主义始终是民事诉讼法的基本原则，现行《民事诉讼法》第14条明确规定："当事人有权在法律规定的范围内处分自己的民事权利和诉讼权利。"但司法审判中的地方保护主义，以纠问式为主的审判方式及许多领域中实行的行政仲裁制度成为意思自治在司法上扩张的障碍。

有鉴于此，我们认为，民事诉讼制度、仲裁制度应在以下诸方面得到改进：首先应彻底破除司法地方保护主义，坚决防治司法权力的倾斜和扭曲，牢固树立司法机关统一、独立的权威；其次，应完善审判制度，推行辩论主义的审判方式，逐步废除纠问式的审判方式，给诉讼当事人以更广泛的诉讼权利。最后，应完善仲裁制度。仲裁机构的组成，仲裁人员的选择程序均应明确化，对非自愿性仲裁应加以纠正，正在制定的仲裁法，拟将国际经济贸易和海事仲裁中的仲裁制度与国内各行政部门主管的仲裁制度合为一轨，把目前的行政仲裁变为民间仲裁，减少仲裁的行政干预，以实现意思自治在仲裁制度中的完全实现。

本文从权利本位、自愿原则、任意法规范、选择主义和处分权主义四个方面对意思自治在我国的实施进行简要概括，极力促成意思自治在市场经济法律中的迅速扩张，只因我国现有的法律制度脱胎于计划经济体制，对市场经济所要求的意思自治的贯彻尤为欠缺，而非无视社会本位观更替权利本位观的大潮，亦非无视意思自治过度膨胀的弊端，无视个人主义泛滥的恶果。我们坚信，对意思自治的合理控制极为必要。此为计划对市场宏观调控的要求，我们应本着既大胆又谨慎的态度促成意思自治在我国法律中之扩张。

罗马法精神与当代中国立法[*]

江 平

欧洲大陆国家 14~16 世纪时出现了三 R 现象：一是文艺复兴（Re-naissance）；二是宗教改革（Religion Reform）；三是罗马法复兴（Recovery of Roman Law）。三个方面虽然不同，但集中一点是人文主义的胜利。人的价值、人的权利、人的自由得到了承认和解放。

随着中国社会主义市场经济改革的发展，中国的法律制度和法律观念也发生了重大变化。从某种意义上可以说是罗马法精神在中国的复兴，私法精神在中国的复兴，人文主义在中国的复兴。从另一个角度来看，也可以说市场经济的建立和发展也必然要求罗马法精神的复兴，当然绝不可能是两千年前西方古典法律制度在中国的重现和恢复。那么，应当怎样来理解和认识罗马法精神在中国的复兴呢？

一、从意志本位到规律本位

自市场经济理论提出后，人们越来越认识到市场经济的法律应当首先体现市场经济的规律，而不只是体现立法者的意志。离开市场经济的自身规律来人为地依照立法者的愿望而制定出的法律，必然会不利于市场经济的发展。过去我们强调法是统治阶级意志的表现，在经济领域中造成了违背经济规律的恶果，足以引起教训。还市场经济法律以其客观

---

* 原文载于《中国法学》1996 年第 1 期。

自身规律的本性，是市场经济法律的第一要义。而把法律看作是客观自身规律表现的观念，就体现了罗马法中自然法的精神。

彼得罗·彭梵得（Pietro Bonfante）在他的《罗马法教科书》（Istituzioni di Diritto Romano）中说："自然法是指'不是为体现立法者意志而产生的法'，而市民法却是'至少部分表现为立法者的任意创制的法'。法是意识和社会需要的产物，它本应总是同它们相符合。许多规范和法律制度准确地符合其目的并同它相融合，因为它们只不过是这一目的的法律确认；但是，也有许多规范和制度并不如此，或者是因为它们已陈旧过时，或者是因为立法者所掌握的手段不完善。前一类规范由于立法者未施加任何主动作用，因而确实像是自然的产物，并且被称为自然法；而第二种规范则为市民法。前者同'正义'和'公正'永远相符合；后者则并非总是这样。"〔1〕这段话对我们很有启示。中国今天许多的市场经济法律虽然不能说完全类似彭梵得所说的"立法者未施加任何主动作用"的法律规范，但却完全可以说是体现了以反映客观规律为主。它和另一类主要体现立法者意志的法律是有所不同的。

法应当体现主观性，还是客观性，还是主观性和客观性的结合？在市场经济观念提出之前，中国法学界大多认为法的主观性是绝对的，忽略了或者说不必论及它的客观性。从英文来看 Law，既包含法律，又包含自然规律的意思；俄文中的 закон 也是同时包含法律和规律两个意思；中文的"法律"与"规律"同时包含了"律"这一汉字，这不能说仅仅是一种巧合。至少可以认为作为立法者制定的法律是与客观规律不能截然分开，法律精神绝不仅仅是体现统治阶级意志的主观性一面，而且也包括社会规律的客观性一面。法律精神就其实质来看就是主观性和客观性的统一。但在不同领域中，它所体现的客观性——社会经济规律性是有所不同的。

----

〔1〕［意］彼得罗·彭梵得：《罗马法教科书》，黄风译，中国政法大学出版社1992年版，第13~14页。

　　过去人们常常认为，自然法在罗马法中只指人和动物之间共同性质的一些法则，即"万物本性"。例如，在所有权关系中的先占原则，在男女关系中的自然婚姻等，但是，实际上"有很多贸易性制度如让渡、买卖等也被罗马人称为自然法制度，而它们依然是人类所独有的"。[1] 1992 年通过的《中华人民共和国海商法》就是一部极具海商惯例共性的一部法律。罗马皇帝曾有句名言："朕诚为陆上之主，但海法乃海上之王。"可见，皇帝可以依照自己的意志制定一部统率臣民的法律，但他却不能任意制定一部海商法。海商法体现的是各国人民海商贸易惯例及客观法精神，不是哪位皇帝制定出来的。

　　自然法和万民法有许多相同之处，甚至不少罗马法学家视万民法与自然法为同一概念。万民法和自然法必然要包括世界各国民族法律共同的东西。古罗马流行的观念是：他们的法律制度由两种元素组成，一半受其特有的法律支配，一半受人类共同的法律支配。这对我们今天也有很大启示。市场经济的法律是超越一个国家界限的，市场已经不是一个民族所能局限的，如公司法、证券法、票据法、期货交易法等。这些法律所体现的自然法精神就是各国这类法律之间的共同规律性。我们必须研究市场经济法律规范中哪些是各国法律共同性的东西，哪些是中国所特有的东西。我们也必须肯定，市场经济法律规范的主导方面应是共同性的东西，亦即客观规律性东西。

　　体现规律性的法律规范是具有长期、稳定性的，而单纯体现立法者意志的法律规范则往往是极易变动的，通常是随着立法者的改变或立法者意志的改变而经常改变。罗马法中的自然法既然是自然（社会）现象的法律表现，所以它应是不可轻易变动的。当然，从市场交换和交易的法律来看，不可能有万古不变的规则，那种"绝对性"是从自然法的精神来分析，并不代表客观现实。但我们过去法律规范变化过于频繁的现

---

　　〔1〕〔意〕彼得罗·彭梵得：《罗马法教科书》，黄风译，中国政法大学出版社 1992 年版，第 15 页。

象不能不引起注意。试问，市场交易中买卖双方的权利和义务以及买卖关系的一些基本规范从罗马法到今天的两千多年中又有哪些根本突破呢？我们过去曾经突破了，不是又要改过来吗？所以，今天要制定一部统一的，包括各种具体合同规范的合同法，也必须体现这种长期稳定的规律性东西。法的权威性来自它的稳定性。

只有反映客观规律性的东西才是正确的。罗马法著名学者保罗给自然法下的定义是"永远是公正和善良的东西"，[1]就是这个意思。市场经济法律中违背客观经济规律的法律准则绝不可能是正确，绝不能代表正义，因此，在实施过程中必然要碰壁。市场经济给我们提出了这样一个新的观念：法律应当是公平正义的体现，而不仅仅是统治者手中的工具和武器。

二、从国家到社会

长期以来我们在无产阶级专政国家理论和绝对计划经济机制下形成了一种国家至上、国家中心、国家意志决定一切、国家统筹一切的国家本位观念。这样就把社会看作是国家的附属物，社会缺乏自身的独立性，社会生活的所有一切方面都要有国家的干预。强大的、无孔不入的国家干预就是长期以来我国社会经济生活的写照。只承认公法的存在和不承认私法存在的理论基础就是国家本位观念。

公法和私法的划分源自罗马法。严格说来，罗马公法中的"公"是"一个介于国家和社会之间的概念"。[2]那时候的公法范围也只是"见之于宗教事务、宗教机构和国家管理机构之中"。[3]所以，罗马法只是

---

〔1〕 〔意〕彼得罗·彭梵得：《罗马法教科书》，黄风译，中国政法大学出版社1992年版，第15页。

〔2〕 〔意〕彼得罗·彭梵得：《罗马法教科书》，黄风译，中国政法大学出版社1992年版，第9页。

〔3〕 参见黄风译：《民法大全选译·正义和法》，中国政法大学出版社1992版，第35页。

提出了公法和私法的划分，但对于公法、私法存在的客观基础还缺乏深入的分析，因为那时国家和社会的分离还不深刻、不明显。罗马是一个强大的国家，而市民社会却还未能充分发展。Civitas 一词在中文是多义的，它同时含有国家、城邦、民族、社会的意思。在当时的社会发展阶段，还难以有政治国家和市民社会的严格划分。但是，有的学者在分析罗马社会时曾说过：罗马属于市民社会，而古日耳曼则未经历市民社会。可以这样理解：古日耳曼当时作为蛮族部落经济，不是靠交换，而是靠战争，直接借助国家机器。而罗马社会则充分借助于商品交换这种手段，不是直接借助于国家机器。从这个意义上又可以说，罗马社会是最早形成的市民社会，而后来的资本主义社会则是发达的市民社会。在今天的中国，当市场经济已经作为肯定的经济模式和目标提出来之后，一些法学家、经济学家和社会学家就严肃认真地开始中国市民社会的研究。

法学界提出市民社会和政治国家划分的目的是要论证私法存在的基础是市民社会，而不是私有制；公法存在的基础是政治国家，而不是公有制。长期以来许多法学家都认为，在生产资料公有制的国家，没有"公法"和"私法"之分。甚至有些学者主张，在生产资料公有制的国家，一切法律都属于"公法"范围。应该说，公法和私法是相对应而存在的。"私法"既然已经消灭了，哪里还有什么单独存在的"公法"呢？作为社会主义国家否定公法、私法划分的重要根据是法学界普遍引用的列宁关于不承认任何"私法"的论述。经过仔细分析研究，列宁原话中即指可以承认私营经济，但不承认有任何私营经济关系可以不受国家法律的干预。显然这里谈的不是公法和私法的划分问题。所以 1987 年新出版的《列宁全集》中文译本已将原来的"私法"一词改为"私的"二字。

不可否认，在今天再讨论公法和私法的划分，不仅为时过晚，似乎它的局限性也更明显了。但在今天的中国重谈这一主题仍有很重要的现实意义，这不仅因为四十年来我们一切以国家为本位的公法精神渗透了整个法学领域，而且也因为中国四千年来有文明记载的历史中始终是以刑法为本，根本不存在什么私法精神。我们要发扬私法精神就是要补足历史所缺的这一页。罗马法精神就是私法精神，罗马法精神在中国的复兴也可以说是恢复和发扬人类社会不可缺少的私法精神。

在中国正在积极创立现代企业制度，而作为现代企业基本形式的公司的一个重要特征就是"自治企业"。不赋予企业真正独立的法人地位，不摆脱政府部门的行政干预和控制，不改变从属于上级行政主管部门的地位，就没有现代企业可言！市场经济必须以权利自主、企业自治、契约自由为其三块法律基石。

公权主要体现在权力，而私权主要体现为权利。我们要论证公法的基础是政治国家，也就是说公权的来源是政治国家的权力，我们要论证私法的基础是市民社会，无非要说明私权的基础是平等市民。从这个意义上可以绝对地说，私法是建构在权利本位基础上。要承认私法的存在必须承认私法领域中权利是核心，权利是目的，权利是动力。义务只能具有依从地位。任何私法中义务的履行都是为了实现其权利。而权利总是与其主体一人（自然人、法人）分不开的。没有无主体的权利，也没有无权利的主体。权利本位也就是人本位，主体本位。在人法、物法、债法的分类中绝不应忽视人法的基础地位。在市场经济中主体形态的多样化更使我们认识到：不赋予市场经济主体以应有的资格和地位，其他法律的作用就会黯然失色。

公法和私法的融合全面地讲应该包含两个内容：一方面，国家干预的面越来越广，绝对不受国家干预的私法领域已经不存在了。经济法、社会法的出现恰恰是这种融合的典型表现，从这一意义上说是私法公法化了。另一方面，私法精神不断地向公法渗透。私法的自由、平等、人权的精神越来越多地体现在公法领域中。从这一意义上又可以说是公法私法化了。我们不能只强调前者而忽视后者。所以，罗马私法精神的复兴也包括它在公法领域所体现的精神。

三、从身份到契约

梅因在他的名著《古代法》中所说的"从身份到契约"是指从古代法到现代法发展过程的高度抽象概括。其实,更准确些说,罗马法自身发展的历史也是一部"从身份到契约"的发展史。梅因在这部著作中还写道:"罗马自然法和市民法主要不同之处在于它对'个人'的重视,它对人类文明所作最大贡献就在于把个人从古代社会的权威中解放出来"。罗马法的发展历史就是不断地以个人本位代替古代家族本位的历史,摆脱家族权威的束缚而树立个人权利、走向权利平等的历史。罗马社会是一个奴隶社会,本来是权利最不平等,但却产生了最能体现权利平等精神的私法来,其原因在于它的双重性:契约法是自由民之间的平等交易,而以家父权为核心的家族法则充满了不平等。体现自然法精神的万民法则不受家父权这种家族制度的约束,罗马法中市民法与万民法融合的过程,也就是市民法的家庭本位让位于个人本位的过程。正是在这个意义上说,罗马法自身就是一个从"身份到契约"的过程。

如果说罗马自然法对人类文明所作的最大贡献就在于"把个人从古代社会的权威中解放出来"的话,那么我们今天也可以说,罗马法精神恢复的一个重要标志就是把人(包括个人、法人)从身份地位的不平等中解放出来。这依然是"从身份到契约"的重演。在计划经济体制下,生产者和企业的先天地位是不平等的,不同所有制的企业有着不同的法律调整,享有不同的权利和义务,承受着不同的政策待遇和社会负担,这无异于新的"身份"和"等级"。市场经济立法应当体现"身份"平等的精神,"身份平等"就是真正的契约精神。

众所周知,罗马法对公法和私法规范的性质有着名的论述:"公法的规范不得由个人之间协议而变更",而私法的原则是"协议就是法律"(即私法规范可以由私人的协议变更)。提倡私法精神就是要在中国调整市场经济的法律中，特别是在契约法律中规定一定数量的任意性规范。在计划经济机制下，契约的订立及其内容均属于公法和强制性规范的范围。如果契约法规定的越详尽并且都属于强制性规范，那就无异于国家在替当事人订立合同，其效果恰恰是走向反面。因此，我们正在制定的统一合同法的一个重要精神就是要恢复任意性规范的一定地位。1992 年通过的《海商法》第 6 章"船舶租用合同"的"一般规定"中明确指出，"本章关于出租人和承租人之间权利、义务的规定，仅在船舶租用合同没有约定或者没有不同约定时适用"。这是中国契约法中首次以鲜明的任意性规范形式表示出来的条款，因此具有重要意义。

罗马法有关严格诉讼和善意诉讼的区别正是在契约法和任意性规范基础上产生的。相当多的契约，尤其是诺成契约属于善意诉讼。在发生这些契约纠纷时，不仅凭契约条款，而且还要按善意（诚实）的原则进行给付，因此，审判员可以不拘泥于契约条款的文字，他有一定的"自由裁量权"。而有些契约属于严正诉讼，在发生纠纷时，债务人必须严格按照契约的条款进行给付，审判员也只能严格按契约的约定文字进行判决，他没有"自由裁量权"。这个问题在中国市场经济的今天也仍有现实意义。过去相当长时间内对于契约纠纷，法官的自由裁量权太大，常常不顾协议约定由法官以公平合理为理由而加以改变。今天又有一些法官以严格的执行契约条款为理由，对这些条款中不合理的部分也不敢加以改变。因此，如何把罗马法中契约纠纷解决的两种不同原则在中国司法中加以体现，具有现实意义。

四、从经验到理性

罗马法是法典化的体系，为后世法典编纂的楷模，罗马法的法典编纂及其理论体系是以高度的理性思维为其基础的。马克思在其《黑格尔法哲学批判》一书中说："罗马人是独立自主的私有财产的唯理论者。"

"其实是罗马人最先制定了私有财产的权利，抽象的权利，抽象人格权利。""罗马人主要兴趣是发展和规定那些作为私有财产的抽象关系的关系。"罗马人对私法的贡献就在于他们对私法权利的高度抽象和理论思维。

无论古今中外，立法者都要有两个立足点：一个是立足于社会实际，一个是立足于理性抽象。偏废、忽略哪一个方面都不行。每一个法律条文都是针对解决现实社会问题而写的，因此它不能脱离实际；另一方面，每一个法律条文又都是行为规范的高度的理性概括的结晶。

罗马法精神中的理性主义首先表现为法典化。法典自身就是高度理性的体现。法国民法典、德国民法典都继承和发扬了这一精神。中国属于大陆法系国家，社会制度的不同虽然构成了法典化的形式和内容的一些独特之处，但不能否认中国自重视立法的作用以来，其轨迹是沿着法典化的道路前进的。立法是以经验为先导，还是以理性为先导，在中国并不是一个已经完全解决了的问题。"只有经验充足之后才能立法""立法不能超前"，曾经是不少人振振有词的立法指导思想。在这种思想指导下，1986年的《民法通则》只能按厂长负责制写法人的法定代表人，而无法写入被后来公司法所证明甚为必要的法人机关；只能写进笼统的抵押权，而无法写入被今天实践证明甚为必要的抵押权和质权的分离。其实，我们有理性主义作指导的话，完全可以不必有稍后不久的立法便突破《民法通则》规定的不正常做法。

中国民法的法典化走过了崎岖的道路，20世纪50年代和60年代两次法典化立法尝试都以无结果而告终。80年代初开始的第三次起草工作也只能以一个《民法通则》的颁布而结束。是不是中国现今社会根本不存在制定一部完整法典的可能性呢？当然不是。中国立法者高度重视立法的计划性，制定了八届人大5年（1993~1998）任期内拟通过的152项法律名单。其中有一些是重要的民事单行立法，如物权法、合同法、担保法、经纪人法、合伙企业法等。可以说，立法计划是立法理性主义的体现，但并不是主要的表现。更重要的是，立法内在体系化的思考和设计。缺乏立法完整体系的基础，仍然没有摆脱立法中的"摸着石头过河"或"成熟一个制定一个"的旧思路。可见，从经验走向理性，仍是摆在中国立法，尤其是民事立法面前的一个值得深思的问题。

罗马法中的理性主义还表现为法律制度的高度抽象概括，而没有抽象概括就没有理论。罗马法中债的制度、物权制度、人格权制度就是这种高度抽象概括的表现。罗马法所创造的一些制度历经二千余年依然颠扑不破，只能说明它是建筑在极为坚实的理论基石上。中国现今立法的一个问题是往往容易就一时一事而作出规定，有时不到十年就失去了意义，这虽然和社会经济的变化剧烈有关，但不能不认为也和立法缺乏深层次的理论研究有关。"重实践、轻理论"是立法的一个深层病害。我们应该从罗马法的理性精神及其成就中得到一些启示。

罗马法中的理性主义还表现为重视法学家的作用。在罗马法发展的历史中，最辉煌的阶段恰恰是著名法学家辈出的阶段，也是他们在法律舞台大显身手的阶段。罗马法衰亡的过程也同时就是罗马法学衰亡的过程。在罗马鼎盛时期，法学家就是皇帝立法文件的起草者，从奥古斯特大帝开始，赋予某些著名法学家以"法律解答权"。曾经宣布五大法学家的解答和著作具有法律效力。五大法学家对同一问题意见不一致时，以多数意见为准；如不同意见双方人数相等，则以伯比尼安（Papinianus）的意见为准，如果伯比尼安未发表意见时，则由法官自由裁量决定。帝国后期罗马法学家的主要活动仅限于举办法学教育和整理编纂法典工作。可以得出结论说，罗马法中的理性主义在很大程度上是依靠和取决于罗马法学家的努力。

中国立法中理性主义的增强也是和法学家更多地参与立法活动分不开的。有些法律是委托法学家起草的，其他则是反复听取法学家的意见。当然，法学家也有他们的局限性。像罗马法那样甚至可以把著名法学家的著作视为法律依据，在今天的法制社会中是不可仿效的，但在中国的政治和立法活动中，法学家的地位仍是一个需待解决的问题。没有法学家的地位和作用的提高，就不能真正实现立法从经验到理性的迅速转换。

民法文化初探[*]

江　平　苏号朋

一、民法文化的成因

源于罗马法的大陆法系，又名"民法法系"，足见民法在这个法系中的地位。"民法典不管是在哪里，都往往被当作整个法律制度的核心。"[1]

在众多的部门法中，民法仅是其中之一，与刑法、诉讼法、行政法等均处于宪法之下的第二层级的法律，称之为"文化"而超于其他部门法之上，似乎有哗众取宠之嫌。其实，任何一个了解西方法律发展史的人士都会有这样一种认识：在基本上为一元化的西方法律史中，发展得最完善、最引人注目、最为学者所看重并致力于研究和开拓、最有力地推动社会发展、最深入人心、影响人们思维与行为的法律非私法莫属，而私法无疑是以民法为基础，并以民法为主干的。

作为民法法系之源头的罗马法在发展之初存在着二元立法体制，高贵的罗马市民适用市民法，外来居民适用万民法，以显示出罗马市民与外来居民在身份上的区别。至公元 212 年，卡拉卡拉大帝将罗马市民权普遍授予罗马居民，市民法与万民法实现合流，开始以市民法指称罗马法，尤其是罗马私法。

　＊　原文载于《天津社会科学》1996 年第 2 期，系与博士生苏号朋合著。

　〔1〕　［美］艾伦·沃森：《民法法系的演变及形成》，李静冰、姚新华译，中国政法大学出版社 1992 年版，第 172 页。

罗马人以敏锐的观察力将法律分为公法与私法，认为公法是调整公益的法律，而私法是涉及个人利益的法律[1]。但是，由于在罗马共和国的发展过程中，几乎没有建立起有权威的统一的中央集权国家，导致了其公法的相对落后，但其私法部分却借助地中海沿岸商业的发达而得到了完备的发展。这样一种政治现象在其后的欧洲大陆国家中也同样存在，如法国直至1789年大革命之后才真正建立了统一的资本主义国家，德国直到1871年才建立俾斯麦帝国，统一了整个德意志。这样的政治形势反映到立法中来，大陆法系各国的法律体系中便呈现出一种有趣的格局，即其私法（民法）部分极其完善，而公法部分则非常薄弱。难怪有的学者指出："尽管公私法的区分源于罗马法，但公法直到近代之前一直是相对不发达的。"[2]我们不能不承认，大陆法系中公法长时期没有地位，私法却得到了充分发育，这正是民法占据重要地位乃至成为一种文化现象的原因之一。

民法之所以被称为一种文化现象的深层次原因还在于民法所体现出的精神对人的生存所发挥的作用。民法是与人类经济、社会生活连接最为紧密的法律部门。作为市民要求的反映，民法的理念、原则、规范集中体现了人类社会文明、进步生活的基本规则和社会成员对权利与自由的向往和追求。民法之谓"法"，其实是将这些基本规则和追求赋予了法律的成分，而其营养源泉，则深深植根于人类文明的发展之中；民法自身也因其对人类生存的关怀而融入文明的洪流，推动着社会的进步。有关平等、自由的观念，往往都是先在民法中予以确认，而后才见诸宪法的。民法的许多理念几乎不需经过任何加工即可成为法哲学的研究对象，成为整个法学发展的向导。

至为重要的是，尽管有许多部门法确认了人的权利，唯独民法给予

---

〔1〕〔意〕桑德罗·斯奇巴尼选编：《正义和法》，黄风译，中国政法大学出版社1992年版，第35页。

〔2〕〔美〕格伦顿等：《比较法律传统》，米健等译，中国政法大学出版社1993年版，第67页。

了具体的权利操作方式，从而使得主体不仅知晓享有何种权利，而且得以在社会生活中正确地行使权利。虽然民法自身不能直接使主体实际获得权利，却能使权利的实施行为得到法律的确认，并得到相应的保护。正因为民法具有人法、权利法的特征，才使它成为与主体的社会生活联系最为紧密的法律部门。所以，当民法被视作人民权利的圣经而成为人行于世不可或缺的安全保障时；当民法的理念成为各个社会形态所共同追求的目标时；当民法作为实现国家统一的精神支柱时；当民法已是人类文明的重要构成并通过自身推动社会进步时，我们就不能不承认民法是一种文化现象了。

二、民法文化的概念及其特征

民法文化作为法律文化的分支及其主要组成部分，是指以市民社会和政治民主为前提，以自然法思想为哲学基础，以民法特有的权利神圣、身份平等、私法自治之理念为内涵，运作于社会生活而形成的、社会普遍的心理态势和行为模式。

作为东方的泱泱大国，中国与西方世界一样，均经历了原始社会、奴隶社会、封建社会及资本主义的萌芽期，然而在法律文化上，两者却迥然相异。中国传统法律文化在观念上强调礼主刑辅、身份本位、义务本位。强化权威服从和顺民的观念，强调个人对家庭、社会和国家的义务，却无视权利之存在，使法与"刑""律"等词义等同起来，都是以暴力、惩罚、强制、专政为特征。法律条文多禁止性规范，而少授权性内容，忽略和轻视人的独立人格、自由、尊严和利益。从本质上来说，这是一种崇尚公法威力而轻私法的"公法文化"。但是，在欧洲大陆，却生成了尊重个人自由和权利、追求人格独立和身份平等、保护私人财产的所有权、力戒国家权力扩张、当事人得依自由意志决定其行为的法律思想，从而形成了"民（私）法文化"。

为什么在中西方文明发展史中，法律文化会出现如此大的区别，其表象背后的根源是什么呢？笔者将通过考察民法文化的特征，或许能够对东西方法律文化差异之原因稍作揭示。

（一）民法文化的形成与传播以市民社会的存续为基础

民法为市民法之误译，此为有的学者早已指明。两者虽仅相差一字，却将民法与市民、市民权利以及市民社会的联系，也一并省略掉了[1]。民法既为市民法，自应以市民及其行为作为调整对象。市民并非一般意义上的居住于城市的人，而是指因进行商品交换依傍于市场而主要在城市生活的人，它构成了社会的一个阶层。市民在简单商品经济发达的罗马时期即已产生，由市民的相互交往而建立的组织以及各种设施的总和，构成了市民社会，这是市民的活动空间。市民以私人利益为本，以交换为纽带，以对财产的拥有为基础，以意志上的自由为追求，构成了一幅活生生的市民社会的画面。

马克思借用了黑格尔"市民社会"的概念，并根据市民社会和政治国家的关系，作出了正确的论断。马克思对市民社会作了两种理解[2]。作为历史范畴的市民社会指人类社会的一个特定发展时期。在这个时期，存在着个人利益发展到阶级利益的过程，此点与市民法无关。作为分析范畴的市民社会，是对私人活动领域的抽象，是与作为公共领域的抽象的政治社会相对应的。笔者认为，在马克思那里，作为分析范畴的市民社会有以下特点：

首先，私人利益和需要是市民社会存在的条件，利己主义是市民社会的本质，交换是市民社会的运作方式。市民社会是私人活动的领域，私人利益是其成员追求的目的。"任何一种所谓人权都没有超出利己主义的人，没有超出作为市民社会的成员的人，即作为封闭于自身、私人利益、私人任性、同时脱离社会整体的个人的人。""把人和社会连接起

---

〔1〕 张俊浩主编：《民法学原理》，中国政法大学出版社 1991 年版，第 1 页。

〔2〕 俞可平："马克思的市民社会理论及其历史地位"，载《中国社会科学》1993 年第 4 期。

来的唯一纽带是天然必然性，是需要和私人利益，是对他们财产和利己主义个人的保护。"[1]在市民社会中，个人是存在的最小的和最基本的单位，一切均是以个人为基础而进行的。自然人是其他一切机构的主体和利益的基础，而私人利益则成为其最关心的事。作为市民社会中的人，是以实现私人利益为奋斗目标的。在这里，从未有人会在主观上将公共利益作为其行为的目的。为了实现私人利益，市民间必然要进行经济交往，市民社会的外在表现即在于交往，在于物质上的交换过程。市民社会包括各个个人在生产力发展的一定阶段上的一切物质交往，它包括该阶段上的整个商业生活和工业生活。随着商品生产即不是为了自己消费而是为了交换的生产的出现，产品必然要易手。这种易手是通过建立契约来促成的，契约的总和构成了市场，而这种市场制度恰恰是市民社会在经济上的表征。正是通过交换，确立了当事人之间的平等，并使私人利益得以实现。

其次，自由是市民社会的基础，平等是自由前提下的平等，安全是市民社会的保障。自由这项人权的实质是对私有财产的拥有，而"私有财产这项人权就是任意地……和别人无关地、不受社会束缚地使用和处理自己财产的权利；这项权利就是自私自利的权利。这种个人自由和对这种自由的享受构成了市民社会的基础。这种自由使每个人不是把别人看做自己自由的实现，而是看做自己自由的限制"。[2]在市民社会中，自由是市民使用和处理自己的财产、获得私人利益的条件，也是市民社会本质之所在，它通过对私有财产的占有和自由支配及契约制度体现出来。

市民社会是一个充满各种交换的社会，而交换的发展必然在市民中产生平等的要求。"交换，确立了主体之间的全面平等"，[3]但是，平等

[1]《马克思恩格斯全集》(第1卷)，第439页。
[2]《马克思恩格斯全集》(第1卷)，第438页。
[3]《马克思恩格斯全集》(第46卷上)，第197页。

并非市民的最终要求，这只是其实现自己的利益——私有财产占有的自由的条件和方式。因此，"从非政治的意义上看来，平等无非是上述自由的平等，即每个人都同样被看做孤独的单子"，[1]即看作是各个私人利益的所有者。没有平等，则阻塞了通往自由的路途；没有自由，平等则成为漫无目的的游子。

市民社会的发展除了自身平等、自由的要求以外，为了使相互间的交往能够和平地进行，避免一方为自利而违背这些原则，则必须用安全来加以保障。"安全是市民社会的最高社会概念，是警察的概念；按照这个概念，整个社会的存在都只为了保证它的每个成员的人身、权利和财产不受侵犯。"[2]不过，安全这一"人权"虽是市民社会的需要，但并非是市民社会所能提供的，恰恰是政治国家作为的天地，是国家为了保障自己经济基础运行所必须采取的手段。这样，马克思就"用政治国家和市民社会的关系、政治解放的本质来解释"了市民社会和国家之间的区别和联系。正是市民社会的要求得到了政治国家的确认，而非政治国家创造了这种"理念"强加于市民社会之上。

最后，市民社会是全部历史的真正发源地和舞台，是国家的前提，国家是市民社会的体现。市民社会构成了特定国家的经济基础，人类的一切文明包括政治国家的产生都是源于这一蕴含着各种进步信息的母体。这一名称始终标志着直接从生产和交换中发展起来的社会组织，而这种社会组织构成了国家的基础以及任何其他观念的上层建筑的基础。"有一定的市民社会，就会有不过是市民社会的正式表现的一定的政治国家。"[3]

可以说，在市场经济体制下的社会主义国家中，市民社会也同样存在，这将是孕育中国现代法制的基础性因素。

---

〔1〕《马克思恩格斯全集》（第1卷），第439页。
〔2〕《马克思恩格斯全集》（第1卷），第439页。
〔3〕《马克思恩格斯选集》（第4卷），第321页。

作为政治国家的对称物,市民社会本身并无暴力,所存在的是对市民平等、自由及交往的尊重。作为国家意志的市民法正是要反映出市民社会的要求,并通过自身促进市民社会及市民行为的有序化。

(二) 民法文化的形成与发展以政治和经济的民主为前提

考察一下欧洲大陆的政治及经济发展史,我们就会发现民法和民法文化与政治及经济的紧密联系。当实行开明政治、经济放任时,民法便得到发展完善,其中所蕴含的文化特质便得以体现。

罗马社会进入奴隶制之后,历经王政、共和和帝制时期。即使在帝制下,也并未实行东方式的专制统治:皇帝握有生杀予夺之权,王位世袭,一切法令均由皇帝以旨意的名义发出。在罗马帝制下,元首并非世袭,而是由前任在群臣中择其优者任命,这样就避免了世袭制的弊端。而且,元老院作为国家权力机构,虽然势力逐渐缩小,但仍然存在,并与元首成牵制之势,故罗马帝制仍为一种开明统治,在政治上未实行高压政策。

在经济上,随着奴隶制逐步走向完善和发展,罗马帝国于公元一二世纪在经济发展上进入了一个前所未有的黄金时期。帝国颁布了许多限制奴隶主虐待奴隶的法律,并在帝国境内广泛修建和扩展交通大道,开辟了新市场和口岸,各关卡收税极低。社会各阶层的新官僚阶级已不像旧元老贵族那样对工商业不屑一顾,而是非常关心经济利益,对经济发展起了鼓舞作用。罗马政府很少对工商业进行限制,这种经济上的民主为市民法与万民法的融合,并逐步走向完善提供了社会背景,并使市民法中所体现的平等、自愿的文化理念渗入民众的精神之中。

经过中世纪教会法的统治和庄园经济,城市重新兴起,工商业又发展起来,市民等级再次在欧洲大陆出现,商品经济使全社会都无时无刻不感到它的存在和力量。为了打破封建制的桎梏,代表新生产力的市民等级建立了资产阶级国家,为市场的开拓扫清了政治障碍。三权分立成为政治体制的组建原则,权力互为制约,力避权力出现垄断,从而实现了政治上的民主。新成立的各国均以致力于经济发展为己任，自由市场经济体制为各国所认同，允许自由经商，任何人均有权拥有财产，国家仅为市场的"守夜人"，而不得对经济活动横加干涉。

在此经济、政治背景下，第一批民法典在西欧诞生了。1804 年的《法国民法典》是世界上首部冠以"市民法典"的法律文件，它将市民等级在大革命中所呐喊出的自由、平等和人权的口号体现出来。法国民法典以其所含有的简短有力、带有宣言性、充满思想性的规定，宣告了一个时代的到来，法国民法典亦因此而成为法律精神的象征。正因为如此，法国民法典才得以成为大陆法系中影响最广、标为楷模的法典，成为民法发展史中的一座丰碑。它能够取得如此高的成就，恰恰是因为法国在彻底革命的基础上所实现的政治和经济的民主所致。

（三）民法文化以自然法思想为其哲学基础

任何一种人类文明的塑造，都离不开哲学思想的指导，民法亦不例外。自罗马法到法国民法典及 19 世纪一系列民法典的诞生，自然法思想始终是其精神支柱。古希腊的斯多葛学派已提出了自然法理论。按他们的理解，所谓自然，就是统治原则，它遍及整个宇宙。这种统治原则本质上具有理性。芝诺认为，整个宇宙是由一种实体组成的，这种实体就是理性。因此，自然法就是理性法。理性作为斯多葛学派的一个重要概念，被认为是一种遍及宇宙的万能的力量，是法律和正义的基础。人类作为宇宙自然界的一部分，本质上是一种理性动物，服从理性的命令，根据人自己的自然法则安排其生活。斯多葛学派自然法概念中的另一个重要含义乃是平等原则。该派认为，人们在本质上是平等的，并以此创立了一种以人人平等原则与自然法的普遍性为基础的世界仁义的哲学。他们的最终理想是建立一个在神圣的理性指导下，所有人和谐共处的世界国家〔1〕。西塞罗亦认为自然法的本质是正确的理性，理性是人区别于自然界其他动物的标志。人的理性是上帝（即自然）赋予的，故人应服从于自然。由此，西塞罗提出了著名的"恶法非法论"。虽然我们不能说在罗马法的整个发展过程中斯多葛派自然法观念的作用是首要因素，但它无疑对罗马帝国政治和法律的发展产生了重大影响，这一点从《查士丁尼法典》中得到了充分反映。

十七十八世纪，古典自然法学派在欧洲兴起，格老秀斯为其奠基人。在其所经历的缓慢发展过程中，自然法将侧重点从理性法的客观基础是人的社会性转向强调人的"自然权利"，认为制定法应以确立人的自然权利为己任。它摒弃经院式方法，把法的系统性提到颇高的程度；它以科学为榜样，以一种公理的、完全合乎逻辑的方式表达它的法律观。它发现了法律与自由、平等价值之间的联系，并"通过无视历史，并将注意力集中在努力发现一种理想的法律和正义制度，完成了一项社会任务。其意义超过了单纯研究法制史的学者所做的工作。经过几代思想家的集体努力，古典自然法学家奠定了现代西方文明法律大厦的基石"。〔2〕自然法哲学将人从中世纪宗教的统治中解放出来，并掀起了强大的法律改革运动，以此为哲学基础的《法国民法典》《德国民法典》和《瑞士民法典》，通过赋予其效力范围内所有人以一定的自由、平等和安全，实现并实施了古典自然法学派所提出的某些基本要求。

进入20世纪，尽管自然法学派得到了必要的修正并且影响日渐式微，但民法典已作为其思想的载体和继承者，将其精神融入新的时代，并以自身的力量实现着自然法中平等、自由的信念。

（四）民法文化以私法自治、身份平等、私权神圣为基本理念

民法是市民社会和市民交往关系在法律上的体现，而市民社会则是

---

〔1〕 ［美］E. 博登海默：《法理学——法哲学及其方法》，邓正来等译，华夏出版社1987年版，第13~14页。

〔2〕 ［美］E. 博登海默：《法理学——法哲学及其方法》，邓正来等译，华夏出版社1987年版，第6页。

商品经济或市场经济的载体。市民所进行的商品生产和交换活动，必然要求商品生产者在法律地位上与其他人同样平等，要求任何人在商品生产和交换的关系中地位平等，依照自己的意思生产和让渡产品，并保证自己的财产不受侵犯。民法当然要将市民的这些要求纳入自己的体系中去，从而形成了私权神圣、身份平等和私法自治等基本理念。民法文化的这些理念正是市民对其生活的最高行为准则的界定和期盼。两千多年来，这些理念不仅见诸法典之中，且已经渗入市民的日常生活，"成为国民的牢固成见"。尽管随着垄断的加剧，政府对市场干预的加强，市场作用受到怀疑，民法所体现出的诸理念均受到了影响，但并未从根本上动摇其作为民法精神的地位。离开了这些作为其精神支柱的内在价值，民法便会变作没有大脑的躯体，就再也不会散发出绵亘数千年的魅力，人们也不能再将民法视为权利的圣经了。这种民法可以称为"堕落的民法"。

（五）民法文化以对人的终极关怀为价值取向

恩格斯曾经指出，"民法准则只是以法律形式表现了社会的经济生活条件"[1]。这一社会的经济生活条件，实际上就是市民社会所负载的商品生产和交换的条件。这些条件包括生产力发展所产生的社会分工及财产为不同利益主体享有所有权，主体脱离人身依附关系而具有民事权利能力，自由地表达意志，通过契约参与市场的运行，借交换实现自己的利益追求，同时使对方的利益追求得以成为现实。但是，我们并不能据此判定民法是商品关系法，认为"民法所调整的社会关系的基本内容是一定的商品关系"[2]。这是因为：首先，民法是市民社会的法律，是调整市民——社会普通成员——之间交往的法律，市民社会是其存在的土壤，而商品经济仅仅是市民社会在经济上的表现形式而已。将民法与

---

〔1〕《马克思恩格斯选集》（第4卷），第248~249页。
〔2〕 佟柔主编：《民法原理》，法律出版社1986年版，第3页。

商品经济或市场经济看作是孪生姐妹，只是浅层次的联系，不在其背后探究市民社会，寻求民法与市民、市民社会在历史上的发展，则无法把握民法价值的根本所在。中国历史上同样出现过调整经济生活的民法规范，但当我们去研究中国传统法律文化时，却从来没有发现体现民法价值的精神存在其中。其原因非常简单，专制的旧中国无法发育出市民社会。民法既无立足之本，又如何去寻求其文化之所在呢？

其次，民法文化所体现的价值均以对人自身的关怀作为首要的和最终的取向。"人性的首要法则，是维护自身的生存，人性的首要关怀，是对于其自身所应有的关怀。"〔1〕卢梭在法国大革命前夜的呼声也正是民法所要体现出来的信念，是民法文化的精髓。它体现着对自由的向往，对权利的执着，对自主自治的渴望。翻开任何一部民法典，都会看到它首先确认的是人的主体资格，是对人生存的确认，是对其作为权利人的确认。民法规定主体得拥有财产的所有权，得与他人依自由意志签订契约，得继承遗产、缔结婚姻，不都是为了使其成为一个享有充分权利，成为一个独立、自主、平等的人吗？民法不仅对人的生存资格予以确认，更以其对主体权利的充分肯认而使人的生活更加美好，超越于生理需求而赋予生存以更丰富的内涵，这已远远超出了商品经济自身所能提供的仅仅是物质上的资源。没有对人的终极关怀，没有对人自身的尊重，即使是一部名之曰"民法"的立法文件，恐怕也并非浸润着罗马法以来的那种以人为核心的人文精神的市民法典了。在现代人的观念几乎已被统统物质化的市场经济下，强调民法为人法、权利法，正是我们思考自身存在所需要的。

（六）民法文化以法典化为其形式理性

谈及大陆法系，首先要谈及民法；谈及民法，必关注其法典化的表现形式。当然，称法典化为民法法系的标志似乎有些牵强，一些学者是

---

〔1〕〔法〕卢梭：《社会契约论》，何兆武译，商务印书馆1994年版，第9页。

不同意这种归纳的〔1〕。不过，我们也不能忽略这样一个事实，自公元6世纪查士丁尼编纂民法大全始，直至法国民法典、德国民法典、瑞士民法典和本世纪各国的民事立法，均是以法典为民法的载体。即使我们不将此作为大陆法系和英美法系的差异，也颇值得我们去思索其中的奥妙。民法法典化倾向是自然法哲学影响的结果。如前所述，自然法的倡导者们崇信理性的力量，认为凭此即可发现一个理想的法律体系。他们力图系统地规划出各种各样的自然法的规则和原则，即与一切时代、与所有各族人民所共有的、不变的、普遍适用的规定，并将它们纳入一部法典中去〔2〕。所以，正是自然法哲学掀起了强大的立法运动。参加法国大革命的理性主义的崇拜者们设想，只要从自然法学派思想家所建立的基本前提进行推理，人们就能够取得一种可以满足新社会和新政府所需要的法律制度〔3〕。这种法律制度，必然是民法制度，而所制定的法典也必然是民法典，因为只有它才首先确认了所谓人的"自然"权利。所以，民法文化以法典化为其形式理性，成为在自然法哲学影响下的自然而然的事情。

民法通过法典表现出来，但并非任何一部民法典均能体现出这种文化性来。民法典不等于民法，正如人的头颅不能代替大脑一样。如果在法典中没有负荷价值，也只能是徒具其形。价值需要载体，法典需要精神，两者完美结合方能体现出民法文化由意念走入生活。因此，法典化仅仅是民法文化的形式理性，绝非其灵魂之所在。不尊重人的自由、平等的民法典不是民法精神的产物，而是其异化的畸形儿。

〔1〕〔美〕艾伦·沃森：《民法法系的演变及形成》，李静冰、姚新华译，中国政法大学出版社1992年版，第5页。

〔2〕〔美〕E. 博登海默：《法理学——法哲学及其方法》，邓正来等译，华夏出版社1987年版，第67页。

〔3〕〔德〕茨威格特等：《比较法总论》，潘汉典等译，贵州人民出版社1992年版，第161页。

三、民法文化的演变

民法是随着人类经济、社会的发展而发展和完善的，民法文化同样也有一个漫长的演变历程，同样是历史的积淀。在这一过程中，各种因素都在发挥着作用。除了经济上的需要之外，还渗透着哲学、基督教教义以及相关学科的发展对其施加的影响。研究民法文化的发展史，自应从其源头——罗马法开始。

（一）民法文化之滥觞

作为"商品生产者社会的第一个世界性法律"的罗马法适应当时简单商品经济的需要，已开始在一定范围内确认了主体间的平等与法律行为的自愿性，初露民法文化的端倪。现代民法之所以确认罗马法为其起源，绝不仅仅是因为其规范的适用性，更为重要的是体现于其中的权利观念，以及对人的尊重。当然，这里的"人"仅指罗马法中所确认的主体，在奴隶制的社会形态中，要确认奴隶为主体简直是不可思议的事。这并非罗马法的局限，而只能是人类历史发展的必然。

罗马市民法最初仅仅是作为罗马民族的法律出现，带有残酷、原始、追求程式化、僵硬等特征。随着社会经济的发展及罗马的对外扩张，与其他民族的交往日益频繁，市民法已无法适应时势之要求，统治者亦感到市民法的属人主义已大大阻碍了帝国的发展。通过将罗马市民权授予全帝国的臣民，市民法与万民法融为一体，罗马法得到了更新和发展，并走向完善。在罗马法的发展过程中，帝国前期的法律代表着整个罗马时代法律文化的精华。

罗马法适应当时发达奴隶制经济的要求，在简单商品生产的推动下，在一定程度上开始体现出对人的自由、平等和财产权的尊重，这里面也包含着自然法思想和基督教教义对它所施加的影响。尽管罗马法终究摆脱不了时代的烙印，但它的影响却远远超出了孕育它生长的社会，从而成为全人类的文化遗产，并成为我们研究民法制度和精神的起始点。

（二）民法文化的形成与确立

民法文化的形成与确立经过了一个长期的历史过程，它自 11 世纪末罗马法复兴始，至法国民法典颁布止。随着封建社会在西欧的发展，基督教会开始在意识形态中占据支配地位。它垄断了西欧的文化教育，为封建社会蒙上了神赐的灵光。然而，历史的脚步却永恒地向前迈进。在中世纪晚期，资本主义经济在封建社会内部逐渐发展起来，并开始引起人们思想的变迁。自 11 世纪末开始，在意大利北部尤其是波伦亚大学进行了对罗马法的研究，并由单纯注释罗马法发展到力求把对罗马法的解释适应于当时社会发展的需要。

"罗马法研究的恢复是标志罗马日耳曼法系诞生的主要现象"，[1]同时也是民法文化得以形成的标志，而另一个标志则是罗马法在欧洲各国的继承，各国均不同程度地接受了罗马法，并将其作为建立新的法律体系的基础。

其后兴起的古典自然法理论为民法文化准备了哲学基础，更是法国大革命直接的思想源泉。自 1789 年开始的法国大革命，摧毁了封建等级和特权制度，"以法律代替了专横跋扈，以平等代替了特权；……革命把一切都复归于一个等级、一个法律、一个民族"。[2] 1804 年在拿破仑主持下通过的《法国民法典》标志着大陆法系的形成，同时也是民法文化确立的象征。《法国民法典》不仅承袭了罗马法中的平等、自由的理念，而且在新的社会经济条件下和哲学思想影响下，将其又向前大大推进了一步。它在法典中以极其简洁明了的语言确立了契约自由、财产私有和权利平等的原则，从而成为民法文化得以确立的标志。

---

〔1〕〔美〕玛丽·A. 格伦顿等：《比较法律传统》，米健等译，中国政法大学出版社 1993 年版，第 16 页。

〔2〕〔法〕米涅：《法国革命史》，北京编译社译，商务印书馆 1997 年版，第 3 页。

（三）民法文化的发展

19世纪，当《法国民法典》开始被普遍推崇和效仿时，编纂法典的思想亦在德国发生影响。围绕着法典的制定，蒂博和萨维尼展开了激烈的论战，并最终以历史法学派的胜利而告终。这一论战的结果使许多德国学者把精力转向对法律史的研究，并建立了德国式的逻辑严密的"法律科学"[1]。

经过数代德国民法学者的努力，《德国民法典》终于在1896年颁布。它与《法国民法典》相隔近一个世纪，当时资本主义虽然已开始向垄断过渡，但事实上法典仍忠实地反映了俾斯麦帝国的社会关系。虽然19世纪70年代和80年代，一种出于家长式极权国家的关怀思想的社会政策已经开始出现，它促成了劳工保护规定的颁布特别是社会保险的重要立法，然而当时这些社会思想倾向几乎还没有渗入民法。因此，这部法典具有鲜明的自由资本主义时期法律思想的烙印。不过，在许多方面，该法典仍给冷酷的个人主义添加了"几滴社会的润滑油"。

《德国民法典》延续了罗马法、《法国民法典》的契约自由、权利平等、私权神圣的精神，部分地适应社会的发展而向前推进，已经开始由完全的个人主义向社会化演进，从而使民法文化注入了新的内容。

（四）民法文化在20世纪受到的冲击

民法文化从19世纪向20世纪的过渡，是与自由主义放任经济管理到有计划或统制经济的现代福利国家的转折以及个人主义的哲学思潮向社会本位的转变密切相关的。"过去大家主要注意的是交换的公平，而今天则分配的公平进居首位。结果是，过去强调的是个人间关系与私法，而今天强调的则是公法，为在革新的社会中建立新型的公平，则赋予政府

---

〔1〕〔美〕玛丽·A.格伦顿等：《比较法律传统》，米健等译，中国政法大学出版社1993年版，第23~26页。

和国家以首要的地位。"〔1〕为了适应这一变化，各国民法典都进行了较大的修改，并通过颁行特别法和建立司法判例制度的方式使民法的传统理念得到了补充、发展及一定程度的修正。在这一过程中，表现最明显的是 1907 年的《瑞士民法典》，它在第 2 条即确立了诚实信用原则，以此来适应变化剧烈的社会经济生活。1947 年日本修订民法时，亦将诚信原则追加到第 1 条第 2 款中。

在 20 世纪，民法传统理念有的得到修正，有的受到限制，有的获得发展。至于对这种变化如何评价，笔者认为民法文化的发育更为成熟了，它摆脱了早期理想主义的特征，更贴近社会生活并反映了社会生活的要求。民法在尊重个人权利的基础上更注重谋求整个社会整体民众的共同进步与幸福。

四、中国的民法文化模式

在中国近代史上，西方的诸多文明传播进来时，往往会因中国生存环境的恶劣而不得不改头换面，成为不伦不类的怪物。与其相比较，20 世纪末的中国毕竟与世界联系甚广，对西方文明的摄入也由被动转为主动，"洋为中用"成为我们发展的方针。因此，民法文化引进中国似乎多了一些有利因素，更重要的是中国的市场经济模式使民法有了一个运作的环境，尽管文化的形成仍需一个较长的过程，但却是必然的结果。从民法文化的历史与现实的结合研讨，笔者认为中国的民法文化应体现出以下特点来：

第一，坚持民法为权利法的本色。民法与公法的区别即在于民法运作于市民社会，以维护市民交往的自由和权利不受侵犯为其功能。民法是权利法，其主要内容和精神就是确认民事权利并运用救济手段保护

---

〔1〕〔法〕勒内·达维德：《当代主要法律体系》，漆竹生译，上海译文出版社 1984 年版，第 63 页。

权利。

第二，个人本位与社会本位的结合，即私权与公益的统一。人类文明的发展要求实现个人之间的平等，然而现实中却时时存在着拥有财产数量的差别，平等的观念正由形式上的平等即机会平等向实质性平等即分配的平等转化。这一点在社会主义国家和资本主义国家均得到体现，尽管其程度和性质无法同日而语。与此相适应，民法文化以个人利益与公共利益的统一为特征，实际上是个人权利得到尊重的过程。

第三，仍以意思自治为原则，但应加以限制。可以说，意思自治原则是民法作为权利法最充分的体现。不过，在发达的市场体制中，意思自治的流弊已经暴露，追求绝对的自由将导致当事人利益的损害，处于弱者的一方往往会在自治的表面承受着被迫的痛苦。因此，对意思自治加以限制已成为挽救意思自治原则，并使民法适应时代要求的必要手段。

第四，身份平等的适用范围和强度仍需扩展。在民法的诸观念中，平等原则是发育最缓慢、最不充分的一个。这一问题在缺乏民法传统、漠视个人存在的旧中国更为严重。中华人民共和国成立后，在国家、集体、个人三者中，对个人权利的保护不如前两者有力；企业间的权利因所有制不同而差别甚大，无法实现真正的竞争；对一些单位分配、就业中的男女不平等现象也缺乏法律制裁手段。在中国，身份平等的观念也亟需加强。

空前启后　功不可没[*]

——《民法通则》颁布十周年记

江　平

一、《民法通则》问世的简要回顾

《中华人民共和国民法通则》颁布至今已十周年了。自《民法通则》颁布以来，我国的社会经济、政治生活发生了巨大的变化。特别是建立社会主义市场经济体制改革目标的提出，为中国民法的发展提供了契机。所以这几年一直有人呼吁制定一部系统的中国民法典，为社会经济生活提供适时、稳定、系统的行为规范。现在回过头来看 1986 年的《民法通则》，的确有其不完备、不成熟的一面。十年以后，在经济生活发生巨变的条件下，《民法通则》显得过时、原则、欠缺、遗漏。但是，我们不应该脱离当时的历史背景和社会环境来评估它的价值或功绩。我认为，1986 年《民法通则》是我国民事立法的一个重大的里程碑，它既标志着以政治手段调整平等主体之间关系为主的时代的结束，又预示着我国民事立法开始步入正轨，为以后陆续颁布的单行法规乃至今后的民法典定了基础。所以我说它是"空前启后"。

1949 年，我国取得了新民主主义革命的胜利，随后几年全面建立了社会主义制度，但是对于如何建设社会主义，尚需在实践中摸索。其中有一个很敏感、很关键的问题是社会主义要不要发展商品经济。众所周

---

[*]　原文载于《研究生法学》1996 年第 2 期。

知，商品经济几经提出，但很快就被扼制了。作为孕育于商品经济并主要规范商品经济关系的民法，其命运自然与商品经济的命运息息相关。在1986年《民法通则》颁布之前我国曾有两次流产的民事立法工作。第一次是在1955~1956年进行的。其背景是，大规模的经济建设刚要起步，经济的繁荣持久需要充分利用商品经济的积极作用。第二次是20世纪60年代初，在总结"大跃进"教训之后，中央开始注意按经济规律办事、发展经济，因而重新提出并开始第二次起草工作。但这两次立法活动都因否定商品经济而夭折。随之以后的"文革"，一切与商品经济相联系的，都被视为资本主义性质的东西，自然不会有民事立法。在《民法通则》之前，除了《婚姻法》外，几乎没有一部完整的民事法规，取而代之的是民事政策文件，而经济活动完全为经济计划和行政命令所操纵。

1978年之后，我国走上了一条探索社会主义经济建设的改革之路。商品经济几经争论得到承认并被写入1984年《中共中央关于经济体制改革的决定》。但是，对于商品经济到底是什么，计划和市场的关系怎么摆，一直存在着不同的认识。1986年的《民法通则》正是在这种商品经济得到认可和发展，但又对它在社会主义经济中占有什么样的地位及其前途如何存在模糊认识的历史背景下出台的。

这次起草工作开始于1979年，当时人们对于起草一部什么样的法，存在着争议。草案的前四稿也基本上是按法典模式草拟的。但是后来没有按这个模式进行下去，主要原因是经济改革政策不断调整和深化，实践中的新生事物不断出现，一时还难以从理论上完全解释清楚，更不能用法律规范将它们确定下来。再加上我国国情复杂、认识上的阻力等因素，颁布一个完整而详尽的民法的时机还不成熟。这样，民事立法采取了非法典化的路子。而当时社会经济发展，特别是发展商品经济需要孕育新的主体、需要确认财产权、需要规范基本的交易行为等客观事实又需要一部通则性的民事规范。于是就制定了这部《民法通则》。这部总则，虽然主要属总则范畴，但它又不限于总则，还包括了一些分则的内容，比如，对所有权、债权和各种侵权行为的规定，它是对当时比较成熟的法律规范的总结或集成。因此，尽管存在着不尽如人意的地方，但是我们应当客观地讲，1986 年的《民法通则》是我国立法史上具有重大影响和巨大成就的一部法律。

二、《民法通则》的历史功绩

《民法通则》的功绩主要表现在以下五个方面。

（一）解决了民法的调整范围

《民法通则》第 2 条规定："中华人民共和国民法调整平等主体的公民之间、法人之间、公民和法人之间的财产关系和人身关系。"该条规定首次从立法上确立了我国民法调整平等主体之间的财产关系和人身关系。这种规定与大陆法系国家有关民法调整对象的规定基本一致，这为新中国民法找到了一个合适的地位和领域，为以后的民事立法和民法学的发展奠定了基础。今天的民商法就是牢固地建立在这一定位基础之上的。商法调整平等主体之间的商事关系，属于民法的特别法，它和民法一起构成了调整平等主体之间财产关系的法律整体。这一点，在今天看来似乎非常容易理解和接受，但在当时的历史条件下，却是得之不易。因为当时关于民法的调整对象，民法与经济法的关系存在着激烈的争论。许多人认为，民法仅调整公民之间的财产关系和人身关系，而不是一切平等主体之间的财产关系和人身关系。现在看来，将民法定位于一切平等主体，具有一定的前瞻性，对于民法在我国的繁荣发展有着非常重要的意义。

（二）确立了民法的基本原则

1986 年前后，在我国的经济生活中，商品交换、市场调节的成分明显增加，但在总体上仍属于计划体制的范畴，经济运行以纵向控制和计划调拨为主。在这种情况下要不要在民法中确立计划原则，国家财产神圣不可侵犯的原则，按劳分配原则，国家、集体、个人利益兼顾等原则，也是当时的一个争论热点。《民法通则》抓住"平等"这一民法的根本特征，确立了"平等、自愿、等价有偿、公平、诚实信用"十四字原则。这十四个字反映了现代民法的基本精神。从十年后的今天来看，仍然是不可辩驳的基本原则。它完全符合现代市场经济的基本要求，对于建立社会主义市场经济的法律制度，有着非常重要的指导意义。

（三）确立了权利本位

在起草《民法通则》时，有关第五章的名称存在着这样的分歧：是叫民事权利呢，还是称民事权利与义务。民事权利是独立的民事主体享有的界定其与其他特定或不特定主体之间关系——权利义务关系的一种工具；权利和义务相互对应，除了个别权利（如监护权）外，履行义务都是为了实现权利。实现权利就要履行义务，权利必然包含义务。因此，两种称谓反映了在民事关系中权利和义务哪一个更根本的问题。第五章定位于民事权利，突出权利在民法中的核心地位，奠定了以权利为本位的观念。对于我们这样一个只强调义务（可以称为义务本位）的国度来说，不能不说有着深远的影响。按此，第五章规定了我国的物权、债权、知识产权和人身权，构建了我国民事权利的基本框架。

（四）确立了意思自治原则

《民法通则》并没有明确规定意思自治原则，但是大胆地采用了民事法律行为制度，而该制度的核心就是当事人的意思自治。这一规定也得来不易，因为当时也有人反对采取大陆法系的法律行为概念，其理由是法律行为理论晦涩难懂，不像普通法系的合同理论明了易行，甚至认为有了合同规范无须再规定法律行为。现在我们认识到，用法律行为理论来解释和判定千姿百态的民事行为（包括订立契约）有着它独特的作用。法律行为就是意思行为，只要不违法，当事人意思表示一致就在他们之间是建立了受法律保护的权利与义务关系。当事人自己的意思成为决定法律行为是否成立和有效的重要依据。这对于我们今天弘扬意思自治原则，鼓励当事人依法自由、自愿交易，避免国家对私权的过度干预有着非常重要的意义。

（五）确立了侵权行为归责的基本原则

长期以来，中国人只知犯罪而不知侵权，在中国人眼里，犯法就是犯罪，只知侵犯公权，不知侵犯私权，并且长期沿用刑法手段、行政手段保护并不十分发达的私权。因此，长期以来没有侵权方面的法律规定。《民法通则》在"民事责任"一章第一次对侵权行为作了较为全面的规定，特别是它确立了过错责任原则和严格责任原则，即有过错，有责任，无过错，无责任；在特殊情形中采取严格责任不考虑当事人主观过错。这一规定既体现了侵权行为的一般归责原则，又考虑到了当今社会的发展，更好地保护受害人权益，维护公平和安全。《民法通则》确立的归责原则，与世界各国侵权行为的归责原则基本一致，这也是《民法通则》的一大功绩。

总之，在当时的社会背景下，《民法通则》正确地确立了我国民法的调整对象，确立了现代民法的四个核心原则：主体地位平等、权利本位（私权神圣）、过错责任和意思自治（契约自由）原则，仅就此而言，《民法通则》在我国民事立法史上，有着不可磨灭的功绩。

三、对我国民事立法的展望

今天，回顾过去，十年前民事立法采取的非法典化的路子仍然是正确的。因为直到1992年邓小平南巡讲话之前，商品经济或市场经济在我国仍然是"犹抱琵琶半遮面"的状态。此前的民事立法仍带有浓厚的计划色彩，本来与国家管制有关的经济法，一直涉足了许多平等经济关系；本来应该市场面前人人平等的主体规范，却充斥着许多不平等的规定；本来应该统一的市场交易规范，却人为地被割裂开来。这些与民法基本原则相悖离的现象，也正是建立社会主义市场经济的阻碍因素。因此，十四届三中全会提出建立社会主义市场经济的体制改革目标之后，才真正迎来了民事立法和民法学的春天，也才进入了恢复民法本来面目，弘扬民法精神，发挥民法社会经济基本调节器作用的时代。

八届全国人大适时地提出了在本届人大实现建立社会主义市场经济基本法律框架的立法目标。根据立法规划，市场主体方面的立法有已颁布的《中华人民共和国公司法》，和正在起草的"独资企业法""合伙企业法""股份合作企业法""经纪人法"等；市场交易规范方面的立法有已颁布的《中华人民共和国担保法》《中华人民共和国保险法》和《中华人民共和国票据法》，正在草拟的有"中华人民共和国合同法""中华人民共和国证券法"等；在财产权方面，准备制定一部系统的物权法。我认为还应制定一部"代理法"以及和公开竞价有关的"拍卖招标法"。随着这些法律的出台，将废除那些不符合民商法原则、有碍市场经济发展的法律，形成我国最基本的民商法体系。

方向已经明确，障碍已基本清除，神圣的立法使命已摆在我们面前。但是，中国正处于各项制度的大变革时代，要在这么短的时间内，完成法律规则的重建，的确是一件不容易的事情。任务是光荣的，也是艰巨的。

随着这些单行法的出台和实施，我们完全有条件和理由在修正、完善的基础上汇成一部法典式的民法。《法国民法典》颁布于19世纪初，《德国民法典》生效于20世纪初，依我的想法，能在21世纪初颁布我国的民法典，让古老的东方民族，重又站立在世界文明之列！

四、任重而道远

中国民法的命运同中国的命运紧密相连，而我则将毕生的精力献身于中国的民法事业。作为新中国成立后成长起来的一名学者，亲身体验到了基本上属于西方文明的民法在我国生根发芽和成长的艰难。现代民法不仅根植于一个社会的经济基础，而且更重要的是根植于一国的文化、观念和精神。而我国恰恰在这两方面都先天不足，不仅长期抑制了民法生长的"土壤"——商品经济，而且也没有形成有利于民法成长的"空气"——文化环境。这两点尤其是后者至今仍然是制约我国民法事业发展的潜在障碍。比如说，商品经济即是信用经济，当事人每笔交易，每一份合约都是建立在当事人的信用——履行允诺的基础之上，如果当事人不信守诺言，就会给交易——契约的履行制造障碍，这种障碍就是法律实施的障碍。法律的功能在于为人们的交易提供规则，从而节约交易成本并在出现违约、侵权行为时，予以救济；如果违约欠债成为普遍现象，那么再完备的法律也无济于事。而信用问题说到底又是观念问题，我国长期以来没有形成当事人意思——允诺——契约即法律的观念，没有信守自己"立法"的传统，更不用说自觉学习、遵守、运用那些便利他们交易、保护他们利益的民事法律。在民事法律领域，单靠国家的强制力是不可能形成真正的民法文化和市民社会的。

　　两大障碍主要由三大社会背景生成：一是漫长的封建社会沉淀下来的不利于商业和与此有关的法律发展的文化。比如，"重农轻商""重刑轻民""以罚代偿"，缺少自主自立、自我保护的依赖观念等。二是中华人民共和国成立以后特殊的社会背景。比如，计划经济、极"左"思潮、消灭私权、提倡单纯的服从和奉献，不仅生产而且人民生活主要依赖国家（政府）安排。这使得习惯于服从命令、听从安排的人们很难一下子转移到自我决策、自我负责的新的社会运转机制上来。三是改革开放以来，经济法被抬到了一个不适当的高度，使得本来应由民法调整的横向平等关系，也被纳入了经济法的范畴。这不仅仅是学科划分的问题，更重要的是将国家意志渗入民事生活领域，增强了行政权力对平等主体自由、自愿交易的干预，不利于民法文化——自主自治、自我管理、自我负责——的形成和光大。

民事立法不易，民法文化的形成更难。而要真正使各项民事法律落实到人们的行动中，落实到社会、经济生活中，民法意识、民法观念的培育和普及尤显重要。民法观念实质上就是前面提到的十四个字：平等、自愿、等价有偿、公平、诚实信用。要把这十四个字社会化则需要长期而艰苦的努力。中国民法，大有希望，但任重道远。

是为《民法通则》颁布十周年而作。

合伙的多种形式和合伙立法[*]

江　平　龙卫球

　　要对合伙下一个完备的定义很困难，迄今，我们并不是能够清楚地说明经常使用的"合伙""合伙组织""合伙企业""无限公司"等术语的准确含义及其之间的区别。实际上，我们发现，大陆法系与英美法系之间，甚至同一法系的不同国家，对合伙范围和形式的法律设定有很多差异性。大陆法系一般将合伙区分为民事合伙与商事合伙两大类，其划分标准主要是合伙目的，作为商事合伙，合伙目的必须是从事某种程度或规模的商业活动，即从事商行为，否则，属于民事合伙。关于商事合伙的形式，主要为无限公司，更广泛还可以包含两合公司甚至股份两合公司。法国将隐名合伙置于民法典中，日本则在商法典的商行为篇确认隐名合伙。英美国家对合伙的理解不及大陆法系广泛，但在形式设计上也另具特点。美国承认的合伙必须是从事营利性活动的共有者的联合体，其形式表现为《美国统一合伙法》规定的的普通合伙，以及《美国统一有限合伙法》的有限合伙。英国也将合伙限定为营利目的，但在合伙形式上不完全同于美国，除合伙法、有限合伙法的普通合伙和有限合伙外，公司法上还确立了无限公司。

　　各国对合伙的理解和形式设计的差异性，给我们将要完成一部合理的合伙立法带来困惑和困难，但是另一方面，也告诫我们立法比较是必

---

[*] 原文载于《中国法学》1996 年第 3 期，系与博士生龙卫球合著。

须的也是有意义的事情。[1]

一、合伙形式差异性的形成

从早期合伙的实践看，合伙就已呈现形式多样的特点。罗马查士丁尼法中，因目的不同，将合伙划分为"商业合伙"（quaestuari）和"非商业合伙"（non quaestuariae），前一形式以营利为目的，后一形式则不具此目的；[2]根据合伙的结合程度，合伙还可划分为"共同体"和单项合伙，前者指人们所组织的合伙，包括双方的全部财产，希腊人特称"共同体"，后者指为了经营某种特定业务的合伙，例如买卖油、酒、小麦或奴隶[3]。不同形式的合伙最终是为了不同的目的存在，这在当时所有分类形式中都能表现出来，必须强调的是，在这一时期法律对不同合伙形式已经有适用上的不同，例如，上述单项合伙，"在业务结束时，合伙也即随之结束"，与其他形式的合伙在解散事由上有所区别。[4]

随着历史的发展，合伙形式的多样化和差异性进一步形成，一种从商业目的与非商业目的区分基础上产生的形式与适用规则的分化日益明朗。这就是商事合伙与民事合伙的分化，作为一种客观的不可逆转的实践，商事合伙因商事日趋活跃而在形式和调整规范上日益需要朝新的方面发展，以致和民事合伙愈来愈相区别。康美达（commenda）的海上商业贸易合伙与compaynia的陆上商业贸易合伙作为两种新型商事合伙形

---

[1] 本文基于技术性考虑和讨论的方便，对有限合伙、两合公司、隐名合伙、辛迪加等合伙形式不详加讨论。

[2] ［意］彼得罗·彭梵得：《罗马法教科书》，黄风译，中国政法大学出版社1992年版，第379页。

[3] ［罗马］查士丁尼：《法学总论——法学阶梯》，张企泰译，商务印书馆1989年版，第179页。

[4] ［罗马］查士丁尼：《法学总论——法学阶梯》，张企泰译，商务印书馆1989年版，第180页。

式逐渐在中世纪形成,[1]导致合伙在商事合伙的形式上已由早先的契约共同体发展为组织共同体。"中世纪西方商法用比较集体主义的合伙概念取代了比较个人主义的希腊——罗马的合伙(Societas)概念。"[2]美国法学家伯尔曼在研究中发现,康美达和 Compayina 已经采用了一项基本的法律原则——"联合体成员的共同人格原则","虽然合伙只是根据协议建立的,但它构成了一种可以拥有财产,订立契约、起诉和应诉的法人。合伙人以合伙的名义联合行事,因而他们对合伙的债务负连带责任"。[3]

商事合伙的组织化不是偶然的而是必然的,它是合伙者在当时条件下为最方便地完成持久的商业活动所为的明智选择。商事合伙的组织化在欧洲大陆终于导致无限公司、两合公司的形成,甚至一些联合体终于突破合伙极限,发展为我们今天称为典型公司的股份公司。股份有限公司和有限责任公司因彻底的排他的独立法人责任和团体人格的高度组织化,已被法律安排为一种比合伙具有更高形态的商业联合形式。

商事合伙区别民事合伙起因于目的不同,完成于具体形式的组织性的差异,到此,商事合伙可以冠以"组织"称谓,甚至可以直接称为"公司",以别于"契约性共同体"。大陆法系立法确认了这一分化现实,将商事合伙纳入商法典,上升到组织高度加以利用,另将民事合伙,归于民法典的契约篇章。[4]民事合伙与商事合伙的分立格局成为大陆法系

---

〔1〕 参见〔美〕哈罗德·J. 伯尔曼:《法律与革命——西方法律传统的形成》,贺卫方等译,中国大百科全书出版社 1993 年版,第 429~403 页;〔英〕L. H. 雷夫等:《公司的历史》,载《外国民法论文选》第 53 页。

〔2〕 参见〔美〕哈罗德·J. 伯尔曼:《法律与革命——西方法律传统的形成》,贺卫方等译,中国大百科全书出版社 1993 年版,第 427 页。

〔3〕 参见〔美〕哈罗德·J. 伯尔曼:《法律与革命——西方法律传统的形成》,贺卫方等译,中国大百科全书出版社 1993 年版,第 431 页。

〔4〕 民事合伙,在早期大陆法系立法上,基本上作为契约关系看待,但随着对共同体认识的加深以及第三人保护观念的加强,现在,民事合伙已经被视为共有关系之上的共同体,因此契约性已经大受限制,而组织性得到一定重视。但总体而言,契约性在民事合伙中仍是决定性的。

的基本法律现象。

对民事合伙与商事合伙的分立，其合理性为一些学者质疑。本文也要涉及这方面的讨论。上述商事合伙的实践表现的组织性的自动加强可以视为分立的一个原因，即商业实践本身导致商业合伙形式特殊化，向组织体发展。新的商事合伙形式的整体性和组织结构性取决于持久经营、规模庞大、行动灵活的陆上贸易、海上贸易的要求。

民事合伙与商事合伙形式上的分化绝不是一个单纯的事件，它是民商分立大格局的一部分和开端。因为任何一种形式的确认或产生，必然要求合理的法律在结构上重新变化。法律吸收商事合伙新形式的过程，便是法律上各项权利、各方面利益的一次重新调整，也是法律结构、体系的重组甚至分裂后的重组。因为法律给商事合伙人组织上便利，必须要关注第三人和单个合伙人的处境，这就不得不注意到组织背后的权利、利益。商法体系的独立形成便是因为这样的事件。新的商业存在形式所要求的合理原则、概念、规则、程序、结构导致商法形成，"无论是新发现的罗马市民法，还是仅仅残存的罗马习惯法包括万民法，都不足以应付在 11 世纪晚期和 12 世纪出现的各种国内和国际的商业问题"。"新的商法体系的整体性，即它的各项原则、概念、规则和程序在结构上的一致性，首先来自它所属的商人共同体的整体性和在组织结构上的一致性。"[1]

反对民商分立（也是反对民事合伙与商事合伙分立）的一个主要理由是，认为商法制造了一种商人特权。中华民国中央政府中央政治会议（1929 年）第 183 次会议决议关于"民商法划一提案审查报告书"中认为，历史上将商人视为一个特殊阶层，而在民法之外，另立商法，这是不能将人民平等看待的旧习。[2]这一认识是有偏颇的。商法并非身份法

---

〔1〕 参见［美］哈罗德·J. 伯尔曼：《法律与革命——西方法律传统的形成》，贺卫方等译，中国大百科全书出版社 1993 年版，第 413 页、第 431 页。

〔2〕 郑玉波：《民法总则》，三民书局 1959 年版，第 20~25 页。

或特权法，而是商事调整法，它是基于商事活动的特点而立，对商行为者既有设权的一面，又有限制的一面。因此商法实际上是特别行为法，商人的身份因其从事的特殊行为（商活动）而来，而且，根据商法，商人不只是获得方便，也受到一个规则体系的，或一个权、义、责结构的规制。德国法学家认为，在一个国家中，有无必要制定商法这一特别私法，这不仅仅取决于该国的法律传统和经济发达的状况，还取决于人们是否已经认识到，在经济生活中，就权利交往和稳定性之功利来说，一定的私人权利主体，以及是否一定的法律行为（商行为）相对于一般私法来说在法律技术上更进步和在法律适用上更简易、稳定和安全可靠。[1]的确，讨论民商分立，必须讨论或考虑普通私法行为与特殊私法行为、普通私法形式与特殊私法形式的差异性需要。商事合伙的新形式在新的法律——商法上被巩固，与别的合伙形式相区别，在法律技术上乃至法律体系上，是可以得到理解和接受的。[2]

反对民事合伙与商事合伙分立的另一个主要理由是，英美国家看起来不存在这种分化现象。但是，在合伙问题上，与英美国家有关的以下几点不容我们忽视：其一，英美国家单独制定合伙法，但关于"合伙"的范围设计比大陆法系的要更狭义，只有"营利性商业"的共同体才可以构成合伙。[3]这与大陆法系商事合伙较为接近，差别在于没有大陆法系商事合伙的程度、规模要求。另外，英美国家对"营利性商业"本身作突破理解，例如，将律师业、会计事务、股票经纪、专利代理、不动产代理、保险统计、建筑设计等都包括在内。英美国家将非营利的共同体不划入合伙范畴，而大陆法系的民事合伙，则主要包括非营利目的合伙与未达程度、规模的营利性合伙。因此从这里看来，大陆法系着眼

[1] 参阅［德］米勒-弗赖恩弗尔斯："商法的独立性"，载《恺梅勒纪念文集》第583页，转引自范健：《德国商法》，中国大百科全书出版社1993年版，第19页。
[2] 下一步讨论在商法独立论看来，应该是商法范围、商法结构、商法基点的讨论，以建构一个与商业实践时代所要求的简易、稳定和安全可靠相适应的商法。
[3] 《英国合伙法》第1条，《美国统一合伙法》第6条第1款。

"商行为"来划分合伙,而英美国家无非将非营利团体不视为合伙法上的合伙形式罢了。例如,1903年英国上诉法院判例集第139页所载怀斯诉永久信托公司案,形成下项规则:某些非营利性团体或俱乐部(如社交俱乐部、学术协会)不属于合伙,此类组织的成员对其委员会未经授权而设立的债务不承担责任;同时,成员除依组织章程认缴的费用外,对俱乐部的亏损不再承担责任。[1]其二,德国商法典的无限公司,不仅包括注册的无限公司,也包括未注册但实际从事商行为的合伙组织,这种事实商事合伙也得到承认,适用商法。[2]因此,在大陆法系,不能简单地把商事合伙理解为僵硬的登记组织,即不能把无限公司狭窄理解,其范围包容性也是广泛的。其三,英国在合伙形式上依合伙法、有限合伙法的规定有普通合伙、无限合伙,同时,1948年《英国公司法》和1967年《英国公司法》也确认了无限公司。[3]总之,英美法系在合伙形式上,并不能被理解为将大陆法系的不同合伙形式统一起来,我们应该看到英美国家特别关心商业活动中的联合体或共同体的特殊的形式要求,它们的合伙概念的范畴只及于所有营利的共有营业关系,排斥其他非营利共有关系或契约关系。从这种意义上说,英美国家的"合伙"实际上是广义的商事合伙而已。

到此,我们应注意到,合伙在法律体系中是以多形式的面目存在的,尽管在范畴、形式设计上有差异性,但不同国家是将合伙现象作为一个形式多样化的体系来对待的,无论这种形式是否被冠名为"合伙"。在这一体系中,商事合伙特别引人注目,因其组织结构的特点和从事活动的特质导致了一套特殊的规范形式。

---

〔1〕 黄安生等编译:《英国商法》,法律出版社1991年版,第208页。
〔2〕 《德国商法典》第123条第3款。
〔3〕 [英]佩林顿等:《英国公司法》,《公司法》翻译小组译,上海翻译出版公司1984年版,第8~20页,另参见1948年《英国公司法》第1条(2)C、第6条、第7条(1)(3)、第11条、第124条、第126条、第440条等,1967年《英国公司法》第45条、第47条等。

二、不同合伙形式的比较：主要以大陆法系（德、日）民事合伙与商事合伙（无限公司）相比较

在大陆法系，民事合伙、商事合伙分属民法典与商法典，在原则、程度、规则尤其是组织规范、行为规范诸方面呈现差别，其根本着眼点在于，商事合伙因为从事相当程度、规模的商行为（或以一个完全商人活动），在法律技术上需要简易、稳定和安全可靠的特殊安排。

（一）商行为规范的意义

我们理解民事合伙与商事合伙的区别，习惯局限于组织法上或合伙组织规则上，而往往忽略了商事合伙之所以区分出来的另一层也是更深层的意义，就是它所从事的有别于普通私法行为的"商行为"，将遵守另一套以简易、稳定和安全可靠为原理的商法上的行为规范。这套商行为规范与普通私法行为规范的不同，我们完全可以从大陆法系如德、日的商法典中的商行为篇得到肯定结论，甚至可以从《美国统一商法典》中得到这种认识。例如，以商买卖为例，商事合伙组织从事买卖活动，便要适用商法上的买卖行为规范，因此它要遵守以下的特殊规则：买受人应负标的物检验义务、买受人应负瑕疵及时通知义务、允许买受人受领迟延时出卖人自助销售、适用消费者利益保护法、适用反不正当竞争法等。而作为民事合伙，它无需适用这些规范。区分商事合伙，应认识到商事合伙的意义是在一个体系化的商法之下实现的。没有一个商法或一套合理商行为规范，商事合伙的组织价值终究有限。

（二）商事合伙与民事合伙组织上比较

当然，商事合伙以组织性极强区别于民事合伙，也是商事合伙的意义的重要一面。加强商事合伙的组织性，同样是由商事目的和商业活动的简易、稳定和安全可靠要求所决定的。

民事合伙作为一种普通私法形式存在，是一个共同体，但不是组织体。在民事合伙中，契约关系向共有方向发展，但没有向组织人格或独

立整体性发展。因此，民事合伙在整体性问题上，仅达到共有的高度：合伙财产并未形成集团所有权，而是合伙人直接共同共有；[1]合伙人是合伙的业务执行者，但这种关系准用委任关系而非代表关系，因而合伙人必须以全体合伙人的名义执行业务，否则其效果不归于全体合伙人；[2]不涉及商号问题；合伙人对合伙债务的责任，表现为共同责任和按份无限责任，因结合程度较低而不承担连带无限责任。[3]与这种共有关系相适应，合伙人之间、合伙人与第三人之间的关系主要是直接关系，中间未介入一个共同体人格，只考虑了共有及共同行为关系上的整体性问题。由此，合伙人之间在业务执行、财产状况检查、损益分配、股份处分、退伙、解散、清算上适用的是共有关系规则，彼此受共同利益约束。但这些关系不是在合伙人与组织之间发生，而是在合伙人与其他合伙人之间发生。在与第三人关系上，合伙人因其共有关系尤其因其追求合伙目的的共同行为关系，直接与第三人联结在一起，如合伙人的合伙业务执行代理权、合伙人共同责任和无限责任、双重优先原则[4]，都表现了这种共有关系中对债权人的较强保护，但考虑的仍是共有财产或共同行为关系，没有在中间树立一个组织人格。[5]总之，民事合伙构成的是共同体，这种共同体因契约性、共有、共同行为，导致相应关系规则复杂化，体现了相当的整体性，但终究未提升到组织人格高度。民事合伙形式这种特点，取决于民事合伙目的的简单和对外共同行为的简

---

[1]　参见《德国民法典》第 718 条、《日本民法典》第 668 条。

[2]　参见《日本民法典》第 671 条、《德国民法典》第 710 条。

[3]　参见《日本民法典》第 674 条、第 675 条，《德国民法典》第 735 条，《法国民法典》第 1857 条。

[4]　双重优先原则，指将合伙财产与合伙人个人财产相互独立，合伙人个人债务与合伙共同债务分别立足于合伙人个人财产与合伙财产优先清偿。如《德国民法典》第 719 条、第 733 条第 1 款。

[5]　法国是一个例外，民事合伙一经登记，则视为法人，因此享有主体资格。但是应注意的是，法国民事合伙与商事合伙仍是遵守两套不同的组织规范，商事合伙的无限公司是依商法典上的公司组织规范进行的。因此，在法国虽承认民事合伙的组织性，但其内涵与商事合伙的组织性明显不同。

单，无论合伙人本人还是第三人都未面临商事合伙中那种简易（灵活）、稳定、安全可靠的要求的压力，也就无必要为加强组织性而负担组织成本（借用经济学上一个术语）或牺牲更多的个人自由。

商事合伙（无限公司）则不同，它不仅是共同体，而且已是组织体或组织共同体。商业合伙实践使之突破共同行为界限、共有界限，上升到集团行为（组织行为）、集团所有。因此商事合伙成为组织，具有主体资格。日本、意大利、法国、西班牙、比利时等直接规定无限公司具有法人资格。德国、瑞士等将无限公司视为非典型公司形态未赋予法人资格，但在技术上仍做法律主体处理，无限公司仍得受组织规范，并以商号名义应诉、起诉，以商号名义直接享有权利承担义务，以商号名义为行为并承担独立责任。

商事合伙（无限公司）的组织性，首先体现在组织要素的形成上，其组织性吸收契约性乃至共有性而化为彻底的整体性，形成集团人格：合伙必须在商号名义下进行活动；合伙必须和其他形式商人（公司）一样，遵守组织规则，如进行商业登记、建立商业账簿、正当选择和使用商号、依法选任商业使用人（经理人），可以进行合并或组织变更；合伙的解散、退股、清算诸问题由民事合伙中合伙人之间进行转为商事合伙中由合伙人对公司进行；合伙财产以集团所有权的形式存在；[1]章程设定的执行业务股东是公司代表而不是其他合伙人的代理人；法院为公益可以强制解散公司，等。

商事合伙的组织体性质，导致合伙人之间的共有关系为集团人格所限制，主要转为合伙人与组织体发生关系，如竞业禁止条款、限制股东

---

〔1〕 在德国，商事合伙成员之间不能约定他们以共同所有权的形式，而不是以集团所有权的形式享有合伙的资产，也不能约定他们之中的某个成员将对合伙的资产拥有权利。商事合伙的集团所有权不仅包括动产标的，也包括不动产，无限公司以商号的名义拥有之。民事合伙，只有全体成员才被认为是所有权的享有者，而商事合伙，成员只能为合伙目的占有或使用合伙财产，不能再以自己或共有名义享有。参见《国际比较法百科全书·合伙及其他个人联合体》，楚建译，第92~102页；《外国民法论文选》第285~295页。

与公司间交易条款、公司与股东间的诉讼条款、公司与退股股东关系条款、公司与除名股东关系条款等，都围绕组织人格的形成而形成。合伙人之间由共有关系、共同行为关系转化为公司内部关系——对内章程关系，尽管在细节上有相似性，但在性质上已改变。传统合伙人之间之共有、共同关系在这里因集团所有、集团行为而削弱或隐没。

商事合伙的组织人格也使传统合伙人与第三人之间的关系为合伙组织体所隔阻，在无限公司，合伙人主要以股东身份，而不是以共有人或共同行为人身份，与第三人发生关系。早期合伙的合伙人的共同行为主体资格为无限公司组织体以单独行为主体资格所承继，商活动的双方是公司与第三人，不是全体合伙人与第三人。在责任问题上，无限公司成为直接责任主体，但基于合伙人对组织体的利用（便利却加大了第三人风险），股东负补充的无限连带责任，当然股东在补充地位情形下仍享有属于公司的抗辩权。

民事合伙与商事合伙法律上的差异性，概括起来，可以说是一个契约性共同体或共同行为的共同体与一个组织性共同体的差异。在民事合伙，合伙人以共有人或共同行为人身份直接对外；而在商事合伙，合伙人转为股东，主要成为章程行为者，无限公司以自己的主体身份作为所有人和行为人对外活动。不同合伙形式的差异性来自合伙目的的多样性——简易的、临时的合伙无需享受组织的便利和为此付出组织成本，而商事合伙需要以组织形式存在。关于商事合伙的组织性及导致的规范不同，最好的说明是：合伙人利用了组织体，因此享受组织经营的种种好处（由权利、义务、责任结构表现出简易、稳定、安全的优势），但是也要接受组织经营的种种限制（也是由权利、义务、责任结构表现出简易、稳定、安全的优势）。

（三）英美国家合伙组织的特点

前已述及，英美国家对合伙范畴的理解与大陆法系的商事合伙比较接近，但范围要更广泛，适用的是"营利性"标准。

与这一标准相适应，英美国家主要承认了普通合伙与有限合伙两种合伙形式。《英国合伙法》第1条给合伙下的定义是："为了营利而从事活动的个人之间所建立的关系。"《美国统一合伙法》第6条下的定义是"作为共有者从事获利性活动的两人或多个人的联合"。具体而言，两个国家对合伙的态度都是视之为一种组织共同体，不过这种共同体的组织性不如大陆法系商事合伙那样强，但也绝对不只是字面上的"共有"或"共同行为"关系。在共有关系字面背后，英美合伙法承认合伙的商号权以及合伙以商号名义持有合伙资产甚至取得不动产的权利，就共同拥有财产的概念来说，这已经有比较不同的含义。英国1965年高等法院诉讼条例和美国有些州的法律规定，合伙可以用商号名称（firm name）起诉和应诉。在美国，合伙得以合伙人的协议而形成，无须政府批准，但必须有合法的目的，如果某些行为，如律师业、医师业，必须要有执照才能开业者，则必须要向有关主管部门申领开业执照。在英国，合伙法对合伙的商号名称要求相当严格，合伙的商号一般应以合伙人的姓氏命名，在合伙人的姓氏之后，可加上"商号"（firm）或"公司"（company）字样，但不得加上"有限"（limited）字样，否则每天罚款5英镑。同时根据1916年《英国商号名称注册法》的规定，凡在联合王国设有营业所的商号，如在商号名称中没有包含合伙人的真实姓氏或没有包含合伙人的真实教名的开头字母者，均须向主管部门进行注册登记。

美国现行经修订的《美国统一合伙法》有四个变化：（1）抛弃了合伙因任一合伙人退伙而解散的传统规则；（2）确定合伙人之间不必像受托人那样遵循严格的信托义务；（3）在转让合伙资产方面，确认合伙为一独立主体；（4）允许合伙被合并或变更组织。显然，修订加强了合伙的组织性，在财产权上，也已经向集团所有权靠拢。

从总体上看，英美法系的合伙形式完全可以称为"组织"，当然与无限公司比较，在组织性上有更不充分的特点。从这一角度言，英美法在法律技术上更具精细性和灵活性。

必须指出，英国公司法还承认了无限公司，它与合伙法中合伙组织不同，具有法人资格。贷款互助会、投资公司和其他一些几乎可能欠债的公司都是用这种方式建立的。无限公司遵守一系列法定要求：登记时呈交特殊文件；对公司注册人员负有关事项通知义务；制定符合格式的年度报告；禁止从事某些业务等。无限公司可以拥有或不拥有资本进行注册，股东的责任同其在公司内的利益成比例，但是它亦引申至公司所有债务。当出现债务时，不能对股东个别起诉，只能对公司起诉。股东的责任从停止作为股东那天起，一年期满即告终止。[1]因此，英国实际上确认了较多种合伙形式，包括无限公司与合伙法上的合伙组织等不同层次的合伙形式。

三、我国《民法通则》起草中的一个动向

特别要提到，我国在制定《民法通则》（1987 年施行）时，起草者对合伙问题曾建议在"民事主体"部分设"合伙组织"一节。这说明起草者在当时已经注意到商事合伙（或营利性合伙）的组织化趋势，中国当时尚无商组织法，因此有必要在《民法通则》中明确解决这个问题，用"合伙组织"的概念和主体设计适应市场经济的需要。

这一建议无疑极具有进步性，符合现实。遗憾的是，"合伙组织"的主张没有更深入地讨论下去，例如，进一步讨论应以大陆法系为借鉴，还是英美法系为借鉴？组织化到何种程度？是否采用多种合伙形式？每一种合伙形式如何结构等。有人提出用"个人合伙"取代"合伙组织"的提法。这就使我们看到，我国《民法通则》把合伙提升到主体

---

〔1〕〔英〕佩林顿等：《英国公司法》，《公司法》翻译小组译，上海翻译出版公司 1984 年版，第 15~16 页。另参见 1948 年《英国公司法》、1967 年《英国公司法》、1980 年《英国公司法》的有关规定。

部分，但其规范在技术上却存在问题。

"个人合伙"的提法，较"合伙组织"的主张实际上是一个倒退，这种提法把合伙立法从组织性问题转到谁有资格进行合伙的问题。这种动辄问资格的思维模式导致合伙形式在我国《民法通则》上分化为"个人合伙"和"法人合伙型联营"。至此，我国现有法律体系上，依参加人的身份不同区分了五种合伙形式：（1）自然人之间合伙，适用"个人合伙"；（2）中国法人之间合伙，适用"法人联营"；（3）从事个体工商业经营或农村承包经营者，很多情形下是一种"家庭合伙"；（4）外商与中国企业、经济组织之间合伙，适用"中外合作经营企业"的合伙形式；（5）私营企业者之间合伙，适用私营企业法上的"私营合伙企业"。

采用什么标准划分合伙形式，应考虑的是不同合伙目的所需要的条件之间的差异性，换言之，"标准"是为不同合伙目的存在的。那种以身份为划分的标准，显然是试图把法律作为控制手段的观念产物。从这里，我们可以引申更深刻的一条认识——法律原本是社会结构的一部分，每一项法律制度都应该积极发现和承认合理的社会存在而不是人为设线控制之。

的确，以个人、法人来划分所谓"个人合伙"与"法人合伙"是不适当的。以组织性划分合伙，如前所述，可以把不同经营目的、规模、性质的合伙实践按其在稳定、简易、安全上的不同需要恰当区分开来。以合伙成员的不同身份来区分基本需要相同的合伙，将其截然分开，除了人为制造限制和不公平外，并没有什么实际作用。在其他国家，合伙形式在合伙成员资格问题上是不设限制的，例如，根据《美国统一合伙法》第2条的规定，合伙成员可以是"个人、合伙、法人以及其他联合体"，英国合伙法也有类似的规定，大陆法系商法典也同样一般不限定合伙成员资格。当然，在具体合伙形式中，除合伙成员应遵循的规则应基本一致之外，必要时可设特殊条款，例如，《法国商法典》第12条规定，无限股东为法人而该法人担任经理时，"该法人的领导人应受与以其自己名义担任经理时同样的条件和义务制约，承担同样的民事和刑事责任"。1967年《英国公司法》规定，当某一家有限公司或两家或两家以上有限公司控制一家无限公司时，无限公司在其年度报告中必须附上相关文件。[1]但是无论如何，这些技术性处理不可能导致从成员身份上来划分不同合伙形式。

四、对我国正在进行的合伙立法的展望

合伙问题已经引起我国重视，目前正在加紧立法工作。我们认为，我国正在进行的合伙立法，应该注意以下几个问题。

(一) 合伙范畴的界定问题

如何理解合伙，是合伙立法能否在一个体系化的结构下进行的前提，我们是采用大陆法系广义的合伙范畴，还是把合伙限定在"营利"界限之内，抑或采取其他标准？从理论上说，即使目前的合伙立法不打算对全部合伙形式予以解决，也仍然要全面考虑合伙定义，为将来体系化打下基础。

(二) 立法的重心问题

如果目前的立法打算解决市场经济实践急需确立的合伙形式的话，可以先就这一部分进行单行法的制定。

现在面临的难题是，如果将出台的立法称为"合伙企业法"的话，其定义范围如何确定？是以大陆法系"商行为"为标准，还是以英美国家"营利性"为标准？另外，律师事务所、会计师事务所等如何对待。我们认为，采用英美国家的"营利性"标准确定"合伙企业法"的范围是更合适的。律师事务所等可借鉴英美国家经验，纳入合伙处理，但其

---

〔1〕 1967年《英国公司法》第47条规定。

设立、登记、管理等问题，宜作另行规定。

（三）合伙的组织性问题

商事合伙或营利性合伙在当前世界各国立法上都表现出组织性的实质，这也是实践的合理反映。我们的"合伙企业法"必须注意吸收他国的良好经验，朝组织体方向设计，肯定其在市场经济中的主体地位。在此，可以大胆抛弃主体的自然人、法人的二元论主张，这也是世界各国的法律趋向。

（四）立法的技术性问题

我们知道，法律技术的作用，是使每一个法律形式都成为一个理性的规则结构，它使各方面的权利、义务之责任最恰当地平衡。我们应树立立法宜细不宜粗的观念，从结构、体系乃至具体条款细节上做到协调、精密。例如，合伙企业生效日，是以协议订立、登记，还是业务活动开始为确定，就是一个应该详细考虑的细节，无论采取哪一时间，都要做到不足之补救。又例如合伙财产范围，界定起来也是不易的。[1]又如合伙解散或合伙契约解除的不溯及既往的规定，是不是应该为我国合伙立法加以吸收？又如合伙的税收问题，也应考虑配套立法，众所周知西方国家合伙或无限公司之所以被大量采用，原因之一就是合伙或无限公司在税收上享有优惠，例如，不征收法人税。立法协调问题也是立法技术上的一个重要问题，其中包括新旧法律的立、废的协调。

---

〔1〕 目前的立法有倾向将合伙财产界定为："合伙企业存续期间，合伙人的出资、合伙企业经营收益以及所有以合伙企业名义取得的收益均为合伙企业的财产。"试比较《美国统一合伙法》中对合伙财产的界定，该法第 8 条规定，"合伙财产：（1）所有作为合伙人出资，带进合伙的或以后通过购买或其他方式获得的记入合伙账户上的财产，为合伙财产；（2）除非已表示相反的意图，用合伙资金获得的财产，是合伙财产；（3）不动产上的任何产权可以合伙的名义取得，这样获得的财产的所有权只能以合伙的名义转让；（4）对合伙用合伙之名所为的转让，尽管无限定继承的字句，除非已表示相反的意图，转让让与人的全部财产权"。显然这两个"合伙财产"的界定在范围上有差异，而且精细程度相差也较大。

（五）无限公司问题

我国公司法制定中，无限公司虽未被明确为一种公司形式，但并未表明我国将不承认无限公司。正在进行的合伙立法将如何对待无限公司，值得讨论。在大陆法系，无限公司便是商事合伙的形式。在英国，公司法也确认了无限公司，而在美国，公司法上并无无限公司，实践中无限公司被视为合伙处理。

有一种观点认为，无限公司之所以被确认，有些国家是出于立法技术上考虑，是对现存某些合伙组织在公司法上的认可，从我国目前的企业组织类型看，的确存在某些资本少、利润大又有法人资格的企业，且仅负有限责任，这对于保护债权人和交易安全相当不利，可以确定某些企业应负无限责任，此外也不排除某些投资者自愿选择无限公司的形式。[1]

我们同意是否承认无限公司应涉及立法技术的考虑。不过，在进行合伙企业立法的情况下，我们面临的处境会很微妙。如果我们承认的合伙企业就是无限公司，鉴于无限公司组织性极强的特点，恐怕会像德国那样承认事实商业合伙；如果我们采取美英那种组织性稍弱的合伙形式，是不是也应允许投资者选择无限公司形式呢？美国的做法是法律上不承认无限公司形式，也不禁止，但适用合伙法。英国则在合伙法之外承认无限公司，适用公司法上关于无限公司的特殊规定。

无限公司，作为一种公司形式，从今天各国的实践看，还是有利无害的，仍有其存在的合理性。因此我们主张我国合伙立法宜将之纳入立法考虑，即使不作为一种合伙组织形式单独规定，也要为它的存在提供规范。

---

〔1〕 石少侠：《公司法》，吉林人民出版社1994年版，第51页。

法人本质及其基本构造研究[*]

——为拟制说辩护

江　平　龙卫球

一、法人现象及性质辨析

法学创造法律人格概念，从而将现实实体与法律主体分离开来，现实的人属于社会的范畴，法律主体属于法律的范畴，它们不是同一的。因此，立法思想总是以它自以为是的目光挑选应予法律人格化的社会实体，建立以之为中心的法律秩序，以法权形式推入到现实世界。现代民法的舞台上有两类主体角色，即法人与自然人，它们都是享有民法权利、负有民法义务的主体。

《德国民法典》立法首创使用"法人"（juristische Person）概念，明确规定对符合一定条件的团体，可以赋予权利能力，使之成为民事主体。根据《德国民法典》的规定，法人包括社团与财团。社团（Vereine, Corporation）是法人的典型，被解释为由法律当作是一个统一体的个人集团。美国学者格雷对社团下了一个经典的定义："社团是国家已授予它权力以保护其利益的人有组织的团体，而推动这些权力的意志是根据社团的组织所决定的某些人的意志。"[1]

为什么法人或社团被认为是法律主体，其决定性理由看来是这样的

---

* 原文载于《中国法学》1998 年第 3 期，系与博士生龙卫球合著。

　　〔1〕〔奥〕凯尔森：《法与国家的一般理论》，沈宗灵译，中国大百科全书出版社 1996 年版，第 122 页；John C. Gray, *The Nature and Sources of the Law* 51, 2nded.（Boston, 1938）。

事实：法律秩序为之规定了独立的权利和义务或者说法律主体地位，即所谓"国家已授予它权力以保护其利益"，这些权利和义务关系到成员的权利义务但并非成员的权利义务，因此被解释为社团本身的权利义务。社团的权利和义务在形式上是真正独立的，法律专门区分了法人成员个人的财产和归属于社团的财产，后者被作为社团的权利和义务的唯一责任财产基础，因此，法人纵有不法行为，其责任承担，也只限于社团本身的财产。但是一些法学家认为在法律上法人是主体的说法是不确切的，所谓法人的权利和义务实际不属于法人，而是属于特定个人或特定目的，例如管理者、受益者，因为法人任何权利和义务的实现都离不开具体的人的行为，或实际上受一定目的限制。[1]

的确，规定法人的权利和义务的功能，仅止于静态，尚不涉及权利和义务变动、实现的运作问题，而这些动态的完成必需借助个人之力，最终要以具体人的行为来承担，即实际上被交给一定的个人去实现。在此，法律秩序设定法人的权利和义务，似乎不过是辞藻而已。其实不然，把这些由个人方可实现的权利和义务，说成是法人的权利和义务，在法律上有十分明显的实证理由。这是因为，这些法人的权利和义务，虽然终究要依靠特定个人行为来完成，但与其为自然人的权利和义务的实现有所不同，自然人的权利和义务的实现，由拥有者个人随意行使，在法人的权利和义务这里，虽亦由个人实现，但其方式必须符合构成法人的特殊程序，即法律使法人的权利和义务由特定的个人以特定的程序实现。所以，法律从名义上赋予团体以权利和义务，创造"法人"这个

---

[1] 德国法学界荷尔德（Holder）和宾德（Binder）提出受益者说，认为法人财产，实际属于依章程为管理而任命的董事会或现实担任法人财产管理的人，因此法人不过是为管理者存在的概念而已，管理者才是真正的主体；耶林（Jhering）和普兰涅尔（Planial）主张受益者说，认为由于法人事务实际由自然人参与，因此，真正的主体是这些自然人，在社团是实际享受财产利益的会员，在财团是捐助人（名义上的受益人）；布林兹（Brinz）和倍克尔（Bekker）认为法人所有的权利实际因目的而存在，受目的的拘束，故目的才是所谓主体。参见郑玉波：《民法总则》，中国政法大学出版社 2003 年版，第 110~120 页，黄立：《民法总则》，1994 年自行出版，第 119 页。Jhering, *Geist des roemis chen Rechts*, 2. Buch, 2. Abs. 5, § 61; Brin2, Pandekten J, 92, 1873 § 50ff。

辅助概念，特别具有独立意义，在法律上表现了一种重要的差别，即在这种情况下，产生了一些权利和义务，它们属于社员的方式，不同于社员的那些与社员身份无关的权利和义务，共同体之所以是法人，并非仅仅因为一群人组成了联合，而是他们的联合符合法定的法人秩序内容，所以，如果我们用社团或法人概念表示联合，我们便表达了联合的人们之间有某种共同之处，即共同有独立调整其相互关系的规范秩序。这种内在秩序的存在，才使个人组成了特殊联合。法人概念的构造中，除了法人的权利和义务概念外，还有法人行为的概念。法人行为的说法，是与法人作为权利主体完全类似的问题，它一定是某些个人的行为，但法律却把它称为法人行为。为什么我们把某些具体的人的行为认作是法人的行为，而不看作是自然人的行为呢？也是因为，根据法律，个人作出的这些行为，需符合法人的特定程序。另外，当一个人作出不法行为，被称为法人的不法行为时，也一定与纯粹的自然人行为不同，它与该个人作为法人机关所必须履行的功能有一定联系，法人要对之负责，其责任也限于法人的财产而不是个人财产。因此，法人概念和制度内容在现代民法上并不是可有可无的辞藻，法律已经真实地确认了法人这一主体，建立了区别于自然人秩序的法人秩序。[1]

但是法律为什么要区分这些权利和义务、行为以及责任，为什么在此领域，不把自然人作为主体，而把法人作为主体呢？安排不同的程序的最终理由是什么呢？拉德布鲁赫指出，这是法人现象一经产生所产生的一个至今悬而不绝的法哲学争议，"即这种法人的人格是否根据法律而产生、'拟制'或先已存在，它们是否只有法律上或法律前的现实，它们仅相对于法律存在或不依法律存在？进一步说，此处便产生一个问题，即，如果法律的确严格地将团体的权利和其成员的权利区分开来，那么团体的利益是否要完全地融在其成员的利益之中，这种法律是否也

---

〔1〕 参见〔奥〕凯尔森：《法与国家的一般理论》，沈宗灵译，中国大百科全书出版社1996年版，第114页。

不过是因技术上的理由而区分……也就是说，团体的这种独立权利是否可用来保护独立的团体利益?"〔1〕法学上把这一争议称之为关于法人本质的分歧，一个多世纪以来，许多伟大的思想家们都沉迷于其中的讨论，燃烧着熊熊的思维之火。

传统法学上，往往存在一种思维倾向，即轻易地就把法律思维的作用拿掉，不仅将社会现实当作是法律现象的真正的决定理由，认为现实与法律的关系中，具有优先地位的是社会现实，而且还认为每一个法律现象，都直接受动于它关联的社会现实，有何种社会现实就有何种法律现象。这种观点认为，个人存在这一基本的社会现实，必然使自然人概念得以形成，自然人制度是为现实的个人提供法律秩序；法人概念和法人制度也有相类似的实质理由，法人不是杜撰的，它以社会现实的有独立价值的实体为依托，法律规定法人，是因为社会现实存在具有独立功能的共同体或团体，这些团体必然使法人概念得以形成。这就是说，法人具有实在基础，是适合于为权利义务主体的组织体的法律表现。这种关于法人的传统认识，学理称实在说。〔2〕

像实在说那样，把法人真真切切看作具有现实实体性的事物，不仅导致了法人在法律世界与自然人相对而立的当然认识，而且法人被看作是在现实世界具有与个人有相当的相似性的实体，德国学者贝色勒（Beseler）和基尔克（Gierke）等甚至更进一步，提出法人有机体说，认为法人本质上是自然有机体或社会有机体，是真实而完全的人（wrikliche undvolle person）。作为自然人，它的有机性在于具有个人意思这一因素，而法人也有得以成为有机统一体的意思因素，即具有不同于个人意思的团体意思。这种法人有机体的观点，在现今世界有着十分众

----

〔1〕 ［德］拉德布鲁赫：《法学导论》，米健等译，中国大百科全书出版社 1997 年版，第63页。

〔2〕 参见郑玉波：《民法总则》，中国政法大学出版社 2003 年版，第 121 页。此说由德国学者米休德（Mich oud）所倡，沙利耶（Saleil les）承之。

多的支持者。[1]

德国伟大的法学家萨维尼深刻地洞察了法学思想和法人制度的密切关系，指出法人不过是立法拟制的主体，即法人的人格是依法律规定拟制而成。学理称拟制说（Fiktionstheorie）。萨维尼在此主要区别了自然人与法人的主体本质，反对将法人与自然人同等对待，认为自然人从根本上说是权利义务的当然主体，"权利义务之主体，应以自然人为限"。[2]拉德布鲁赫比萨维尼更彻底强调法学思维的作用，一方面他强调个人主义思想和私法的基本联系，另一方面，他也相信法学思想在法人制度上的作用，他认为超个人主义思想才导致对法人的承认，即，由于共同体观念的作用，法学才承认团体具有实体性的法律价值，反之，纯粹的个人主义则会在另一个侧面认识法人问题，他因此说法人的本质问题，其实是不可解决的法哲学基本问题。[3]凯尔森明确强调自然人与法人都不过是法学上的构造，说自然人也是一种"法人"，man 与自然人的关系并不比 man 与法人的关系来得更密切，这才是自然人与法人的真正相似性，传统法学在界定自然人时，说它是生物意义的人（man），而法人则是非人类的人（non-man），这种说法模糊了二者实质上的相似性。[4]凯尔森甚至反对社会现实中有共同体或团体的这种看法，针对国家是社会统一体的观点，他指出，传统学说以相互作用说或者集体利益说或者有机体理论或者统治权的理由，均不能证成之，他认为，构成"合众为一"（one in the many）的因素是不能找到的，国家只是一个因法律秩序

---

〔1〕 参见郑玉波：《民法总则》，中国政法大学出版社 2003 年版，第 120 页；黄立：《民法总则》，1994 年自行出版，第 119 页。

〔2〕 参见郑玉波：《民法总则》，中国政法大学出版社 2003 年版，第 119 页；黄立：《民法总则》，1994 年自行出版，第 119 页。Beseler, System des gemeinen deutschen Privatrechts I, 4. A, 1885, § 66ff, 后来的继承者有普夫达（Puchta）、温德赛（Windscheid）、吉波（Kipp）等代表人物。

〔3〕 ［德］拉德布鲁赫：《法学导论》，米健等译，中国大百科全书出版社 1997 年版，第 63 页。

〔4〕 ［奥］凯尔森：《法与国家的一般理论》，沈宗灵译，中国大百科全书出版社 1996 年版，第 109 页。

拟制而成的人格化概念。[1]

关于团体现象是否具有真实性问题，凯尔森的否定理由并不具有充分的说服力，对于人类社会的团体现象，哲学家和社会学家作了较深刻的研究，显示出家庭、国家、教会组织、公司等，明显是具有与个人成员不同功能的实在单位。黑格尔从哲学的立场，曾就家庭、同业工会、国家的实体性详加阐明。其中，家庭以伦理性的爱为目的，同业工会以一定的客观普遍性为共同目的，国家以绝对普遍性为普遍目的。[2]费迪南·托尼斯 1887 年出版的《共同体与社会》一书，从社会学角度研究社会关系，揭示论述了两种基本的社会关系，论证了共同体的存在。[3]但是，即使诚如哲学家和社会学家揭示的那样，团体现象是实的不可避免的社会现象，这也不能回避法人概念的法律拟制性质。因为整个法律世界都是构造而来，而不是由现实反映而成。自然人概念如此，法人概念亦如此，都是法人思想作用的产物。作为社会学形态的团体，它并不能直接当然地反映为法人概念，从属于法律世界的法人，与从属于现实世界的团体现象，其实始终存在难以解释的间隙，法人组织体和有机体说显得过于简单。法人制度的许多东西，通过现实的团体现象往往不能理解，而如果深入到法学思想之中，即可以得到清晰的理解。因此，团体现象的事实，在很大程度上只是思维的材料，或者评价法律应然世界中法人制度的材料。

法人问题的确是深奥的，它和任何其他法律制度一样，依赖于立法者的态度。法人概念的设定，意味着在一定的法律思维框架对团体人格化，假定了某些团体（甚或社会与国家共同体）或多或少类似具体的人，这对许多人来说难以理解，无疑是形而上学，但是法学特别认真地

---

〔1〕 ［奥］凯尔森：《法与国家的一般理论》，沈宗灵译，中国大百科全书出版社 1996 年版，第 206 页以下。

〔2〕 参见 ［德］黑格尔：《法哲学原理》，第三篇"伦理"。

〔3〕 ［美］彼得·斯坦等：《西方社会的法律价值》，王献平译，中国人民公安大学出版社 1990 年版，第 25 页。

看待这种人格化，似乎那些团体确实是与现实社会的个人相类似的实体，更有甚者，法学把理性的力量和责任归于这个不同于个人的实体，似乎和个人一样，也可以有思维，懂得责任。在这里，法学并不是无意同化于个人，而是刻意如此，因此，尽管事实上没有生命，没有道德思维，但在法律设计上，只要法律思维认为有必要这样做，法律便可以不只唯一尊重有智慧的人，而是视团体像一个真的人那样有利益需要、思维、观点、痛苦和幸福，对它像对一个具体的人那样，就其道德生活的若干方面提出质问。

但是，法学思想如此处理法人问题，并不是果真不考虑设计个人与团体人的差别，到目前为止，法学对待法人的态度，基本上只是追求对其认识到或相信的某些团体的社会价值的利用，而不是造法人为个人。在这里，法人所负的责任和享有的地位，是一种德沃金所谓的复杂的、双阶段的推理方式，从而在人格化过程中达到一种法律功利主义。法人制度考虑的不是法律视线中团体的统一形式，而是关注它的结合目的，认为正是这一结合目的，才带来了个人集团的某种程度的内部和外部的整体关系，例如，现代股份有限公司，便是因以股份联合的方式追求某一经营事业目的获得整体性的。

法人概念所包含的人格化，首先表现为通过团体主体化找到一种自然的一体的展示，法律在此不去寻找具体的个人主体，而是拟制一个统一主体，使之不可能通过还原的方式把它逐一还原成成员的主张，将维系特定目的的必要条件在名义和技术上皆归于它，以保证特定目的不致分裂。同时，在行为和责任方面，法学也做这方面的思量，把问题构思成一个关于法人行为和责任的情形，即，假定团体是一个行为人和责任人，有思想有道德，把关于自然人的行为和责任的原则对它模拟处理。但是，团体毕竟是个人集团，团体的各类成员应该怎样去分享利益和承担过错或责任呢？法律进一步用一套不同的原则去处理这个独立的问题，所谓法人的内部秩序问题。法人的这种技术，开拓了一个思考的领域，一方面，使人格化达到特殊功能，真正维护了结合目的对于个人的超越，法人的地位和责任不是成员个人地位和责任的简单相加，另一方面又不失灵活，在确定整个团体是否符合其自身的标准后仍继续处理个人的地位与责任问题，不以拟制人格完全淹没个人的特性。这种人格化的深奥处在于，它体现在认真把团体作为有别于个人总和的一个目的统一体，但这仍然是法学创造而不是发现，因为，这个法人观点下的团体不再是简单的现实的存在，而是思想和法律实践的产物，是人类的追求的产物，正是在这些实践中社会得以形成。[1]

需加以说明的是，现代民法确立法人这个概念，确立的民事主体二元制，承认了在法人范围内个性的一定程度的隐没，在民法范围内导致了法人与个人的对立关系。因此，法人现象，在法学上，始终与个人主义思想发生冲突。[2]法人的这种人格化的特性，使特定个人例如社员、雇员、集团管理人以及其他关系人，在集团权利和集团责任的深处，面临着个性危机。进入现代以来，由于公司这一社团被认识为具有规模经济价值被法学认识倍加推崇，法人制度有着越来越明显的经济功利主义意味。在今天，总的来说，由于经济思想的作用，法人在法律上的分量，已经大大增加，这就意味着个人主义对经济功利主义较过去有了更多让步或妥协，甚至出现了所谓个人主义危机。

二、法人与代表制技术

人们易于忽略法律思想对法人主体设计的真正意图，因而通常导致对法人的真正性质的误解。一些人相信，法人就是一个类似于具体人的

---

[1] 参见［美］R. 德沃金：《法律帝国》，李常青等译，中国大百科全书出版社 1996 年版，第 151 页。在他看来，社会人格化有助于政治整体性原则的确立。

[2] 法人制度不是从属个人自治范畴的制度，我们不能轻易以个人自治原理对法人制度加以解释，团体尽管是个人组合的集团，但法律在此并不是依个人的意思选择来承认团体，而是以法律设定的标准来承认法人，团体的目的符合立法思维所追求的社会价值是问题的实质。

人，是一个超人或有机体，它和个人一样一定现实地具有意志，具有一个它自己的、并非其成员意志的意志。凯尔森指出，这种误解导致了学理上相当的混乱，"认为法人的意志是真正的意志，并且就像有些作者所辩称的，是国家的法律所必须要承认的。法人是真正的本体并且具有真正意志这种理论，有时具有这样一种有意或无意的倾向，那就是将立法者引到一个关于社团的特定规章上去，证明这一规章是唯一'可能的'并且因而也是唯一正当的规章"。[1]

以为法人是具体人以外存在的超人，显然是错误的，因为基于常识，便可知法人不是真正的人，本身根本不可能具有精神状态，只有具体的人才是有思维能力者，这是无可争辩的。法人权利和义务、法人行为，是归属意义上的法律内容，所以，虽然法人没有灵魂，将这些东西归属于法人是可以解释的，处于归属状态中的这些法律内容，可以不以精神状态为条件。但是法人权利和义务的实现，以及法人行为的实行，作为从应然世界转向自然现实的内容，离不开具体人，行为和不行为只能由具体人承担。即使把社团章程当作"团体意思"，作为法律构造，也仍不能解决法人权利和义务及行为的实现所需要的具体意思问题。在这里，法律上的构造，如果打算具有实现性，就要把个人的行为引入到法人权利和义务、法人行为的实现环节之中。这就是说，法人主体问题需要构造意志，且这种构造是具有法律实现性能的。

传统民法其实已经意识到法人不可能有个人意志那样的东西，承认法人权利和义务、法人行为的实现不能回避现实推动力量问题，所以，就解释说某些特殊的具体人，以法人名义，代替法人表明意志，而法律则赋予这些意志宣告以实现法人权利义务或法人行为的效果。这些具体的人，被机智地称为法人机关。但是，对于法人机关与法人的关系，传统民法学说产生了重要的分歧认识，有所谓代理说和代表说。代表说，

---

[1] [奥]凯尔森:《法与国家的一般理论》，沈宗灵译，中国大百科全书出版社1996年版，第122页。

认为法人机关是法人的代表人，对外不得被视为代理人，法人机关的执行行为，就是法人的行为。代表说是大陆法系的通说。代理说，认为法人机关是法人的法定代理人，因此法人对法人机关仅居被代理人的地位，对外发生被代理人与代理人之关系。代理说是英美国家的通说，大陆法系也有部分学者赞成代理说。[1]

法人机关和法人的关系，作为法人的特殊问题之一，明显是一个自然人设计所没有的问题，其法学处理，不能简单地通过与自然人设计类比而进行。但传统法学在这里经常不自觉就陷入牵强附会的泥沼，代理说正是这种牵强附会地将法人比附于自然人的产物，其显然以未成年人与精神病人与监护人之间关系，类比法人与机关的关系，假设二者为相似的关系。根据代理说，法人机关被设想为法人的一种监护人，而转过来法人被设想为一种未成年人或精神病患者，机关之于法人，如同监护人之于被监护人，格雷说："现在人们将观察到，迄今为止，对法人来说并没有特别之处。另一个人的意志归属，与例如在一个监护人的意志被归诸一个未成年人时所发生的关系，正好是一样性质的。"[2]

法人被设计为法律主体，并不是它与自然人相似或相同，而是另外的独立理由。机关与法人的关系，表面上看，是要解决法人行为所需要的意思问题的，但是，这里与自然人的监护问题有一个实质的不同，监护人与未成年人的关系是两个法律主体人之间的关系，因此，以监护人与被监护人的关系来对机关与法人之间的关系作类比，是不合适的。被监护人与监护人之间的关系，是自治不能与援助的关系，只能是补充关系，不能一体化，而法人与机关的关系则是目的与实现机制的关系，从

---

〔1〕 参见黄立：《民法总则》，1994年自行出版，第137页；郑玉波：《民法总则》，中国政法大学出版社2003年版，第129页。德国、瑞士、日本民法采取了代表说。

〔2〕 〔奥〕凯尔森：《法与国家的一般理论》，沈宗灵译，中国大百科全书出版社1996年版，第123页。John C. Gray, *The Nature and Sources of the Law* 51, 2nd ed. (Boston, 1938).

目的的中心功能而言，只有与实现机制一体化，才是完整的独立的。[1]
而且，法人和作为受监护人的自然人在各自视线中实体的性质方面，也
完全不同。视线中的团体法人在形式上是真正的无机物，不仅没有为法
律行为的意思能力，而且根本就没有任何生物能力，不可能活动，但是
自然人视线中的个人是有机物，即使没有足够的意思能力，仍可能有相
当的意思能力从事事实活动。因此，法人基于团体本身完全没有活动能
力的事实，其意义实现，需要的不只是法律行为的意思补充，而是完全
的有机构造，仅仅代理是不够的。法学构造针对自然人的特点，在自然
人引入法定监护和代理技术，如果是合适的，针对法人的不同特点，如
此处理却是不合适的，而应另创一套适合法人的实际的制度。

代表说提供了这样一种技术，它针对法人构造的实际，通过意思构
造的内部化，为法人主体性的完整构造，找到了极佳的技术。被授予权
力是法人，推动权力实现的意志是法人机关的意志。机关由来自法人成
员任命的个人担任，它的功能在于为法人提供完全的意思活动，这种意
思活动又受配合目的的特定程序制约。法律为维护法人整体性的价值，
在外部，将机关的独立性消除，名义上只有法人，法人与机关的关系不
是主体与主体的关系，而是一体的关系。这种技术显然超过代理技术，
后者导致的有机构造是局部和分立的，远远不能满足法人构造的需要。

不过，机关是由具体的人来担任的，而具体的人本身又是自然人的
主体的构造原料，这里会引发法人与自然人的分界问题：为什么个人在
一定情况下，他的行为不属于自然人范畴，而归入法人范畴呢？将个人
的某些行为归入代表法人，往往受到以下观点攻击：个人的范畴均是自
然人的范畴，个人行为都是自然人行为，因此，个人行为不可能同时又
是法人行为。对这种攻击，代表说其实可以很轻松地加以驳斥，个人就
是自然人的说法是不对的，自然人也是一个法学构造概念，而个人是一

---

[1] [奥] 凯尔森：《法与国家的一般理论》，沈宗灵译，中国大百科全书出版社 1996 年
版，第 121 页。

个现实概念，二者并不等同，个人的范围在法律上被分立是可能的，将个人基于不同方式的行为分别归入自然人和法人，正符合法律构造的特性。大陆法系民法的实证处理，使个人只是在他的行为依特定的秩序方式所决定时，才属于作为法人机关而行为。这种行为之所以不同于个人的其他行为，是由于具有特定的意义，符合了法人秩序。个人是否以这种秩序行为，通常是以这些个人行为是否是基于法律或章程赋予的法人机关职权而为的事实加以说明的，因此，一定的个人行为是法人机关的行为，是指他的这些行为的性质，与他的被授予的特殊职权有关。

但是，在法人的整体性的内部，关系是复杂的，在成员与法人之间或成员与法人机关之间，如果没有内部的约束，对于社员来说，是不符合正常的心态的，个人成员设立法人并任命法人机关，均与特定目的的保持和实现有关，说得更具体一些，成员具有近似维护目的的委托这样的意欲表示。传统民法在这里很实际地引入了解决方法，民法上均规定法人机关与法人在内部关系上应准用委托关系，即对法人机关准用受托人规则，使其在内部分担法人责任。[1]另外，大陆法系在商法上，还专设法人机关的内部法定义务，加强内部约束，例如，以公司法及章程明确规定董事对公司的义务，作为董事对内的法定义务，违反之，便构成董事的对内的法定责任。法人机关的内部责任问题，准确地说，不是像习惯说的那样是为解决法人与法人机关的关系，而是解决法人机关与全体法人成员的关系，在法人内部，一切关系或利益冲突，都可转释为个人与个人的关系。应注意的是，依法人内部观察，法人机关在设计技术上表现出十分复杂的结构，它不是由单一的一个人结构而成，而往往是几个衔接的职能部门，每个职能部门又表现为几个人的汇合所结构而

---

〔1〕 德国，日本等国家和地区的民法都规定了这种准用，如《德国民法典》第27条第3款规定，"董事会之执行业务，准用第664~670条关于委任的规定"。日本民法和我国台湾地区甚至加重法人机关的逾越责任，强化内部关系。《日本民法典》第44条第2款和我国台湾地区"民法典"第28条规定，逾越目的范围时，董事或其他有代表权人与法人对外负连带赔偿责任，强化对董事的制约。

成。例如，在公司，法人机关由股东会、董事会和监事会三个职能部门构成，分执最高权力、执行和监督职能。这些部门对外并不是平行的，而是通过程序（procedure）规则将它们合而为一。这些职能在内部发生系统的联系，但到了最外部的一点，汇合为，以一个以整个职能名义的个人的行为，这便是最严格意义的代表行为。习惯上，我们也将法人机关的各个职能部门称机关或职能机关。职能机关依其职能由一个人所执行还是几个人汇合行为所执行，可以分为单一机关（simple organ）和复合机关（composite organ）。在法人，职能机关通常采取复合机关形式，组成它的每个人是机关的一部分，其个人行为和他人个人行为一起执行整个职能。因此，在每个职能机关内部，又存在一个行为汇合问题，需要一个合议表决规则，以构成合而为一的行为。可见，程序和合议规则在法人制度，有十分突出的意义，它是处理法人机关内部系统关系的基本法。从整个法人机关的内部观点看，法人代表行为是由许多行为依程序和合议规则汇合而成的，这些行为中的每一行为，从法律的角度，都是一个不完全的部分行为。"部分行为与整个行为之间，部分机关与整个机关之间的区别的高度相对性，在这里清楚地展示出来。任何机关的任何行为都可以被认为仅是部分的行为，因为它只是由于和其他行为的系统的联系，才对那个唯一配有整个职能名义的职能，……，有所贡献。"[1]法人机关的这种复杂化设计，不是无思想的放肆，而是民主思想的应用，民主思想认为，无论在国家还是社团，分权和合议是防止专断、集思广益、实现最大共同利益的所可依赖的组织手段。

法人机关内部结构的复杂设计，从根本上说，是要维护和达成法人成员的目的事业或共同利益的实现。但是，法人不是孤立的存在，它是法律交往中的存在，因此，法律设计更要着眼于整体关系中各方面的利益，尤其要就法人与第三人的利益平衡加以考虑。在对内的观点上，法

---

〔1〕〔奥〕凯尔森：《法与国家的一般理论》，沈宗灵译，中国大百科全书出版社1996年版，第221页。

人执行机关采取复合机关形式，（法律上一般事务与特别事务在决议上
有不同表决人数要求），这种处理符合法人内部利益关系的平衡，但是
在对外观点上，仍依这种处理必然带来法人与第三人的利益关系的失
衡，因为第三人由于难以观察法人复杂的内部关系，其信赖利益陷于复
杂判断所添加的风险。传统民法在这里表现出机敏的平衡技巧，区分内
部和外部，各依不同规则，达成各方面的均衡，在法人内部，仍维护复
杂的结构，处理机关与法人全体成员的利益关系，在法人外部，却淡化
内部结构问题，甚至不采取共同代表方式（Gesamtvertretung），而采单
独代表方式（Einzelvertretung），每一执行职能人员（如公司法上每一董
事）对外执行中，除章程另有规定，皆有代表权。[1]

　　认识到代表制技术是法人制度的特殊技术，对于我们加深对于法人
的认识，尤其是加深对于法人机关实质的认识十分有益。由于找到了这
种一体化的技术，法人许多难以处理的问题得到解决，使法人构造获得
了完美的法学形式。运用法人机关的内部性，我们就可以真正运用法人
的整体性，使法人得以以具有自己名义承受和实现的权利、义务、行为
能力以及责任能力，表现其存在，使我们可以从法人的独立立场而不是
单纯从成员或机关个人的个人行为的角度去安排维护团体利益或履行社
会责任的问题。作为法人机关，由于它所处的特殊位置，它与单纯作为
个体的人承担的责任不同，我们必须合乎逻辑地把法人整体性置于法人
机关的个人之前，以社会的或法人的名义吸收这一特殊方式下的个人，
因此，一般情形，人人可以自由行为，表达个人的观点和作为，但作为
法人机关，这些个人就不能那样自由了，他们以法人的目的为限制。这
好比在一个公力机构，我们必须合乎逻辑地把特殊的社会责任置于官员
们的个人责任之前，绝不允许官员们自由行为，他们有特殊的社会责

---

　　〔1〕　参见《日本民法典》第53条，我国台湾地区"民法典"第27条。我国公司法上将
法人执行机关一分为二，董事会属执行事务内部决议机构，董事长属执行事务对外代表机构。

任，是为社会履行那种责任的代表人。[1]因此，不仅在归属上的意义上为法人确立权利、义务或行为，而且还引入法人机关代表技术，在法人内部建立一个实现机制，安排特定个人以特定方式的行为去实现这些法人名义的权利、义务和行为，是相当深刻的法学构造。

---

[1] 参见［美］R. 德沃金：《法律帝国》，李常青等译，中国大百科全书出版社 1996 年版，第 156 页。

民法的本质特征是私法[*]

江 平 张 楚

党的十一届三中全会以来，我国的民法学研究，无论是从基础理论方面看，还是从具体制度方面看，都取得了长足的发展。若要从众多的研究成果中，概括地列举出最根本性的收获，首当其冲的应是对民法是私法这一基本认识的确立与深化。这一认识看似浅显，但它得来却甚为艰辛。十月革命胜利后的几十年来，社会主义国家的民法学者都尊奉革命领袖的一句话，把公有制下的民法视为公法。这种理论直至我国改革开放初期，都被视为定论，是万不可动摇的。视民法为私法，而非公法，这是"实践检验真理标准"、思想解放在法学界，尤其是民法学界最重要的表现。二十年来，我国民法学者为私法观念的复兴与光大，进行了不懈的探索和努力。这一过程大致可分为以下三个阶段。

第一阶段，由 1978 年起至 1986 年《民法通则》颁布为止。当时民法学界的主要任务是为民法的生存而论争，具体表现为在调整范围与划界上与经济法之争。此时，虽然还谈不上对民法私法性质的肯定和阐述，却是民法私法观念的萌芽阶段。因为调整范围的争论并不单纯是法学学科之间的门户之见，而是不同的经济改革思路在法学上的折射，其大背景是我国关于经济改革方向的严峻抉择。在一个从封闭走向开放，从经济高度集中管理走向多元化发展的变革时代，私法观念的种子必然会根植其中。因为民法所代表和反映的市民社会的广泛利益和进取精

---

[*] 原文载于《中国法学》1998 年第 6 期，系与博士生张楚合著。

神，是其顽强生命力之所在。《民法通则》的颁布，暂时为这场争论画上了休止符，但对民法是私法性质的认识，却才刚刚启始。

第二阶段，从 1986 年《民法通则》颁布后，到 1992 年邓小平南巡讲话发表之间，是对民法私法属性的艰难探索阶段。此时，我国的经济改革正处于由有计划的商品经济向市场经济的艰难选择与转折时期。与此相应，民法也由以调整商品关系为己任，向调整全方位的市民社会生活（即私法关系）转变。但是，由于受社会改革进程的影响，这种转变较为缓慢。应当说，这是一个思想上砥砺、理论上蓄势待发的阶段，民法的私法观念已经到了利箭在弦、一触即发的状态。

第三阶段为 1992 年邓小平南巡，我国确立市场经济体制至今。这是民法研究活跃，学术成果较繁荣的时期。民法的私法性质也恰恰是此时明确提出并得到论证的。民法学界分析了市场经济赖以存在的社会结构，即市民社会及其对应范畴的政治国家，划分了私法与公法的基本领域，阐述了二者的作用及相互关系，从而揭示了民法作为私法的本质特征。这一认识是民法本质的复原，是民法基本原理在我国市场经济条件下的理性回归，它不仅对民商法的各项具体制度的建立与完善产生了深远的影响，而且为我国法律体系的构建，奠定了稳固的基石，功绩不可低估。

民法的本质特征，是认识民法性质的基本标志，是民法理念的根本所在。它关乎民法的目的、范围、手段等一系列基本问题，是任何一个时代、任何一个国家的民法学者，都必须首先思考和回答的问题。笔者以为，民法系私法这一根本特征，是与公法相比较而产生的，至少包括以下几方面内涵。

一、市民社会是民法存在的经济—人文基础

20 年来，我国民法学者无非是想证明，"调整平等主体关系法律"的基础是市民社会。一方面，社会和国家的功能迥然不同，恢复社会自

身的自治功能，是社会主义走向市场化的必然要求；另一方面，市民也非 17~18 世纪的新兴资产阶级，而是指多元化的平等私人（公民和法人等）。所谓市民社会，是相对于政治国家而言的，它是社会生产、交换、生活赖以存在的个人、组织及其相互间关系的总和。其中包括了商品经济关系，但又不限于该种关系。以前学界认为罗马法、法国民法典和德国民法典，以及我国社会主义民法典，分别是简单商品经济、资本主义发达商品经济和社会主义商品经济在法律上的反映。这种将贯穿不同历史阶段、跨越不同经济时代的民法的共同基点，解释为商品经济的看法固然正确，抓住了问题的实质，但是还不够完善。商品经济是与自然经济、计划经济相对应而存在的范畴，而市民社会则与政治国家相对应，从市民社会这一经济—人文基础，寻找民法的共同本源是较为全面、客观的。以市民社会为出发点，能够涵盖民法的调整对象，并使之从本质上有别于公法。公法存在的基础是政治国家，它以权力的运用为前提，以命令与服从为模式，体现的是国家利益和公共秩序。私法则以市民之间、非官方的关系，即市民社会为基础，以平等、自治为原则，其目的在于保障实现私人的利益。

一些西方近代思想家，以及马克思主义经典作家，都在不同意义上对市民社会进行过论述。而现今对引入我国民法学领域的市民社会概念的理解，应当与我国市场经济这一社会背景相联系。虽然市民社会的具体构成形式纷繁复杂，其利益主体与需求层次也多种多样，但它是按照物质资源配置市场化，市民人格独立，财产自主支配，以及相互间平等、尊重、意思自治等原则运转的。今天意义上的市民（包括自然人、法人和非法人自治团体），用俗话来说，就是市场环境下的私人。市者，市场；民者，无官之人。而以市场规律为指针，保障市民对其私益追求的法域就是民法，亦可称之为私法，它与追求国家利益和社会公序为价值目标的公法截然不同，二者不可混淆。中华人民共和国成立以来我国以公法取代私法所造成的教训，是非常沉重的。

民法学者之所以将社会整体结构分解为政治国家与市民社会，将社会中的人分为市民与公民，其目的在于为同一社会及其成员的双重品格（公法主体与私法主体）和双重利益（公益与私益）划出界线，进而给予之相对应的公法和私法一个恰当的定位。这种通过历史及社会分析的方法，探寻出的民法的社会基础，有助于从更广泛的背景上认识民法的私法本质。其现实意义不仅在于阐明民法是市场经济的基本法，同时在于预防公法、私法类别不清，而导致的调整范围与方法的错位。特别是在我国长期实行中央集权经济体制，一切以国家为本位的公法观念渗透了整个法律领域的历史状况下，充分认识民法作为私法的社会基础及其内在要求，是极为重要的。一方面，只有公法的发达，才能防止私权的滥用；另一方面，又只有私法的完善，才能限制公权的无限扩大。西方国家近百年来的法治精神主要在于前者，而我国今天则更应着重于后者。

二、民法以权利为本位，并主张权利的同等保护

私法以尊重、保护市民的私人利益、自由意志，激发每个社会成员的创造力，维护其精神安宁为出发点。为此，民事法律必须以授权性规范为主体，赋予所有市民以广泛的民事权利。权利本位是民法私法属性的具体表现，民法的一切制度都以权利为核心而构成，而民事义务只是实现权利的手段。这一点在1986年《民法通则》制定过程中经过争论，并最终以将第五章定为"民事权利"，而非"民事权利与义务"，而得到了充分体现。相反，公法则着重关注国家利益和社会公序，强调私人对社会的服从与牺牲，因而，其表现形式以禁止性义务规范为主体。需要指出的是，西方一些发达国家的民法，适应其高度社会化生产的实际状况，已开始出现由权利本位向社会本位转化的趋向。然而，这一趋势不应成为我国现阶段民事立法本位的航标。我国的私法权利意识与权利体系尚处在复归和初建阶段，倡导权利本位，强化私权保护，是我国法学

界，乃至全社会的共同任务。

尽管权利本位观念在民法学界已达成共识，但是，私权的同等保护在立法与司法上，还是一个尚未解决的问题，还需要进一步为私权地位的确立及其同等保护做出努力，使权利本位的宗旨得到全面贯彻。以往我国在财产权利的保护上，强调公有财产神圣，似乎私有财产权的效力略低一筹。这是有违于私权平等原则的。财产权是私法上的概念，既不应以公有、私有为分类划分标准，更不应给予不同保护。当公有财产进入市场经济的生产、交换等环节时，一般不再具有公法上的意义，而只具有私法的财产属性。民法的权利本位观念，不仅包括以权利为中心建立民法体系的形式要件，还应包括对私权予以同等保护的实质性要件。

三、民法以市民社会的意思自治为其主要实现手段

多元化市民社会的构成纷繁复杂，其利益主体与需求层次多种多样，没有也不可能有全能的智者，在瞬息万变的市场经济中代其决策，为之包揽福利。民法只能舍弃无数市民的个体特征，从中抽象出一个统一的、适合全体市民社会的人的模型，即他们是智力健全的人，是自身利益最大化的追求者，从而充分尊重他们的抉择，为之提供一个自由、公平竞争的舞台与规则。具体而言，就是充分保障市民通过契约的意思自治，实现其主体利益。换言之，也就是让市民在同他人的合法、自由地交往中获取自身的利益。私法自治以市民的自主参与、自己责任为内容，以市民在民事活动中讲求诚实信用为内在条件，以国家非依正当程序不得干预为其外部条件。这既是民法的基本原则，又是民事权利实现的主要方式，同时还是民法作为私法区别于公法的重要方面。尽管近年来在以国家利益和社会公序为主旨的公法领域中，也融入了一些私法自治的内容，但其基本方式仍然是命令与服从。这种强制推行单方意思的手段，在维护公益的公法领域是必须的。然而，如果使之超越适用范围，延伸于私法领域，其危害将是严重的，甚至是不堪设想的。或许有

人认为，时代的指针已经走到了 21 世纪，自由资本主义的契约自治原则已经过时，应当抛弃了。可是，我们既不应忘记我国过去在民事政策上，抹杀市民自由意思的教训，同时，也不能忽视我国经济发展与法制建设尚处在起步阶段的客观现实。西方资本主义发达国家走过的弯路，固然不必重复，但是，市民社会的基本原则却不能不树立。在我国转轨型市场经济中，特别是市场经济仍然有许多无序状态时，多一些国家干预，是可以理解的，但绝不应使之演化为公法高于私法，国家权力无条件高于私人权利的理论依据和司法模式。

四、民法以市民社会人的价值实现为直接目的

无论公法，抑或私法，都以人的行为作为规范的对象，以人的价值为目的。市民社会人的价值在法律上反映为两个方面，即私权的充分享有和私权的不受侵犯。私权的确立为民法的主要功能，而私权的保护则是公法的重要任务。与公法相比，民法对人的价值实现有着更直接、更普遍的作用。民法的一切制度都以人（市民）这一主体为出发点，并且又以人（市民）为其归依。没有民法关于私权种类的规范，也就不存在权利保障的依据。从实现人的价值这一意义上说，公法是保障私权的配套法律。如刑法以刑罚的威慑力来阻止犯罪，从而外在地保障人（市民）的生命与财产安全，而交通安全法规，也是以公力惩罚违规来达到同样的功效。但是，如果没有民法关于人身权、财产权等基本权利的界定，其他公法关于人的社会价值的保护将失去内在根据与尺度，因而人的价值也就难以得到保护。所以民法作为私法，必须时刻关注人（市民）的价值需求及其实现方式。社会主义是以解放人为其目的，全社会的解放，也就是社会中的每一人的解放。所谓"解放"便是从无权利状态走向更多权利状态，最终达到完全权利状态，民法的任务正在于此。

民法赋予人（市民）各项权利，其中既包括财产权，又包括人格权与身份权，既有物质权利，又有精神权利。民法的财产权与人身权各有

其功能，前者为人的价值实现的物质性手段提供法律保障，后者为人的精神性利益提供法律保障。然而，在我国现行民事法律中，有关财产权的立法明显滞后，人身权制度也有待完善。譬如，关切市民基本财产权的物权法至今尚未出台。财产权的立法不仅涉及公有财产的管理和国有企业的改革，同时也关系到人的价值的全面实现。当市民的物质手段匮乏，财产状态不稳定，缺少法律上的确认与保障时，其精神利益的实现，也就失去了物质前提。而我国人身权制度虽然吸取了国际上的先进经验和我国的历史教训，有了可贵的发展，但仍有扩大的必要。如隐私权等重要人身权还未规定于民法中，身心健康受到侵犯时的赔偿，尤其是精神损失的赔偿，有待于完备。应当说，民法的私权制度为我国的人权保障事业发挥着直接的基础性的作用。

　　总之，民法的本质特征是私法这一命题的含义十分丰富，把握其基本内容是民法学研究的重要课题。特别是在我国现阶段，全面认识民法的私法属性，对于完善我国社会主义市场经济条件下的法制建设，有着极其重要的现实意义与历史意义。

论新合同法中的合同自由原则与诚实信用原则*

江　平　　程合红　　申卫星

一

　　我国新的统一合同法的起草，从 1993 年由专家学者提出"立法方案"开始，至今已将近 6 年。其间历经了 1995 年 1 月"建议草案"（第1 稿）、1995 年 10 月"草案试拟稿"（第 2 稿），1996 年 6 月"草案试拟稿"（第 3 稿）和 1997 年 5 月"草案征求意见稿"（第 4 稿），及至形成 1998 年 9 月公布的《中华人民共和国合同法（草案）》[1]（包括截至 1998 年 12 月 21 日全国人大常委会对《草案》形成的三次审议稿）。在整个新合同法的起草过程中，合同自由原则和诚实信用原则始终是两个引人注目的议题。[2]这两大原则在新合同法中的贯彻和体现情况，直接关系到新合同法的内容、结构和体系，决定着新合同法的价值取向和基本功能，并将影响到新合同法在未来实施中的社会、经济效果。二者是贯穿新合同法全篇的两大主线，互为依托、彼此相补，从各自不同的角度维系和构筑了新合同法这座大厦。自由和正义是人类追求的两个永恒的价值目标。新合同法正是希图借助合同自由原则来实现人格与意志

---

　　* 原文载于《政法论坛》1999 年第 1 期，系与博士生程合红、申卫星合著。
　　〔1〕 本文如无特别注明，所引用合同法（草案）条文为 1998 年 12 月 21 日合同法（草案）第三次审议稿。
　　〔2〕 虽然官方解释始终对合同自由的提法有所保留。

的自由，依靠诚实信用原则来达到衡平的正义。合同自由原则意味着市场交易的效率和效益，诚实信用原则则表达了对经济生活中利益公平和道德文明的向往。如果说合同自由原则更多地强调的是当事人的个人意志和利益，较少考虑对方和社会利益的话，那么诚实信用原则不仅要平衡当事人之间的利益，而且要求平衡当事人与社会之间的利益关系。合同自由原则以个人为本位，诚实信用原则则偏重于以社会为本位。毫无疑问，合同自由原则对市场经济发展具有积极的推动作用，但由其所引发的残酷竞争、追逐私利及其所导致的当事人事实上不平等、当事人滥用权利、尔虞我诈等市场经济的负面现象，合同自由原则本身却无能为力，需要诚实信用原则去作为缓冲器和润滑剂，维护市场机制的良性运转，促进市场经济的更大发展。新合同法将二者相结合，既适应了改革开放、发展市场经济的需要，扩大了市场主体的自主权，有利于搞活经济、提高效率；也维护了社会公共利益、社会公德和社会秩序，并妥善协调和维护了当事人各方的利益。新合同法把冷冰无情的市场规则与温情慈和的伦理道德相统一，将为发展健康、高效、精神文明与物质文明相结合的社会主义市场经济奠定一个良好的法律基础。现在，这部历经数载、几易其稿的新中国第一部统一合同法即将提请全国人民代表大会讨论通过，本文拟就新合同法对合同自由和诚实信用两个原则的贯彻、体现情况及有关争议问题作一回顾和探讨，以期作为对即将面世的新合同法的恭贺与期盼。

二

在一定意义上，合同自由原则是合同法的灵魂，离开了合同自由，合同法也就难以成其为"合同法"。一部合同法在很大程度上是围绕合同自由而展开的。然而，长期以来，由于经济体制和意识形态等因素的影响，合同自由原则在我国一直没有得到正确的认识和对待。在这次新合同法的起草过程中，这一问题又一次暴露出来。对合同自由原则及其相关问题的立法处理和具体反映，决定了我国新合同法的本质特征。

（一）合同自由原则的立法模式

按照最初确定的"立法方案"，这次新合同法的起草要充分体现当事人意思自治，在不违反法律和公序良俗的前提下，保障当事人享有充分的合同自由，不受行政机关及其他组织的干预。非基于重大的正当事由，不得对当事人的合同自由予以限制。依此指导思想，在由专家学者起草的合同法"建议草案"（第1稿）中，第3条就明确规定了合同自由原则："当事人在法律允许的范围内享有合同自由，任何机关、组织和个人不得非法干预。"对在合同法中明确这样的原则，学术界普遍是持赞同态度的；但是，这一意见在合同法起草过程中并未得到其他有关方面的认同。在后来公布的合同法（草案）中，已看不到合同自由原则的明文规定，取而代之的是"合同自愿原则"，即"当事人依法享有自愿订立合同的权利，任何单位和个人不得非法干预"。（第4条）对此，有不少学者提出异议。但在随后举行的九届全国人大常委会五次会议对合同法（草案）的审议中，法律委员会仍然认为在合同法中"不宜简单规定这样〈合同自由〉的原则"。[1]尽管如此，从新合同法的整个起草过程和新合同法（草案）的整体内容来看，始终坚持和贯彻了合同自由这一合同法的基本原则。从世界各国民事立法情况来看，合同自由原则的立法模式有两种：第一种是在法律中既单独设立"合同自由原则"的条款，又同时规定各种具体的合同自由制度。具有代表性的如《瑞士债务法》，该法第19条第1款明文规定："契约的内容，在法律限制内可以自由订立。"新近制定的《国际商事合同通则》也开篇即规定："当事人有权自由订立合同并确定合同的内容。"（第1.1条）第二种立法方式是不单设"合同自由原则"的条款，只在具体的合同制度中予以贯彻。

---

〔1〕 1998年10月31日《法制日报》第1版。

如德国、日本的民法典及我国台湾地区的相关规定，均采此制。《法国民法典》虽然有其著名的第 1134 条规定，[1]并被认为是对契约自由原则的奠立。但严格而言，该法典也未设置类似上述《瑞士债务法》及《国际商事合同通则》中合同自由原则的条款。我国新合同法在起草中开始采纳第一种立法模式。已公布的合同法（草案）用合同自愿原则代替合同自由原则，并在具体制度中体现合同自由原则，很明显，这是一种折衷的立法模式。但是，我们认为，在合同自由原则立法模式的选择上，从我国的国情和现实出发，采取第一种立法模式更为适宜。中华人民共和国成立以来长期实行计划经济，确立社会主义市场经济体制改革目标的时间也不长，在整个社会中，合同自由的观念尚未普遍确立，合同自由在经济生活中不是过度，而是犹显不足。现实还需要以立法来巩固改革成果，来强化合同自由的市场经济法律观念。就此而言，我们的现状既不像 1804 年制定《法国民法典》时的法国，个人主义、私法自治的思想风靡一时；也不像 1896 年《德国民法典》诞生时，市场经济和契约自由的观念已经深入人心。因此，如果说在它们的法律中不明确规定"合同自由"，也同样意味着法律坚持了合同自由原则，合同自由原则是不言自明的话，那么，在我国却可能出现正相反的情形，即不明文规定合同自由原则，对一些人来说就意味着是对合同自由原则的某种否定。在我国建立和发展社会主义市场经济体制中，需要旗帜鲜明地在合同法中确立合同自由原则。

（二）合同自由原则与合同自愿

自愿作为一项法律明文规定的民事原则，最早见之于我国 1986 年颁布的《民法通则》。该法第 4 条规定："民事活动应当遵循……自愿……的原则。"订立合同是典型的民事活动，自然也应遵循这一原则。

---

[1]《法国民法典》第 1134 条规定，"依法订立的契约，对于缔约当事人双方具有相当于法律的效力……"。

另外，1981年通过的《经济合同法》，虽然对自愿原则没有明文表述，但是也体现了自愿原则的基本要求。该法第5条规定："订立经济合同……任何一方不得把自己的意志强加给对方，任何单位和个人不得非法干预。"1993年修改《经济合同法》时，对该规定保留未动。从现在新合同法（草案）第4条关于合同自愿原则的表述看，很明显它是以《民法通则》的规定为基础，直接从《经济合同法》第5条的规定内容发展而来的。新合同法（草案）将之取代合同自由原则，并试图使之发挥与合同自由原则相似甚或更佳的作用，这是新合同法（草案）在贯彻合同自由原则上的特点之一；同时，这也使得在理论上对仅一字之差的合同自由原则与合同自愿原则进行比较分析和探讨成为必要。

（1）二者在内容上不可等同。一般而言，合同自由可以归纳为五个方面的含义，即：决定是否订立合同的自由；选择合同相对人自由；确定合同内容的自由；变更、解除或终止合同的自由和合同订立方式的自由。从新合同法（草案）关于合同自愿原则的规定来看，主要是指当事人订立合同的自愿，大体相当于当事人决定是否订立合同的自由这一含义或再稍宽一些；但只能是合同自由所包含内容的一部分，其涵盖面要远远窄于合同自由。相反，合同自由的含义则更为广泛、全面、深刻，尤其是包含有前者所不具备的当事人合意即可产生相当于法律的效力这样的私法自治思想。

（2）二者的立法背景及所体现的法律精神不同。1981年制定《经济合同法》时，我国还实行计划经济。制定《经济合同法》的目的之一是"保证国家计划的执行"，[1]奉行的是计划原则，在其中写进合同自由原则是不可想象的；就连作为合同制度起码要求的订约自愿也没有明文提出。1986年制定《民法通则》时，情况已有很大变化：市场经济机制正在逐步建立，商品经济有了很大发展。但是，在经济上"左"的思想束缚仍然存在，实行的还是有计划的商品经济。这种情况下，虽已

---

〔1〕 参见1981年《中华人民共和国经济合同法》第1条。

有意思自治、合同自由的要求和意识，但将其作为基本原则写进法律还是很难的；而"自愿"原则就成了一个可供选择的替代品。"自愿原则可以说是尊重当事人自己意愿的原则……但是，我国民法的自愿原则仍然受到计划的限制。因此，它是相对的，不是绝对的，不能像西方国家民法中'契约自由'原则和'意思自治'原则那么绝对。"[1]从其产生和发展过程来看，合同自愿原则是有计划商品经济条件下的法律产物，残留着计划体制的思想影响和烙印，其目的和结果都是在承认市场机制必要性的同时，又对市场机制的适用范围给予限制。而合同自由原则是市场经济的必然要求和直接的法律反映；合同自由的原则和制度是保证市场运行的最基本条件。换言之，合同自由原则是市场经济的法律原则；合同自愿则是计划经济向市场经济过渡阶段的法律原则，是折中的、不彻底的合同自由，是合同自由原则在特定时期、特定条件下的变态形式。

（3）二者的法律视角不同。合同自由原则是从主动的角度来规定的，强调的是合同当事人的自主与自治；合同自愿原则是从被动的角度出发的，它的中心观念是不受他人强制。依合同自由原则，当事人的主动选择权（选择相对人，选择合同内容、方式等）占主要地位；依合同自愿原则，突出的则是当事人对合同（相对人、内容等）的被动的自愿接受。如果说前者体现的更多的是积极、开放的法律态度的话，后者则多少表现出了消极、保守的意味。

（三）合同自由原则与任意性规范

新合同法中的合同自由原则既体现在其所规定的具体内容中，也体现在其任意性规范的法律属性中。作为任意法，新合同法主要从以下几个方面坚持和贯彻了合同自由原则。（1）更新合同观念，最大限度地摆脱计划经济的影响。新合同法（草案）摒弃了旧体制下形成的经济合

---

〔1〕 孙亚明主编：《民法通则要论》，法律出版社1991年版，第16页。

同、涉外经济合同和技术合同的"三分法",统一为民事合同,即"本法所称合同是平等主体的公民、法人、其他组织之间设立、变更、终止债权债务关系的协议"。(第 2 条)消除了经济合同法中附着于经济合同概念之上的计划经济体制的残余影响;新合同法(草案)所确立的平等主体之间民事合同的观念,为合同自由原则在合同法中的贯彻确立了前提条件。新合同法(草案)还重申,合同当事人一方不得将自己意志强加给另一方,任何单位和个人不得非法干预当事人订立合同。[1]新合同法(草案)一反经济合同法的旧习,坚持不在合同法中规定"合同管理"专章,扩大了合同自由的领域。(2)健全了关于合同自由的一系列合同法律制度。首先,新合同法(草案)第一次在新中国合同立法中系统、完整地规定了要约与承诺制度。要约和承诺是订立合同的必须程序,一方面,这一缔约制度包含了当事人意志自由、双方的合意本身即可构成合同并产生相当于法律效力的重要合同思想,是私法自治、合同自由的充分体现;另一方面,要约与承诺制度所具有的严格的程序性,又为合同自由原则在缔约阶段的实现提供了坚强有力的保障。其次,新合同法(草案)明确了当事人确定合同内容的自由。规定"合同的内容由当事人约定"(第 12 条),"当事人对合同内容协商一致的,合同成立。当事人对合同的标的、数量已经协商一致,但对合同其他内容没有协商的,不影响合同成立"(第 13 条)。并且不再采用经济合同法中的关于合同内容的具有强行性的"主要条款"制度;合同不再因标的、数量之外的其他所谓主要条款不具备而影响合同的成立。第三,新合同法(草案)规定了履约中的合同自由和变更与终止中的合同自由。如第 60 条规定"当事人应当按照约定履行自己的义务",而不是按照法律的强制规定或计划指令来履行。当事人还可以约定由债务人向第三人履行债务(第 64 条)或约定由第三人向债务人履行债务(第 65 条)。当事人双方在履行中的自由度是较大的。对已经生效的合同,双方当事人协商

---

〔1〕 参见《中华人民共和国合同法(草案)》第 3 条、第 4 条。

一致，可以变更（第78条）；当事人一方经对方同意，可以将自己在合同中的权利和义务一并转让给第三人（第89条）；当事人还可以事后协商一致解除合同（第94条），可以协商一致抵消种类、品质不相同的到期债务（第101条）。可见，当事人双方的合意不仅可以产生合同效力，还可以变更合同效力的内容和消灭合同的效力。第四，根据新合同法（草案），合同自由原则还广泛适用于违约责任制度之中。例如，当事人可以约定违约金，也可以约定因违约产生的损失赔偿额的计算方法（第115条）。在不履行金钱债务情况下，约定的违约金优先于法定的逾期利息（第110条）。在解决合同争议、行使救济权的时候，当事人可以任意选择协商、调解、仲裁或诉讼中的任何一种救济渠道或方式（第126条）当然也可以放弃自己的合同违约救济权。（3）合同自由原则是市场经济规律在法律上的反映。法律是国家的意志，而合同是当事人的意志，只有当事人意志而无国家意志当然不行，反之，只强调国家意志而无当事人自己的意志也不行。一部详尽规定的合同法均要求当事人的意志无条件服从国家意志，无异于国家在替当事人订立合同。因此，新合同法必须处理好二者的关系，允许当事人的意志在一些条件下不同于国家的意志。新的合同法（草案）充分体现了这一特点。一是规定了大量的"当事人另有约定除外"的条款和当事人有约定的，"按照其约定"的条款。这些条款涉及从合同的成立、合同的内容和效力到合同的履行和合同责任等各个领域以及买卖、租赁、运输、行纪等各种合同。二是新合同法（草案）中有不少作为当事人合意的补充的法律条款。例如，当事人就有关合同内容（质量要求、价款、履行地点、期限和方式等）约定不明确的，当事人又不能达成补充协议并且按合同有关条款或交易习惯仍不能确定的，适用合同法的相关规定（第61条、62条）。另如第142条规定："当事人未约定交付地点或者约定不明确，依照本法第138条第2款第1项的规定标的物需要运输的，出卖人将标的物交付给第一承运人后，标的物毁损、灭失的风险由买受人承担。"合同法中的这类规定，在适用时不能优先于当事人的约定；只有在当事人的约定不明确、其意思内容依法又不能确定时，才作为对当事人意思表示空白的补充来适用。

（四）合同自由原则与合同管理

合同自由与合同管理是一对矛盾。在贯彻合同自由原则中如何对待和处理合同管理，是新合同法起草中的一个热点问题。在新合同法起草过程中，多数意见主张在新的统一合同法中不宜再规定合同管理制度；但另一些人则坚持应把合同管理制度写进新合同法。1995 年 1 月的"建议草案"（第 1 稿）对合同管理完全持否定态度，没有涉及合同管理的内容。1998 年 9 月公布的合同法（草案）采取了折衷的观点，正文不规定合同管理，在附则中设两条（第 432 条、第 433 条），规定工商行政管理部门和其他有关主管部门依法负责对合同的监督，和对利用合同危害国家利益、社会公共利益的违法行为的处理。实际上是将修改后的《经济合同法》"经济合同的管理"一章中的两条（第 44 条、第 45 条）照搬过来、挪个位置。在随后的 1998 年 12 月合同法（草案）（三次审议稿）中，对合同管理的规定又有了一些变化：即将原公布草案中规定在附则中的两条（第 432 条、第 433 条）前移到总则部分（第 124 条、第 125 条），并在"合同订立"一章中增加规定："当事人可以参照各类合同的示范文本订立合同"（第 12 条第 2 款）。从上述起草过程所反映的情况来看，新合同法中关于合同自由原则与合同管理的问题可以归结为是否规定合同管理和如何规定合同管理两点。对此，我们认为应从以下几个方面来认识。

（1）从合同管理制度的产生来看，它反映的是计划经济条件下的要求和观念，与新合同法不相协调。《经济合同法》所规定的合同管理是对经济合同的管理，这是与经济合同的性质相适应的。因为经济合同被看做"既是使国家计划具体化和得到贯彻执行的重要形式，又是制订计划的重要依据和必要的补充。经济合同应当确保国家计划的贯彻执行"。[1]
《经济合同法》规定的合同管理制度，如对经济合同的检查、考核和信
贷管理、结算管理等，[2]也主要都是围绕经济合同的计划性来规定的。
后来修改《经济合同法》时虽然已将这些不适应市场经济要求的内容删
去，但由于经济合同的概念仍然存在，所包含的计划经济时代的合同观
念仍未完全消除，"经济合同的管理"也就作为一章仍然存在。在新合
同法的制定中，已经不再存在这种立法基础，调整的不再是经济合同，
而是统一的民事合同；相应地也不能再以经济合同法中的合同管理观念
来看待新合同法所面临的合同管理问题，不能再以经济合同法中的合同
管理制度来规范市场经济条件下的合同关系。

（2）从公法与私法的现代社会二元法律结构来看，新合同法不宜规
定合同管理制度。合同管理属于公法的范畴，其有关规定是公法规范；
而新的统一合同法是最为典型的私法。如果说由于经济合同法是在"纵
横统一论"的经济法观支配下而制定的，本身是有公法、私法不分或
公、私法结合的特点，在其中专章规定合同管理还情有可原的话；那
么，在纯粹以调整平等主体之间债权、债务关系为对象的合同法中，再
专门规定合同管理制度就将难以自圆其说，显得不伦不类。因为就法律
性质而言，合同管理制度应在行政法律中进行规定。特别是关于由谁
管、如何管、管哪些和因管理失误而造成的法律责任等问题，都必须由
相关的行政法律来规定。

（3）从所谓合同管理制度的内容本身来看，[3]由新合同法对其进
行规定也是不妥的。首先，政府对合同的检查监督只能是有限的，不可

---

〔1〕 顾明：《关于〈中华人民共和国经济合同法草案〉的说明》。
〔2〕 参见1981年《中华人民共和国经济合同法》第6章。
〔3〕 1998年11月10日《法制日报》第2版，《确立合同监管不应遮遮掩掩》一文对合
同管理提出五点主张：合同监督是原则问题；确立自律、行政监管、民间仲裁、司法审判相结
合的合同管理模式，不能对行政监管含糊其辞；赋予工商行政管理部门以无效合同确认权及查
处合同违法行为的强制措施；增加关于合同示范文本和合同鉴证的规定。

能对日常经济生活中所发生的全部合同行为都进行检查监管。那种试图采取"事前、事中、事后全过程、全方位的监督管理"的方式是不切实际的。也是有害的。如果要求每一个合同在"事前"主动报告，然后准备随时接受检查，监管也许得到"全过程""全方位"地落实了，但是，合同交易的效率也将随之大大降低。这是与现代市场经济快速、多变的经济流转要求不相适应的。其次，至于实践中大量因欺诈等违法而无效的合同得不到处理的问题，其症结主要在于无效的提起这个环节，可以通过完善合同无效的提起制度来解决。比如，国外有的规定检察机关可以就损害国家、社会公共利益的合同向法院提出确认无效之诉。另外，无效的提起和确认不能集于一身。如果工商行政管理部门既享有对无效合同的查处权和无效提起权，又享有合同无效的确认权，权力就会失去制衡。这种合同管理制度是危险的。第三，合同管理制度不能有效解决合同欺诈严重、市场信用降低的问题。这一问题是由多方面因素造成的，其中之一即是我国现阶段市场信用机制薄弱。市场经济在一定程度上也是信用经济，而信用又常常表现为信息。无论是以欺诈手段签订合同，还是以合同为手段进行欺诈，就受害人一方而言，无非都是由于其关于对方信用的信息不灵、不真造成的。在发达的市场经济中，商业资信和信誉的咨询、查询机构和业务也是极其发达的。在我国，这种信息提供和咨询仍是空白点。弥补这一空白，加强信用机制，是防止和减少合同领域欺诈现象的一项有效措施。单靠对合同的检查、监督等行政干预手段只是治表而难以治本。

三

合同自由原则的确立，极大地激发和鼓舞了合同关系当事人的主动性、积极性和创造性，为民事主体个人能力之发挥拓展了广阔的空间。但合同自由的赋予在促进人性解放的同时，由于人性自身的脆弱和对私益的无限追求，使得人们发现，随着现代社会交易关系的复杂化，不论法律多么周全，合同多么严密，只要当事人心存恶意，总能找到规避的方法。于是，就需要有防范性的原则，以便当事人在利用合同自由原则行事而发生与该原则不符之结果时，能对该结果加以修正，诚实信用原则就是在这样的背景下诞生的。[1]特别是在像我国这样具有法典化传统的国家里，为了解决人们在适用法律规则和当事人约定时产生的"合法不合理"现象，防止法律异化，在合同法中注入像"诚实信用原则"这样的弹性条款显得格外必要。所以，此次我国合同法起草，十分重视诚实信用原则的作用，并围绕该原则形成一套详尽的规范体系。

（一）诚实信用原则的确立是我国新合同法走向现代化的重要标志

如果说合同自由原则是近代私法走向进步的重要标志，而随着现代私法由个人本位向个人本位与社会本位相结合的转化，合同自由原则与诚实信用原则的结合则成为现代私法的一个重要标志。

从诚实信用原则发展的历史来看，它正是在合同法中孕育成长起来的，并最终发展成为现代民法的一项基本原则。诚实信用原则的确立反映了法律对道德准则的吸收，这种道德准则上升为法律规范的要求最早出现在合同履行领域。《法国民法典》第 1134 条规定，"契约应当以善意履行"，学者们一般将该规定所要求的"善意"解释为诚实信用，而真正将"诚实信用"作为法律规范确立下来的，应是 1863 年的《撒克逊民法典》，该法典第 858 条规定："契约之履行，除依特约、法规外，应遵守诚实信用，依诚实人之所应为者为之。"但依该法之规定，当事人可以以特约排除对诚实信用履行要求的适用，所以该法关于诚实信用的规定在性质上仍属于任意性规范，难以称为一项基本原则。只有《德国民法典》冲破了概念法学的阻碍，明确将诚实信用作为一项强行性规范规定下来，并将其作用领域由合同扩大到一切债之关系中。该法第

---

[1] 姚新华："契约自由论"，载《比较法研究》1997 年第 1 期。

242条规定："债务人须依诚实与信用，并照顾交易惯例，履行其给付。"使诚实信用原则成为债之履行的基本原则。而及至《瑞士民法典》则将诚实信用原则作用的领域扩张到一切民事活动领域，成为民法的一项基本原则。该法第2条规定："无论何人，行使权利，履行义务，均应依诚实信用为之。"使诚实信用原则不仅适用于债务人，也同样适用于债权人，不仅适用于合同及债的履行，而且适用于一切民事权利义务关系，被学者们称为私法领域的"帝王条款"，甚至有人主张，诚实信用原则的适用不限于私法，对于民事诉讼法，乃至刑法、宪法亦应适用。[1]足见其在现代法律中的地位。然而，诚实信用原则只有在私法中才具有重要价值，在私法中尤以合同法为其主要作用领域。

适应现代民法的发展趋势，此次制定我国新合同法，在其草案的第1章第6条明确规定："当事人在行使权利、履行义务时应当遵循诚实信用原则，不得有欺诈行为。"应予说明的是，诚实信用原则不仅仅要求人们在进行交易行为时诚实不欺、恪守信用，更重要的在于维持当事人之间的利益平衡以及当事人与社会之间的利益平衡，要求当事人在尊重他人利益和社会利益的前提下，实现自己的利益。按照诚实信用原则的要求，当事人不仅要承担法律规定和当事人约定的义务，还应承担随着合同关系的发展而逐渐产生的诚实、善意的附随义务，即对于依照通常人看法应由债务人承担的义务，即使合同未作约定，债务人也应履行。对于债权人而言，虽有权接受债务人的给付，但也不意味其可以高高在上，而应尽到相互协作、配合的义务，诚实信用不仅调整着经济关系，而且推动着人类自身的完善与发展。

（二）诚实信用原则使我国新合同法成为一个科学的规范体系

此次我国统一合同法的起草，不仅在合同法的一般规定中确立了诚实信用原则，而且围绕着诚实信用原则，建立了一整套科学的合同义务

---

[1] 史尚宽：《债法总论》，中国政法大学出版社2000年版，第321页。

体系和适用规则，从合同的订立、履行、变更、解除、解释乃至终止，整个交易过程始终贯彻诚实信用原则的要求，丰富了我国合同关系的内容，体现了现代合同法对当事人保护周密化、精致化的趋向。

1. 诚实信用原则与合同订立中的先合同义务

按传统民法，当事人在合同成立前相互之间并无任何权利义务关系，彼此并不承担任何责任。但是随着实践的发展，人们逐渐认识到，由于合同当事人一方的过错致使合同不能成立，而导致信赖该合同能够成立而为此积极准备的相对方遭受损失，此种损失仅因合同没有成立，而失去对过错方的约束，有违诚实信用原则的要求。随着耶林关于缔约上过失责任理论的提出，人们逐渐认识到合同关系是一种基于信赖而发生的法律上的特别结合关系。当事人为了缔结合同而进行磋商之际，已由一般普通关系而进入特殊结合关系，这就要求订立合同的双方当事人应超出一般普通关系所要求的侵权行为法上的注意义务，而负起保护这种特殊信赖关系的协作义务、通知义务、照顾义务、保护义务、保密义务等附随义务。这种附随义务在合同的订立阶段被称为先合同义务，违反此义务的当事人，应承担缔约上过失责任。由此表明，现代民法不仅要保护业已存在的合同关系，对于正在产生过程中的"合同关系"（信赖关系）也应给予特别的保护。

适应现代民法的这一要求，我国合同法（草案）第40条规定，当事人在订立合同过程中，以损害对方利益为目的而恶意进行磋商或者有其他违背诚实信用原则的行为，并且给对方造成损失的，应承担损害赔偿责任。此外，第41条规定，当事人在订立合同过程中负有保密的义务，违反此义务亦应承担损害赔偿责任。

对于因违反先合同义务而产生的缔约上过失责任，德国民法和我国台湾地区"民法"都没有进行一般规定，而仅是就特别情形设个别规定。只是在学说和判例上主张应扩大缔约上过失责任的适用范围，进而建立缔约上过失责任的一般法律原则，以合理规范当事人之间的缔约磋商行为。为适应这一发展趋势的要求，1940年的《希腊民法典》第197条和第198条设有明文将缔约上过失责任作为一项一般法律原则予以规定。[1]我国合同法对缔约上过失责任适用范围的规定，除了明确列举恶意磋商和违反保密义务以外，还规定其他违背诚实信用原则的行为也适用缔约上过失责任。这一开放性条款使得缔约上过失的责任成为我国合同法的一项一般法律原则，于此而言，这一规定具有先进性。但这一规定没有先明确订立合同的当事人应承担的先合同义务，而径直规定缔约上过失责任，从体系上看未见圆满，使得人们在适用该条规定时，将会出现大量援引"其他违背诚实信用的行为"这一模糊条款，实质上就成为人们在援引民法上的诚实信用原则，从而会使这一规定在执行中的力度大大减弱。我们认为，此处应对诚实信用所要求的先合同义务作出明确具体的规定（例如学者建议稿第29条），以便当事人适用。

2. 诚实信用原则与合同履行时的附随义务

我国新合同法（草案）第60条第1款规定，当事人应当按照约定履行自己的义务。同时，该条第2款又规定，当事人应当遵循诚实信用原则，根据合同的性质、目的和交易习惯履行下列义务：（1）及时通知；（2）协助；（3）提供必要条件；（4）防止损失扩大；（5）保密。这一规定表明，我国合同法要求当事人在合同履行过程中不仅要承担合同明确约定的给付义务，而且还应承担基于诚实信用原则而产生的各种附随义务，以使交易过程能够圆满、妥当地进行。

附随义务并非在订立合同一开始就能确定下来，而是随着合同关系的发展，根据合同的性质、目的以及交易习惯而逐渐产生的义务，因为无论是立法者的法律规定，还是合同当事人的约定，都无法穷尽人事的变幻，也无法详尽地、事无巨细地规定当事人义务的全部内容，但是为了使交易能够圆满地完成，即使合同没有约定，但基于诚实信用原则，

---

[1] 参见王泽鉴：《民法学说与判例研究》（第1册），中国政法大学出版社1998年版，第93~103页。

当事人对其应当负担的义务，不得借口合同没有约定而拒绝履行。兹有史尚宽先生的一个例子，足以说明此问题，例如，在买卖马的合同中，债务人不仅应履行合同明确约定的交付马的给付义务，同时也应负担在交付前饲养马并适当放牧的积极附随义务和不得在交付前过于劳累其马的消极附随义务，以及交付时注意保护债权人财产（如不撞毁债权人门上玻璃等）的附随义务。[1]这些附随义务即便当事人事前没有约定，但本着一个诚实、善意人的标准，债务人也应负担。

附随义务的主要作用在于辅助给付义务的履行和保护债权人的人身和财产利益。附随义务的产生和对合同关系的加入，使得过去只注重给付义务的合同履行由粗糙变得精细。这种对附随义务的关注应贯彻于合同履行的全部过程和各个方面，例如，当事人虽有约定随时可以履行债务，但应在适当的时候履行债务，而不得于深夜叩门还钱或者在歹徒抢劫时还钱；当事人虽未明确约定债务履行方式，但应以合理的方式进行，而不得用脚夹钱递于他人鼻下还钱，或者雨天掷信件于地上送信，凡此种种，都要求合同关系当事人以爱人如己之心善尽义务，才是符合法律的真正要求。

我国合同法此次规定，当事人在债务履行过程中应负担通知、协助、保密、提供必要条件等附随义务，除此之外，对"根据合同之性质、目的和交易习惯产生的义务"进行扩张解释，如还应包括告知义务、照顾义务、保护义务等。对于违反附随义务而产生的法律责任，我国合同法（草案）未作规定。一般认为违反附随义务的履行不产生履行的效力，债务人的履行义务并不消灭，应以合于诚实信用原则要求的方式另行履行；债务人因违反附随义务而给债权人造成损失的应承担损害赔偿责任。应当指出，公布的合同法（草案）第 61 条第 2 款第（4）项所规定"防止损失扩大"的义务，学理上将其称为不真正义务，对此种义务的违反，并不产生损害赔偿责任，仅使义务人承担权利减损的不利

---

〔1〕 参见史尚宽：《债法总论》，中国政法大学出版社 2000 年版，第 329 页。

后果。

3. 诚实信用原则与合同终止后的后合同义务

按传统民法，合同关系终止后，当事人即脱离了合同的约束，彼此不再承担任何义务，但有时这对当事人利益的保护不够周到，于是现代民法理论基于诚实信用原则创设了后合同义务。即在合同关系终止后，当事人在特定情形下根据诚实信用原则，仍应负有某种作为或者不作为的义务，以维护相对人的人身或财产利益。例如，租赁关系终止后，房主应容许承租人在一定期间内在门前适当地方张贴迁移启事，以及他人问询时房主有告知的义务；雇佣合同终止后，雇主应受雇人的请求有开具服务证明书的义务，而受雇人在离职后对于工作期间所接触到的商业秘密有保密的义务。

我国新合同法（草案）第 93 条适应现代法学潮流规定，合同终止后，当事人应当遵循诚实信用的原则，根据交易习惯履行通知、协助、保密等义务。

4. 诚实信用原则与情事变更原则

我国新合同法（草案）第 76 条规定，由于国家经济政策、社会经济形势等客观形势发生巨大变化，致使履行合同将对一方当事人没有意义或者造成重大损害，而这种变化是当事人在订立合同时不能预见并且不能克服的，该当事人可以要求对方就合同内容重新协商；协商不成的，可以请求人民法院或者仲裁机构变更或者解除合同。由此确立了我国合同法上的情事变更原则，而情事变更原则渊源于诚实信用原则，是诚实信用原则在合同变更和解除领域的运用和具体化。

因为合同依法成立之时，有其信赖的客观环境，当事人在合同中所约定的权利义务是建立在这一客观环境的基础上的，当该客观环境发生改变或不复存在，原来约定的权利义务与新形成的客观环境不相适应，如果僵化地坚守原来的合同内容，将造成不公平的结果，此时只有将合同加以改变乃至解除，才符合诚实信用原则的要求，[1]才不致使法律异化为人们的枷锁。

5. 诚实信用原则与合同解释

合同属于当事人自创的规范，源自当事人的意思，在于满足不同的利益；加上表达这些意思所用的语言文字未臻精确，因而在合同订立或履行过程中对其意义、内容或适用范围，难免发生疑义，这使得合同解释在实践中非常必要和普遍。[2]对合同进行解释的方法很多，其中依据诚实信用原则对合同进行解释，便是很重要的一个方法，为各国民法所采用。例如，《德国民法典》第 157 条规定："合同应按诚实信用的原则及一般交易上的习惯进行解释。"《意大利民法典》第 1366 条规定："应当根据诚实信用原则解释契约"，这是因为诚实信用原则本身就具有解释、评价和补充法律行为的功能，[3]其在合同解释中的主要作用在于衡平当事人之间的利益关系，合理地确定当事人之间的权利义务关系。为此，我国合同法（草案）第 434 条明确规定，诚实信用原则是合同解释的重要依据之一。但这一规定甚为简略，缺乏可操作性，有待于进一步深入研究。

综上可见，诚实信用原则对我国整个合同法都具有重要的影响。在现代民法中，诚实信用原则十分活跃，在私法的各个领域发挥着重要作用。之所以会出现这种局面，诚如有的学者所言："今日私法学已由意思趋向于信赖，已由内心趋向于外形，已由主观趋向于客观，已由表意人本位趋向于相对人或第三人本位，已由权利滥用自由之思想趋向权利滥用禁止之思想，已由个人本位趋向于社会本位或团体本位。"在这种趋势的影响下，诚实信用原则日益受到重视，乃是顺理成章之事。我国新合同法顺应历史的潮流，自应给予诚实信用原则以应有的地位。

---

〔1〕 崔建远：《合同法》，法律出版社 1998 年版，第 101 页。

〔2〕 崔建远："关于制定合同法的若干建议"，载《法学前沿》第 2 辑，第 39 页。

〔3〕 梁慧星：《民法总论》，法律出版社 1996 年版，第 258 页。蔡章麟：《私法上诚实信用原则及其运用》，载郑玉波主编：《民法总则论文选辑》，第 844 页。

日本民法典 100 年的启示*

江 平

民法典对于中国和日本来说，都是舶来品，都不是植根于本国土壤的固有法律制度，但中国的第一部民法典却是在 1931 年最终完成并颁布实施的，整整落后于日本 30 年。从日本民法典和中华民国时期制定的这部民法典的质量和国际评价来看，虽然二者都是向西方、向欧洲大陆法国家学习的产物，但是显然前者优于后者，国际的评价也认为前者远远高于后者。日本民法典是开创式地向德国民法典学习，而民国时期的中国民法典却是跟进式地向德国民法典学习，显露出很强的抄袭日本民法典的痕迹，这不能不引起我们深深的反思。

日本明治维新后，朝野对法律制度的改革在整个国家改革中的地位和作用非常重视，培养了一批具有思想深度的法学家，出版了一批具有理论深度的法学著作，也形成了自己的法律改革的理论。

19 世纪 70 年代日本就已经派出学生到英国、法国、德国等不同国家学习"法科"，开始培养自己的法律人才、学者。日本民法典编纂工作的核心人物之一穗积陈重（1855～1926）就是其中杰出的一位。他在 1884 年就指出：世界上的法律制度，一般可以分为五大法系，印度法系、中华法系、伊斯兰法系、英国法系和罗马法系。这五大法系互相竞争，彼此消长，内中的规则是优胜劣汰，这方面最典型的例子是中华法系的解体。他认为，处于劣势地位的法族，如果不思进取，不进行改革

---

* 原文载于《环球法律评论》2001 年第 3 期。

或改良，就必然会被历史所淘汰。[1]他指出，日本作为中华法系的一个成员，也面临着这一威胁。正是穗积陈重的这种危机意识，为日本学习西方法律文化，改良本国法制提供了理论根据。穗积陈重提出的法律进化论和法律改良主义论成为日本法制改革以及民法典制定的理论基础。强调法律进化论就是要加深危机意识，法律制度同样也有个和自然界一样的"优胜劣汰"规律，不进行改革或改良就必然会被历史所淘汰。强调法律改良主义论就是要说明法律制度不能像国家制度那样可以被彻底打碎。新中国成立后，法律虚无主义的形成固然有许多原因，但彻底否定法律进化论和法律改良主义论不能不说是其中一个重要原因。直到实行改革开放政策后，我们才意识到法律制度必须革新，必须学习西方先进的制度，必须不断改革、改良，不能采取像中华人民共和国成立初期对"旧法"一概废除的方法。可惜，这一认识，也花了将近 30 年时间，乃至于到今天我们的民法典还没能出台。中华人民共和国成立前耽误 30 年和成立后耽误 30 年就使得中国在民法学领域和民法典制定方面落后于先进国家约半个世纪。这是客观上不得不承认的！

日本民族是一个善于学习的民族，它并不故步自封、夜郎自大，所以它能比我们更容易摆脱它长期居于其中的中华法系，尤其是在民法领域。这种善于学习的精神与法律进化论和法律改良主义论是完全一致的，何为因，何为果，实在难以考证，也许也无此必要，但是有一点是非常明确的：既然是"优胜劣汰"，既然是"适者生存"，那只有学其优而去其劣，只有去学"适应之道"，不是让世界来适应自己，而是学会让自己去适应世界。既然是改革、改良，那就要选其最优者来学习。日本民法典制定过程中的这一指导思想也给了我们很大启示。

我们都知道，《日本民法典》的制定曾经经历了一个曲折的过程，最后通过的文本被称为"新民法"，与以前的"旧民法"相对应。旧民

---

[1] 参见何勤华："穗积陈重和他的著作"，载［日］穗积陈重：《法律进化论》，黄尊三等译，中国政法大学出版社 1997 年版。

法的制定是以《法国民法典》为蓝本,那时《德国民法典》的制定尚未
见端倪。但随着《德国民法典》制定的思想体系、框架、结构逐渐为人
所知,日本一些学者敏锐地觉察到,《德国民法典》的"五分法"显然
要比《法国民法典》的"三分法"更加科学,严谨,理论基础更加深
厚。在经过激烈争论后,1893 年,日本旧民法被否定。原有的工作都付
诸东流,开始了重新以《德国民法典》为蓝本的立法工作。这种"推倒
重来"的立法历史也给我们很深刻的启示。这就是要向当时世界上最
新、最好的东西学习。《德国民法典》比起《法国民法典》来说,终究
是晚了将近 100 年。这 100 年的世界变化实在太大了,不仅是科学技术、
社会生活方式,而且也包括法律思想和法律研究成果,再拘泥于 100 年
前曾盛极一时的拿破仑法典已是不合时宜了。从另一方面看,《日本民
法典》和《德国民法典》几乎是同时出台,《日本民法典》制定过程
中,《德国民法典》并没有完整地出现,日本民法典也不是机械地照搬
《德国民法典》的条文。从这个意义上讲,《日本民法典》对《德国民
法典》既有吸收又有创新,绝不是简单的赶时髦!

日本的法制改革尤其是民法改革,在考察了英国、法国和德国诸国
后,在比较了大陆法和英美法的优劣后,根据本国国情,毅然采取了大
陆法体系;又在比较了大陆法体系中的《法国民法典》和《德国民法
典》的优劣后,毅然采取了《德国民法典》体系,但这并不意味着日本
决然排斥英美法中的一些优秀制度。其中日本对英国法中信托制度的借
鉴吸收很值得我们思考。

《日本民法典》通过后的 20 年间正是日本经济和国力迅速发展的时
期,继日俄战争日本取得胜利后,又在第一次世界大战中,趁欧洲国家
由于战争两败俱伤之际,自己既未受到破坏损伤,又以战胜国地位扩张
自己实力。随着日本经济力量的强大,金融业发展迅速,英美法中行之
有效的商业信托制度带来了极大的便利。虽然这种信托机制与不久前通
过的《日本民法典》规则格格不入,但丝毫不妨碍金融界迅速吸收采纳

这一制度，在短短的时间里日本成立了数量众多的信托公司、信托银行，为日本的资本积累起到了相当大的作用，但也带来了一些混乱，包括法律上的混乱，没有相应法律的规范。正是在需求和规范的推动下，日本在 1923 年又通过了信托法。信托制度植根于英国的衡平法，它的双重所有权的制度设计是与大陆法国家中的绝对所有权制度格格不入的。但是日本民法学家克服了这些障碍，作为采纳民法典的大陆法体系的国家，第一个大胆地在民法典之外，又制定通过了信托法，这不能不说是日本民族敢于学习不同法系不同国家优秀制度的又一个例子。作为大陆法国家，在民法典中规定了财团法人制度，同时又在信托法中吸收了英美法的公益信托制度。学校、研究机构、慈善团体既可以依财团法人设立，也可以按公益信托设立，其灵活性可见一斑。

在信托领域内，日本并没有就此止步。第二次世界大战日本战败后，要恢复国民经济就急需恢复电力、煤炭、钢铁等基础工业。由于通货膨胀的影响，银行无力提供足够的长期设备资金，另外，日本信托业萧条，面临着生存危机。1952 年日本信托协会向大藏大臣提出关于贷款信托实施方案。同年国会通过《贷款信托法》。贷款对象限定为"资源开发及其他重要产业"。信托方式不像普遍信托那样由委托人和受托人双方协商，而是由银行事先定下一个经大藏大臣批准的信托约款，信托银行依约款在规定期间内出售一定面额的受益证券，购买和持有该证券的人则自动加入贷款信托。日本的这种贷款信托又是日本独特的，根据当时经济发展的需求，依据信托法的基本规则而创设的。

日本自奈良时期开始学习和采用中国法律制度，已经有一千多年了，日本长期以来也是属于中华法系的一员。《日本民法典》的 100 年就是日本抛弃中华法系向西方国家学习的 100 年，就是在法律近代论进化论和法律改良主义论指导下演变的 100 年，就是"主动式""开创式""择其最优者而学之"的 100 年。

我们正在制定民法典，《日本民法典》的 100 年应该成为我们制定民法典时的借鉴，也可以说是一种财富！

中国民法典制定的宏观思考[*]

江 平

一、要处理好基本法与单行法的关系

《民法通则》制定的时候，是以大量民事单行法的存在为其立法指导思想的，那么，现在要制定的民法典是否仍然需要民事单行法？

从世界范围来看，我们可以见到"大而全"的刑法典，却难见到"大而全"的民法典。拿破仑在制定法国民法典时，曾经有三个目标：一是让法典成为唯一神圣的准则，不允许法官去创造法，甚至不允许法官去解释它；二是让法典成为连普通的老妪都能读懂的东西；三是让法典把当时甚至今后相当一段时期内，所可能发生的一切民事法律关系都详尽地加以规范。事实证明，他的前两个目标多少可以得到实现，但他的第三个目标是碰壁的。法国民法典颁布后几十年乃至上百年中，经济生活和社会生活的发展是如此之快，当时认为是再完善不过的民法典也失去了它的无所不包性。

从我国的现实情况来看，刑法典的修改完成了它的"一统大业"，而且我们国家也一直遵循不能直接依据单行法判刑的基本原则。刑法典修改又取消了有关类推的规定。可以说，刑法典是将现阶段所有能作为

---

*原文载于《法学》2002年第2期，文中观点曾在相关学术报告、其他学术刊物及论文集发表，后经综合整理而成。

161

犯罪的行为都详尽无遗地规定下来了。但是，未来的民法典则不应该是一部包揽一切民事法律关系的"大而全"的民法典。由于社会经济生活、家庭生活以及民事权利的发展和迅速变化，尤其是在我国社会转型时期，想把一切民事关系都规定详尽周延是不可能的，且根据一些国家和我国台湾地区的经验来看，类推在民法中不但不会消除，而且还会得到更大的适用。

那么，有哪些内容需要纳入民法典之中，又有哪些东西作为民事单行法最为适宜呢？1986年《民法通则》通过前后，以及我们可以预见的立法规划中，属于民事或与民事有密切关系的单行法大体可以概括为十类：商事和商事企业法；知识产权法；合同法；婚姻、家庭、继承法；不动产法；特殊交易形式法律，如拍卖法、招标投标法等；交易安全保障法，如担保法；特殊侵权行为法，如环保法等；公法与私法高度融合的法律，如国有资产法、国家赔偿法以及有关国家订货的法律；以及传统大陆法系国家民法典不能包括的从英美普通法中引进的法律制度，如信托法等。在这些单行法中，我们有把握纳入民法典的只是合同法、担保法、继承法和不动产物权法。争议较大的则是婚姻家庭法。历史上大陆法系民法典均包含亲属编，这是因为民法所调整的市民社会关系包括两大类物质生活：一类是人类为了满足自身生存物质需要的经济关系；另一类是人类为了使自身能得到延续的婚姻家庭关系。这两类关系均属于民法所调整的平等主体之间的关系。苏联十月革命胜利后，首次将婚姻家庭关系和劳动关系排除在民法典之外，另立家庭婚姻监护法典和劳动法典，其主要理由是这两种关系不属于商品关系范畴。1923年的苏俄民法典是以刚刚开始的新经济政策为其调整范围的理论基础。中华人民共和国成立后一直采取苏联的立法模式。20世纪80年代初第三次起草民法典时，其立法宗旨和草案内容均将婚姻家庭关系列为亲属编。1986年的《民法通则》回避了这一争论，只是在"人身权"的一节中规定了婚姻自主权及婚姻、家庭、老人、母亲和儿童受法律保护。

因此，在起草民法典时，似应按各国民法典之通例，将这部分关系纳入民法典之中，以避免造成这样一种误解：似乎我国民法只调整平等主体之间的商品交换关系。至于其他一些单行法仍应保留其单行法形式，不应当把它们纳入作为基本法的民法典之中，以免形成"大一统"民法典所造成的庞杂、混乱，缺乏基本法的科学性。

二、关于外国法的借鉴与吸收

英美法是以判例法为其存在土壤的，我国既然采取民法典这种大陆法模式的立法体例而不采取"法官造法"的判例法形式，也就从根本上失去了采取英美法的可能；但是，我们要立的是一部 21 世纪的民法典，它必须包容各国民事立法的有益经验，这样，吸收一些英美法的先进制度、规则不仅可能，而且必要。因此，如何在大陆法系的法典中吸收英美法系的成功经验就是一个亟待研究和解决的问题。

从世界趋势来看，大陆法和英美法不是水火不相容的。在一些国际统一法律文件中，不乏成功地把二者融合在一起的先例。例如，国际私法统一协会制定的"国际商事合同通则"就把大陆法和英美法中有关合同的法律规范，以取长补短的办法结合了起来。我们也不否认，"二战"后一些国家和地区，尤其是东亚一些国家和地区，在民法，尤其是商法方面受到了英美法越来越多的影响，如日本、韩国等。

从我们国家情况来看，我们在市场经济的立法中越来越多地考虑我国香港地区的因素和英美法中的积极东西，在制定统一合同法的过程中很充分地说明了这一点。自改革开放以来，研究法律的高层次专门人才到国外去学习的，也以美国居多，从学者专家所持的立论来看，英美法也越来越有超过大陆法的趋势。甚至有一些学者主张在民商立法中应抛弃大陆法的模式而改采用英美法模式，并不限于仅仅采用某些个别英美法制度。如果说，1986 年制定民法通则时的争论是民法和经济法之争的话，那么，今天制定民法典时，这种争论的意义已经不大了，或者没有多大争论了。今天制定民法典的主要争论可能是，在多大程度上采用英美法模式和如何采用英美法模式之争。一句话，是大陆法和英美法之争。

民法通则在考虑担保的法律属性时，没有按严格的大陆法理论体系，把物的担保放在物权中，把人的担保（保证）放在债权（保证合同）中，而是统一放在债的担保部分内，就颇具英美法的特点：重实用、方便，而不重理论。我国担保法的出台继续采取这一格局，并把《美国动产担保交易法》的一些做法吸收进来，如扩大实行不转移占有的动产抵押制度。我国台湾地区的做法是在大陆法的原有物的担保和人的担保严格划分的基础上，又另外通过一部完全仿效美国的"单行法"——"动产担保交易法"。我们在制定民法典时又将如何呢，是继续保留担保法作为单行法呢，还是依民法通则模式统一作为债的担保形式呢，或是依传统大陆法模式分解为物的担保和人的担保呢，或是像我国台湾地区那样，既保留大陆法的法典传统模式，又辅以完全英美法模式的单行法呢，这是一个需要认真解决的问题。

再一个例子就是代理制度。代理制度也是引起大陆法和英美法冲突的一个重要领域。民法通则中的代理是严格意义上的大陆法代理概念，必须是"以被代理人名义"，或称直接代理。而英美法的代理概念则更加广泛，除直接代理外，还包括"以代理人自己名义"的间接代理。民法通则施行后的十多年来，代理概念有不断扩大的趋势。现今外贸代理以及正在试行的内贸代理制，已经不是原有代理概念所能包容的。在制定统一合同法过程中有人主张以英美法的代理合同代替大陆法的委托合同、行纪合同、居间合同。有关部门正在制定经纪人法，都是试图以英美法的制度来突破现有的大陆法框架。但如何才能有效突破而又不引起法律上的矛盾，实在是一个很需要从理论深度去解决的问题。现在，人们对于英美法中的经纪（Brokage）和大陆法中的居间究竟是什么关系，其内容有多少重合之处都还没有弄清楚，这边在制定包括委任、行纪、居间的合同法，那边又在制定经纪人法，只能造成大陆法和英美法的混乱，而不是和谐统一！

当然，大陆法和英美法的关系远不止上述的担保和代理两例。

三、关于公法与私法的界定

将要制定的民法典是作为一部完整的私法形式出现，这是不会有什么争议的。但是，公法与私法在法律中如何界定就远比它在法学原理上如何划分要难得多了。现今的世界恐怕难以找到一部不掺入一点公权力的民法典，监护和代理可以由法院或其他公权力单位设定，法人资格需要公权力机构的核准登记，物权设定或变动需要公权力机构的登记才能有对抗力，甚至某些合同需要经过批准才有效。但这绝不改变民法典的私法性质。

在以调整平等主体关系为主的单行法律中，有关行政权力的管理性规则越来越多了，但它仍不失为一部私法性质的法律。例如，商标管理在今天显得越来越重要，但是，我们必须非常明确而坚定地说，商标管理的全部目的就在于保障商标专有权人的权利不受侵犯，只此而已。绝不能把商标管理等同于枪支管理。不了解这一点，就会混淆两种不同性质的管理。在这样一些法律中，公权力是以保障私权利为其目的的。

还有一些法律则是明显地把私法性质的法律和公法性质的法律硬性糅合在一起，最典型的莫过于信托法。日本学者曾极力主张按一些国家模式分为两个法制定：信托法和信托业法。前者为私法，全面调整平等主体之间的信托权利义务关系；后者为公法，体现国家对信托作为金融的一个部门所进行的管理和监督。我们因为立法规划已经确定，也不好任意更改，再加之公法私法之分长期属于禁区，故二者就硬性糅合在一个法中了。这样，在理解我国信托法的性质时就不能单纯以私法对待。类似的还有证券法、期货法、保险法以及铁路法等。可以说，公法和私法的划分是一回事，而在一部法律中既有公法又有私法则是另一回事。

但我们应当尽量有一个基本性质的划分，不要因此在立法上造成混乱。

从当前状况来看，有关土地权利和土地管理的法律可能是我国现行法律体系中公法和私法关系最为混乱的一个部分。我国现今民法通则中有关土地权益的规定甚为简单。现今的土地管理法中包括大量的有关土地权益的私法规范。在制定民法典过程中如何处理好民法典中不动产物权篇与土地法、房地产交易法之间的关系呢？我认为我国台湾地区的模式可以借鉴，台湾地区有关土地民事权利的规定均放在"民法典"的物权篇中，属私法规范性质，而"土地法"则主要是有关地政方面的规范，属公法性质，私法公法泾渭分明，避免了相互之间的重复矛盾。

四、民法与商法的关系如何对待

认识民法和商法的关系必须有两点论。一是民商融合的趋势。既然讲融合，那就不能按二者泾渭分明时的那种要求，我们也没有必要再重复西方国家几个世纪的历史过程。二是民法和商法仍有划分的必要，就像公法和私法确有划分必要那样。由于我们国家缺乏民法的传统，更缺乏商法的传统，商法的提出更是近几年之事，因此，有必要就二者的范围大体上作个界定。没有界定也就谈不上融合，这二者缺一不可。因此，必须从理论构思和立法框架上首先明确民法典和商法究竟是什么关系。

就商法和民法典的关系来看，我国现今学者中主张民商分立者有之，主张民商合一者有之。前者主张民法典之外另立商法典，后者主张没有必要另立商法典。分析这个问题，应当从传统商法典的两个部分，即总则和分则去考虑。欧洲大陆商法典的分则传统上包含四大部分：公司、票据、海商、保险。其理论根据主要是德国商法中的绝对商行为理论。商事行为难以界定之主要原因在于其主体因素：双方都是商人的买卖自然可以定性为商事买卖，但只有一方是商人而另一方不是商人的买卖应如何定性呢？它属于一般的民事行为抑或商事行为，受哪个法调整呢？德国学说中的绝对商行为就认为不论主体是否为商人，甚至均不是商人，只要属于某一绝对商行为的范畴，就应属于商法调整。例如，公司的股东可以都不是商人，但股东设立公司的行为均属于商行为，票据行为、海商行为、保险行为亦然。今天，以此观点来观察，我们可以认为，证券和期货交易行为亦应属于绝对商行为范畴，当属商法领域。几百年商法的发展已使海商法又逐渐脱离商法成为独立部门。商法范围本来就难以划定，今天就更加难以划定。形式上把已经颁布的公司法、票据法、海商法、保险法再统一到一部商法典中确无必要。因此，让它们依然按照商事单行法的模式继续存在自然是顺理成章的。

剩下的问题就是商法总则了。有关商法总则的立法可以有两种模式可循：一是在民法典中规定商法总则，完全实行民商合一。从我们翻译完的意大利民法典和现行的俄罗斯民法典来看，它们就是采取这一模式的，即把商事主体、商事行为、商事代理、商事权利归纳到了民法典相应各篇章中。二是在民法典外另立一部商事通则，依照当初民法通则的模式，将商事活动原则、商事权利（包括商业名称、商业信用、商业秘密等）、商事主体以及商事企业的基本形式、关连企业、连锁企业等、商业账簿、商事行为、商业代理（包括内部经理人代理以及外部各种销售代理，如独家代理等）加以规定。上述这些内容正是我国经营活动中亟待明确加以规定的地方。把它们都放在民法典中会显得过分累赘，不能突出商法的特征。

我个人认为采取第二种模式更为简便可行。

五、主体法与行为法

民事权利归根到底要反映在主体法或行为法中。主体是权利的归属，行为是权利的取得和行使。确定主体的地位、资格、能力、权限的法律规范应体现为法定性，而主体取得其权利或行使其权利的法律规范在相当程度上体现为意思自治。换句话说，前者只能是法定的权利，而后者在较大程度上属于约定的权利。主体法律的核心是建立以法人制度为基础的现代企业制度，行为法律的核心是建立以合同制度为基础的现代交易制度。

主体法中的根本问题仍是十几年前在制定民法通则时争论的一个问题：承认不承认除自然人和法人之外的第三民事主体——非法人团体。德国民法典虽然没有正式承认第三民事主体，但却在法典中有一条关于"无权利能力的社团"的法律规定。这说明一百年前他们已经注意到，参加民事活动的团体非但有法人团体，而且还会有非法人团体。民法通则颁布后的几年里，我们已经在一些单行法中（如著作权法）规定了非法人单位或团体的民事权利，这就不可避免地要在民法典中对其加以规范。

非法人团体中最典型的莫过于合伙组织。民法通则是将合伙放在主体法中加以规范的，这和所有其他各国民法典均将其放在行为法（合同法）中作为合伙合同规定显然不同。合伙企业法立法时对该法名称曾有两种不同主张：有人主张叫合伙法，有人主张叫合同企业法。前者考虑的角度为行为法，后者为主体法，最后还是按主体法的思考制定了一部合伙企业法，但这部法律仍然规范了（而且也无法不规范）有关合伙作为合同关系的内容。民法典不论把合伙规定在主体法还是规定在行为法中，均将与作为单行法的合伙企业法产生冲突或重复。因此，如何处理好它们之间的关系，给合伙关系以最科学的法律定位是民法典必须慎重考虑的问题。

主体法和行为法的问题也在前面所谈的经纪人法起草中表现出来。经纪人法是一部主体法，更多从经纪人的资格取得、经纪人的法律地位以及国家的管理和监督上加以规范。但是经纪人的权利义务又与其行为法（经纪合同）相互联系。经纪行为在本质上又与居间行为没有多大差别，而合同法中又独立规定了"居间合同"一章。那么，居间这种法律关系究竟应从主体法抑或行为法的角度去加以规范呢？还是二者同时规范呢？如何处理好主体法与行为法的关系，必须慎重考虑，科学定位。这不仅仅是一个法律技术问题。考虑到主体法具有国家管理监督的性质，合同法更具有契约自由、意思自治的性质，二者的取舍更成为法律的政策导向问题。

六、强制性规范与任意性规范的运用

强制性规范即国家意志优先于当事人自己意志的规范，而任意性规范则是当事人意志优先于国家意志的规范。调整市场经济平等主体的法律规范必须同时具有这两类规范，才能有治而不乱的法律秩序。只有当事人意志而没有国家意志当然不行，只有国家意志而没有当事人自己的意志同样不行。以合同关系为例，统一合同法是否规定得越详尽、越周延就越好呢？并不尽然。如果法律将合同关系规定得详尽周延，而且都是强制性规范，那就无异于国家在替当事人订合同。同样，在制定未来的民法典时，也要考虑如何巧妙艺术地运用这两类规范，考虑哪些领域国家意志必须优先于当事人意志，哪些领域应当允许当事人的意志不同于法律的规定。无论如何，绝对不能以公法的手段和模式来起草一部民法典。

在物权法领域内应该实行物权法定主义，这一点应该无疑。但是，在我国物权法律规定还不完善的时候，能不能绝对地说，法律没有规定的物权形态均属于不合法的呢？例如典权，民法通则和其他的法律均未对典权加以规定，能否认为民间设立典权的行为均为非法而需要绝对加以取缔呢？因此，只有在我们有了一部完善的民法典时才能真正实行物权法定主义。当然，在民法典中应非常鲜明地树立物权法定主义这一大旗。

在主体法中应当明确企业法定主义原则，即只有法律规定的企业形态才是合法的，法律没有规定的，任何人不得创制和设立。这一原则在有关企业单行立法中是比较混乱的。例如，在公司法中只规定了两种形式的公司：有限责任公司和股份有限公司，公司法中没有规定无限责公司、两合公司等。

那么，出资人能否要求成立注册无限公司呢？有的人就解释为在实践中可以允许设立无限公司，因为法律并未禁止成立无限公司。如果这样解释，那么无限公司究竟依据哪条法律去设立呢？再比如，公司法的草案中曾经有"法人独资公司"一节，后来被删除了，只留下了"国有独资公司"一节。那么，究竟在公司法实施后能否再设立法人独资有限公司呢？有的人解释为：法律没有规定的就是不能成立，有的人则解释为：法律没有禁止成立的，就是允许。这是截然相反的两种实践后果，现今已造成了很大的危险，不能不引起注意。再例如，在制定合伙企业法时将原草案中的"有限合伙"一章删除了。对此也有两种解释：一种认为既然删除不规定了，就意味着国家不承认这种有限合伙；另一种则认为，不规定并不意味着国家不承认，美国不是合伙和有限合伙分别立两个法吗？究竟企业立法是采取法定主义呢，还是任意主义呢，还是有意模糊一点好呢，该是在制定民法典时有个明确表态的时候了。

至于在合同法领域中不实行法定主义是毫无争议的。在新合同法制定过程中，对于合同法分则中究竟规定多少种有名合同（或称典型合同）颇多争议，有的主张应规定少一点，必须是真正有典型性的合同；有的则主张应规定多一点，凡是日常经济生活中经常遇到的合同类型均应加以规定。但是，不论多规定或少规定，均不影响未规定的法律效力。这里不应当实行法定主义。

人身权领域同样不实行法定主义。现行民法通则中就没有详尽规定所有的人身权，至少隐私权就未规定，但是我们绝不能说，既然法律未规定隐私权，它就不是合法的权利，就不加以保护。未来的民法典将对人身权作出更加周延的规定，但我们仍然不能说，民法典未规定的权利均属非法的。有这样一条原则对保护公民和法人的合法权益是完全必要的。当然，它也不能适用合同法中的自由设定主义，这是由人身权的特征所决定的。

制定一部开放型的民法典[*]

江　平

　　民法典已经正式提交全国人大常委会讨论审议。这样，民法典草案就正式登上立法舞台，引起了全社会的普遍关注。在民法典起草过程中，有些学者专家是不赞成制定一部庞大的民法典的，他们反对的理由无非是担心越庞大越无所不包的民法典越容易成为一部封闭型的民法典，阻碍社会经济的发展，而以单行法形式来规制社会经济生活可以避免这一缺陷。今天，民法典已经正式提交最高立法机构，民法典的制定已是势在必行，但反对者的上述担忧仍是我们必须认真思考的，我们究竟要制定一部开放型的还是封闭型的民法典？

　　200年前拿破仑制定民法典时就想制定一部能够包含当时以至今后能预见到的一切民事生活的法典。应当承认，大陆法系法典化的做法是有这个因素或这个危险的。刑法典就是无所不包的封闭体系，任何人不能超出法典范围被治罪；诉讼法典也是这样，不能越法定程序的雷池一步。但民法典如果成为一个封闭体系就充满着危险，因为社会经济生活是非常活跃的，它不应当受到法律的束缚和阻碍，法律应当给予更大的未来空间和余地。英美法在这一点上是更为可取的，它从现实生活中出现的问题出发，永远有新的判例来肯定社会经济生活的新变化。从这个意义上说，我们应当制定一部开放型的民法典，而不是封闭型的民法典。那么，一部开放型的民法典应当有哪些特点呢？我认为应当表现为

---

　　* 原文载于《政法论坛》2003年第1期。

下面四个方面。

一

主体地位和资格的开放应是整个民法典成为开放型的基础。从德国民法典制定至今的一百年左右的发展历史，充分说明了将民事主体资格仅限于自然人与法人的不足。我国《民法通则》起草时就有第三主体的争论，《民法通则》通过后 17 年的历史也证明了主体资格开放是必要的。

如果说德国民法典乃至我国《民法通则》制定时所说的非法人团体主要是指合伙企业的话，那么，今天现实生活中的非法人团体的存在及其范围的延伸就要广泛得多。

企业是经济生活的主体，任何企业都享有民事权利并承担相应民事义务，但企业作为一个组织存在，并不都具有法人资格。个人独资企业法中的个人独资企业不是法人，但也不是自然人，个人独资企业的名称权绝不等于企业出资人的姓名权；个人独资企业的商誉权、信用权也绝不等于自然人的名誉权，那么个人独资企业究竟具备不具备民事主体的资格呢？现实生活中是存在的，而立法却又不承认它，岂不荒谬！

非法人团体在民事诉讼法中已经被承认了独立的诉讼主体地位，享有诉权。但诉权是由于实体权利受到侵犯后才能享有的。没有实体权利，哪里来的诉讼权利？诉讼法中的有独立请求权的第三人既然可以是非法人团体，那么，它享有的独立请求权是不是就是独立的民事权利？诉讼法承认其主体资格和独立权利，而实体法却又不承认其主体资格和独立的民事权利，岂不荒谬！

合同法中已经承认了非法人团体可以成为订立合同的主体，亦即债权的主体，在现实生活中也已有大量的实践。这既未对经济生活带来任何危害，也未给法律的适用带来任何困难，而且民法典草案还把合同法一字未动地纳入民法典中。既然在合同法中可以是民事主体，为什么在物权法中就不能是呢？买卖合同、租赁合同、物业管理合同中没有独立的物权，怎么能够订立处分其财产的合同呢？现今发生争议甚多的物业管理合同的主体是谁呢？一方是业主委员会（在物权法中称为建筑物区分所有权人委员会），业主委员会的法律地位是什么呢？它既不是法人，也非自然人！合同法中承认非法人团体的主体地位，而物权法不承认，这就等于是说法律承认非法人团体只能享有债权（著作权法中还承认可以享有著作权）但不能享有任何形式的物权，岂不荒谬！

民法典将原来的《民法通则》分解后，另立了总则。顾名思义，总则是将分则中的共同规则和原则加以概括和归纳，总则和分则是不应相互矛盾的。物权、债权（合同债权）都属于分则，都属于具体的权利形态，而如今总则中只规定了两种民事权利主体：自然人和法人；而在合同法中却又规定了三种民事主体：自然人、法人、其他组织，岂不荒谬！

100年前的德国民法典考虑到现实生活的需要，还在"法人"部分中提到"无权利能力的社团"以防止僵化，而100年后我们的民法典不但没有前进一步，将非法人团体作为独立的"第三主体"加以规定，反而退后一步，在总则中连"非法人团体"的字眼也不出现，地位也概不承认，岂不大大落后于现实生活！这种全封闭式的规定只能束缚社会经济生活的发展，是一种僵化、保守的倾向。

二

民事权利的开放应是一部开放型民法典的灵魂。既然民法典是一部规制民事权利的法典，那么民法典就应当尽可能完整地、全面地规定民事权利。但是，要在一部民法典内规定一切民事权利，是很难做到的。就拿我们推崇的法国民法典、德国民法典来说，它就没有规定一切民事权利，它几乎没有规定人格权。我们显然不能以西方国家民法典没有规定人格权，就武断地批评它不重视人权，说它不是"人文本位"而是"物文主义"。同样，我们也不能仅仅以我们的民法典单独设立人格权编就炫耀我们比他们更重视人权，更多注意"人文关怀"。社会经济生活发展得如此迅速，我们自己都难预料若干年后还会有哪些新的民事权利出现。因此，权利的规定不宜封闭，而应开放！

从目前民法典的体例看，已经不是原先设想的编纂型的，而是属于编纂加汇编型的了。总则中加了专门一章对于民事权利作了概括性的规定。但民事权利究竟是法定主义，还是非法定主义，总则中"民事权利"一章中规定的民事权利是穷尽的，还是未穷尽的，在这一章中未规定的民事权利究竟是法律加以认可保护的，还是不认可也不保护的，都没有说清楚。

民法调整的人身关系中只规定了人格权，身份权不见了。亲属关系中有身份权，知识产权中有身份权，但它们并不能涵盖所有的身份关系和身份权。应该承认，身份权是整个民事权利中范围最广、内容飘忽不定、研究最少的一个领域。国外民法典中已有的社员权（或成员权），因为我们民法典草案中没有社团法人的概念，也就因此不存在了。但基于成员关系而形成的权利，不仅会在集体所有制中存在，也不仅在公司法中表现为股东权利形式存在，它还会在众多的其他企业（如合作社）或社会团体中存在，缺少成员权这种身份权是一个很大的漏洞。有的学者还提出了存在一些特殊身份的身份权（也有学者视为特殊群体的特殊人格权），例如，消费者所享有的特别权利，残疾人所享有的权利，当然它们无需在民法典中详细规定，而是在特别法有专门规定。但如果民法典的民事权利是封闭型、穷尽型的，这些权利的合法性就会受到质疑。知识产权已不在民法典的具体编中规定，而只是笼统地在总则的"民事权利"中加以规定，为什么上述这些身份权就连一般规定也没有呢？

民法典起草的一个原则就是民商合一，但很遗憾的是，民法典草案中极少能见到商法的规定，有时连影子也见不到。谁都承认离开民事权利，就没有独立的商事权利，商事权利是寓于民事权利之中的。但我们也应当承认，民事权利不能涵盖全部商事权利。既然是民商合一，就应当涵盖一般民事权利不能涵盖的商事权利。股东的权利（股权）就是商法中独有的一种权利，它既有财产权，又有人身权，它既不属于物权，也不属于债权，更不属于知识产权。公司法中股权的内容已经有了明确的规定，民法典中不必再作规定，这可以是一个理由；股份不是一种原权，它是股东以物权、知识产权，甚至一定意义上的债权作为出资后形成的权利，是一种派生的权利，这可以是另一个理由，但它仍不失为一种重要的民事权利。再以商业账簿为例，它在企业中的作用越来越重要，企业对其商业账簿究竟享有多大的权利，是什么样的权利，在民商事基本法中都无规定。我之所以要提这些，并不是非要在民法典中都加以规定，而是要着重说明，民法典中规定民事权利时绝不能是封闭型的、穷尽型的，要给民事权利以空间，要留有余地。现实生活的空间要比立法的空间不知大出多少倍！

物权法立法时就确定了物权法定主义原则，立法中表述的语言稍微含蓄些，用"物权的种类及其内容，由本法或者其他有关物权的法律规定"这种表述，而不是用更强烈的表述方式，如"未经法律规定，任何人不得创设物权"。我是赞成物权法定主义的，但物权法定主义也应有一个前提，即法律对现有或将会产生的物权种类及其内容都全部包容在内，否则，物权法定主义就会是历史的倒退，而不是历史的前进！就以担保法为例，当初担保法就没有写物权法定主义，而事实证明没有写是正确的。因为担保法中没有写"按揭"，而现实中已大量出现了按揭，如果写上物权法定主义，岂不一切按揭都变成非法的了么！如果把按揭写进去了，是不是写上物权法定主义就高枕无忧了呢？我看未必！在抵押中有"最高额抵押权"，而在质押权中并无规定，实行物权法定主义后，最高额质押权就成为非法的了！浮动抵押也没规定，也将成为非法。这不是自己在束缚自己的手脚吗？立法者并不高明到能穷尽一切物权的地步！

担保法如此，用益物权更是如此，我国的用益物权形式是相当多的。在《合同法》起草时曾争论企业经营管理权合同是否属于物权合同（类似承包经营权），物权法起草时也争论过承包经营权的性质。对于土地承包经营权大家都承认属于物权，而对于企业承包经营权有的认为是物权，有的认为是债权，在物权法中最终未规定。这里至少可以肯定的一点是，物权和债权有时很难划分。企业本身作为客体，既包含动产、不动产的物权，也包含其他财产权，但企业作为整体对其财产是享有占有、使用、收益、处分（或一定的处分）权，那为什么不能说企业对它的财产或享有所有权，或享有经营管理权，也属于一种物权。这种物权也能流转，也可以将其经营管理权转让。现实生活中许多大饭店、宾馆交由国际或国内著名的集团经营管理，这种企业的经营管理权是不是物权？就以在我国存在很长时间的企业承包经营权来说，如果否认其物权性质就有点说不过去了。我们可以不在民法典中规定，但不能说它不是物权！如果规定物权法定主义，是不是意味着要把这一切都排除在物权之外，或认定它为非法的物权呢？

三

民法典中行为的开放自由应是开放型民法典的主线。民法典可以定位为一部保护民事权利的法典，也可以定位为一部规范民事活动的法典。民事权利和民事活动是民法典的两个不可分割的内容。民事权利在民事活动中得到体现、得到保护；民事活动是民事权利得以实现的舞台，二者是相辅相成的。民法典在规范民事活动时可以有两种指导思想；一是以防范私权利在民事活动中的消极作用为主的立法考虑；一是以调动私权利在民事活动中的积极作用为主的立法考虑。二者并不矛盾，立法者可能两种考虑都兼顾，但以哪种考虑为主呢？这确实值得我们思考。以防范、限制为主的立法思想必然会产生一部封闭型的民法典；以自由、开放为主的立法思想必然会产生一部开放型的民法典。

16年前制定《民法通则》时就曾经有学者提出，我们的立法对民事活动究竟采取何种原则：是法律没有规定的都不允许，还是法律没有禁止的都是许可的。一句话，对民事活动是采取法定主义，还是非法定主义。《合同法》是民事活动法律中最重要的一个，《合同法》采取的是非法定主义，已经没有什么争议了。谁也不会说只有《合同法》中所规定的合同种类以及其他法律规定了的有名合同才是合法的、允许的，任何其他法律没有规定的均是不合法的、禁止的。世界各国存在大量无名合同，只要这些合同不违反国家禁止性规定的，都应当认为是允许的、合法的。这个精神在合同法中有，但写得不是很明确。2000年北京市人民代表大会通过了《中关村科技园区条例》，其中许多立法技术乃至立法原则有明显的突破，例如，该条例在第一章总则中明确规定："组织和个人在中关村科技园可以从事法律、法规和规章没有明文禁止的活动，但损害社会公共利益、扰乱社会经济秩序、违反社会公德的行为除外。"这里已经看到了民法中"法无禁止即合法"的原则。其实该条例这一规定中的但书并无必要，我国《民法通则》已经规定了"损害社会公共利益、扰乱社会经济秩序、违反社会公德的行为"是法律禁止的。如果说过去民事立法尚不完善，仍有许多空白，我们仍有必要担心"法律没有禁止的都是合法的"这一原则是否会造成失控，那么，今天在制定系统的民法典时则可以不必担心了。一是因为民法典已经消除了民事法律的大的空白；二是在民法典总则中对民事权利的行使和民事活动的合法违法界限已经有了上述明确规定，不必担心民法典是否会保护那些利用私权从事非法民事活动者。确定"法无禁止即合法"的原则，对我国参加WTO后外商对其投资行为、交易行为的合法性认知，对我国民营企业对其市场经营活动合法性的认知，都是一个定心丸，是开放型民法典的一个重要标志。

民事活动领域中强制性规范和任意性规范的关系是民法典究竟属开放型还是封闭型的另一重要标志。民事活动需要规制，但过度规制就会适得其反，影响社会经济生活的发展，这是民法典立法应当慎重考虑的一个问题。民事活动的立法（包括合同法）如果规定很详细，又都属于强制性规范，这无异于国家在给当事人订合同，无异于限制和扼杀民事活动。所以，在民事活动中应该要有更多的任意性规范。究竟在民事活动中哪些应当是强制性规范，哪些应当是任意性规范，这是立法者的考虑。但可以肯定的是，趋于保守和僵化时，会希望制定更多强制性规范；趋于开放和宽松时，会希望制定更多任意性规范。

从立法技术角度来看，强制性规范和任意性规范如何表述，也有不同的看法：有人主张"法无强制性规定时应认定为任意性的"；也有人主张"法无任意性规定时应认定为强制性的"。我国民事立法从来对此没有明确的规定。有人说，我国民事立法是采取"有强制性规定的，为强制性规范；有任意性规定的，为任意性规范"。但仍有大量的条款没有"应当""可以""当事人另有约定的除外"等文字时，究竟如何认定其性质呢？举《合同法》为例，《合同法》第 142 条规定："标的物毁损、灭失的风险，在标的物交付之前由出卖人承担，交付之后由买受人承担，但法律另有规定或者当事人另有约定的除外。"显然，这是任意性规范。该法第 163 条规定："标的物在交付之前产生的孳息，归出卖人所有，交付之后产生的孳息，归买受人所有。"这里没有"当事人另有约定的除外"这一但书，那么它是强制性规范还是任意性规范呢？按字面来看应当是强制性规范，但于法理来看，应是任意性规范。买卖合同中标的物孳息归谁所有完全可以由当事人自己去定，国家管这么宽干什么！还有些条款似乎是"中性"的，看不出是强制性规范还是任意性规范，如《公司法》第 45 条规定："有限责任公司设董事会，其成员为三人至十三人"，那么，公司董事会成员超过 13 人的究竟是合法还是违法呢？该条文属强制性时，超过 13 人为违法，属任意性时则为合法。

这种例子不胜枚举，该到了由立法统一解释或统一规范而不要再由学者去各自解释的时候了！我认为，一部成熟的民法典对民事活动应当确立"强制性规范应有明文规定，强制性规范以外的应作任意性规范解释"的原则。只有这样，才能使我国民法典成为一部开放型的民法典。

四

有关民事责任方面法律规定的开放性，实质上是给予权利人权利救济手段多样化的问题。《民法通则》将"民事责任"单列一章，并将违约责任、侵权责任均归入这一章内，颇具有中国民事立法的创意。新的民法典草案中将违约责任、侵权责任均独立出来，违约责任放在合同法中，侵权责任独立成篇，加大其内容，加重其地位，是完全必要的。为了使民事责任的规定不局限于违约责任、侵权责任，又在总则篇中单独列"民事责任"一章，并将有关民事责任的共同性内容加以规定，这样的体系设置无疑具有避免有关民事责任的规定趋于僵化、封闭的担心的优点。

但是，民事责任与权利救济并不是同一概念，虽然二者内容有许多相同点。民事责任是对不履行义务以及侵犯他人权利的人所规定的责任，而权利救济是对权利人权利受侵犯时的保护和救济。有些情况下，对侵犯他人权利的人施以法律责任并不足以构成对权利人的保护。民法典草案总则中"民事责任"一章就足以反映这种情况，该章在完全重述了《民法通则》的十种民事责任方式外，又添加了对抽逃资金，隐藏、转移财产等行为拒不履行发生效力的法律文书时，法院可以采取必要措施限制其高消费等行为。这一规定无疑是正确的，是从审判实践中提升出来的，但限制高消费绝不是民事责任，但却是对权利受到侵害的人的一种救济手段。这种法院发布的禁止令、限制令、强制令在英美法中是权利救济手段中重要的一类，而我们只有十种民事责任方式，显然不够。再如在公司法中，一些股东违法召开临时股东会侵犯其他股东利益时，法院可以发布禁令，禁止其召开，这也不是民事责任。股东享有对公司经营的知情权，知情权受到侵犯后，法院可以命令公司将经营状况告知股东，这也不是民事责任。这种状况甚多，未能一一列举，尤其是在公司管理发生纷争时，我们缺少一些权利救济手段。因此，将民法典中的民事责任改为民事权利救济（或救助）甚为必要，这将会大大增加民事权利保护手段的开放性。

自力救助在民法典中是否规定，始终是一个争论的问题。应该承认，自力救助在任何社会里都是现实存在的现象，问题在于，法律究竟写不写，如何写？正当防卫在各国民法典中都规定了，其实，正当防卫不仅仅是一个免除责任的抗辩事由，它同时也是一种自力救济手段，即为了免除自己遭受损害的一种不借助公力救助的救济手段。如果说，正当防卫主要是从保护生命、身体等权利的角度出发，那么自力救助更多是从财产角度出发。民法典婚姻法第五章的名称为"救助措施与法律责任"。当然，其中的救助还不是自力救助，而是公力救助、社会救助，但我们无妨进一步思考一下，当弱势的配偶被另一方遗弃时，他为何不能享有自力救助的权利，将属于另一方的财产扣下以求生活保障，为何一定要等对方拿走后再告到法院去要？家庭的暴力和遗弃是两大问题，前者涉及人身权利，后者涉及财产权利，为什么在对方实施暴力时正当防卫是合法的，而在遗弃时却不能自力救济呢?！在现实生活中已离异的父母去探望子女的权利在大多数情况下是靠自力救济实现的，法院只不过是确认有探望权而已，法院是无法或很难强制执行"探望权"的！在民法典起草过程中，人们都认识到，自力救助也有危险的一面，尤其在法制观念薄弱的群体中，自力救助会导致引发暴力行为、越轨行为甚至犯罪行为。要对自力救济加以规定也必须极其慎重，要可行，要周延。但从权利人权利救济手段的多样性来看，规定比不规定为好。开这一个口子至少表明权利人权利救济手段更多了，更开了！

再谈制定一部开放型的民法典*

江 平

今年初我在《政法论坛》第 1 期发表了《制定一部开放型的民法典》一文，主要从主体、权利、行为、责任四个方面谈民法典应具有开放型的内容。实际上，这是讲民法本身所调整的社会关系性质必然要求对它所作的法律规定留有余地，留有空间，不能统得过死。民法与刑法的一个重大区别就是刑法应当是封闭式的，其界定非常严格，刑法典上言明是罪的就是罪，不言明的就不是罪，绝不能再开一个活口子可以"比照""参照""准用"刑法有关规定，必须采取"穷尽"原则。民法典则不然，社会生活具有多样化，民法典的规定无法穷尽社会生活的方方面面。本文拟就开放型民法典的另一个侧面，即法律渊源层面来谈谈民法典的开放性。

民法典不是唯一的民商事法律渊源。首先，民法典之外，在制定法律的层面，还存在作为民商事法律渊源的其他法律。[1]应该说，在民法典与这些作为民商事法律渊源的其他法律之间存在复杂的互动关系，使民法典面对它们时必须保持一种开放体系。这些民商事法律在我国由全国人民代表大会或全国人民代表大会常委会制定，多涉及某些特定领域

---

* 原文载于《法学家》2003 年第 4 期。

〔1〕 即使是讲究体系完整的《德国民法典》，在其制定之后也出现了一系列具有实质意义的作为民法渊源的其他民事单行法，例如 1976 年 12 月 9 日的《德国一般交易条件法》，该法以全新的面目调整使用一般交易条件订立合同的行为。参见〔德〕梅迪库斯：《德国民法总论》，邵建东译，法律出版社 2001 年版，第 29 页。

或者某些专题，不适合并入民法典之中，在民法典将来出台之后，也仍然还会有其存在发展的空间。其次，除了民法典和其他法律之外，涉及民商内容的地方性法规、规章，司法解释、习惯、惯例也都在这种或者那种意义上与民商事法律渊源地位有关，制定民法典时也应处理好与它们的关系。鉴于民法典与其他民商事法律的互动关系容易被理解，限于篇幅，本文对之就不加以具体展开，下面我主要侧重于从民法典与地方性法规、规章，与司法解释，与习惯、惯例之间的互动关系来讨论民法典的开放性。

一

民法典草案总则第 9 条规定"中华人民共和国领域内的民事活动，适用本法，其他法律对民事法律行为，诉讼时效等另有规定的，依照其规定"。这条讲的是基本法与特别法的关系，并未讲到除了民法典有关民事权利和民事活动的规范外，其他的法规、规章能否也就此作出相应的规定。如果可以做出规定，那么它们可以在多大范围内有权做出这种规定。我这里暂不研究行政法规与规章，这些相对比较简单。这里研究的是地方性法规和规章究竟在多大范围内可以补充民法典及相关法律的规定。

宪法只规定"在不同宪法、法律、行政法规相抵触的前提下，可以制定地方性法规"。《立法法》规定，地方性法规可以就下列事项做出决定：(1) 为执行法律、行政法规的规定，需要根据本行政区域的实际情况作具体规定的事项；(2) 属于地方性事务需要制定地方性法规的事项。这里只是原则性的规定，并未就民商事法律做出具体规定。现今各地做法不同，例如，北京市人大通过的《中关村科技园区条例》就有一些突破全国性法律的规定，这些规定应该说是好的，但它的合法性受到质疑。例如，该条例规定可以在中关村科技园区设立有限合伙。有限合伙在合伙企业法中没有规定，一个地方能否在其地方法规中规定可以设立？照此推论，上海市人大是否能够通过地方法规规定可以在上海设立无限公司、两合公司？因为相关法律也未规定不许设立无限公司、两合公司。有些地方法规规定，房屋租赁合同与商品房预售合同不经登记不发生法律效力（当然，在合同法生效后，第44条明确规定合同无效必须是法律和行政法规有明文规定的，地方法规无权就合同无效做出规定），有的地方法规就格式合同的管理作了规定，有的地方法规规定了精神损害赔偿的最低数额，还有不少地方法规就机动车交通事故责任承担作了颇不相同的规定，等等。

究竟怎样看待地方法规和规章在规范民事活动中的权限范围呢？我认为应该掌握以下几条原则。

第一，立法法规定只能由法律和行政法规规定的或是在法律中明确规定只能由法律和行政法规规定的，地方立法没有立法权。《立法法》第8条规定，民事基本制度（如民事权利的种类、诉讼时效制度、民事责任制度等），对非国有财产的征收，只能制定法律。《合同法》规定，合同无效的认定只能是有法律和行政法规明确规定的。

第二，民法中采取法定主义原则的，这个"法"只应当是法律，而不应当是行政法规、规章或地方性法规，民法中的法定主义原则与强制性规范是两个不同的概念和范畴，虽然二者有其相似和交叉之处。法定主义包含两层基本含义：一是只在法有明文规定时，才为合法，法无明文规定时，不为合法，而非法定主义恰恰相反，它是指法无明文禁止的即为合法。显然它与强制性规范和任意性规范的性质和内容有所不同，后者是要解决意思自治的问题，解决国家意志和当事人意志的相互关系问题。二是"法有明文规定"中的法，只应当是法律，我国民法典草案中物权法定主义的表述就是如此："物权的种类及其内容，由本法或者其他有关物权的法律规定。"不仅物权的种类，而且还包括每一种物权的内容都是法定主义，都只能由法律规定。企业法定主义的含义也应如此。不仅企业的形态，而且还包括每一种企业形态的议事机关、法定代表人都只能由法律规定。从这个意义上说，任何地方法规都不能自己去创设一种新的企业形态。

第三，属于非基本民事制度和法定主义范畴外的一些民事法律规定只要不与民事法律规定相违背的，按照立法法的规定和法理的精神来理解，地方法规当然可以做出规定。问题是，民事法律没有规定的，地方法规是否可以做出规定。例如，《民法通则》第90条的草案文本为"合法借贷关系受法律保护，禁止高利贷"。在讨论过程中由于对高利贷的标准难以界定，所以把这五个字划掉了，仅剩下现有条文中的一句大废话："合法借贷关系受法律保护"，因为任何合法的民事关系均受法律保护。既然高利贷的问题没有在民法通则或其他民事法律中有明确规定，地方法规是否可以自行规定呢？我认为在中国应当留给地方法规以民事立法的空间，但以不得形成冲突为原则。美国是联邦制国家，各州有立法权，所以会形成州际之间法律冲突，就会有冲突法的问题，即在法律冲突情况下法律适用的问题。我国不是联邦制国家，在"一国两制"情况下会有区际法律冲突问题，但绝不能产生省际法律冲突。合同无效只能是由法律和行政法规规定，也就是要避免法律冲突，否则某一合同按甲方所在地的地方法规属于无效合同，而在乙方所在地的地方法规属于有效合同，那就发生冲突法的问题了。高利贷问题也是这样。在涉及有关房屋民事法律规范方面，情况就有所不同，因为房屋民事关系是属地主义。不管当事人为谁，只要买的是上海的房产，就要适用上海有关的规定，它不会产生冲突法的问题。

第四，民事法律规范的一个特点就是除民事基本法律和单行法外，往往会和管理法规结合在一起，地方立法更明显地体现了这一特点。例如，对于房屋租赁的一些管理办法就包含有对房屋租赁民事活动的规定，对经纪人的一些管理办法也包含有对从事经纪活动的规定。制定管理性质的地方法规和规章肯定是地方人大和政府的权限，而管理法规中又有相当多的内容是属于市场管理的。市场管理的法规又必然会涉及对民事活动的管制，其中有些管制行为是符合民事法律的规定，有些则不是。最典型的是对房屋租赁管理的规定中要求，房屋租赁合同必须登记，不经登记不发生法律效力。这种规定显然与城市房地产管理法的规定相抵触，该法只称房屋租赁合同需"登记备案"而非"不经登记无效"。但其他方面又如何呢？管理规范中多为限制当事人权利的规定、增加当事人义务和责任的规定。因此，应当确立这样一个原则，即地方管理法规中限制当事人权利和增加当事人义务和责任的规定应以不减小民事基本法和单行法中的民事权利内容的享有和不扩大其民事义务责任的承担为原则。

第五，除上述几条外，还应继续保留民事基本法和单行法中所赋予民族自治地区的特别立法权，如婚姻法和继承法中现有的规定，不再评述。

二

最高人民法院的司法解释不属于立法范围，在立法法中有行政法规、规章和地方性法规、自治条例的地位，在附则中还规定了军事法规的地位，但没有最高人民法院颁布的司法解释的地位。道理很简单，中国的法院是没有任何立法权的，政府可以立法，军委可以立法，但法院不能立法。《人民法院组织法》对司法解释的地位写得也很明确："最高人民法院对于在审判过程中如何应用法律，法令的问题，进行解释"，因此，它仅属于解释权。

在制定民法典的过程中，我们应该看到，民法典不可能是大而全的，它必然要留下一些空间让其他国家机关的一些规定去填充，而实际生活表明，最大的空间恰恰是应该由法院的规定去填充。许多年来的实践突出地显现了这种做法的必要性和矛盾。一方面，民法通则和民事单行法规定得过于简单、笼统，有些还未规定，最高人民法院的司法解释填补了空白，人们就会指责它超越了解释的范围，形成了法院立法越权现象；另一方面，法院如果严格按照法院组织法关于解释权的规定，许多涌现出来的新问题在立法中找不到答案，法院就会无所遵循，就会滞后于社会生活，无法实现其保护当事人权利的功能。这种现象在民法典通过后会因为立法完善而有所缓和，但绝不会消除。立法落后于社会生活的现象永远不会消除。而对立法中的空白反应最为敏感的恰恰是法院，而不是各级人大或政府。任何一种民事关系都会进入诉讼，进入诉讼就要寻找立法依据。可以说，民事立法与民事审判有着最直接的关系。如何解决这个矛盾，出路应当是给予最高人民法院的民事法律适用文件以一定程度的立法性质。在英美法国家，法官当然可以创造法，即便是在大陆法国家，法院的判例可以在一定限度内补充立法之空白和过时也已经成为一个趋势。

最高人民法院司法解释的效力既然不是立法，只是在审判过程中如何具体应用法律的解释，那它的效力当然只适用于各级法院，没有进入审判领域的民事关系自然也就不适用。这样就会造成同一性质的民事规范的分裂。最高人民法院对《担保法》作出了 134 条的详细解释，总不能说这些解释不适用于未发生诉讼纠纷时的担保关系。担保法是面向整个社会的，而不是只适用于法院的，因此对担保法适用的解释也应当面向整个社会，而不是只适用于法院。二者必须统一，绝不能分裂。长时间以来我们在一部法律出台后，国务院或有关部门又制定了实施办法、细则等，为什么政府各级部门制定的那么详细的实施办法、细则都具有面向整个社会的立法功能，而最高人民法院制定的实施办法就只能是解释权，其效力就只能限于法院？

仲裁制度在我国得到了稳步的发展，最高人民法院的有关司法解释对仲裁庭审理案例究竟具有什么样的效力，始终是一个法律上不明确的问题。最高人民法院自己不便说，我的关于实体性法律的司法解释你仲

裁机构必须服从，而仲裁法又无相应规定。从法律条文上讲，最高人民
法院的司法解释效力只适用于法院，仲裁机构当然可以不受约束，但从
法理上讲我国法律的执行应统一，如果法院的审理和仲裁机构的审理所
依据的是不同的规则，那就严重破坏了法治的基本原则：法律的统一和
公正。

三

当民事法律没有规定时可以适用的依据问题，从民法通则制定时起
至民法典制定时，争论始终没有停止过。这也从另一侧面反映出立法者
已经意识到，民事法律是无法规制穷尽的。1986 年的民法通则制定时写
的是"民事活动必须遵守法律，法律没有规定的，应当遵守政策"。这
个至今仍然有效的写法有两个缺点：一是从遵守法律的角度写的。民事
权利和民事活动不是一个"遵守法律"的问题，而是一个"由法律规
定"的问题；二是"有法律依法律，无法律依政策"这样一条规则会产
生众多弊端，政策是不确定的东西，各地方的政策也不尽一致，这一点
许多人都提出了批评意见，在制定民法典时当然不会再这么写了。在制
定民法典时有的学者提出"有法律依法律，无法律依学理"，也有的学
者提出采用一些国家的写法："有法律依法律，无法律依习惯。"这两种
意见都受到争议，认为学理和习惯都是不确定的东西难以具体界定，哪
些是公认的学理，哪些是肯定的习惯，均难以把握。因此，在现今提出
的民法典草案中，把政策、法理、习惯这样一些可以保留的空间全部摒
弃。这样的做法是否合理呢？

习惯作为民事法律的渊源是得到许多国家民法典以及民商事单行法
和学者们肯定的。它没有理论上和立法上的否定依据，主要反对理由是
在现代民商事法律规范中原来的一些习惯和商业惯例大多数都已经转变
为法律了，完全作为习惯和商业惯例存在的已经不多了。反对的理由也

包括习惯难以确定其是否应该作为法律渊源，有些习惯具有封建迷信性质的，不应该作为确立民事关系准则来加以规定。这些意见无疑都是有道理的，应该加以考虑。

但是，商事活动中的商业惯例仍然具有规范民事活动的作用，这在国际交往中是认可的。在我们现行的一些法律中也得到了体现。例如，在《票据法》和《海商法》的涉外法律关系适用中均规定："本法和中华人民共和国缔结或者参加的国际条约没有规定的，可以适用国际惯例。"由此可见，我国法律明确承认国际通行的惯例可以作为法律适用的依据。《海商法》第 53 条规定："承运人在舱面上装载货物，应当同托运人达成协议，或者符合航运惯例，或者符合有关法律、行政法规的规定。"可见在舱面上如何装载货物问题上，航运惯例与法律、行政法规具有同样可以依据的法律效力。在这个意义上，我们可以说惯例（习惯）就是一种不成文法。

在我国《合同法》中有多处关于交易习惯的规定，这里使用的"交易习惯"与"商业惯例"应该是同义语。《合同法》第 26 条规定："承诺通知到达要约人时生效。承诺不需要通知的，根据交易习惯或者要约的要求作出承诺的行为时生效。"由此可见，依法律要求承诺不应是默示的，要约人不能在要约中载明，10 天内不作出任何表示即视为承诺，但交易习惯例外，在两个企业之间以往的交易均是默示即表示承诺，那就应该尊重交易习惯。这里的习惯既可以是广泛被商界所承认的惯例，也包括两个企业之间长期形成的惯例。

《合同法》第 61 条规定："合同生效后，当事人就质量、价款或者报酬、履行地点等内容没有约定或者约定不明确的可以协议补充；不能达成补充协议的，按照合同有关条款或者交易习惯确定。"这个规则就是表明合同内容没有规定的一些条款不影响合同自身的成立和效力，双方协议补充，达不成协议，参照《合同法》第 62 条或交易习惯来确定。这里又把交易习惯与《合同法》第 62 条规定并列，一个是成文法，一个是不成文法，商业交往活动中有一些这样的不成文法。

《合同法》第 92 条也是一条有关交易习惯的重要规定："合同的权利义务终止后，当事人应当遵循诚实信用原则，根据交易习惯履行通知、协助、保密等义务。"合同终止后的义务（后合同义务）法律只笼统规定为"通知、协助、保密等义务"。至于如何履行这些义务，其具体内容如何，不同行业有不同的具体内容，法律无法详细规定，法律只规定了原则，按诚实信用原则和交易习惯去履行这种义务。合同法在这里更加明确规定了交易习惯具有补充法律和填补法律空白的法律渊源作用。《合同法》第 368 条规定："寄存人向保管人交付保管物的，保管人应当给付保管凭证，但另有交易习惯的除外。"我们从《民法通则》和《合同法》中可以常见到这样的法律用语："当事人另有约定的除外"，"法律另有规定的除外"。"当事人另有约定的除外"是任意性规范的典型用语。"法律另有规定的除外"是特别法性质规范的典型用语，现在我们又在法律中见到"交易习惯另有规定的除外"。在法律规定中加上"当事人另有约定的除外"是承认当事人约定的效力高于法律的效力；在法律规定中加上"交易习惯另有规定的除外"，就是承认交易习惯规定的效力高于法律的效力。合同法是市场交易中最根本的法律，也是民法典中核心的部分，在合同法中已经承认了交易习惯的法律地位和作用，为什么在民法典的总则中不加以承认呢?!

当然，对于上述合同法中的"交易习惯"或"商业惯例"的意义，目前学术界存在两种截然不同的理解。一种理解认为，通过合同法上这种条款的指引，交易习惯或商业惯例实际上成为合同法领域的法律渊源；另一种理解则认为，通过合同法上这种条款的指引，虽然法律规定它们是合同解释的辅助手段，并在其他地方予以援引，但它们本身还并没有成为法律渊源，也不是习惯法，它们本身永远必须屈服于法律。不过即使在后一种观点，也还必须承认，法律渊源的开放性特点还是不可遮蔽地在合同法领域突现出来。

与交易习惯相似的是行规，不妨把行规看作是广义的交易习惯。我们尚未颁布有关商会和行业协会的法律。但行业协会已经普遍设立，行业协会内部的规范也越来越多。那么行规与法律是什么关系？行规能不能作为法律的补充呢？现在很少人研究这个问题。举世界通行的足球俱乐部中职业球员转会规则为例。首先，各个国家有关转会的规则均不是由国家制定法律来规范，而是由足协的行规、自律行为来规定。转会涉及民事关系，不仅包括人身自由权的限制以及财产权益（转会费中球员可以获得的比例等）。因此，可以说行规就是法律的补充，有关转会的规定是法律许可的，法律承认的。其次，职业球员认为有关转会的行规违反了法律仍然可以向法院起诉，要求确认行规中某一项限制是违法的，要求给予民事权利的保护甚至要求赔偿损失，我国足协的有关规定也应是如此。把行业协会的行规，至少是一部分行规视为交易习惯的一种形式，有利于民事法律的完善，可以说是对民事法律的有效和有益的补充。

民法典不能大而全，这就必然要求有各种其他规范来补充其不足。

国有资产流失的法律剖析

——对物权法责难的回答[1]

江 平

我想借这个机会发表不超过半个小时的论纲。我们知道物权法最近又面临着一个新的挑战,这个挑战并不是说物权法制定得还不完善,物权法里面还有一些缺点,这个挑战和经济学里面从左的角度提出来的批评的声音几乎是差不多。这些来自法学家的向中央反映的意见,就是认为物权法是一个保护私人财产的法律,而我们国家当前最紧迫的不是制定一部保护私有财产的法律,我们国家当前最重要的是制定一部保护国有资产不至于流失的法律。听说这样的意见也受到了中央相当的重视,也有很高的负责人提出来要认真考虑这个问题,包括立法部门也有人说,既然法学家对它都有不同的观点,那么这个问题就不应该不引起注意。那么,我想这样一个观点就是说,当前国有资产流失严重。

我想,谁都承认,国有资产流失确实非常严重。但是在国有资产流失背后的法律剖析,或者说从法律角度来看,它应该是一个什么样的问题呢?我想,可能见仁见智,有各种不同的看法。在这个意义上说,我们可以说国有资产流失不外是三种情况:一种情况就是国有财产被盗窃。被盗窃的情况不仅国有资产有,什么资产都可能被盗窃。如果从我们的银行系统来看,银行的蠹虫,一个银行的负责人或者行长就可能使

———————

〔1〕 本文是 2005 年 12 月 19 日江平教授在中国政法大学民商经济法学院江平奖学金暨 CCELAWS 征文大赛颁奖典礼上的讲话。

几亿的国有资产流失。这个显然不是我们法律概念中的过失的问题，而是我们如何执法，使得这样一些现象不会出现。第二个涉及我们在管理过程中，因管理人员的疏忽造成了国有资产的流失。这在我们这次的公司法的修改里面，甚至包括物权法里面，已经提出了一些措施。当然这里面仍然有很多的漏洞。第三个就是今天需要我们特别来探讨的，有一些人认为我们在改革开放的时候，恰恰是通过企业改制使国有资产产生了重大的流失。这个问题就是我们需要从民法的角度来进行深刻思考的问题。通过企业改制使国有资产流失，存在不存在？完完全全存在。通过企业改制使国有资产大量流失，严重不严重？确实也非常严重。那么在这种情况下，我们如何来看待改革和国有资产流失之间的关系？也有人指责，国有资产流失就是因为改革。如果不改革的话，不可能有国有资产流失，所以就把国有资产流失加罪在改革之上。我认为，国有资产改革如果从改制的角度来看，或者从它的机制的完善，应该从完善五个机制来考虑。

第一个机制就是平等的机制，国有企业改制，市场经济的行为首先应该建立在一个平等的机制上才能来考虑。在这个意义上说，我们也可以说，保护私有财产也好，保护国有财产也好，应当放在一个同样的台阶上来考虑。我们物权法也确实，也应当而且也事实上是把它放在同一个平台上来考虑。现在有一种观点仍然想维持国有财产给予特殊保护的办法，我认为，国有资产如果在我们法典的机制，或者在我们物权法的机制，或者在我们任何一种法律里面，给予国有财产以一种特殊保护的机制，是不符合改制的方针，也不符合市场经济的方针的。在苏联，我在那里学习的时候，就规定了国有资产特殊保护的方法，国有财产不适用诉讼时效，财产推定为国有财产，在今天，如果我们还坚持用这样一种办法来保护国有资产，不应该说是走了一条完全正确的道路。前两年，曾经让我开具一个法律意见，三大航空公司和我国香港地区的一家公司发生争议。我国香港地区的这家公司告我们的三大航空公司，按道理说，被告在内地，应该在我们的法院起诉。但是香港地区的原告坚持在香港起诉。而香港地区的法律有这样一条规定，如果原告能够证明在香港地区以外的法院受理了这个案件得不到公平审理的话，那么可以在香港地区法院受理。许多英美法国家都有这样的规定。香港地区的法院受理这个案子当然有利于香港地区的公司。香港地区的法院受理了以后，由于这个问题比较复杂，所以要求原告和被告一方各找一个懂得中国内地法律的专家拿出一个意见，法院提出两个问题，其中一个问题就是，中国内地企业是不是对国有企业、国有资产有特殊保护？当时原告找了一个在英国和美国都获得了博士学位的学者开具了一个法律意见；而被告的三大航空公司委托了一个香港地区的律师事务所，请我来写一份法律意见。我由此看到了原告所请的这位专家的意见，他只从报纸上发表的公开的材料，就能证明我们内地的法院确确实实对国有财产有特殊保护，也就是法院在保护上是有倾斜性的。他们引用最多的报纸上发表的材料，就是我们各级法院院长在公开的场合讲，我们的法院要为国有企业保驾护航。大家看到，过去我们有一段时期，法院院长公开讲话，法院要保护国有财产，法院要为国有企业保驾护航。而最后的效果如何呢？结果是人家认为你法院既然是为国有企业保驾护航，你法院就不是平等地保护，那么以后我们的案件就不到你们的法院上去审理，因为你是专门为了保护国有企业的、专门保护国有财产的。在这个意义上，我们看到法律也好，法院也好，如果你不能秉持一个平等的原则，那么人家仍然可以用一个特殊的办法来对待你。南非就发生过这样一些事件，法院判决国有企业的财产要承担的债务由中国国家来承担。我记得是在改革开放的初期出现的这种情况，但是现在我们仍然会碰到这样的情况。所以我们不能搞对国有企业给予特殊保护的这样一些规则，如果真正能建立起市场的平等机制，这应该说是对国有企业保护的一个最起码的要求，甚至是真正能使国有企业受到平等保护的一个最重要的基础。

第二个我认为要使国有财产不至于流失，又有一个第二个重要的机制，就是要建立市场健康的流通机制。现在有人攻击，市场流通恰恰是国有资产流失的最主要的原因。我认为市场经济必然要有流通，不仅私人财产要流通，国有财产也要流通。那么是不是流通就造成流失呢？这个问题很复杂。我们只能说流通可能会造成流失，但是流通并不是流失的最主要的原因。国有资产要增值必须流通，任何财产不流通是不能增值的。当然流通中也可能会出现流失。我们可以拿深圳作为最典型的例子，深圳人很大的骄傲就是深圳的国有财产是最早进入流通领域的，国有财产改制以后都变成国有资本了，国有资本可以流通了，而恰恰深圳的国有资产是在大幅度增值，没有流失。我们现在正在制定国有资产法，或者叫国有财产法，也有人主张叫国有资本法，但是不管怎么说，我们是要把国有财产在流通领域里面、在企业经营里面、在市场里面，要把它变成国有的资产，甚至把它变成国有的资本。我想国有企业改制的核心问题是如何把国有资产变成国有资本。我们现在搞的股权分置，也是要把国有的股权真正变成流通股。在这个意义上说，平等就是流通，流通也就体现了平等。总不能说只有私人的股权或者流通的股权才能流通，而国有股永远不能流通。也不能说，由于国有的财产的一块钱是一块钱，而私人的财产的一块钱也许实际上是五块钱出的资，在这种不平等的情况下，永远造成流通股能够流通，国有股永远不能流通。在这个意义上，我可以跟大家说，我们现在的股权分置产生了巨大的分歧。有一位经济学家专门发表了几万言书来批判，认为现在国有股流通就是国有股流失。为什么国有股流通后又对流通股的股东给予这么大的补偿呢？一百块钱要给你三十块钱的补偿呢？我作为一家公司的独立董事，他们最近拿出了一个方案，要赔给私人的流通股的股东几个亿。有人就要说，这不是国有财产流失了么？为什么要补给他们呢？甚至包括证监会内部的工作人员也对于股权分置，国有股要进入流通领域对于流通股的股东以补偿，持很反感的意见。但是这样重大的一个疼痛，或者说我们要真正建立一个市场平等的原则，你就必须让国有股和其他股一样也进入市场流通的领域。只有进入流通的领域，我们才能体现资产的增值、股权的增值，那么，在这个意义上说，我们必须要经过这一步。但是我们要看到，确确实实在流通的过程中，国有资产有严重流失的现象。那么我们需要很好地来分析，在哪些问题上，国有资产进入流通领域里出现了严重流失的现象。

这就是我说的要确立的第三个机制。防止国有资产流失，使国有企业改制能够健康的第三个重要机制，是主体机制。我认为主体机制是我们亟需更好地来确立的一个重要方面，当然现在已经比较完善了，但是过去不能完善的仍然存在问题。首先，我们可以看到既然流通就是转让，而转让实际上就是买卖，而买卖就必然要有买主和卖主。国有企业改制本质说来是把国有财产卖掉，或者把国有企业的财产按照转制的办法变成国有股股权，而股权显然不能百分之百的是国有股股权。那或者是职工持股，或者是法人持股，或者是管理层持股，或者是其他人持股。在这个意义上说，我们在相当长的期间里面，出现了主体缺位的问题。刚才听到了其中有一篇获奖的论文，讲了管理层收购究竟是什么，下面用的词是很厉害的，我们现在确实有一些管理层收购是掠夺国家财产，但是我们应该怎么来看待这样一个问题呀？我想首先的问题在于，谁是卖者？任何一个买卖关系里面首先要有明确的卖主和买主。买主在改制里面是明确了，可能是民营企业家，可能是职工，可能是管理者阶层，但是谁是卖主呢？长期以来，我们国有企业改制弄不好变成了自己卖自己。企业把企业的财产由高级管理人员决定，以比较低的价格甚至白送的价格卖给自己。那么在这个问题上，关键在哪里？关键在于国有企业改制中，卖主的缺位。我们国家能够代表国有企业或者国有股权的单位，长期以来是很混乱的。以前的国有资产管理局只是管理部门，并不代表产权部门；而产权部门相当长时间是在主管部门；而主管部门后来又都撤销了。商业企业在商业局，机械企业在机械局，这些是来行使产权的机构，那怎么能够很好的体现呢？这些机构都是很快要消亡的，连这些机构本身、工作人员，就没有来代表国家行使权力的意识，也没有这种责任感，那你怎么能够使国有财产不流失呢？今天我们建立了国有资产监督管理委员会，现在是中央 169 家企业比较明确的管理部门，但是地方呢？到底一个区政府，区下面的一个国有企业，谁能够代表国家的产权，作为产权人来行使卖主的权力呢？也是比较混乱的。可能一个区长就能决定，或者其他一个人就能决定。所以现在有人建议，国有财产行使的权力应该更明确，有的主张国资委，有的主张各级人大的专门委员会来行使。我想，无非大家都在研讨一个问题，在国有企业改制中，国有企业的卖主究竟是谁？我们现在有巨额的金融资产，我们的金融资产的权利现在由谁来行使啊？金融资产没有一个国资委啊。你有了汇金银行，有了这样的银行，谁来行使啊？也仍然是在争论。财政部说我是金融资产中代表国有资产的产权人，我是产权的代表，但是财政部能管得过来这么多的金融资产的产权人么？金融资产尚且好说，因为金融企业——银行，它都是全国统一的，现在归于省级的银行。但是其他的企业，很大一部分地方的国有企业，很大一部分地方的亏损企业，它的国有资产行使的权力也就是卖主的权力仍然是不够明确的。

如果我们卖主到位了，面临的第四个问题是，国有企业改制的时候，这样一个产权的转让，这样一个产权的改制，这样一个产权的买卖，它的价格机制如何形成？我想一个产权的转让，一个产权的买卖，核心的问题是价格的问题。价格的问题是现在争议最大的。我们现在有一股子理论，认为中国现在是在搞银行贱卖论。大家现在看到，有一些经济学家、有一些学者指责，中国现在已经把银行贱卖给外国人了。理由很简单，就是我们的建设银行改制了以后，在香港发行的股票，发行时的价格比较低，但是一上市的时候价格就涨了一倍多。有人说，这不是国有资产的严重流失么？你卖一块多的股份为什么一上市就卖三四块了？这不就是证明你国有资产流失么？你不就是贱卖给外国人了么？但是我们银监会的主席、我们人民银行的负责人，包括吴敬琏教授，还有其他人认为，银行根本就不存在贱卖的问题。现在我们国家主要的负责人还有我们著名的经济学家，为什么会有相反的看法呢？吴敬琏教授甚至发出这么一句狠话：那些今天指责我们把银行贱卖的人，就是过去把银行搞垮的那些人。话说得很重啊！今天批评我们把银行贱卖的人，就是过去把银行搞成这样一个乱摊子的人。那么究竟银行是贱卖了还是没有贱卖啊？国有资产是流失了还是没有流失啊？这个问题我们只有从价格的体系才能分析清楚啊。那么为什么银行上市了，建设银行、中国银行，都要改制上市，都要在境外上市啊？为什么股价不提得很高啊？有人说股价都能够和市场的一样么？过去我们上市的股票，可能招股说明书的价格一开始是五块钱，但是一旦到卖的时候一下变成十几块了。据有关人员讲，我们现在为了能使外国资本在我们银行里面来收购一定的股权，参与一定的经营，如果我们股价定得过高的话，一旦上市了以后，没人买的话，那么国家银行的信誉就会大大降低。我们刚刚搞了股票的改制，一上市了以后股票没人要，一上市就价格大跌，这怎么能使我们银行的改制有更大的信用呢？从这个角度来讲，我发行的价格哪怕低一点，一上市价格高了，这才能说明我们国有资产的信誉在提高，因为人家都想买你的股票。我今天给大家提的问题就是价格究竟应该怎样来确定？上市公司的股票定价，是一个极其复杂的问题。恐怕很难说你上市的价格一出来，然后价格一涨就是流失；你恐怕也不能够绝对得说，你的上市价格一出来就跌了，那么就是国有资产赚了、增值了，因为发行价格高于市场价格了。这个很难办，市场价格是不断在变动的。那么我们国有企业改制的时候，有一段时间可能股价很高，而现在股价又很低了，难道你认为股价高了就是国有资产流失了，股价低了就是国有资产增值了么？显然也不能完全这样来说。那么能不能用评估价格来确定国有资产流失不流失呢？我也希望这是经济学界和法学界共同思考的问题。好在财政部去年颁布了一些资产评估的准则性意见。按照这样一种评估的意见，他做了一个很重要的规定，就是任何机构所作出的价值评估，只能作为一个交易的参考，而不能作为一个交易的准据。因为我们大家都知道，国有资产的财产评估是根据它的账面的净值评估出来的，而我们有些国有资产，要从折旧来说，早就没了，多少年早就折旧完了，但是现在资产负债表上还有价值。如果这个机器在资产负债表上还有 500 万，难道就能说明这个机器就是值 500 万么，你卖出去应该卖500 万么？这下难说了。因为你要按净值来说，你来卖，可能没人买。市场的价格是由买卖双方来形成的，由买卖双方的需求关系来确定的，而不是从一个评估价格里面能够评估出来的。国有企业改制有得有失，或者说国有企业改制里面，有国家占便宜的也有国家吃亏的。国家占便宜在哪里呢？随便举一个例子，国有企业改制的时候，把原来国有企业的有些东西剥离了以后，国有企业是连带它的债权和债务一起改制。大家知道，国有企业有的债权是呆账。我们在公司法中可以知道，债权是不能作为出资的。但是国有企业改制后，债权一股脑就成为转制以后的资本金了。如果从这个意义上说，国有企业在改制的过程中，国家在这一点上还是占了便宜了。它甚至把以前的呆账、不能实现的债权，可能也会变成资本金。而这在民营企业是不可能的，怎么可能一个民营企业把别人欠他的钱，这个钱实现不了，作为出资呢？所以，我们要看到，在这里面，我们是有得有失的。国有资产也可能在改制里面有些是占了便宜。国有企业在改制里面，肯定也有些问题，也确实存在一些低估，因为一改制价格很可能被低估。被低估的现象是普遍的，被低估的情况也是很严重的，当然这是由价格体制来完成。现在看起来在买卖的过程中，在国有资产改制的过程中，国有资产转让的过程中，最好的机制显然是竞价的机制、拍卖的机制。我们国有土地现在已经改变成这样。如果按照我们最早的国有土地出让的办法，那个出让金的弊病简直太大了。有的地方一块土地比较低的价格就能给你，现在有人告诉我，现在有些县里面，土地根本就无偿给人。你只要在这里投资，我土地白给你都可能。这种机制实行下去，国有资产还不流失呀？现在我们改正了，我们要采取挂牌制了，招标了，拍卖了，采取竞价的制度。只有采取竞价的制度，我们才能找到一个最合理的、最高的国有土地、国有资产的出卖的价格。我们从改革里面不断地失败、不断地出现问题来总结。在我们法律完善的时候，我们又流失了不少国有财产。所以价格机制是我们国有资产里面极其关键的一个问题，如何能够确定好价格，买卖的价格如何确定，土地的价格如何确定？

最后，我想说明的一个问题就是，国有企业改制还依然要有一个激励的机制。原来的国有企业最大的一个问题是缺乏激励机制，干好干坏一个样。那么国有企业改制以后，要增加他的活力，必然要有激励的机制，激励机制怎么办？现在看起来，激励机制有几大渠道。第一个渠道，我们也可以看到，公司的高级管理人员、公司的职工，在公司的改制过程中，不能有赠股，不能有干股，高级管理人员不能以他的管理技能来入股，也不能笼统来提赠股。因为股权是国家的，怎么能随便赠送给高级管理人员呢？赠送给高级管理人员肯定也是国有资产的流失，但是就像我们前面说的，我们主体往往缺位，而主体一旦缺位之后，公司的高级管理人员可以自己来决定以什么价格卖给自己，或者以非常低的价格来卖给自己，在这个意义上说，这个问题是很严重的。但是能不能对公司的高级管理人员实行 MBO 或者激励的期权制呢？这是现在争论最大的问题。首先，我们可以看看期股制，期股制在这次公司法中已经明确讲了，为了在公司里面实行奖励职工的制度，股份公司可以从上市的证券交易所里面，买回自己的股票。这已经是明确了，国有企业改制也好，现在公司里面的国有独资公司，或者是国有控股公司，都可以实行这种激励的机制。但是这样的激励机制，在现在的公司法里面写得非常明确的三点：第一，你从市场里面买来的股票作为奖励的话，不能超过你总发行的在市场上的股票的5%；第二，非常明确地规定，拿这一部分股票来奖励职工，必须从税后的利润拿出来。你要纳税，企业纳完税后，你可以作为奖金。这个又非常明确了。第三，公司如果从市场里面买自己的股票来作为职工的奖励，你不能无限期地拥有，你必须在一年之内来实行奖励，公司不能长期拥有自己的股票，这也是违法的。所以对于期股制，我们从法律上逐渐完善。关键在于执行时，要严格按照这个法律来执行，你不能从税前的利润中拿出来，那就是违法的。我想从这个意义上说，期股制这种奖励机制是肯定的。第二个就提到了高级管理层的收购。我们有论文提到这个问题。这里面确实存在着很多弊病，但是我们要看到这仍然还是一个激励的机制。公司的高级管理人员如果主体明确、价格合理，他是出钱而不是白送，而不是自己卖给自己，又有何不可呢？如果高层管理人员也是要花钱去买，而且他们自己有经验，让高级管理人员持有的股份比一般的职工多一点，职工一般也没有很多的能力买很大的股份，在这样一个合理的差距里面，让高级管理人员占有比较大的比例，来买公司自己的股票，是用合理的价格去买，又何尝不可以呢？这并不等于必然使国有资产流失。所以国资委在大家，特别是香港大学的郎咸平指出 MBO 收购的问题以后，现在只不过在中小企业还可以继续实行，在大型的国有企业改制暂时不实行，也不是说绝对不能实行。我想这些问题我们要用理智去思考哪些是对的，哪些是不对的。这里面还有两个公司方面的问题：一个是高级管理人员的薪酬会不会过高？如果薪酬过高了，比职工高出几十倍上百倍，人们会认为这样一个公司，这样一个劳动分配，或者说是这样的分配机制不合理。这个问题也是实际存在的。但是也有限制问题，中国现在差距到多少算合理？很简单一个问题，银行改制后，招了一个境外的人，能够很善意地管理这个公司，又创造了很好的银行的效益，那么他的工资如果比一般的职工高出二十倍、三十倍，合理不合理？如果他创造的价值会大大超过这个工资可以不可以？这是一个工资确定的体系。那么最后还剩下一个问题，能不能把公司的利润切出一部分，按照智力的要素分配给公司的高级管理人员，或者有贡献的技术人员。这个问题在北京市通过的《中关村科技园区条例》中已经讲了，在中关村科技园区，可以实行期股制，可以实行年薪制，也可以实行按照智力要素来参与分配的方法。用智力要素来代替投资不行，我高级管理人员按照我的管理技能，要占5%的股权，我要把握作价为500万，显然不行；但是公司效益好了，从里面拿出一部分来，按照智力要素来分配，这还是合理的。这不是白拿这个股权，这是从分配里面拿出一部分的奖励基金来，这仍然符合我们国家的激励的机制。

所以最后我的意见是，我们国家在防止国有资产流失时，首先必须完善这五大机制，而五大机制完善了以后，还要来看哪些是机制本身的问题，哪些是机制规定好了执行中的问题，不能把执行中的问题认为是机制本身出现的问题。而机制是最根本的。这五个机制再说一遍，要建立国有资产的平等机制，真正平等的机制；要建立国有资产的流通机制，包括流通的市场、股权转让的市场；要建立主体的机制，谁是代表国有资产的卖方？要建立价格形成的机制，怎么样形成的价格才能认为是合法的、合理的？最后，如何建立一个真正合适的激励机制？又不要收入差距过大，又要体现智力要素对于公共国家作出贡献的激励政策。这就是我今天在这么一个会上谈到的我个人的观点。

谢谢大家！

民法的回顾与展望*

江 平

主题:"中国民法建设论坛"〔1〕第一场

讲演人:江平(中国政法大学终身教授)

评论人:苏永钦(台湾政治大学教授)

主持人:米健(中国政法大学教授)

时间:2005 年 12 月 19 日下午 2:00~4:30

地点:中国政法大学研究生院教学楼 219 室

米健教授(主持人):

谢谢诸位光临"中国民法建设论坛"首场讲演现场。"中国民法建设论坛"是中国政法大学比较法研究所和中德法学院联合举办的第一个大型的民法学术论坛。今天的首场论坛请到了大家都很敬重的江平老师担任主讲。江老师今天讲的题目是"民法的回顾与展望",实际上他是

---

 * 原文载于《比较法研究》2006 年第 2 期。

〔1〕 "中国民法建设论坛"为中国政法大学比较法研究所和中德法学院联合举办的大型学术论坛,旨在"广邀资深民法学者,立于民法的历史纬度,驰骋于民法文化与社会的疆域,结合当前中国物权法和民法典的起草,提出和探讨有关中国民法和民法学建设的创造性构想,为中国民法的学术繁荣和立法合理化提供有益论点"。本文为"中国民法建设论坛"的首场讲演记录。该场讲演于 2005 年 12 月 19 日下午在中国政法大学研究生院进行,中国政法大学终身教授江平先生应邀作为主题报告人发言,台湾政治大学苏永钦教授担任评论人,中国政法大学米健教授担任主持人。

要把近几年来，他对民法学的研究以及参与民事立法的一些体会，进行某种总结和综合。我们还有幸请到我国台湾地区知名学者苏永钦教授。我认识苏永钦教授时间并不长，拜读他的著作却由来已久了。上个月，我在清华大学参加了一次研讨会，听了苏老师的演讲报告，深为他丰厚的学术底蕴、大气和境界所感佩。现在我们先请江老师做主题发言。

江平教授（讲演人）：

我今天的报告是从这么一个考虑出发的，前两年我在日本的时候，神户大学组织了一场学术研讨会，会议谈的主要问题是民法的动态研究，季卫东教授请我去参加。当时我感到很新奇，民法的动态研究是什么？那次会议，日本最著名的两个民法学者都参加了，一个是东京大学的星野教授，一个是京都大学的北川教授。参加了这次会议后，我回来总结了一下，认为它具有四个意义上的所谓"动态"：第一个是历史比较的动态，以历史发展的角度，从回顾过去到展望将来；第二个是各国的发展动态，尤其是日本学者很注意当今比较法的最新发展，比方说WTO的最新发展、知识产权的最新发展，从这些新的动态考虑问题；第三个，据我理解，动态的研究是很注意跨学科的一种研究，它把民法置于其他学科的边缘来共同研究；第四个，我也感触很深，民法的动态研究，是结合了审判实践发展的动态来研究——实践中提出了哪些新的问题需要来解决？在这个意义上，我是非常赞成这种研究方法的，因此我很推崇"动态"这两个字。当然，"动态"，dynamic，对这样一个概念应该怎样去理解，各个国家可能有不同的看法。但是我认为我们民法应该坚持这样一个理念。

今天我选择了一个角度，不是从跨学科，不是从实践，也不是从各国的比较，我偏重从历史角度来看。我并没有选择中国民事立法的回顾与展望，这个题目太俗了，说得也太多了；我想从整个民法发展的角度来看，回顾历史，展望将来。要达到什么目的呢？我想首先无非是要定坐标，确定历史发展过程中，民法到底把坐标定位在什么地方。一个人也好，一个学科也好，在社会中的地位究竟如何，我想这个坐标非常重要。由于坐标的变化，或者坐标的移动，民法所实现的社会功能可能就会发生变化。原来龙卫球老师给我提的题目是"民法的社会或政治功能"，我说这个题目太大了。但是，我们可以从一个发展的角度来看一看。在我思考了以后，选了五个方面来谈民法的回顾和发展，以及我对它的地位和功能所进行的一些思考。

第一个方面，我想先从市民社会这个角度来谈。

现在谈论市民社会的文章越来越多，而且我们民法和市民社会的关系又很密切，并且不断也有人来问我一些问题：你怎么看中国现在的市民社会？现在西方国家有没有"市民社会"这个概念？市民社会本身有什么变化？我想这些问题是我一直没有很好解决的问题，所以我试图在此来加以回答。

我们知道，"民法"这个词的来源可以有两种理解：一个是词源上的民法；一个是社会学上的民法，或者说是从实质意义上讲的民法。我始终认为，我们教科书中所讲的，民法来自罗马法里面的市民法，这只是词义上的民法。civil law 中的 civil 这个词是来自于罗马国家的市民法。但是对于 civil law 真正的含义，我始终认为是：民法者，市民社会之法也。如果从这个意义上来看的话，可以说，我始终坚持这个观念：民法就是市民社会的法。

如果说民法本身是市民社会的法，那么我们显然就要对市民社会有一个回顾。从历史发展来看，可以说市民社会经过了三个时期，即市民社会的启蒙时期、发展时期和发达时期。当然近现代市民社会的发展又出现了新的变化。首先从罗马社会来看，对罗马社会里面究竟存在不存在市民社会，或者说市民社会在罗马法里面的体现究竟是什么，一直有人质疑。确实，罗马法里面"市民法"这个词就来源自社会。Jus civile 这个词本身的意思，应该指包含了一个自由民的平等社会。我始终把市民社会定义为自由民的平等社会。大家知道罗马法里面有三种权利（当然米健教授是这方面的专家了），即自由权、市民权和家长权（或叫家父权）。自由权，那是不平等的，因为罗马国家里面有自由民，也有奴隶；但是罗马法上作为市民享有的市民权（也叫公民社会公民权）可是平等的。只要拥有罗马国籍，作为罗马人，应该是平等地享有这样一个地位。所以在这个意义上我们可以说，从罗马国家本身来讲，存在着一个平等人的自由社会。而这个平等人的自由社会的存在，是由于在罗马国家确实存在着比较发达的商品经济。我们过去一直在怀疑：为什么奴隶制的国家能产生罗马法，而到了奴隶制以后的封建国家，中世纪的时候却没有一部很好的民法或者类似民法的发展。其中很重要的原因，现在看来是因为在罗马国家存在很发达的商品经济；而这个商品经济是由一个平等的社会里面的自由民组成的，虽然它是奴隶社会，是一个表现为在自由权上很不平等的社会。当然罗马国家的这种商品经济一方面靠着战争在推动，通过军事力量来扩张，但是同时我们也要看到它自身内在的商品经济发展的层次，其程度是很高的。在这个意义上说，罗马的市民法已经奠定了市民社会的最基础的东西，已经包含了市民社会法律的最具有内在性的因素：这就是确立了一个平等人之间的自由的社会，没有国家干预，国家几乎不在这个领域里面做什么。

资产阶级革命之前的这一段时间，在欧洲出现了真正的市民社会。拿我们今天的眼光来看，我想这个市民社会起源于城市里面的自由民，而城市的自由民就是由商人阶层所组成的新兴的资产阶级。这和封建社会里面的农民不一样，农民是依附在土地上，而商人是自治自律的阶层，商人对于国王，只有纳税、纳贡这样一个义务。在资产阶级革命时期，我们通常说是在16世纪、17世纪这样一个时候，在欧洲国家，特别是在一些开放的城市，如汉堡、不来梅、威尼斯等，确确实实形成了一些这样的市民社会。它是完全由平等的人组成的、在商人之间的、没有土地依附关系的一个自由民社会。我们应该看到，正是在这个基础上，民法才得到了孕育和发展；或者说，就是在这个基础上，产生了法国民法典，乃至于后来出现其他民事法律方面的一些发展和进步。我们可以看到，近现代国家的市民社会，完全可以用自由的市场经济来概括。在这种自由的市场经济中，国家是不参与的，它只起着一个保护人的角色，并不干预市场经济里面的活动。在这个意义上，我们可以说，从现代自由经济发展开始，长期以来西方国家关于市场的自由经济学说，都体现了市民社会这样一个特点。

但是在19世纪的时候显然发生了一些变化，尤其是到20世纪。从这些变化，我们看到了一个最大的特点，就是在西方国家发生经济危机之后，尤其是1933年世界性的经济危机之后，国家从自由主义进入干涉主义或者说干预主义了，比如说凯恩斯主义的确立和发展。今天我们仍然可以看到，即使是最发达的资本主义国家，像美国，也已经不能再回复到古典的自由主义时代了。现在的"新自由主义学派"，其所谓"新自由主义"，也不是绝对自由，不是古典自由，在这种自由主义里面仍然加进了一些国家干预的色彩。

对于这个问题我可以举两个例子来说明。

大概是10年以前吧，美国有一个教授到我们研究生院做报告，我们有个教授就问他这么一个问题：美国在所有权这一点上是不是还坚持所有权绝对自由？我记得那位美国教授说得很好。他说，如果在四五十年前，一个美国人在曼哈顿、在downtown（城区）买一块土地，要盖房子，不管要盖50层还是100层，还是他要盖一个破房子，很破破烂烂的，如果市政府以公共利益或者以别的什么原因不让他盖，引起这样一个诉讼告到美国法院的话，那么这个人绝对是胜诉。我在纽约downtown这么好的地方买了土地，结果你不让我盖房子，那怎么行啊？但是事情如果到了今天的话，情况就不一样了。市政府可以任何的理由，比如城市的规划啊，绿化啊，或者别的原因而不让你盖。今天如果同样的情况在美国，这样的一个诉讼，个人要败诉的。

前两天吴敬琏教授跟我合办的洪范法律和经济研究所让我做一个演讲的时候，方流芳教授参加了，他在上面举了美国奥康纳（Sandra Day O. Connor）大法官对一个案子的评述。[1]我专门把这个案子的材料调来了，大概是这么个情况：在美国康涅狄格州（Connecticut）有一个小城市，叫 New London（新伦敦）。这个城市过去经济一直不太好，很多人失业，经济发展不起来。美国现在一家很大的制药公司——辉瑞制药公司（Pfizer），要在那儿建造制药厂，需要把一直在那儿居住的居民的一些房子征用。按照传统美国理念，社会公共利益必须有很明确的界定，怎么能够以制药厂的利益作为社会公共利益呢？那制药厂的利益完全是私人利益，完全是商业利益，不能够叫作社会公共利益啊，可是这个案子在康涅狄格州最高法院作出判决，认为征用并无违法。后来上诉到联邦最高法院，虽然奥康纳大法官、兰奎斯特大法官提出了反对意见，联邦最高法院还是以 5:4 判决维护了康涅狄格州最高法院的判决。我看就是这么一个理由：该药厂可以增加一千个就业，可以使这个小镇的税收大大增加，可以使这个小镇的人得到更多生意。在这个意义上，私人的利益就需要服从于这个公共的利益，该迁就要迁，该征用就要征用。

我想，通过我举的这两个例子，一个是美国教授的讲话，一个是最近听到的这个案件，我们可以看到，连最崇尚自由主义的国家美国，现在看来，都可以对社会公共利益做出新的解释，都可以以这种社会公共利益限制个人的利益。所以我们可以看到，今天已经没有像市民社会发展到最高峰时代的那种自由社会了。现在的市民社会具有两个特征：第一，是社会利益高于私人利益，这从德国民法理论中的社会利益学

---

〔1〕 指美国的"凯洛诉新伦敦市案"，涉及土地使用拆迁。原告是被征地的居民代表凯洛，被告则为康涅狄格州新伦敦市市政当局。2005 年 6 月 23 日，美国联邦最高法院对该案做出判决裁定，"该市对于被征地的规划部署合乎'公共使用'，且在'第五条修正案'条款的含义之内"。按照上述美国联邦最高法院的判决，只要开发属于"公共使用"范畴，地方市政当局便有权强行征收私有土地用于商业开发。此案重新引发了关于"第五条修正案"如何解释的讨论。案件材料见 Kelov. City of New London, Connecticut, 125 S. Ct. 2655, 162 L. Ed. 2d439 (2005)。——编者注

说，乃至于当今美国法律里面都可以看到相应的内容；第二个，就是国家对经济生活要进行必要的干预。我想这两个特征对于我国当代经济发展很重要。第一个是社会利益还是要被视为高于个人利益。虽然私人利益是基础，私人利益绝对要加以保护，私人利益绝对不能够随便被侵犯，但是同时又存在一个标准，就是当社会利益和私人利益发生冲突的时候，私人利益仍然要服从社会利益。第二个，经济生活是自由经济，是由市场经济规律自己来调节的，但是当发生市场经济规律这只"无形的手"不能够解决某些问题的时候，国家这只"有形的手"就要进行必要的干预。争论在于干预的度究竟是多大，谁也没有否认国家要进行某些必要的干预。这就引起了在民法所有权的观念里面，在合同的观念里面，甚至在侵权行为的一些概念里面的一些变化。

我们看到一些书，有的讲了民法的消亡，有的讲了合同的消亡，无非都是想表达一个理念：就是在这样一个社会里面，有时社会利益可能要高于私人利益，国家对于社会经济要进行必要的干预的时候，原来的那个绝对概念的民法是不是还存在。我始终认为，民法是没有消亡的，但是民法在这么一个市民社会已经发生了变迁。在市场经济已经不讲过去那种绝对自由主义的情况下，民法的功能和民法的作用也会出现一些问题。这并不意味着民法功能的消失，而是说原来经济领域里面的一些个问题，不是单纯由民法来调整了。我们要承认后来的经济法也是用于解决这方面的问题，行政法里面有一些（规范）也是。所以，过分地强调只有民法才能够解决经济领域里面的一些问题，现在恐怕就不能这样了。在这个意义上说，市民社会走过了一个从产生、发展到最高峰的过程；而到了现代，过去所理解的那个绝对意义上的市民社会是在衰落了，但是不能说市民社会不存在了，而是发生了变化。这个变化也会使得民法的功能、民法的作用发生某些变化。这是我讲的第一个方面的问题，从市民社会发展的角度来看民法的发展、变化。

第二个方面，我想从"民法的包容"这个角度来谈。

也就是谈民法究竟内容有多少，包含面有多大。从罗马法到今天两千多年，民法经历了不断发展、不断膨胀、不断分化，又不断地脱壳这么一个过程。就这个角度，我们也可以从历史上来做一个回顾。

在罗马法里面，没有什么民法、商法的区分，私法就是民法。从后来历史发展里面，我们可以看出有几个（剥离的）过程。

第一个明显的过程是商法从民法中的剥离。不管是民商合一的国家还是民商分立的国家，实质上都有一个商法从民法中剥离的过程。我想商法从民法中剥离有三个原因：第一个是商法的活跃性。商法是民法里面最活跃的部分。民法是基本原则比较成型的，发展比较缓慢，而商法比较活跃。第二个是商法有越来越多的强制性规范。民法更多则是强调意思自治。我们可以看到，商法里面，尤其像票据法等一些法律，越来越多具有一些强制性的东西。这本身也体现了一些内在因素、内在关系的变化。第三个就是商法越来越具有国家强制性了。商法本身也已具有一种国家强制力的作用在里面了。因为商法不仅涉及私人利益，更多还涉及社会发展的利益、社会功能的利益。我记得，我在 20 世纪 80 年代第一次到比利时去讲学的时候，曾经问当时比利时的一位学者怎么理解经济法？当时他的回答使我很吃惊。他说："20 世纪的经济法就是 19 世纪的商法。"反过来又说了一句："19 世纪的商法就是 20 世纪的经济法。"我说："这话你怎么解释呢？"他说："19 世纪的商法更具有自由性。而到了 20 世纪，商法就越来越具有强制性、国家强制力的特征了。"从这个意义上来说，他认为我们 20 世纪的经济法无非是由 19 世纪的商法脱胎而来。我不完全赞成或者说很大部分不赞成他这种说法，因为经济法绝对不是原来的商法。但是我们可以看到人家说法的合理的因素，合理的内核。这个合理的内核就是：商法也发生了很大的变化，商法从原来商人阶层自治自律的完全自主的东西，逐渐就变成了国家的商法法律规定，在商法里面出现了很多强制性的东西。我们中国大陆现在把商法定位为公司法、票据法、海商法、保险法，我国台湾地区我看也是这样。但是我还注意到，我国台湾地区的"证券交易法"和"期货交易法"都写在"行政法规"里面，而我们大陆现在是把证券法放在商法里面。当初，《证券法》刚通过的时候，我见到赖源和教授，就和他讨论过这个问题。我说："《证券法》的核心是管理规范，《证券法》里面有很多是管理的规定。而《证券法》又被说成是商法，可是商法不是关于管理的而是关于自主经营的啊。这句话说得对不对啊？"赖源和教授说："我同意你的观点。"赖源和教授也认为，证券法本质说来是一部行政管理的法律，它的商法色彩比较淡，而它行政管理的色彩、市场管理的色彩比较重。我们可以思考，证券法究竟从本质说来是属于商法的范畴，还是属于一种行政管理的范畴，也可能都有。我们可以来思考一下这个问题，观点可以是各种各样的。所以，我想商法从民法中的剥离是第一次的脱离，它最终的形成理由是国家的干预、国家的强制力；其他的理由可能还有它的活跃性，它的别的一些东西。

第二个我认为很重要的剥离，是劳动法从民法中的剥离。这是第二次大剥离。我们知道，罗马法里面雇佣合同等还都是民法的范畴，是绝对的民法范畴。当事人之间存在劳动的问题、雇佣的问题，而劳动力也可以买卖，在这个意义上可以把劳动合同放在某一类的民事合同里面。但是今天，不仅原社会主义国家苏联、现在的俄罗斯仍然是把劳动法典单独出来，而且我国现在也没有把劳动法看成民法。《劳动合同法（草案）》很快就要向全国人大常委会提交审议了。[1]劳动合同法不属于民法范畴；包括西方国家也逐渐把劳动法单独放在一起。我也看了看我国台湾地区的"六法全书"，"劳动法"也是单独在行政管理"法"里面，列劳动目，而没有放在"民法"里面。但是劳动关系也是平等主体之间的关系啊，也是市民社会里面基本的东西啊，劳动关系里面很多也是由当事人自由意志来决定的啊，但是现在劳动关系里面有越来越多国家强

---

〔1〕《劳动合同法（草案）》于2005年12月24日首次提请第十届全国人大常委会第十九次会议审议。——编者注

制的因素，像最高的工作日时，最低的工作报酬等。我想这点大家看得很清楚，劳动法已经剥离出来了。

第三个剥离，大家可以看到是知识产权法的剥离。虽然我们仍然可以说，知识产权法还是在大民法里面，甚至我们《民法通则》里面仍然规定了知识产权，但是世界绝大多数国家的知识产权法是单行的法，并没有放在民法典里面。虽然这次俄罗斯新民法典说要把知识产权法纳进去，但这个工作也还没做出来。我们可以看到，知识产权法里面有一部分确确实实和我们传统民法的内容是不太一样的，那就是知识产权的一些权利是特许的权利，是许可的权利。除了著作权不是这样，专利权是要经过申请或是要经过批准的，商标专用权更是这样。我们一般的民事权利（当然除了债权）属于绝对权，而绝对权一般是不会既有时间的限制，又要经过国家行政程序的许可的，而有关知识产权的法律里面恰恰相当一部分是要经由行政程序。商标和专利申请的程序、审查的程序、批准的程序、复核的程序都是行政方面的。所以在这个意义上说，知识产权法从民法中分出去了，也是合情合理的。

第四个剥离，从现在来看，我认为是竞争法也应该从民法里面分出去。关于竞争法的问题我认为需要很好地来思考。因为从传统概念来说，两个平等主体之间的竞争关系，是一个市民社会的问题，是一个商法里面的问题，或者说是一个平等主体之间的关系的问题，属于私法的范畴、私权的范畴。但是应该考虑，竞争法里面所涉及的私权发生冲突的时候，特别是私权已经影响了竞争的秩序、市场的秩序的时候，应该怎么办。如果大家有兴趣翻一翻法律出版社出版的《法律小全书》——这算是比较权威地编纂了我们现在的法律体系的工具书吧，我们可以看到它把《反不正当竞争法》放在民法的范围内。在我国台湾地区，好像"反不正当竞争法"不是放在"民法"里面。如果从大类来划分，反不正当竞争法是民法的范畴，是经济法的范畴，是社会法的范畴，还是其他哪个法的范畴呢？究竟怎样来看这个问题呢？我觉得竞争法是典型的国家用强制力来干预市场竞争关系的一个法律。本来竞争完全可以自由的，两个公司合并谁管得着啊？但现在，两个公司合并构成垄断的话，国家就要干预，在这个意义上来说，它是两个主体之间竞争的关系，但它又是通过国家的强制力来限制或者禁止某些竞争的。将来我们反垄断法出台后又放哪儿啊？难道再把反垄断法放在民法里面吗？还是把反垄断法放在别的一个什么部门里面？反倾销法放在哪儿呢？难道我们也把反倾销法按部门来划分归到对外贸易管理法里面吗？我们应该明确地把竞争法这样一些范畴的法律作为一类法律对待，我们可以看到这类法律在逐渐脱离民法，形成它自己的领域。

过去我在苏联学习的时候，注意到它把三个法从民法里面分出来了，那是 1917 年十月革命以后的事了。第一个是把《土地法典》分出来了，第二个是把《劳动法典》分出来了，第三个是把《家庭婚姻监护法典》分出来了。你可能会说这已经过时了。可是我最近又打电话问了黄道秀教授，我说你翻译了《俄罗斯民法典》，除了《苏俄民法典》里面包含的传统债权、物权这几个部分以外，他们的婚姻法、土地法、劳动法是不是还是单独法典？我得到的回答说这三个法典还是单独的，现在俄罗斯仍然有单独的《土地法典》《劳动法典》和《家庭婚姻监护法典》。没有把婚姻家庭关系纳入民法典，这也可以说是某种技术问题。我现在并不认为应该把亲属关系、家庭婚姻关系从民法里面拿出去，这是市民社会里面两个基本的东西。我认为市民社会里面最基本的是物质生活关系，而市民社会的物质生活关系无非是两种：一种是人为了自己生存而发生的生活关系，是生产、交易、分配这样的关系；一种是人为了自己的种族能够延续而发生的生活关系，要结婚、要生子、要有家庭、要有继承。市民社会的根本就在于这两种物质生活关系。一种是为了自身生存，这就要有经济需求；一种是为了自己种族的延续，这就需要家庭、婚姻、继承。在这个意义上来说，市民社会是不要任何人或国家来干预的。我生几个孩子，我采取什么结婚方式，是国家不应干预的。

确确实实，在整个民法的发展过程中，有一些部门是在不断地膨胀，又在不断地分解，更在像蝉一样不断地脱壳，来避免民法本身过分庞杂、过分杂乱、过分变成没有科学内在的东西。我觉得这是我们应该看到的。可以预见，未来有些东西可能还会脱离。

我随便举一个例子——侵权行为法。侵权行为法绝对是民法的范畴，但是我们应该看到，现在有一些侵权行为规则完全是国家强制的，连金额是多少都是国家强制的，它又有多少民法的特征在内呢？有一次，一个国外的大公司要把一些很重要的核设施卖给我们国家，想知道如果核设施发生了事故，造成了损害，应该适用什么法律，让我拿出意见。我找了一个学生，他在原来的核工业部、现在的核工业总公司的法规处工作。他说他这个处，专门就搞这个立法。一看里面写得很清楚，因为有很大风险，所以哪些由国家来承担，在多大范围内来承担，国家规定得很明确。像这样的赔偿，在多大意义上讲是一个民事赔偿呢？民事赔偿有很多特点，有没有过错、赔偿额的大小、赔偿的原则等很多都是不确定的东西。但是这种赔偿没有，只要造成客观责任，它的赔偿就是这么一个范围。航空事故赔偿也是很典型的。原来按照国际航空运输的有关法律规则，一个人是十万个特别提款权，[1]但有一次我在机场碰到了西南政法大学的一个毕业生，在西南航空公司做法律部长，刚从温州处理完空难事故回来，我问他这个问题，他说现在变了。国际上逐渐从这

---

〔1〕 根据国际货币基金组织（IMF）金融计划和运作处提供的资料，SDR 是国际货币基金组织于 1969 年创设的一种储备资产和记账单位，亦称"纸黄金"，最初是为了支持布雷顿森林体系而创设，后称为"特别提款权"。最初每特别提款权单位被定义为 0.888671 克纯金的价格，也是当时 1 美元的价值。随着布雷顿森林体系的瓦解，特别提款权现在已经作为"一篮子"货币的计价单位。最初特别提款权是由 15 种货币组成，经过多年调整，目前以美元、欧元、日元和英镑四种货币综合成为一个"一篮子"计价单位。作为 IMF 分配给会员国的一种使用资金的权利，中国拥有的特别提款权配额为 63.692 亿，是第八位份额最大的成员，而美国以 371.493 亿特别提款权作为最大份额的成员。《统一国际航空运输某些规则的公约》规定，如果出现意外，航空公司须对每名搭客作出赔偿限额为 10 万 SDR 的赔偿。参见徐炯："什么是'特别提款权'"，载《21 世纪经济报道》2005 年 5 月 16 日。——编者注

种强制的定额赔偿变成民事的赔偿了，十万个特别提款权不是统一的赔偿标准，而是最低的。这可就是民法的问题了。比如说，一个名人坐飞机死了，就不能只赔十万个特别提款权了。要按照民事的赔偿，因为他的特殊身份，对他的赔偿费用就会很高。这就涉及我们国家的问题了，农村人和城市人的赔偿标准要不要一样？这个问题争论了很久，最高人民法院也拿出了一个意见。都一样对还是不一样对？我说都不对。不一样是不对，城市人为什么赔这么多钱？都一样就对？那也不一定。农村可能有百万富翁，他收入也可能很高，城市可能还有没工作的呢，如果按照他的工作性质、他的收入来赔偿，那情况又不一样了。民事赔偿要看实际的损失，实际的损失是现在所造成的损失，而不是我应该是一个什么样的人，城市人平均收入是多少钱。民事赔偿标准的考虑显然和国家赔偿的标准，像航空事故、核污染这种赔偿标准，是不一样的。如果我们的侵权赔偿是个统一的标准，只讲客观责任，只要出现了这种情况就赔这么多钱，那就没必要在民法里面去研究这个问题。这种情况下，它完全是行政法的，完全是行政规章、国家赔偿。所以那时候搞国家赔偿法，我跟行政法学者也有一个争论：国家赔偿法究竟是民事赔偿，还是非民事赔偿？我认为国家赔偿本质说来还是民事赔偿；但是我心中也有一句话，如果这样的赔偿百分之百都是按照统一的标准，百分之百的都是一个数字，或者说按某一个固定的东西，那么严格说来它的民法要素、民法因素会越来越弱。

所以我得出的结论是：从历史到现在的发展来看，为什么有一些部门逐渐从民法中脱离？我看最重要的就是一个要素起了作用，即国家强制力的作用。民法本质的精神是意思自治或者说私法自治，不能说一点都不能承受国家的干预，但是如果国家干预过多了，这些内容就逐渐从民法的领域里面脱去了。它已经同传统的民法理念、传统的民法价值、传统的民法功能不太一样了。在这个意义上来说，我始终不主张一个大而全的民法体系。一是从内在发展规律来看，它就是不断地在剥离。这次民法典起草有人主张把商法写进来，说是包含商法，实际上没多少商法内容。一方面要承认一个民法包含商法的体系，另一个方面民法又不能够涵盖商法的体系，那怎么行呢？现在王保树教授在商法年会上又再提出搞"商法通则"，因为商法不能够都用《民法通则》涵盖，强制地要把商法拉进民法，又不做一些特别的规定，那不是限制它的发展吗？二是从可能性来看，我们也不可能在今天的社会里面把民法搞得这么大这么全。

第三个问题，从人身权的性质来看民法的过去和它将来的发展。为什么要讲这个问题呢？因为我们在民法典起草过程中，对于人身权的性质，对于人身权要不要放在民法典里面单独成为一章或是一编，一直都有争议。

对这个问题的观察不妨也先从历史角度来看。我认为从历史发展的角度来看，民法是植根于市民社会的。那么跟市民社会相对应的就是政治国家，或者叫政治社会。我在20世纪80年代初开始接触到市民社会的时候，大概翻了翻《马克思全集》的第一卷到第四卷。如果大家有兴趣的话，可以翻一翻马克思的早期著作，里面关于市民社会和政治国家有很多论述。市民社会是相对于政治国家而言的。传统的市民社会就像我刚才说的，它是以人的物质生活为基本的，是一个以财产权利为核心的社会。既然人在社会中要为自己生存，起码的条件是要有物质条件；既然讲的是物质社会，它的中心当然就是财产权利。那么人的另一部分权利怎么办呢？人的政治权利、人身权利怎么办呢？这部分显然要从另外一个渠道去解决，那就是政治国家。

法国大革命以后形成了两个东西。作为欧洲国家资本主义的标志或者资产阶级取得胜利的标志是两个重要的法律文件：一个是法国大革命的《人权宣言》，全称叫《人权与公民权利宣言》；第二个是《法国民法典》。我们必须把这两个法律文件放在一起来看。《法国民法典》是市民社会的宣言，《人权宣言》是政治社会的宣言。市民社会的宣言——

《法国民法典》解决了公民和公民之间的契约，而《人权宣言》解决的是公民和国家之间的契约。如果我们从这个角度来观察近现代法律的发展，从法国大革命来看的话应该看得非常清楚，这两个是应该相提并论的，只讲《法国民法典》不讲法国《人权宣言》不行；只讲法国《人权宣言》不讲《法国民法典》也不行。所以从这个角度来看，我们必须要做出区分，一个是公民和公民之间的契约，一个是公民和国家之间的契约。法国《人权宣言》第 2 条是这么说的："任何政治结合的目的都在于保存自然的和不可让与的人权。这些权利就是自由权、财产权、安全权和反抗压迫权。"这里面讲了四种权利：自由权、财产权、安全权和反抗压迫权，这是公民和国家的契约的核心。国家要给公民自由权；国家要给公民财产权；国家还要给公民保障安全的权利，国家要保护公民；国家还要给予公民能够反抗压迫的权利。我想这是政治社会里面非常重要的公民权利。

但是这就有可能产生这样一个问题：我们所说的人格权，如果拿到法国当初的这个条件来看，究竟是应该写进《法国民法典》呢，还是应该写进法国《人权宣言》呢？法国《人权宣言》里面讲了自由权和财产权；而人格权实际上是由两大部分组成的。我们现在所讲的人格权，一部分是自由权，一部分是尊严权。人格权，一是人身自由的权利，一是人格尊严的权利。生命权、健康权、住宅权、通讯自由、婚姻自由，这是人身自由；名誉权、荣誉权、隐私权等这些，实际上是尊严权。人格权本身是这么来的。当时《法国民法典》没有写进这样的一些自由权，但绝不能够得出一个结论说：现在西方国家的法律只重物，不重人，他们是"物文主义"；而我们因为讲人格权，所以我们是人文主义，所以我们最重视人权。这样讲就错了。从某种意义上来说，越是在宪法里面没有把人身自由保障写进去的，也许就越愿意在民法典里面把它补足；而在民法典里面补足，并不意味着是最好的办法（虽然也可能是很好的办法，但只是选择之一）。所以我们从历史的发展过程看，绝不能够仅仅因为民法典里面有没有规定来确定它是把财产权放在第一位还是把人格权放在第一位。因为它有两个宪章，一个是处理公民和公民关系的宪章，公民和公民之间更多的是关于财产的权利；另一个是处理国家和公民之间关系的宪章，国家更多的是保障公民自由的权利，在这个意义上说，自由权是国家承诺的保障。

来之前为了准确起见，我给蔡定剑教授打了个电话，问他联合国《公民权利与政治权利国际公约》我国究竟参加了没有。他说，我们是签字了，但是到现在全国人大常委会都还没有通过。我注意到《读书》杂志有两期都刊登了对联合国这个公约的翻译产生的争论："公民权利"翻译得对不对？有人说，"公民权利"根本翻错了，civil rights 不是公民权利，而是市民权利。但是我看这杂志上面没人说是"民事权利"，因为"民事权利"太专业化了，民法里面才提"民事权利"。有人说，应该翻译成"私权"，叫"私权和政治权利公约"，也有道理。政治权利是公权利，对应来讲，这边就是私权利。这个 civil rights 怎么翻译确实很麻烦。要让美国人来理解这 civil rights 又不一样了，他会说这是民权了，Human rights 是人权，civil rights 是民权。宪法里面人的自由，那是人权；如果讲平等，男女的性别平等、民族的平等、白人和黑人的平等，这是民权。马丁·路德·金领导的民权运动，以及女权运动，这都是讲民权。

1987 年我在比利时遇到一个学者，我就问他，你们这儿 Personal right 是在哪儿规范啊？比如说我的名誉权受到侵犯了，应该怎么办啊？他说，你可以到斯特拉斯堡那个欧洲人权法院。可见，从某种意义上来说，他把这种权利视为是人权里面的。为什么讲这个问题呢？我们现在民法里面所涉及的人格权概念是脱离了宪法概念来讲的，而就人格权本身来说具有相当多的宪法属性。历史的发展是这样的。从法国的《人权宣言》，从美国的《独立宣言》，我们都可以看到，人权的问题是政治社会里面的问题，当然它是不是能够完全包容我们今天的人格权那又是另外一个问题。正因为如此，我们应该站到宪法权利的高度来观察民法中的人格权。如果仅限于从民法的角度去理解人格权的话，显然是不合适的。我们更不能够以我们民法起草要加进独立的人格权编（对此我是不反对的），就由此得出结论说：我们是很重视人格权的，我们是很重视人权的，我们比人家没有写的要更为重视。显然不能够得出这种结论，因为在历史发展过程中，它的形成是有不同的轨迹。

人格权除了自由权，还有另外一个方面就是尊严权。我认为，尊严的权利实际也包含在政治国家的法律里面。我特别打电话问蔡定剑教授，联合国有关公民权利和政治权利的文件里面有没有包含人格尊严权利的规定？他帮我查阅后告诉我是有的。但是从另外一个角度来说，即使没有，从历史角度我们怎么来看呢？为此，我又专门翻了翻罗马法。我看罗马法里面写得很清楚，罗马法里面的侵权讲的是私犯。罗马法的侵犯分成了公犯和私犯。公犯是侵犯了公共财产，私犯是侵犯了私人的权利。侵犯公共财产，包括了侵犯公有物，尤其是神庙这样的一些物，那是犯罪。Crime 这个词的词源在拉丁文里面是 crimen，而私犯呢，它用了 delictum 这个词，就是通常我们所说的大陆法系国家的侵权。但是，私犯包含了盗窃，盗窃都只算私犯（而不是公犯），只是侵权、赔偿；还包括对财产的侵权，以及对身体和名誉的侵权。这就是说，自罗马法的时候，侵权行为就不仅仅是对财产的侵犯，也包含了对于身体的侵犯，还包括了对于精神的、名誉的侵犯。罗马法里面特别讲了对名誉的侵犯：怎么样会造成名誉侵犯，造成这种侵权的赔偿责任。它也有一定的列举，比如在什么情况下给人造成了人格的贬低啊，等等。由此我们可以得出来的一条线索就是，罗马法的时候有对于名誉权的侵犯，但是并没有对于名誉权的实体规定。罗马法中没有单独拿出一条来讲名誉权或者讲人格权或者讲哪一种尊严的权利，但是当侵犯这种权利的时候，要承担侵权责任，这写得很清楚。在这个意义上来说，我们可以得出来一个结论，就是从历史发展来说，对于实体权利，往往是先通过诉权来进行保障的，而并不谋求在实体权利中名称的完善。谋求诉权的保护就可以了。

我们在民法典起草中也有人讨论性骚扰写不写进去？当然要写进去。但是性骚扰侵犯的是什么权？一直有争论，性骚扰到底侵犯什么权，谁也说不太清楚。不一定是身体权，不一定是名誉权，也不一定是隐私权。我打电话骚扰了你，侵犯了你什么权呢？身体可能也没接触是不是？这也没有对于外面名声的公开贬低是不是？但是可以不问侵犯什么权利，即使法律中没有写也不要紧。我们这次讨论，性权利要不要写进去，那可以争论。性骚扰算不算是侵犯性权利，那是另外一回事，但是至少可以规定性骚扰要承担侵权责任，这已经是个保护了，已经是对权利的宣示了，已经是对权利的保障了。在这个意义上，我们可以说，至少早期的民法典，乃至于包括法国民法典、德国民法典，并不是以单独一编，或者并不是以单独某一个权利的名义，把受到侵犯的人格权写得很清楚，而是通过规定某些侵犯要承担民事责任来加以保障。

有一个例子。我第一个我国台湾地区的博士生答辩的时候，王泽鉴教授也来了，参加了他的答辩会。后来王泽鉴教授给我们的学生作了一个报告。有个学生就问他这样一个问题："请问王泽鉴教授，人格权是法定主义还是非法定主义？"王泽鉴教授想了一会儿说："照我的看法，人格权不应该是法定主义。不能够说只有法律的规定的，才是予以保护的权利。法律上没有写的，也可以照样保护。所以它不能是法定主义，不能只有法律写的我才能保护，只有法律有的我才给予保护。"那次参加会议的还有谢怀栻教授。谢老紧接着发言："我非常同意王泽鉴教授的意见。物权法可以是法定主义，企业法可以是法定主义，但是人格权应当是非法定主义，不能说法律规定的才保护。"在这个意义上来说，从罗马法以后，到法国民法典甚至德国民法典，实际上都是这样，并不一定非要在法律里面写上一个隐私权，非要在里面写上一个名誉权，非要在里面写上一个荣誉权，才能说有这个权利，才予以保护。即使没写，侵犯了隐私、名誉、荣誉，也是不行的。它不是法定的，不是说写了就保护，不写就不保护。人格尊严在什么情况下都不应该受到侵犯。罗马法都保护名誉权不受侵犯了，虽然并没有明确写"名誉权"这种权利，那你能说现在不写就是不保护吗？我们的《民法通则》到现在还没写隐私权，隐私权不也受到保护了吗？写当然比不写更好，而且我仍然主张写。但是我们不能得出一个反过来的结论：没写就是不保护。

这是第三个问题。我想强调，从人格权来看，我们可以看出两条轨迹来：第一，就是人身权跟宪法权利密不可分；第二，人身权是从侵权行为法里面独立出来的，它是和侵权责任、侵权行为法密不可分的。

第四个问题，我想从公权力和私权利的冲突来谈民法的过去与将来的发展。

从公权力和私权利的冲突来看，我认为，民法传统上既然是市民社会的法，需要解决市民社会的自主要求，形成了我们的私法自治、民法自治，而国家不干预，只起到保护人的角色。所以传统上，罗马法以至于《法国民法典》《德国民法典》，从来都是通过违约、侵权来解决对私权的侵犯，它具有规范私主体的侵犯这个特征；而国家在政治公约、政治条约里面，在政治契约里面，都被定位为一个保护者，国家答应给公民的权利予以保护，这就是公民的安全的权利。法国《人权宣言》里面讲了，公民可以得到安全，国家不仅要保障公民的人身安全，他的财产、交易都要安全。但是，随着国家对于经济领域、对于私权领域干预的扩大，我们可以看到，国家直接造成公民权利损失的机会也越来越多了，这是我们现在面临的最大的一个问题：就是随着国家干预的加强，国家本身已经不仅仅是保护者了，它在用它的权力来介入了。国家可以征收，国家可以没收，国家可以强制公民做一些事情，国家可以取消公民的某些资格。公权力和私权利冲突的几率越来越大了。而在这样的直接跟私权利的冲突中，它就变成侵权的主体，而不是保护的主体了。这在传统民法中是不太多的，传统上我们讲的侵权都是私人对私权的侵犯。

我们可以看到，公权跟私权的冲突有两个方面：一个是私权利对公权的侵犯，一是公权对私权利的侵犯。关于私权利对公权的侵犯，我们已经讨论了很多，甚至有人把对于国有财产的侵吞也看作是私权对公权的侵犯。严格说来并不是，因为国有财产在市场经济中与私财产有同等地位，私权利对公权力的侵犯，不能够仅仅看作是对国有财产的侵吞。时间有限，这问题我不在这儿专门论述。对于私权利对公有财产的侵吞，我们有刑法的保障，我们刑法提供了充足的保障，像个人贪污国家财产有贪污罪等，这些罪有的是。物权法草案甚至还有对国有财产的保护规定。但是回过头来，公权力对于私权利的侵犯，在我们刑法中是很少体现的。你可以去看看，刑法中究竟有多少条文规定了公权力对私权利的侵犯？我们的物权法里有多少条文体现的是公权力对于私权利的侵犯？我们制定的物权法草案里面讲了物权保护的几种方法，还都是传统的，像停止侵害、确权等。

可以得出这么一个结论：由于传统民法解决的是私权跟私权之间冲突的法律关系，以及私权对私权侵犯以后的法律责任，相对说来，缺少关于公权力对私权侵犯的规定。而现在呢，不管是在外国，还是在中国社会，都存在公权的干预和可能对私权利造成的损害。尤其是在中国，公权的干预度是比任何国家都大，公权干预的任意性也是比任何国家都大，而公权力对于私权利造成的损害也比任何国家为大，所以对私权利的保护，也就尤其重要。我想，仅仅通过一个民法来解决对私权利保护的问题，这绝对是民法不能承其重的。只通过民法、物权法、侵权法，把国家权力对于公民权利的侵犯都容纳进去，这可不容易。民法不能承其重，这也不是民法的任务。在这个意义上来说，要解决对私权的保护，在民法之外还要加强。

所以我认为，民法要深化对于民事权利的保障，不仅仅在民法之内，更重要的是在民法之外。我们的行政诉讼法，我们的国家赔偿法，我们将来的司法审查制度，这些东西都需要进一步地加强。比如说，国家行政机关做出的抽象行政行为侵犯了公民权利怎么办？国家机关侵犯了公民权利有没有宪法诉讼的保护？而加强这些的目的也是为了加强对私权的保护。所以，对民法中私权的保护绝不能够仅仅依靠民法，民法也无力完全靠自己来解决对私权的保障，这需要拿到宪法和其他一些相应法律和规定的范围中去。我认为，这也是国际上一个很重要的趋势。

最后，第五个问题，我想从严格的形式主义和结构主义来看民法的过去与未来。

从民法发展的历史来看，古代是很重视形式主义的，罗马法就非常重视形式主义：Manci patio 的方式、拟诉弃权的方式，乃至于婚姻、遗嘱等都重形式，甚至中世纪的婚姻都重形式。我想古代之所以重形式，也许类似于今天的公证。因为有了形式，有了众多人参与的场合，这就是一种公证。俩人结婚了，不光登记，还举行一个公众参与的结婚仪式，大家都来参加了，这就是最好的公证。在这个意义上来说，某种形式，是起到了现代公证的某种作用。我还常常记得 20 世纪 80 年代初的时候，我们最早接触到的一部美国电影，当时在美国轰动一时的，叫做《根》（Roots）。讲的是美国有一个黑人决定要寻根，要寻找他哪一辈的祖先当初在非洲什么地方被卖掉。他就到非洲去寻根，最后在冈比亚还是什么地方找到了。当初在一个很重大的仪式上，他的哪个祖先被白人俘虏了最后弄上船给卖掉了，一问，其他人还记得住，因为有一个形式，一个仪式，这种仪式可以给人非常深刻的印象。

但是，越是到现代的市场经济自由，越是到现代更多的国家干预，形式已经越来越不能起到那么大的作用了，形式的作用显然被逐渐弱化了。原来罗马法很注意原因（causa），要式和要因，是民法很重要的两个概念。在要式行为和要因行为中，没有"形式"归于无效，没有"原因"也归于无效，这里"原因"类似于英美法里面的"约因"，或者叫"对价"（consideration）。可现代英美法的英国也不那么重视 consideration

了，它也是要看市场交易中的发展了。现在我们可以看到，随着两个因素的增加，已经不一定非要严格按照要式或要因了。一个因素是国家权力的干预。有国家来见证，有国家来管理，干吗非得要式或要因呢？第二个因素是随着经济越来越要求发展、自由，过多地要求"对价"等严格的形式，会使交易变得很迟缓，出现阻碍经济发展。所以我们看到，这两种严格的形式，一个绝对的要式，一个绝对的要因，随着民法的现代化，已经越来越少了。当然还不能说完全绝迹了，完全没有了，而是所起的作用不像原来那么大了。

这里面也涉及另外一个问题。我现在很少举这个例子了。1989 年，我到夏威夷参加一个中美民法经济法研讨会，当时一块儿去的还包括崔建远等几位教授。在这次会上，有一个美国学者问我这么一个问题，使得我当时非常难回答。他问我什么问题呢？他说："你们中国的法院能不能够把当事人的合同做自己的解释？合同是这么写的，但是法官认为这合同写得不对或者不好，法官按照自己的意志来判决行不行？比如说合同约定的利息是什么，法官认为不合适、不公平，法官予以改变，可以不可以？"这个问题我真难回答。我要说可以吧，他会不会说："瞧！你们法官权太大了，都可以对人家合同随便做什么。"我要是说不可以吧，而实际上我们的法官也有这么做的。我想了想说，我教过一些年罗马法，罗马法里面把诉讼分为严格诉讼和诚实诉讼，严格诉讼也叫严法诉讼，诚实诉讼也叫宽法诉讼。在所谓严格诉讼，法官只能够严格按照合同的条文来解释，而不能够越过雷池一步，哪怕合同写得再不合理也得按照合同的规则。在所谓诚实诉讼，也叫诚信诉讼，法院则可以根据诚信的原则来变更合同。我跟他说，我们可以随便举个例子。威尼斯商人在合同里面规定，如果还不了钱要从身上割一磅肉。要按照罗马法，借贷合同应该是严法合同，合同上怎么写就怎么办。但是要按照宽法合同的话，法官可以根据诚信原则来决定这个合同条款合适不合适。借贷还钱，利息定高定低都是可以的，为什么约定还不了钱要割一磅肉呢？这要是按照严法合同来解释，那就只能从身上割一磅肉了。但是当今世界的发展都走向宽法了，也就是要根据诚信原则来解释。这就是为什么德国现在把诚信原则看作"帝王条款"。合同里还是要诚信第一，而不能够任何时候都严格按照合同条文去解释。

从诉讼角度来说，历史的发展是从严法逐渐走向宽法。从过去的严格形式主义，严格按照合同约定的内容，逐渐走向按照诚信的原则、更公平合理的原则来处理解决处于纠纷中的关系。今天的《法制日报》还是《人民法院报》，刊登了一则消息，关于个案的衡平原则的。讲的是，一审法院因为合同签订人根本没有法人资格，判决合同无效；到了二审法院又判决有效。一审判决无效的理由是，订合同人没有行为能力，没有权利能力，根本没有法人资格，它没有资格，订了合同当然会无效。可是二审法院根据衡平原则、公平原则，认为哪怕它没有法人资格，订了合同，也要有效。因为你要保护对方。要不然，法院认定没有权利能力又没有行为能力订了合同都无效的话，那不就便宜签订人了嘛，订完合同后他就可以赖账了。所以要按照公平的精神，进行个案处理。在这个案子里面，哪怕订合同人根本没有权利能力、行为能力，订了合同，它也要有效。我认为这是法官的权力，他可以根据衡平原则来确定，并不是一切都要严格地按照某种标准来定。在这一点上，我们可以看出来，现在的司法解释也好，判例也好，包括刚才我讲的美国奥康纳大法官参与的这个案子也好，都在发展，而这种发展的根据，包含了一个公平的理性的东西。绝不能够搞严格的形式主义这样一些东西，否则的话，会毁了民法一个根本的精神、根本的理念，即需要根据公平的诚信的原则来处理问题。

其次，我要提出来关于结构的问题。结构主义的问题也需要研究。关于结构主义，我倒认为古罗马当时的民法或者叫市民法本身就是一个多元结构。罗马的《国法大全》包括四大部分。其中的《查士丁尼法典》（Codex Justianus）实际上是一个汇编，把过去所有的法律汇集在一起；

其中的《法学阶梯》大家都知道，四卷本，分三编：人、物、诉；其中的《学说汇纂》，五十卷，是经过编纂以后，把当时罗马法里面著名法学家的言论拿来，后来可以当做法律来使用了，这就是后来《德国民法典》所沿用的 pandecton 体系。其中哪个是最科学的？从科学角度，可能是《学说汇纂》最为科学，因为它经过了一种系统编纂。可是《法国民法典》延续的是《法学阶梯》的三编式。我说这个话就是要我们看到，在欧洲的历史发展中，虽然"三 R 运动"很重要，其中包括"罗马法复兴"，它在历史上起到了重大的作用，但是我始终认为，"罗马法复兴"也存在着一定的问题。这就是在"罗马法复兴"过程中，注释法学派完全是靠对罗马法的注释，完全是按照它的原义去注释，而不敢超越雷池一步。二三百年发展下来以后，欧洲国家以罗马法为蓝本发展出来自己的民法体系，各自都找了它的理论根据，例如，德国人找了 pandecton《学说汇纂》，法国人找了《法学阶梯》。而现在甚至都有了一个原教旨主义！我们刚开完"第三届罗马法会议"，我在私下说一句，意大利学者的原教旨主义可太厉害了。意大利学者的功劳就在于把罗马法传播于后世，我是教罗马法的，这我完全赞成。我也主张把罗马法传播到中国，把罗马法理念传播到中国，但是任何一个学说不能够搞原教旨主义，不能说非得按当初的规定来解说！社会发展了这么多年了，怎么还能按原教旨去解说！伊斯兰教有伊斯兰教原教旨主义，基督教有基督教原教旨主义，但是基督教要是没有马丁·路德的宗教改革，哪来今天的新教啊？连马克思主义现在也还有原教旨主义，非要奉行马克思两百年前说的哪句话。社会变化很大，说结构主义也好，说原教旨主义也好，要严格按照它去办，只能是奉行过去某一种结构一点都不能变，这样怎么行？

　　在这一意义上我觉得，从民法的发展来说，是从严格的形式主义、严格的结构主义，到逐渐地放松。我刚才讲了，俄罗斯的民法典完全是继承德国的，但也不一样了。我始终没有反对《德国民法典》的意思，我仍然尊重这部法典。我认为，《德国民法典》在体系和结构方面是成就最高的。但是《德国民法典》更多的是形而上的，更多的是抽象的一些理论体系。英美法更多的讲形而下（这是我个人的看法），它是从实际判例里面拿出来的。在某个判例，做了一个 statement，然后就作为一个规则，逐渐成熟。当然也有它不好的东西，但是应该看到它好的更重实际的一面，更接近生活的一面，更符合生活的脉搏的一面。所以在这个意义上我认为不管怎么说，要发展。我刚才讲过，两年前在神户参加"民法的动态研究"这个会议的时候，京都的北川善太郎教授说的话，让我大吃一惊。他说他刚刚去昆明参加了中国民法典编纂的一个讨论，对于民法的体系有一个看法：过去民法的体系，中间一个总则，旁边是债权、物权、亲属、继承；未来的民法典，中间是总则，然后是知识产权、人格权、所有权及其利用、合同、侵权，就连担保他都单独列出来了，他把这些都分出来了，当然还有婚姻继承了。他甚至说，没有必要非要把担保看作是物权或者是别的什么，从它的功能来说就是担保债权而已。现在俄罗斯的民法典里面，就把所有的担保都放在债的一编里面去了，看作是债的担保的形式。这也很有意思啊！俄罗斯在把原来苏联的一些东西瓦解了以后，也是大量地靠近西方的尤其是《德国民法典》的东西，但是在有一些方面仍然不同于《德国民法典》，而是植根于社会的实际。虽然苏联瓦解了，但它不能够不承认它继受的那段历史。如果法律已经被人们所接受，已经成为人们生活中的东西，那么过去历史形成的东西就是事实，不能够不考虑。在这个意义上来说，我认为我们应该从严格的形式主义和结构主义中摆脱出来，吸收各个国家、各个民族、各个社会里面优秀的东西，使得我们将来的民法的发展多元化。多元主义、多元化，是必然的趋势，民法的发展不会只是遵从一个典型的模式。我就讲到这儿，下面我想听听苏永钦教授的意见。

米健教授（主持人）：

江老师时间把握得非常好！我简单先说两句。江老师刚才讲的五个问题，实际上都是非常重大的，是跟我国民事立法紧密相关的问题。第一个，市民社会的问题，是讨论得比较久的一个问题，是一个思想基础问题，是一个理念的问题，大家有不同的看法。我还是第一次听江老师出来正面阐释他对这个问题的看法。以前也和江老师探讨过这个问题。很多人也对这个问题发表了比较多的看法；我相对来说是比较保守的，也谈过对这个问题的看法。第二个问题我觉得谈的是体系的问题。第三个问题我觉得江老师谈得稍微多一点，我听了比较高兴。我觉得江老师的立场是：尽管江老师不反对现在民法典编纂的结构，但是从我今天的理解来讲，江老师对人格权独立成编的问题是持谨慎态度的。我觉得江老师今天讲得非常清楚。关于这个问题我们学界实际上展开过激烈的讨论。第四个问题是公私权的冲突。江老师主要是从现代社会国家公权对私权的侵犯这个角度，讲了我们民事立法对私权保护的局限，指出现代民法发展的规律，以及私权保护发展的规律和倾向。第五个问题江老师概括得非常清楚、非常简要。一个是要式和要因，讲了形式主义；另一个是结构主义。这两点虽然江老师讲得并不多，但是非常有启发意义，我自己是非常有收获的。现在有请苏教授对江老师的报告进行评论。

苏永钦教授（评论人）：

尊敬的江老师，尊敬的主持人米老师，各位老师，各位同学，大家下午好！我久仰江老师的演讲风采，认识江老师实际上应该有七八年了，过去在我国台湾地区、在这里都常有碰到他，但这次是第一次倾听江老师的演讲，真是领略到大师的风采。五个议题把整个民法的问题都串起来了，很多地方我觉得是茅塞顿开，受益非常多。可惜事先没有能够拿到江老师的讲稿。刚才米老师讲，对将来立法方向有很大的指引，我觉得还不止是这样，因为基本上江老师谈的是整个民法中现在纠结很多的一些问题，不论将来立法怎么样，对于我们同学学习民法，在这一课所体会到的可能会有很大的一些帮助。当然江老师并没有专门针对立法工作里头最重要的那一些问题去提出他的看法，但是最后总结下来我们也可以大概抓住一些大的方向。果然是个演讲家！以我过去教书二十几年来讲，非常怕演讲，因此非常佩服他，这么短的时间讲这么多。那我还是得作为一个评论人来回应一下。我很勉强地整理一下我写了这么多的笔记，基本上是按照江老师五大点的次序来整理一下。

前面部分我想江老师主要是让我们去注意到，民法作为最原始的理念的时候，它的想象其实在后来有很大的改变。从罗马法一直到欧洲启蒙以后所谈的民法，是由自由民的平等的一些关系所构建的民法，其实后来很快整个社会条件就和那种想象不一样了，因此原来民法中很多制度其实是面对着一些质疑的。里头提到了最近的一些案例，像奥康纳大法官所涉及的案例，针对"所有权绝对、所有权要保护"这样一个观念。更不要讲讨论到合同法，对于传统农业社会短的契约关系，到后来现代的一些长的、继续性契约关系，以至于有人谈到契约已死、合同已死这样一些观念。侵权法的一些社会化的发展和大量存在的社会风险，需要看能不能用传统侵权法去回应。通过这些来显示传统民法理念在社会条件改变以后的不足，这是对民法本身的意识形态和它的基本假设的一个冲击。

第二部分谈的是民法的包容性，谈民法应该处理哪些议题，我想跟第一个问题是息息相关的，提到了随着国家的不断介入，这种介入的深度和广度使得很多传统的私法关系没有办法完全用民法来规范，以至于慢慢地在民法的外面发展出了一些或大或小的法律。从一开始的商法、经济法、劳工法，再提到像知识产权法、竞争法、公共交易法，如果还可以补充的话，像谈得很多的消费者保护法等。这些似乎都是原来民法就可以处理的，后来因为国家的介入或者是一些理念的改变，比方说劳资关系从雇佣关系脱离，慢慢地在它的旁边出现了很多别的法律领域。我想，到这里，这两个议题对我们未来民事立法来讲提出来的重要问题大概是：民法典这个瓶子应该装多少水？要用什么样的态度去灌满这样一个民法典？如果要一个民法典的话，如果这里在领域的划分上已经相当困难，那怎么去设计民法？

第三个问题谈的是一个比较专门的议题，就是人格权、人身权保护的问题。这里江老师的结论是赞成在中国做特别处理，但是不一定是说，这是中国在人权保护上的一个新的贡献，可能只是一种策略，用民法保护来表现也许还不足。从这个结论来看，江老师觉得人身权的保护是应当肯定的（当然有一些技术上的问题），还特别提到王泽鉴老师碰到这样一个质疑：人格权是不是可以创造？

第四点提到的是公私权的冲突，结论是这种冲突很难避免。在国家大量介入的情况之下，即使再怎么样在程序上注意，很多私权的利益还是会受到侵害的，因此需要很多的保护。但是不应该由民法来承担。

最后一点，也可能是总结的前面四点，提到对未来中国的民法典应该来用什么样的基本原则。我回忆起江老师几年前写的文章，[1] 在对要不要民法典作讨论的时候，他提到的观点是比较折衷的——要，但是宁可是个松散的民法典，而不是一个过于僵硬的、结构紧密的民法典或者形式主义的民法典。在这点上是把江老师的核心论点指出来了，它的理论基础在前面几点应该都可以放进去。为什么他主张这样一个形式的法典？可能比较容易来回应前面提到的社会条件的改变和法律的解释学受到的冲击；可能用这种方式对中国立法者、对中国社会新的变迁，它的

---

〔1〕 参见江平、梁慧星、王利明："中国民法典的立法思路和立法体例"，载《月旦民商法》2003 年 3 月特刊；江平："制定一部开放型的民法典"，载《政法论坛》2003 年第 1 期；江平："再谈制定一部开放型的中国民法典"，载《法学家》2003 年第 4 期。——编者注

回应的弹性都比较好。如果没有听错的话，江老师是主张民法典继续走下去，可是不要太教条化，而要开放更多的讨论。也许现在没有办法制定像德国民法典那样的交给一个最笨的人都可以操作的民法典，而是一个也许有一些矛盾，也许不这么体系，但是可以作为一个操作的开始，然后让法院、让学说还可以随着社会的改变慢慢去适应。整个的论点完全是一气呵成，让人非常佩服。

其实我的笔谈可以到此为止，因为我很难说出任何不同意的话。不过我的时间没有到，我再说一些，不能说是不同意见，应该是补充。对于民法一路发展过来在意识形态上的这些改变，很多民法的这种社会学、民法的这种大理论讨论大概都谈到了，像江老师在第二部分用"脱壳"这样的词来形容。如果我们回顾中国的民法，其实台湾地区用的始终就是中国最早的"民法典"，所以我们多少也还去读一点这样的东西，在要了解民法立法的本意的时候，也还会去找"民律草案"这些资料。确实是这样的，民法典它在当初就面临要摆哪些东西进来的抉择。"民法典"制定当时，最大的争议就是商法要不要摆进来，后来结论是说民商合一。因为中国没有独立的商法、独立的商人和独立的商人社会、特殊的商事关系，用江老师的观察，也可以讲没有像德国或者荷兰一些自由港那样的活跃的商人社会现实，也许有一些市场经济还比较发达的港口城市，但是恐怕还没有形成那样一个商法的传统，所以决定民商合一。可是，诚如刚刚江老师也点到的，在台湾地区，各种六法全书或者法学绪论，那些分类尽管是五花八门，可是大概都还有"商法"这样一个范畴。这表示虽然所谓民商合一，可是实际上有些"商法"还是在"民法"外面。这怎么去解释，从来也没有人认真地去讨论。但在"民律草案"里其实是有一段话，它的意思也就是说容量的问题。或者你可以讲，这是一个民法典的审美学，民法典如果有一块特别膨胀，公司法、票据法都塞到债编各论中，它会膨胀得很大。当时考虑的可能还不一定是国家的介入这一点，技术上的可容性就把它排除掉了。所以这个

"民法"第1条就说："法律所未规定者……"，最早的"民律草案"是说："本律所未规定者……"。后来就已经确定知道至少四个法律是属于民法该放进来的，可是不得不拿开，因为数量太庞大了。可见民法典的立法者面临的问题还不只是说，水是什么样的成分，是很纯净的某种意识形态，或者体系很教条或者很一致，它还面临即使都是这样，我还装不装得下这么多水的问题。

在这里也可能是个很现实的问题：民法典的功能是什么？它可能有一种教育功能，比方它是给所有专业法律人一个第一步的基本的文法训练、一个基本的教材，如果它里面体系特别混乱，有些地方特别庞大，就不太好了。所以民法典要摆多少东西进来，确实是一个非常非常大的问题。对于中国大陆，我们不仅面临刚刚讲的这一些所有人类社会都经历过的一些国家与社会关系的改变、法律制度的改变，还面临一些特殊的经验。比方我们市场经济规模是在很短的时间内重建的，扩展得非常的快，我们的法律几乎是跟在后头，一步一步地去回应它的需要。这跟西方国家先有一个以市民社会为想象的民法典，然后慢慢地，经过一次战争增加一些经济法，经过劳工运动增加一些劳动法，慢慢再加进来那个情况是不太一样的。后者可以有一个民法典作为一个常态的民事关系，然后有一些异态的修正的法律摆在外面；而我们是已经先有一些特别的民法，也有一部分是民法典的准备，像《合同法》，最后要制定民法典。这大概是中国经验最大的不同，我们要回填一部民法典。这里可能我们面临着以下这样一些决定。

第一个决定，我们到底要不要民法典？要它干什么？我们可以不要，这是第一个选择。事实上也有人这样讲。在中东欧的经验，也有少数一些国家最后决定不要民法典。我们有了担保法，我们有了合同法，我们有了物业管理条例，我们肯定也有关于承包经营的条例，有各式各样的法律去处理各式各样的问题，我们将来补不足就好了。那个更松散、根本不具形式的民法也是一种选择。但是这个选择可能会面对的第一个问题就是法律之间的关联，它的法理的合一变得非常困难。第二个，它的价值的矛盾会很容易产生，因为当你在处理从 A 到 Z 订立的二十几种法律或者更多法律时，你更多的是处理这个法律时会忘掉在前面某个法律已经做的价值判断。而对于一个社会来讲，其实有时也不太容忍对某些民事关系来说它的价值是非常混乱的，在这里非常重视交易安全，在那里完全忽略掉。当然这种忽略不是有意的，只是你忘掉了，因为你没有一个统一的东西。这是由特别民法组成的民法可能面对的非常大的价值混乱问题。第三个是技术混乱。也就是说你在这里用"合同"，在那里用"契约"；在这里用"损害"，在那里用"损失"。因为通过一个一个的立法，你不太可能创造一个统一的技术性的概念，它会趋向于分化，——个别的立法者会倾向于创造自己的概念，而有意地从主观上忽略掉前面其他法律的概念。这个是它不及民法典的地方。第四个，在教育法律人、训练一批法官到全国去适用法律的时候，教育的工具会非常缺乏。可能有人对于民事关系会写一本统一的民法原理，可是每个人写得都不一样，因为你没有那个一样的东西。这些是我整理出来的民法典非常重要的功能。所以我们先要有这样一个东西，再作某种常态价值的统一，然后异态是在那个统一标准上加加减减，而不是没有一个标准去谈技术的统一、概念体系的统一以及教育的工具。

如果我们因此肯定 2002 年民法典草案的努力是可以继续下去的，我们要面临第二个选择：什么样的民法典？这个民法典如果是把所有已经分散在外头的，有的甚至是分布在行政法中的特别民法，或者混合少量行政法的特别民法，或者是特别行政法，把它的民法都抽离出来，全部摆在一个高度法典化的民法典里面，就可能会出现一个内容比当年《普鲁士普通法》还要多的法典。《普鲁士普通法》是在 1780 年左右人类创造的最大的一个法典，大概装了两三万的法条，但是后来证明做不下去了：第一个原因，两三万法条怎么用？怎么去体系化？怎么去搜寻？第二个，它可能到第二天就不够用了，你再去立法，怎么去修那个大的法典？所以一个大而全的民法典几乎不是一个选择。那么我们会面临一个两难，如果你不是一个大而全的民法典，你又要一个民法典，那是一个什么东西？你也许会讲就是一个混合的东西，高兴放一些就放一些，这时它比大而全的更糟：它不全，又不清楚。所以我的头脑分析出来的一个简单的结果是：我们如果还要民法典，就应该是一个体系很清楚、原则很清楚、针对民事关系常态、像一个基本文法一样的东西。它可以发挥如上的功能（便于法理合一、弱化价值冲突、避免技术混乱、承担教育功能），虽然它并没有立刻解决任何一个个案。法官拿到手上的时候，可能只把它当成普通法，当他碰到一个民法的环境的案件，一个法官的训练应该告诉他可能从民法到环境法再回到民法。环境法的立法者会知道，他要照民法基础去修改环境法，在环境法里头加上 3 倍赔偿，其他的依照民法。这个基本的关系，每个立法者跟司法者都知道。那我们要这个民法典的话，我们定的就是一个纯粹的民法典，这个民法典就不承担任何管制的功能。到这里再讲下去，我就有点在推销我自己的观点了。

我想民法典，照刚刚的讲法，如果要的话，这样的功能至少有一个好处，就是比较清楚。在我的观察，这也是欧洲的大陆法系民法典成功的原因之一，尽管它现在已经需要一些调整，可是它的调整大概没有脱离刚刚讲的那个基本定位，至少没有脱离太多。当然有一些脱离，比方讲，德国在 2002 年修改债法的时候有一个很大的争议，就是要不要把消费者保护法摆进来？消费者保护法是不是一种经济法？是不是一种非市民法？因为它假设有一类市民是弱者，叫作消费者，而不是假设市民是平等的，这样的一个法律破坏了原来民法的基本意识形态。甚至它摆进来以后会引起另外一个质疑，说商法是不是也应该合并进来。为什么把商法摆出去？原来把商法摆出去，是假设商人跟商人之间的关系和市民跟市民之间的关系不一样。那你现在把消费者法摆进来，商法也要摆进来。争议很多。但是最后，德国人还是忍耐了这一点的非体系性。因为他们认为，要想在欧洲整个民法的发展上能够取得一个领导地位，而整个欧洲大家都不那么讲体系，消费者法摆进来就比较好一点。大概是在这个情况下摆进来的。所以没有一个国家的民法典是不妥协的，大概都会做一些妥协。我们可能也需要先做一个决定，最后再做一些妥协，但是有基本的决定：这个民法典是不是要如刚刚讲的走向那样子，不给太多中性化，不去承担太多的功能，去管到国家的一些资源分配、贫富差距这些问题，而去做一个最常态的民法，它是这个样子，然后把其他的问题交给其他的法律去处理。这也是我想象的中国民法典一个可能的模式。

这里仍然可以累积（刚刚江老师讲的）其他的人类社会已经在民法上实践的一些新发现。包括比方说，民法过去过于形式化，而现在走向了实质化。这也是他们德国民法一百年以后最大的一个体验。过去认为契约就是契约，但是后来他们发现这个观念有很多漏洞，然后去填补，这就是从形式到实质。这些经验对于中国，就不可能不去参考。所以它必须如江老师所讲，不能走到一个那样非常高度的形式主义，也许是某种修正过的、辩证过的一个结构主义。在这点上，据我个人的观察，民法几乎是人类社会里头一个大家完全不顾忌地抄袭的一个领域，向来都是后者抄前者，因为，第一，生活相近性、生活相关性是相同的；第二，它的技术程度不高。所以德国民法其实是吸收了法国民法一百年的大量经验，特别是它的一些理性主义、自由主义的精髓，这在德国民法典里头已经有大量的体现。然后我们可以看到，这两个模式的影响，法国民法也许还超过德国民法。可是你也可以看到，它的影响都是在法语区或者西班牙语区，也就是说它的影响基本上是一种政治性的，比方，法国民法影响到比利时。可是如果不具有这种文化的相关性，而是自由的移植、自由的借鉴，大概都会走到德国模式，包括东亚、日本的转变，或者是荷兰的转变、苏联的转变。为什么？因为后来的总是在观念上、技术上会先进一点，这是很自然的一个想法。所谓对于 21 世纪的立法者来讲，其实他的选择也没有什么，他就是在看还有没有更先进的。比方，荷兰最近的修法，其实比起德国又作了很多调整。所谓后发优势也无非在此。我觉得这也是一种辩证，也就是说从松散到结构，结构再松散。对于一个新的立法者来讲，可能他没有必要为了松散而松散。我的想法是：你建立一个新的结构，这个结构是建立在前人基础上的，但是你要有心理准备，这个结构可能会被再解构掉，没有一个结构是不会被改变的，这也是完全自然的一件事情。所以诸如在侵权行为领域，将来可能会纳入一种跟原来过错主义侵权制度在理念上仍然可以相容的危险责任；在合同领域，可以加入一些实质性的所谓"信赖保护"这样一些东西。这些过程都是一种很自然的经验的积累。对中国这样一个大国来讲，它的借鉴是完全自由的，不带有任何殖民地的强制性，不带有任何文化的、语言的这种相关性，所以它可以选最好的。但是在选择过程中，它可能应该要做更高的技术性的创新，价值的统一。这个努力对于这样性质的民法典来讲，可能还是不可避免的。

最后一点就是关于人格权这个问题。我非常理解这样一个争议的背景跟它的实质。我记得曾经在和对这个问题主张最多的中国人民大学的几位老师一起聚餐的时候，听到他们谈"文革"的经验，可能跟这个有关系。也就是说在人格权不够受到尊重的一个社会里头，不厌其烦地在某些重要的法典里去强调。我可以体会这一点，但是我想提出一个小的问题，也是和我最尊敬的王泽鉴老师打个擂台。人格权是不可能自由创造的，这跟它的本质是不相符合的。在某甲跟某乙可以去自由创造某个人格权的场合，比方说某乙他从小有一种心理状态，听到"苍蝇"两个字他就会做恶梦，于是他与某甲创造了一个不要提"苍蝇"两个字，以免造成他心灵创伤的人格权，这是他创造出来的。请问他要怎么去公示这个人格权？他是不是贴在他的脸上，或者穿在他的衣服上，然后人家才知道不要跟他提"苍蝇"这两个字，以免造成他的心灵创伤？人格法益其实是非常主观的东西，它必然是经过很长的相互主观过程，在这个社会中形成的一种权利。比方，在一个不重视隐私的社会，其实没有隐私权，可是慢慢形成这个价值观念，通过很多的讨论、宣扬，然后慢慢形成，它是自然形成的，它是广义的法定的，应该讲不是国家的法去制定的，是社会习惯法形成的。这在我的观念来讲，是这种意义的法定的东西。形成了以后，每个人的良知良能就可以知道要尊重别人，可是在甲社会存在的人格权在乙社会未必是存在的，是没有办法通过自由契约去创设的。所以，人格权是非常复杂的问题。"一般人格权"在德国造成非常大的问题，它是一件好事，但是不是那么容易去规定的。在我们的人格权草案里我个人发现：第一个问题，是并没有创造出来一个很清楚的人格权观念；第二，加进了很多特别人格权，它在保护上会有问题；第三，它的内容不具有可形成性，规定的就是这样子，因此跟物权法一样成为一个强制的法定的领域。可是物权法的主要内容是在规定怎么去形成这个物权，还有物权跟物权之间的一些权利义务冲突；人格权草案几乎没有任何规定，而只是去定义什么是人格权，它的保护请看侵权行为章。所以值得深思的是人格权到底要规定什么？虽然独立一章，但只是去做了一些权利的界定，而其他，对于它的形成跟保护都没有办法或者说不一定适合专章去规定。那这样的规定是不是比较适合摆在一个更高的位置，比方民法总则，去宣示人格权，去界定某一些人格权，然后把它的保护交给法律体系上的侵权行为法？诸如此类我觉得都是一些还可以讨论的问题。

　　我就简单地评论到这里。基本上我真的觉得今天是上了一课。对于民法典的问题我觉得是需要更多的讨论，但是，中国大陆这种市场经济发展的快速好像是有点等不及一个民法典一再拖延，这个社会成本是非常非常大的。我们可能会看到各地的法院只能依照民法原理去判案，而每一个法院形成判决的法理都不太一样，这个状态是不可能容忍太久的。所以宁可不是一个完美的民法典，宁可不是如江老师讲的"那么结构完整的东西"（那个可以再去努力），但是可以在现有经验基础上做出最好的，然后留待将来再去修改。这也是我作为一个中国台湾地区的民法研究者衷心的一点期盼。

米健教授（主持人）：

非常感谢苏永钦教授。刚才苏永钦教授说江老师是大师的风采，大师的风度。我稍微作一点区别吧，从我第一次听苏永钦教授的演讲到今天，我觉得苏永钦教授是大家的风采，大家的风度。他谈问题很从容，但涉及的问题都很深入。苏东坡有一句词：谈笑间，樯橹灰飞烟灭。苏老师是谈吐间神传意达，都很到位。他刚才对江老师五个问题的点评，我觉得如果没有很深刻的知识背景，没有对民法整个体系、制度、原则、思想跟基础的把握，可能他不会用这么简洁的话、用很短的大概15分钟的时间做出这样一个精粹的概括，有的地方跟江老师的讲演正好相映成趣。苏老师而后讲的同样非常有意义。首先他着重谈了民法与商法的关系问题，这个刚才江老师在第二部分也涉及了。我觉得他从我国台湾地区的经验，从世界各国的立法经验提出了一些非常具有启发性的观点；再一个，他的最后一部分，我觉得是我们应该好好思考的。他对中国大陆民法典编纂的这种期待，没有这么多太高的要求，他就是以一个学者、一个法律工作者的态度来期待一种常态的民法典。这种常态的民法典为什么是可能的呢？是因为从各个民族、国家，到整个世界，它们之间的民事交往、经济交往，也就是文明生活，有共同的经验。在这个基础上呢，他举了《德国民法典》和《法国民法典》之间的差别：一个后到的民法典总是有它后发制人的优势。这并不是说《法国民法典》有什么不足，而是说后来的东西总是要超过前者，这是一个规律。江老师整个演讲从头到尾有一个非常大的特点，这个江老师从一开始就讲了，他是从历史的角度来谈民法典的发展，所以他今天讲的这整个五个方面是论从史出的。而苏老师则作了一些非常精到的补充和回应。苏老师刚才说上了江老师的一课，我今天则是上了两课。今天是江老师做演讲，苏老师做评议；按照我和龙老师商定的计划，我们的第二次论坛将由苏老师来担任主讲，到时候苏老师可以更加从容地来谈一谈他的非常精妙的观点和思路。今天借这个机会，让我们对苏老师下次演讲，一方面表示感谢，再一方面表示期待。很遗憾，时间有限，今天到此为止。谢谢江平老师，谢谢苏永钦教授，谢谢诸位出席。

（梁笑准／贺栩栩／林浩　整理　龙卫球　校）

《物权法》的理想与现实*

江 平

从《物权法》本身的立法进程看，有三点是很突出的。第一个是经历了13年，一部法律能经历13年立法的过程，立法的煎熬，应该说是很少有的。第二个是经历了8次在全国人大的审议，一部立法在全国人大经过8次审议，也是经历了空前的煎熬。另外，大家也都知道，《物权法》刚一通过，胡锦涛同志就组织了《物权法》的学习，并且对《物权法》的重要性以及《物权法》今后如何更好地贯彻实施提出了意见，一部法律通过以后，政治局常委立即组织学习，恐怕也是空前的。那么我们就要问问，这部《物权法》究竟是在一个什么样的历史背景下通过的？它本身带着哪些时代的烙印，以及《物权法》在基本原则方面体现了哪些基本的原则？我今天主要从以下几个方面来讲。

一、宪法思维和民法思维的冲突对物权立法的影响

我们从《物权法》立法的基本原则可以看出整个贯穿的弧线是什么。从宏观方面讲，每个宏观问题里又会碰到一些具体的问题。因为下面还有渠涛教授、龙卫球教授来讲，我就讲这一部分。我认为，在我们国家的民法典的起草过程中，尤其是《物权法》的起草过程中有四个时

＊ 原文载于《社会科学论坛》（学术评论卷）2007 年第 11 期。本文根据录音速记材料整理，有删改。

代的烙印。

从时代背景、时代烙印可以看出来，《物权法》本身的理想和现实。大家都知道，在《物权法》起草过程中，有的法学教授提出了《物权法》违宪的质疑。一个人对一部法律提出违宪这么大的指责，这是从来没有的。我们通常讲的违宪是政治行为违宪，或者是哪个行为违宪，指责一部法律违宪是空前的。《物权法》不是现在提出的，2002年的民法典里面，我们已经有"物权"这一编，而且这一编的内容基本和现在差不多，为什么2002年没有指责，而是到了2005年才出现呢？这里有一个时代的背景。我想，指责《物权法》违宪无非是讲《物权法》对国有财产保护还不够，或者是把国有财产保护和私人财产保护放在了平等的地位上，放在天平的同等的地位上，同样一个分量。有人认为，这是大逆不道的，你怎么能把私人财产和国有财产相提并论呢？你怎么能够把私人财产跟国有财产放在同样的位置上呢？宪法讲的是以公有制为基础，怎么能把这一点不突出啊？宪法里讲的是公有财产是神圣不可侵犯的，怎么能把"神圣"两字给拿掉了呢？我想，这不是某一个人的意见，这个意见，是有一部分人支持的。所以说，《物权法》的颁布是意识形态层面的一个重大转折。

这个问题的解决不是我们学者的任务，也不是立法机关的任务，这个问题的解决渗透到了最高层来研究。大家可以看到，这个问题在我们的《物权法》里面，一方面，我们的经济基础是以公有制为基础；另一方面，在市场经济条件下，国家、集体、私人财产要受到平等的保护。我想，这是一个非常重要的原因。或者说，如果我们现在能够确立国家、集体、私人财产平等，就意味着坚持市场经济；如果我们要坚持市场经济，就必须坚持这个平等；如果我们不坚持平等地位，就意味着放弃了改革开放、放弃了市场经济。所以，我把这个问题看成是坚持不坚持改革开放、坚持不坚持市场经济的一个重要标志。

我们之所以把国家、集体、私人财产受到平等保护的观点写进法律，这也是意识形态观念的一个进步。在立法过程中，有人明确提出来，私人财产、"私"是万恶之首；甚至有人提出来，将来我们社会主义的目标是要消灭私有制，为什么还要坚持国家、集体、私人财产平等保护的观点？我想，如果我们现在搞改革开放，仍然提出这样一个"消灭私人财产、私有制"的论点来，那搞民营经济的人现在就要胆战心惊了。我想，这应该是为了防止对改革开放的冲击，防止人们认为改革开放只是暂时性的、临时性的，将来我们还是要去消灭任何的私有财产这样一种认识。所以，胡锦涛总书记在学习了《物权法》之后，他特别讲了要坚持"两个不懈"。一个是坚持不懈社会主义制度，一个是坚持不懈市场经济。坚持市场经济就要坚持财产的平等保护、平等地位。

我们所有的市场经济法律都是建立在平等的基础上的。实际上就是要建立"三个平等"。第一个平等是中国和外国的平等。中国和外国的投资者应该是处于平等的地位，这个问题在立法上和观念上大体已经解决了。2000 年，我们加入了 WTO，就是要实现国民待遇平等的原则，就是要实现平等待遇。这次在"两会"期间，我们又通过了《企业所得税法》，这就更进一步了。第一个平等的问题，在我们的领导、在我们的律师、在老百姓中似乎都没有太大的问题了。第二个平等是国家和私人财产的平等。公和私能不能做到平等？这个问题在政策上已经明确了，国务院的非公经济 36 条也出来了。但是，在一些人的意识形态上仍然没有解决；私人的利益都要服从于公家的利益，这种观念在思想意识形态的影响是很深很深的。第三个平等是城乡之间的平等。这种城乡之间的平等，反映在选举制度上，一名人大代表，不仅仅代表着城市居民的平等，还应该代表着农村居民的平等。我们的教育制度、医疗制度、社会保障制度，都应该体现出平等。国家的土地和集体的土地能不能平等？农村人的一条命跟城里人的一条命能不能平等？在这"三个平等"里面，我认为城乡平等是最难的。首先在制度上没有建立平等，在人们的意识形态里存在有歧视农村、歧视农业的问题，这个问题很严重。如果真正使中国与外国、公与私、城市与农村形成了平等地位，那才是真正意义上的平等，那才是平等基础上的社会。

这个平等当然还有现实意义上的平等。现在，有人强调，国家财产需要特殊保护，国有企业需要特殊保护。其实，这种"保护"恰恰带来了很大的危害。前几年有一个案子，我国香港地区的一家公司与内地的三家国企发生了纠纷。涉案中的被告在内地，合同签订地在内地，按说案件的管辖权应该属于内地法院，原告却偏要在香港地区法院起诉立案。在案件的受理问题上，争夺管辖权的问题经常会出现。因为在哪里打官司，主要是看管辖地的法院是不是对自己有利。我国香港地区的法律是这么说的：如果原告能够证明在香港地区以外的法院得不到公平审理的话，那么香港地区法院可以受理。为了解决这个案件的管辖权问题，香港地区法院让原告和被告各找一名中国的法律专家拿出自己的意见，主要回答两个问题：第一个问题是，内地的法院对于国有企业有没有特殊保护？第二个问题是，内地的法院有没有真正意义上的终审判决。在回答第一个问题时，一位专家写了厚厚的一本法理意见。他在法理研究里面写的都是一些我们报纸上公开发表的材料。他最后得出一个结论是：中国的法院对国有企业、国家财产有特殊保护的问题。这个结论引用最多的话是五六年前各级法院院长经常在报纸上说的一句话："我们的法院要对国有企业进行保驾护航。"开始，我们听了我们的法院对国有企业进行保驾护航，觉得没什么，社会主义国家以公有制为基础，人民法院当然要为国有企业进行保驾护航了。但是，如果把这句话拿到了境外，这就不行了。人们就会得出这样一条结论：法院院长讲这个话，就意味着法院的天平是不平的。什么叫"特殊保护"？你怎么不提对民营企业进行特殊保护？你为什么不提对港商进行特殊保护？你是社会主义公有制国家，人民法院是要保护公有财产，如果这样的话，私人财产、民营企业、外资企业就不会得到同样的保护，就不会有平等的对待。如果说法院的"天平"已经倾斜了，人们还会到你这儿来打官司吗？人家自然不会到你这里来打官司。从这个角度上说，《物权法》对于国家公有财产不进行特殊保护，把国家集体、私人财产看作是平等的地位，应该是非常重要的。

二、公权力和私权利的冲突对物权立法的影响

我们知道，每一部法律的第二条是至关重要的，它规定的是法律调整的范围。《物权法》第二条在原来的草案中规定，它所调整的范围是"自然人和法人"。《物权法》里面的主体和《民法通则》一样，讲的都是"自然人和法人"。而现在已经颁布的《物权法》中的第二条就没有"自然人和法人"这样的字眼了。《物权法》讲的是国家、集体和私人。这样的话就面临着第二个问题的争论。如果说第一大争论是平等与不平等问题的话，那么，第二个争论的问题就是"主体"是谁？因为，《物权法》规定的主体与《民法通则》所规定的以及其他民事法律所规定的主体完全不一样。《知识产权法》规定的主体是什么？还是自然人、法人。《著作权法》加了一个"非法人单位"。股权的主体是什么？《公司法》讲了半天还是自然人持股、法人持股。这些都没有国家和私人的概念。唯有《物权法》才出现了国家、集体和私人的概念。大家知道，《宪法》的口径和《民法通则》的口径是不一样的。《宪法》讲的是政治制度和基本经济制度，讲的是国家、集体、个人。

《民法通则》讲的是平等，尤其是市场经济的关系，更强调法人、自然人和其他经济组织。所以，我们在开始对《物权法》进行起草的时候就有争论。我们争论所有权的主体能不能是"非法人团体、非法人单位"？为什么这样说呢？因为这个问题很重要。比如，我要去房地产管理部门登记房屋所有权，能不能登记为一个"非法人"单位；中国政法大学法学院能不能登记为房屋所有权人，有的说只能登记为法人和自然人，这种说法对不对？这是法律必须要解决的问题。为了搞清这个问题，我们查阅了很多资料。现在有四十多个法律和法规里面讲的都是"三个主

体"，即自然人、法人和其他经济组织。《物权法》怎么办呢？房屋所有权登记可以不可以用？建设用地使用权能不能用于不具备法人资格的非法人团体？其他经济组织能不能取得土地使用权？类似这些问题都是非常重要的问题。大家有没有感觉到，在《物权法》中"法人"所有权的一个字语都没有出现。我想，过去把国家所有权与法人所有权对立起来了，既然已经成为国家所有了，法人怎么又会再所有呢？中国政法大学的财产是谁的？你说是国家的也对，中国政法大学的财产当然是国家的。既然中国政法大学的财产当然是国家的，那么中国政法大学的为什么还要承担国家的权利和义务？要说这个财产是中国政法大学所有，怎么又是国家的。所以，这是《物权法》里最最难办的问题。宪法里的财产所有权，国家进行了最大限度地扩大化，凡是国家机关、国家事业单位、国有企业财产都是国家的，而在民法里尽量把国家的财产进行了淡化，变成"法人"的利益了。《民法通则》讲的是"自然人"，《物权法》讲的是"私人"，"私人"能跟"自然人"是一个概念吗？当然不完全是一个概念。自然人是自然人，私人是私人，私人也不一样。究竟"私人"指的是什么呢？法律上也没有明确的定义，在这个问题上就出现了矛盾。我们可以说，《物权法》虽然没有讲主体是"自然人、法人"，当然适用《民法通则》了，可以理解为民法典的一部分，或者是民法典起草的一部分，从主体来说没有什么问题。国家财产和私人财产具有平等的地位，这是一大进步；但是，在主体地位上妥协了，出现了"两种主体"并存的问题，以至造成了对《物权法》理解上的偏差，出现了有人指责《物权法》违宪的问题，也就不足为奇了。

　　从以上来看，应该说《物权法》的通过，是在公权力和私权利冲突日益严重的情况下制定的。公权力和私权利冲突严重，也就是我们通常所说的社会矛盾，或者说"群体事件"的矛盾越来越多。在所谓"群体事件"中，我们怎样看待利益的冲突和纠纷呢？我把它分为三种情况：第一种情况是私权和私权的冲突。这种情况可怕不可怕？不可怕。私人和私人之间的权利冲突每日每时都有，公司与公司之间的违约、个人对个人的侵权不可怕，只要有一个公平、公正的法院就可以解决问题；世界各国只要有一个普通的法院就可以把私权利的冲突很好地解决。第二种情况是公权和公权的冲突。公权和公权冲突太可怕了，因为公权和公权的冲突曾经导致了苏联、南斯拉夫整个国家的瓦解。但是，这种公权和公权冲突在西方国家也不可怕，它有个宪法法院。中国的公权和公权的冲突没有宪法法院来解决，我们的一些违宪审查还不很完善。在我们国家有中国共产党的绝对领导，哪个地方不听话，把一把手换掉不就解决问题了嘛，不怕你不听话。第三种情况是公权和私权的冲突。在中国，公权力和私权利的冲突是最可怕的。从目前来看，中国现在有三大问题：一是征地，引起了农民的不满，造成了群众集体上访；二是拆迁，碰到了"钉子户"，重庆的"钉子户"事件就突出了公权力和私权利的冲突；三是城管，城市里面的小商小贩和市容整顿的矛盾突出。小商小贩好不容易用钱买一辆三轮车，买一个榨油锅，城管人员说给没收掉就给没收掉，就业机会没有了，小商小贩感觉到生存的手段被剥夺了，他能不抗拒吗？所以，公权力和私权利的矛盾在中国十分突出。而在这里，弱势的是私权，强势的是公权。而公权又有生杀予夺的大权，你不听话我可以给你断水断电，可以把你人抓起来。本来是私人财产保护中的民间纠纷范畴，如此一来却诱发成了一起刑事案件，矛盾越来越严重，也越来越激化。所以，在新的形势下，如何保护私人财产，在公权力与私权利冲突的情况下，如何总结好这方面的经验教训，是今天特别需要研究解决的一个最主要的问题。

《物权法》是重点保护私人财产的一部法律，我到今天也是这么论断的。如果有人说这部法律只是保护私人财产，当然不对。因为，我们的《物权法》也明确了保护国家财产、集体财产。保护国家财产还有另外的法律。我们的国有资产法，吴邦国委员长说要加快制定，有了国有资产法就可以了。但是，私人财产靠什么保护？前两年，我们通过了修改的《宪法》，把私人财产的保护问题写入《宪法》了，这是一个很了不起的事情。私人财产虽然写进了《宪法》，但是它也只是一个原则上的宣誓，也只是一句话。那么，对于私人财产保护的基本法是什么？前些年没有，现在有了，它就是《物权法》。保护私人财产，《物权法》责无旁贷。

从这个意义上说，私人财产的保护地位在这部《物权法》中是很重要的。我们可以随便举几个例子来看。第一，关于对农民利益的保护。《物权法》规定了有哪些事情必须由集体成员来决定，由村民大会来决定，而不再是由管理机构来决定。这个条文虽然不太齐全，但是仔细看看，主要讲的是一些重大的事情，比如像土地承包的方案、利益的分配等等；包括《村民委员会组织法》规定的管理机构，必须由村民来选举，村民有知情权，等等。如果村民认为村里的管理机构对他的合法权益造成了侵害，村民可以直接向法院提起诉讼，要求撤销这个决定。这条规定很是类似《公司法》规定股东所享有的权利。股东有重大决策权、资产受益权，有选择管理者的权力，有对财务状况的知情权；当股东的权益受到侵害时，可以向法院提起诉讼，要求撤销管理机构的决定。而且这次特别加了一条，如果被征收的土地是农民承包经营的土地，这个赔偿的款、补偿的款，应该直接给承包经营者，而不是给组织。像这样的一些具体的条文规定，都是为了具体落实对于私人财产的保护。大家想一想，这么多农民的利益保护，是对私人利益的保护吗？这还涉及怎么征收、征用农民的土地问题。什么叫公共利益？公共利益需要怎么具体化？像这样的问题是明确的，怎么样来征收、征收的模式是什么？怎么给予补偿？原来比较笼统的一句话，叫做"合理补偿"；在初期的管理方法是"适当补偿"，这次《物权法》中规定的是"相应补偿"，这已经进了一大步了。但是，还有不少的代表、委员和群众，在他们的来信说："相应"这两个字弹性太大，要求具体。大家看看在征收农民土地时候的补偿，《物权法》除了规定的三种补偿费用情况以外，又特别规定了一条，这就是"征收农民的土地"，除了补偿原来的三种费用外，还要足额安排被征地农民的社会保障费用。我们现在还没有全国统一的、覆盖农村的保障制度，你征农民的土地也要给社会保障的费用，因为农村的社会保障制度，基本上靠这块"地"，你把土地征收征用了，农民怎么办？这些例子说明我们国家在物权立法的时候，重点、重心还是加强对私人财产、私人利益保护的力量。第二，关于公权和私权的冲突。我们应该注意一个问题就是《物权法》里面规定的是私权，公权力在此没有办法规定。而《物权法》和《合同法》比起来有区别，《合同法》是双方当事人之间权利义务的关系，和国家几乎不发生任何关系，《物权法》解决的则是物权的占有、使用、处分这样一种关系。

在《物权法》的背后，还有很多公权力在起着作用。第一个起公权力作用的是"不动产登记制度"。不动产登记制度由谁来登记？是政府来登记，权力机构来登记。可见法律法规对不动产登记的范围、机构和办法没有做具体的规定。将来不动产登记要有一套全国性的法律或法规，公权力在登记制度里有很多空白。不动产登记给权利人造成损害要赔偿。这是一种什么赔偿？这种赔偿是行政赔偿、国家赔偿还是民事赔偿？需要登记哪些东西？是实质审查还是形式审查？虽然以形式审查为主，那登记机构审查了，有了过错怎么办？这一系列的问题都还没有进一步规范。第二个起公权力作用的是"征收、征用"制度。征收、征用土地也有国家权力的干预。现在的房地产制度、拆迁制度还存在有不少的问题。大家都很关心重庆"九龙坡案件"，现在正在解决。前两天，我从重庆回来，大家特别关心对这件事情的处理情况。我在给国家行政学院学生讲课的时候，把重庆的"九龙坡案件"当作是一个典型的案例。这个案例告诉我们，当私权利和公权力发生冲突的时候，公权力怎么来行使？据说，世界各国媒体都在关注这件事情，连半岛电视台都来了。全世界都在关注，都在拿着摄像机对着你。如此，政府的公权力怎么办？拆还是不拆？推还是不推？如果拆，依照国务院拆迁条例，应该由谁来拆？如果由开发商来拆，开发商必须取得拆迁的许可，然后才能拆。可是，《物权法》规定的主体是国家、是政府。若是补偿，由谁来补偿？不是开发商，而是由国家来补偿；国家把你的房子拆了，由国家来补偿，拆迁也应该是国家机关来拆迁，不能把国家权力完全推给开发商。《物权法》颁布实施以后，这个公权力是跑不掉的。国家想推托，政府想推托，不愿意介入纠纷，不愿意介入到矛盾的冲突点，让开发商去解决，解决不了，再让拆迁管理部门、政府部门来解决。最后，政府来裁决，政府当了仲裁员了。开发商与被拆迁人达成的协议，政府不应该扮演主体的角色了。

原来的《物权法（草案）》规定征收征用土地的公权力是谁？为什么《物权法》里这句话没有写？这是因为有权力拆迁的是公权力的行使，《物权法》是保障私权利不受侵犯，不能解决这些公权力的问题。这一部分的权利应该由专门的法律或条例进行规定。建三峡水库，100万居民要移民，政府都没权了，连国务院都没权，得到全国人大会议上通过才行。这次在重庆九龙坡谈判的时候，房地产管理局有人说，你讲完了我很受启发，再有这种征收征用的拆迁问题，我们要通过人民代表大会、通过地方改造方案，经过民意代表决定才行。人大做了决定，政府来执行，效果就不一样了。

当然，对于公权力与私权利所发生的冲突，拆迁也好，征收也好，补偿也好，我不是说把一切问题都交给人大。有人说，这毕竟是一个程序规定，如果有这样的程序就好多了；还有法院最后来裁决。征收征用的问题，涉及很大的公权力，包括公权力行使的范围，包括公权力行使的程序，《物权法》都要考虑到。我们可以说《城市规划法》也要变了，现在正在讨论中。但是，《城市规划法》不能随意变更。上海市淞江县一个台商找我谈了这个意见，他说他在淞江县开辟了一个新的文教区。当时，在这儿申请台商企业时，地方政府和有关部门也没有给他说规划问题，文教区企业盖成了，开始赚钱了，他们要我搬走，不行！我得告他们。于是就告到了法院，告到了国务院法制办。这位台商说：你们怎么能说改变就改变规划呢？是呀，当时建企业的时候，当地的政府或部门没有告诉人家什么规划问题，经过三五年时间的投入，现在变成了文教区了，怎么能随便变化呢？第三个起公权作用的是"行政许可"制度。我们应该看到《物权法》里面所规定的物权有两类：一类是任何个人也好，法人也好，可以自己取得的，不需要任何政府批准。另外一类是，有一些权利必须取得政府的许可才能获得。比如，建设用地的使用权需要经过许可；采矿权、探矿权需要许可；一些用水权需要许可；捕捞、养殖业也需要许可，特别是一些私人性质的许可物权。这个是很重要的，你所享有的物权怎么取得，还有一个政府许可为前提。第四个起公权作用的是"国有资产"制度。国务院是国家的公权机关。我们在《物权法》里明确了国家财产是由国务院代表国家行使所有权；所以各级国有资产由国务院授权，国有资产管理监督部门行使权力，国有资产是公权的领域。第五个起公权作用的是"群体关系中的物权"制度。现在有一种物权叫"群体关系的物权"。一般说来，"物权"表示着物的所有，物的行使，我怎么使用跟任何人没关系，这是我的。但是，我们应该看到，在群体关系里一个权利人要行使权利，必然和其他人的群体权利相冲突、相联系、相连接。《物权法》有"三大群体关系"：第一个是共有关系。主要是家庭夫妻、婚姻这样一些关系。第二个是相邻关系。主要是农业、工业都会碰到的相邻关系。第三个是社区关系。它是区分所有权、共同居住权所形成的周边关系。这"三大群体关系"是当前构建和谐社会的核心问题。相邻关系看起来似乎是"两块地"，是农民跟农民之间，城市的楼上和楼下的关系，其实不然。用水的问题本来是很简单的相邻关系，但是重庆一闹大旱，群体关系就紧张了，这条河就那么点儿水，上游把水拿走了，下游一点水也用不到，怎么合理分配？谁来决定合理分配？一个村里面就那么几口井，大旱了怎么办？哪个是私人的？所以，在这种情况下公权要介入。许多地方在特殊情况下，如在大旱情况下，规定了水的使用办法。社区的所有权也是这样，社区委员会怎么成立？跟政府是什么关系？不知道大家注意到没有，当讲到社区关系的时候，还特别加了一句话，这就是《物权法》第75条所规定的"地方人民政府有关部门对设立业主大会和选举业主委员会给予指导和协助"。在这个小区里面谁来召集业主委员会？谁来召集业主大会？哪一个业主有权？出一个布告今天要召开业主大会，别人不来怎么办？你有什么权力？政府需要帮助、需要协助，各地政府、各地方都有业主管理、物业管理的条例和办法。我在《物权法》通过后第一次去深圳讲课。在听课的人当中有一位是西南政法大学毕业的。我问他，你从那么好的学校毕业后在深圳干什么？他说，原本在政府工作，现在被派到街道委员会最基层了，让他到街道组织成立专门业主委员会和指导工作。我说，你这个工作很有意思，一方面你不能越权，因为政府不能起领导作用，政府只是起指导作用。但是，没有政府的指导和第一推动力，可能你这个小区的业主委员会永远不能成立，矛盾会越来越尖锐，甚至几个业主委员会都成立了，又都要打架。北京的物业管理、业主委员会成了社会稳定的又一大难题。在这种情况下，政府的公权力如何来解决类似问题？我认为，公权力和私权利要从以下几个方面来考虑：一是私权利如何防止公权力的侵犯；二是公权力怎么行使；三是老百姓对公权力行为不服怎么办？这是一个很大的难点问题，也是涉及公权力和私权利冲突的问题。如果老百姓对拆迁不服，拒绝搬迁；如果老百姓对补偿不服，告到了法院，法院不受理怎么办？老百姓的私权利保障就要受到损害了。大概在五六年前，南京市就发生了这么一起案件。政府补给了拆迁户的钱，这位拆迁户认为自己不能在原来的地方买到二手房，于是就告到了法院，法院不予受理。其理由是，拆迁户告的不是政府的具体行政行为，而是政府的抽象行政行为。这是南京市政府颁布的一个规范性文件所规定的。如果按照这个标准应该补给拆迁户50万元，拆迁户对这50万块钱补偿标准不同意而告状，但法院不受理，因为这个规范性文件所规定的补偿标准适用于所有老百姓。如果政府该补偿拆迁户 100 万元，结果只补偿了拆迁户 50 万元，你拆迁户可以告。这是《物权法》在保障私人权利方面存在的又一个欠缺问题。但是，这不是《物权法》本身所能解决的，要靠将来《行政诉讼法》不断地完善来解决。现在"三大诉讼法"正在修改，《刑事诉讼法》《民事诉讼法》可能要早一点。《刑事诉讼法》应当引入外国的司法审查制度，也就是政府的规范性文件，抽象性的行政行为应予以审查，如果政府的行政行为确实违反了《物权法》，侵犯了老百姓的利益，补偿的标准太低，不能让老百姓买到同样的房子，法院就可以撤销政府的规范性文件。

除了刚才我讲的《拆迁条例》《城市规划法》《行政诉讼法》，还有一个公权力的法也非常重要，现在正在制定，这个法叫做"行政强制法"。我们有《行政复议法》《行政诉讼法》《行政许可法》《行政处罚法》，但是还没有"行政强制法"。上述重庆的这个案子提出了一个问题，这就是哪些强制行为是由政府来实施的？哪些强制行为必须由法院来审理？这个问题要解决，但是也不能将一切都推给法院；政府不能软弱到连一点强制的手段都没有。政府已经生效的一些决定，经过必要的法律程序仍然有效。政府怎么来执行呢？这次重庆在解决"九龙坡案件"的问题上，他们的市领导也是听了各方面意见的。有美国的一个学者说：这种情况还不强制执行，你们政府太软了。其实，政府做了决定不能执行的问题，其他地方也存在着。从这个角度讲，政府的强制手段就是软了一些。现在，有的地方政府对于在拆迁中出现的一些"钉子户"用推土机推倒，政府有没有这个权力？有的地方没有经营执照的小铁矿、小煤矿，而且矿的生产条件又很危险，你让他停，他就是不停，能不能放一个炸药包把它炸掉？现在都有争论。政府为什么不能对其进行没收？什么情况下没收、什么情况下罚款？这样的问题按照《物权法》的规定进行。《物权法》要保障这些合法的财产，怎么办呢？这些都是很重要的问题。

三、意识形态和公民利益的冲突对物权立法的影响

上述这些问题，是当前《物权法》所涉及的一个非常突出的矛盾。这是因为我们要深化改革，尤其是土地问题要继续深化改革，如果在改革中有不妥的地方，就会造成社会不稳定，尤其是农村土地关系的不稳定，就会带来巨大的社会风险。所以，这个问题，应该和别的法律的制定不一样。如果修改《公司法》，一年多就可以完成了，但是《物权法》就不同了。在《物权法》中能表现出中国特色的就是土地制度。有学者说我国的《物权法》是抄德国的，其实不是。《德国物权法》没有土地承包经营权，《德国民法典》更没有宅基地使用权。我们应该看到任何一个国家的物权法，它的核心问题主要是"不动产"，或者说主要是土地。过去没有一部立法用"物权"两个字的，"物权"的词语头一次出现在我国的《物权法》中，不仅中国人不好理解，英国人、美国人也很难理解。《纽约时报》的记者在中国采访时，他拿到稿子后，将《物权法》改成了"不动产权利"。《物权法》的核心问题是"不动产"，而"不动产"的核心问题是土地。在中国，土地所有权是根本不能有半点流通的。国家的土地不能买卖、不能出租、不能抵押；集体的土地也不能。中国的土地所有权跟市场经济没有任何关系。

我国改革开放以来，市场化的特点就是土地使用权，在我们的法律中叫作"用益物权"，主要体现在土地"用益物权"的关系上。土地"用益物权"所涉及的重要问题是它的流通性，我们讲改革就是让"用益物权"更多地进入流通渠道。过去根本不能流通的，现在要进入流通。要进入流通的话，应该说《物权法》有一个很重要的物的分类没有写进去。在《物权法》的起草过程中，有很多人说：《物权法》的主体法律进行规定了，客体为什么不规定？为什么不规定物？物有各种划分，它包括"种类物""特定物""动产""不动产"这样或那样的物。其实，《物权法》中的"物"在市场流通领域里是最重要的，应该划分为"禁

止流通物""限制流通物"和"自由流通物";哪些"物"可以自由流通,哪些"物"限制流通,哪些"物"禁止流通,这是我们最关注的问题。"动产"已经有了,像毒品、枪支等,任何东西都有一定的限制。这次物权立法对于土地使用权的流通性做了认真的考虑。

土地承包经营权分成两种:一种是耕地的土地承包经营权。广义的耕地包括林地和草地;还有一种是荒地。对于耕地的承包经营权,土地承包经营权人可以采取转包、互换、转让等方式进行流转。要特别注意这个"流转"用词。转包可以,互换可以,转让可以。但是,为什么还要加一个"等"字呢?"等"是什么东西?"等"实际上就是有关《土地承包经营法》的单行法规了。如果我是一个农村承包经营户,我有5亩地,我能不能出资入股?那就要翻一翻《土地承包法》了。《土地承包法》明确规定农村耕地的承包经营权可以出资,但只限于发展农业为目的,出资入股搞农业可以。比如,邯郸有一个农业承包户要跟台商合作开发新的水果品种,或跟哪个台商合作培育新的杂交水稻,一方出地,一方出技术、出资金共同合作,完全可以。为什么不可以呢?我自己承包经营的土地,我出资入股开发新的技术,仍然用于农业生产,完全可以。但是用于商业开发、用于搞别的就不行了。为什么可以转让?出资是有一定目的的,但不许抵押。当时,考虑能不能抵押?抵押就麻烦了。一个承包经营的农户要是在银行借了钱,拿自己承包经营的土地做抵押,到时还不了钱怎么办?银行不可能拿钱换地自己来经营。否则,银行就会说,抵押了半天,我们银行自己种起地来了。拿土地做抵押对于银行来说成了烫手山芋了。有的说,我拿承包经营的土地开发房产行不行?耕地不能用作其他目的,拿承包经营的土地开发房产肯定是不行的。拿承包经营的土地进行拍卖,也可以。拍卖给谁?谁买?买地的人只能自己种这块地。农村承包经营的土地可以转让,出资是有限制的,抵押是禁止的。这就是说,农村耕地的承包经营权是限制流通,不是绝对不能流通,也不是绝对自由流通。另外,"通过招标、拍卖、公开协商等方式承包的荒地等农村土地，可以转让、入股、抵押，或者是以其他方式流转"。这个地方的用词是"转让、入股、抵押"，或者"以其他方式流转"。如果是荒地的话，完全可以入股、抵押。在荒地上搞一个休闲场所，在荒地上搞一个旅游的地方，把荒地充分利用起来，而且还可以其他方式进行流转，任何方式都可以，互换也可以，出租也可以，转包也可以，赠与也可以，所有的流通方式都可以。但是，"转让""入股""出资"是不一样的。按照《公司法》的规定，土地使用权出资入股要"转让"财产权；"转让"更是要"转让"财产的权利。同样都是"转让"，但是内容性质却不一样，这里的"转让"相当于买卖的性质，而"入股"是"出资"财产形态的变化。本来是一种"物权"，现在却变成了"股权"，我的土地使用权我再来出资，这个性质就变化了。但是，它不等于买卖，不等于转让，有偿转让。所以，有的土地管理部门、税务部门的同志说，那不行，你这个名字要改变，把股东出资的土地变成了公司所有、公司的名下，按转让的办法来纳税；转让是转让，出资是出资。现在很多人都不太了解这一点，"转让"和"出资"是分开的。实践中出现了以"出资"为名实质上是"转让"的问题。以股权转让的形式，掩盖了土地使用权的转让，司法怎么来解释？我总不能说"转让"等同于"出资"，"出资"就是"转让"吧？不能这么说。我们再来看看"建设用地使用权"的流通范围。建设用地使用权人可以有权"转让、互换、出租、赠与或者抵押"，但"法律另有规定的除外"。这里加了一个"另外"。"建设用地使用权"有五种。"出资"和"赠与"是次要的，"赠与"也是权利的"转让"，跟"转让"差不多。从这里我们可以看到，建设用地使用权人拥有了"转让权""出资权"和"抵押权"，这就是一个流通的标志了。当然，别忘记了还有一个"法律另有规定的除外"。这个"法律另有规定的除外"，一是包含了对这种权利的限制，如果是划拨的土地当然不能。二是和前面讲到的荒山、荒地的流通范围又有不同。为什么？因为这一部分有一个土地管理的规定，没有经过开发你想卖不行，想转让不行。如果你在两年内不开发，国家可以收回。

在"建设用地使用权"中涉及的最大问题是农村中的"三地"问题。什么叫农村中的"三地"？第一个"地"是集体土地。"建设用地使用权"中的集体所有的土地怎么办？第二个"地"是承包经营的地。承包经营的土地怎么办？能不能更进一步？第三个"地"是宅基地。我们先说一说农村中的"建设用地使用权"问题。在"建设用地使用权"前面，加了一条："集体所有的土地作为建设用地应当依照《土地管理法》规定管理"的规定，集体土地跟国有土地是不能处于同等地位的，可见这个问题的难度。难在哪里呢？《物权法》不是明确了国有、集体是平等地位吗？为什么集体所有的土地作为建设用地还应当依照《土地管理法》的规定来进行管理呢？答案是比较明显的。如果现在国家不从集体的土地进行征收、出让，而是让集体组织将自己的土地直接"出让"，那就等于说把政府的征收环节权给排除在外了。农村集体组织自己可以把自己的土地进行"出让"，这样一来的话，就等于各级政府的财政收入大大减少了。《物权法》所涉及的冲突，既有意识形态的，也有经济利益的，最关键的是政府、集体土地利益的冲突。在几次讨论会议上，有的学者专家发言很激烈：我们党不是要让农村尽快富裕起来吗？尽快富裕起来最好的办法，就是让农村集体组织将自己的土地去开发。他们自己可以用作工业，自己可以拿来作为自己开发旅游用，甚至自己盖房子卖。为什么需要国家用较低的价格征收过来，然后再用高的价格进行出让呢？所以，这个问题争论得非常激烈。这里面不仅有一个地方的利益驱动、地方财政的收入问题，还有一个非常值得研究的理论问题。政府把农民的土地以较低的价格进行了"征收"，再用较高的价格"出让"出去，这块土地的"利益差价"应当给谁？如果这块地是在很偏远的地方，就没有这个问题了。因为很偏远的土地根本就不值钱。而差价来自于国家的工业开发、城市扩大。在城镇边界上的土地，本来是值不了多少钱的，但由于政府在这儿进行基础性开发，有的是建设高速公路等，这就使得本来不值钱的土地一下子就增值了。增值的钱应该给谁？国家、政府用较低的价格把土地"征收"过来，再以较高的价格进行"出让"，合理不合理？于是，就出现了两种截然不同的意见。有的说，这个"利益差价"应该给农民，不能让国家从中拿到这个钱。也有的说，农民可以把自己的土地直接"出让"给开发商，甚至自己可以直接去盖商品房。还有的说，这样也不对，理由是：农村土地的增值就是因为城市发展了，城市扩展到边缘了；土地被开发以后的增值应该给国家，国家拿这个"增值"也是合情合理的，国家还要搞基础性开发，国家应该拿一部分。2005 年 10 月，广东省政府颁布了政府令，政府令规定：农村的集体土地也可以让农民自己按照建设用地使用权出让的办法，自己来出让，不要国家征收。而且当地的报纸上以醒目的标题向社会进行了宣传，主题是：广东省在全国第一次实现集体土地和国有土地同地、同权、同价。但是，广东省政府令还规定，集体的土地不能盖商品房进行买卖。到现在为止，全国都不允许集体组织在自己的土地上盖商品房进行销售。但事实上却有在集体的土地上盖商品房进行销售的问题。怎么办？农民说，我自己的土地为什么就不能盖房？我盖了房子就卖，城市中不是有许多人在卖吗？也有的说：我买不起城市的商品房，我到农村买房子，集体土地上的房子便宜得多。我买到了农村的房子，这就是我的私人财产，你保护不保护？我到农村买套房子，又不是为了变卖，难道说居住也不行？关于这个问题，在《物权法》的讨论中，最高人民法院的同志也参加了。现在，对于农村集体土地上所盖的房子，只能承认他的居住权，但不保障他的二手房市场买卖的权利，现在也只能是这个样子。所以，在集体土地上自己能不能开发，这个问题现在非常尖锐。我们再来谈一谈承包经营的土地问题。承包经营土地的权利能不能适度规模经营？我们的"十一五"规划里有这个意思。中国在"十一五"期间，农村的土地承包经营权要加快规模化发展，中国总不能一家一户都只种四五亩地。前不久，我到老家浙江省衢州很偏僻的地方，每家平均一人一亩地都不到，如果一家按四口人来计算，也就是三四亩地嘛。在广大农村也没有其他商业可以经营的，一家人靠种三四亩地能够富裕起来吗？在我国刚刚解放的时候，我们说"30亩地一头牛"就是中农小康水平了。今天，我们怎么也得有20亩地这个水平吧？看起来这个水平是达不到的。这样的话，农村要实现规模化经营就成问题了。有的人认为，如果自己已经到城市去了，没地是很自然的。但是，如果建设用地的速度加快了，弄不好就会出现农村也没土地了，农民失去了土地就没有了生活来源，这是中国现在非常棘手的问题。农村怎么加快规模化经营的速度？太快了不行，太慢了也不行。第三个"地"是农村的宅基地。农村的宅基地有三大特点，一是宅基地是有身份性的，它只能是农民——本村的农民，而且有限制，只能有一块。二是无偿分配。三是这个宅基地和地上的房屋紧密联系，要卖房连带宅基地，抵押连带宅基地，这是《物权法》立法最棘手的问题之一。原来的专家草案是比较乐观的，农民可以卖房子，卖房子就要连带宅基地一块卖；拿房屋做抵押可以，但是必须连带宅基地。如果这样，这不是允许公然买卖宅基地了吗？法院也很为难。如果现在农民卖了一套房子，地面的评估可能只值5万元，但是却能卖20万元，原因就在于宅基地值钱。我买了房子，把上面的旧房子拆了，新盖了两层楼，法院的人来看，说合法也可以，说违法也可以，这是以合法的形式掩盖了违法的目的。以买房子为名，买了宅基地，宅基地是无偿取得的。正由于农村的这些现象，尤其在城乡结合部，大量的城市人到农村买房子，有的甚至买荒地盖别墅。所以，国务院三令五申禁止城市人到农村买房子。《物权法》规定城市人不许到农村买宅基地。农村卖房子只能卖给本村的人，卖给外村的人也不行。如果把房子卖给外村的人，就等于把宅基地也卖给外村的人了。卖给本村人的规定，也只能是卖给本村享有宅基地分配权的人。哪些是属于享有宅基地分配权的人？就是马上要成家结婚的人。这么一限制，就等于把农村房屋的流通全部给禁止了。这样一来，势必又遭到一些人的坚决反对。有的人会说，《物权法》的规定等于是把农民的利益给剥夺光了，这个不许，那个不许，农民的财产只有房子，抵押也不行，买卖也不行，说是国家要保护农民的利益，让农民不要丧失土地、不要丧失房子，但实际上禁止了房子的买卖，这是对农民利益的最大伤害。所以，这个问题在现实中显得非常严重。这是我讲的《物权法》中很矛盾的一个问题。涉及宅基地使用权的问题，最关键的是宅基地怎样取得、怎样行使、怎样转让。按照有关法律的规定，"宅基地使用权的取得、行使和转让，适用《土地管理法》等法律和国家有关规定"。这样一来，《物权法》又受到了很严重的指责：《物权法》作为土地使用权的基本法，放弃了自己的职责，根本没有作出具体的规定，而是把《物权法》应该作出的规定都用作于适用现行的法律和单行法规了。甚至在宅基地这部分，又出现了新的名词："国家有关规定"。什么叫做"国家有关规定"？《立法法》也没有说什么是"国家有关规定"，《立法法》只是说了法律法规规章、规范性文件，我们也没说哪些叫"国家有关规定"。我想，从消极的意义上来说确实这样。《物权法》确实有该它规定的却没规定。如果从积极的角度来看，这个规定有好处。第一个好处是：《物权法》中原来禁止性的规定都没有了。如果明确把城市人禁止到农村买房子写进《物权法》，就太厉害了，禁止不了怎么办？《物权法》重点是保护私权利的，应该从管理的角度来规定。第二个好处是：尊重现状，保持现状。农村的土地问题、宅基地问题、房子问题，《物权法》规定保持现状。保持现状就是保持稳定，不要有太大的动荡。第三个好处是：可以因地制宜了，也可以因时制宜了，单行法也可以随时改变。就在《物权法》快要通过的时候，广东省政府又颁布了一条政府令。到底是政府令还是省人大的地方法规，我没查，但是报纸上已经公开刊登了。广东省的政府令说，农民可以把自己的房子卖掉，连带下面的土地，所得卖房的钱完全归房屋所有人，不必再向集体组织交什么钱了，因为这个宅基地是无偿的。但是还有关键的一条，就是把房子卖了以后，永远不能再要宅基地了。我想这是一个很人性化的规定。现在的珠江三角洲，由于那个地方城乡很难分，原来的农村连成了一片。于是就出现了一个这样的问题：如果这个地方城乡已经快一体化了，还说城市人不能到农村买房子，农村的房子不能怎么怎么样，这样就落后于时代了，或者是落后于发展了。在这种情况下，我对"国家有关规定"的理解是：国家立法不完全是国家，地方也有立法权。如果地方有立法权，地方的立法就不能对宅基地的问题、房子的问题作出规定吗？中国这么大，土地问题、农村问题千差万别，都是用一样规定的话怎么行？所以说，加了一个"国家有关规定"，可以更有利于因地制宜。

四、外国担保与大陆担保理念的冲突对物权立法的影响

《物权法》在制定到最后一两年的时候，又面临着一个环境影响的问题。这个环境的影响是什么？就是中国参加 WTO 以后 5 年过渡期已经满了，中国要允许外国银行进入中国从事人民币业务，这是我们加入WTO 所答应的条件。现在 5 年期满，国务院条例规定，外国银行进入中国从事人民币业务要具有中国法人资格。外国银行所关心的有两个问题。第一个问题是：外国银行要把钱借给中国的企业，中国企业拿什么东西来做担保？你们规定的是"不动产"。"动产"的顶多是一些机器设备，可这又都是固定资产。其他东西能不能做担保？原材料可不可以？半成品可不可以？应收账款可不可以？这些问题都提出来了。很多企业不是制造业，他们也不用机器设备；有多少企业为自己买房子啊？第二个问题：不光是外国银行，中国银行也一样。企业抵押以后，银行享有了抵押权，企业还不了钱的时候，银行就享有了抵押债权。但是，在偿还的时候到底银行是第几顺位。美国既然是抵押之王，美国就应该作为第一顺位抵押给银行。中国的企业破产也好，资不抵债也罢，首先考虑的是职工安置费、职工的社会保障费、银行抵押债权。这是我们所面临的外国与大陆担保理念所发生的冲突问题。从体系来说，我们引用了大陆

法系，把担保法有关三种物的担保，或者叫"担保物权"写进了"物权""抵押权""质权"和"留置权"，涉及了登记制度、登记效力的问题。我们虽然把大陆的担保法体系写进了《物权法》，但是，大陆法系的担保理念比较落后。大陆法系的担保制度将"抵押""质押"和"不动产抵押"区分开来有什么好处？我把房子做抵押的时候，我的厂房照样用，既可以发挥使用价值，又可以发挥厂房的担保价值。大陆法系只限于"不动产"，"动产"就不行了。把"动产"给了质权人之后，质权人就有了担保价值，使用价值就没了，这对于经营者来说是很不利的。在美国的法律中扩大了这种流通领域，什么东西都可以用来做抵押了。而作为抵押以后，它又可以使用，又可以担保。如果能够把企业里所有的东西，包括产品、半成品、原材料、应收的账款来做抵押的话，这些东西不影响我生产，产品可以每天卖，应收账款今天收了，明天又有新的应收账款，这些东西都可以到银行，一股脑儿去做抵押，这是美国的"不动产担保"概念。我们的《物权法》最重要的是把美国法律所规定的"动产""不动产抵押"制度都吸收过来了，把国际通行的应收账款制度写进来了。什么叫"不动产抵押"？第一个特征就是能够做抵押的东西，不仅是现在有的，也包括将来有的。这种"不动产抵押"担保，包括经当事人书面协议，企业个体工商户、农业生产经营者现有的和将有的生产设备、原材料、半成品，都可以作为"不动产抵押"担保。大陆法系国家拿什么做抵押呢？只能是特定的东西做抵押。特定的东西就是现在有的。将来有的但是现在还没有，怎么能做抵押呢？这个观念变化很大。我要向银行借 1000 万元，我拿仓库里所有的产品、半成品和原料做抵押，为期两年，到 2009 年 5 月 11 日我来还你。但是，到了 2009 年 5 月 11 日的时候，仓库里的产成品与两年前的完全不一样了。有可能是财产升值，也有可能贬值了，也可能是企业效益不好而没生产出来那么多的产品，或者是仓库里的这点产成品根本就销售不出去了。两年前，我去银行的时候能销售，那时候产品滞压在仓库卖不出去，不会有太大的变化。在这种情况下，银行就有风险了。拿应收账款来处置也有风险，中国有多少债权也好、应收账款也好，都是一些呆账，是永远不能够收回的账款。在这种情况下怎么办？拿房子没有问题，房子有价值；拿股票和债券都是应收价值，拿应收账款有可能，永远实现不了怎么办？中国人民银行总行、世界银行说，这些事不需要立法者考虑，只要《物权法》作出规定就可以了，拿债权和应收账款，不是立法人考虑而是债权人考虑的问题，银行不会傻到这样的地步。

我们在"担保物权"上面临的环境是这么一个环境，世界各国银行要进入中国，他们强烈要求需要扩大担保范围，我们也规定了。所以在现在的这部《物权法》里面，突破了大陆法担保的理念，采取了英美法尤其是美国的先进理念，扩大了国际融资担保的渠道。

五、关于物权立法的"五个基本原则"

我们的《物权法》应该确立的有"五大原则"。

第一个原则是"物权平等原则"。平等原则是《物权法》第二条第三款。刚才我讲了，市场经济保障一切市场主体的平等法律地位，这个原则不再详细解释。其实，平等原则无须在《物权法》中作出规定，平等原则是《民法通则》里规定的，民法典在总则里也是先要确定的。

第二个原则是"物权法定原则"。《物权法》法定原则这是最主要的；物权的分类是由法律规定的。学过法律的人都知道，物权采取的是法定主义。中国现在来说有两种东西执行的是法定主义。企业是法定主义，企业的种类是法定主义。如果现在的法律没有规定企业注册不行，你到工商部门注册无限公司，工商部门不会给你注册。现在《公司法》修改了，你到工商部门注册一个有限公司，也允许你注册。现在的企业形式是法律有的才允许注册，没有的不允许注册。物权也是法定主义。一个是"典权"，一个是"居住权"，现在划掉了。有人说，《越南民法典》规定了民间借贷，我借你 5 万块钱，我可以把我的金银首饰不放在你手中，我可以放在银行，放在第三人手中。这种民间借贷在我们国家既不是抵押，也不是制裁。拿居住权为例，有这样一个案例，印度尼西亚的一位归国华侨，在广州市中心有一座两层的小洋楼，这位归国华侨回来以后，想把自己的骨灰撒在故土上。儿子对他不太好，女儿却很尽孝，这位归国华侨在临死前想立个遗嘱，但是这份遗嘱很难写。如果把房子给儿子吧，儿子对他又不好；给女儿吧，他又有封建思想，认为女儿是外姓人，将遗产给女儿等于给了女婿、给了外孙；如果给儿子的话，恐怕儿子要把女儿给赶走。于是便做了这样的遗嘱：他死后，房子所有权给了儿子，"居住权"给了女儿，女儿在有生之年可以在房子里永久居住下去，女儿死了以后儿子才有完全的所有权。我们今天也在研究这个问题，我们的《物权法》里没有规定"居住权"。有人在立遗嘱时，也写了：我死了以后房子的所有权给儿子，居住权给女儿。但这不合法呀。法律没有规定有"居住权"，怎么把"居住权"给一个人呢？《物权法》不可能把全国各种形式的物权通通都写进去。社会生活这么复杂，还有一些不是很典型的物权，这些东西合法不合法？怎么办？可以由法律解释去解决。什么叫法律解释？既可以是立法解释，也可以是司法解释，司法解释可以填补。从这个角度来说，物权法定主义在世界上有两类，其中一类是严格的物权法定主义，还有一句话，当事人不得创设任何一种物权，甚至有人说这种创设是无效的，我不这样认为。物权法定主义是比较宽松的法定主义，并不意味着法律没有规定的当事人就一定不能设置，也不意味着设置无效。

我在有些地方讲课的时候，经常有人问，《物权法》没有把"典权"写进去，是不是把"典权"给忘了？这是我们很多人的一个误解。典当行的典当是典权的典，是不对的，律师不要有这样的误解。我们原来在《物权法》里写的典权是写在"用益物权"里面的，不是写在"担保物权"里面的，所以，"用益物权"更能强调出它的是用途，是充分利用物的使用价值。我们的"典权"不可能是土地典，因为土地是国家的。所以在这一点上应该看到，我们现在典当行的典是与担保物权不太一样的。比如说有人在邯郸买了一套房子，买完后马上就到美国留学去了。也许留学完了在那儿工作，而且拿了绿卡之后要工作很长时间，现在把房子卖掉很可惜。他可以把房子租出去，也可以把房子典出去。租赁有20年期，典相比租赁关系更长。租赁是一般的债权关系，而"典"的关系有物权的性质，可以把房子典出去，等自己回来的时候再住。农村很多人不愿意把祖房卖掉，可祖房又没人住，那就可以考虑把房子典出去，30年后告老还乡还有祖房住。这是考虑"典"的问题。而我们现在典当行的"典"实际上是"担保物权"。所谓房屋的"典"实际上是拿"不动产"到典当行，用担保的手段来借钱，这要分清楚。

第三个原则是"物权公示原则"。它是物权法定主义和物权公示主义，是物权本身的特征，所有的民事权利都应有物权公示。为什么强调物权公示的原则？从性质来看，物权是一种对世权。谁是义务人，世界上所有的人都是义务人。既然世界上任何人都有义务，谁知道这房子是谁的？所以必须有一个公示，"不动产"更要公示。我登记的我应该知道，我登记了就表示已经告诉大家了。"动产"是以占有作为公示的。关于"不动产物权"的设立、变更、转让和消灭，都要进行登记。中国的《物权法》原则上规定了登记生效，不登记不生效，是登记生效主义，这样看起来似乎很严格。但是，并不是所有的"不动产"都是登记生效的。因为这里面还有一个"法律另有规定的除外"的问题，法律另有规定的很多。我们一定要懂得中国的《物权法》涉及"不动产"或者有些类似不动产、准不动产，它什么时候取得，是不是必须登记才能取得？实际上中国《物权法》有四种登记制度。第一种是登记生效制度。登记才能取得的叫登记生效主义。登记簿里登记是你的，就是你的，没登记就不是你的。严格登记生效的主要是两个物权：一是房屋所有权。这个肯定是登记生效主义，尤其是在城市，登记才能生效。二是建设用地使用权。建设用地使用权从登记时开始生效；抵押权没有登记的抵押不成立。第二种是登记对抗制度。过去我们讲抵押合同登记错了，现在变成抵押物登记，登记生效，不登记不生效，是登记对抗制度，不登记不得对抗第三人。我国在立法时把船舶、航空器和机动车这三种东西视为"准不动产"来对待。这三种东西必须要登记，产权必须要登记。登记效力是什么？未经登记不得对抗。"地役权"的登记是一方要求登记就登记，不登记不得对抗第三人。第三种是合同取得制度。这种物权什么时候取得，合同生效时就取得，既不是登记生效，也不是登记对抗，这是一个非常重要的权利，这就是我们农村的土地承包经营权。这个物权的设立，这个物权的取得，到底是物权取得还是设立？物权设立就是取得。农村的土地承包经营权不要求你登记，也不要求登记生效，它不是对抗制度。第四种是分配取得生效制度。这就是叫宅基地使用权，原来写宅基地使用权自分配时取得；宅基地使用权没有合同，也不要登记，但是法律要求登记的，你登记也可以。宅基地使用权法律没有规定一定要登记，从分配时取得，没有合同，只写了依照土地管理法。农村承包经营权，从合同生效时承认取得，宅基地使用权是分配时取得。这里面比较复杂的问题是"动产"。"动产"物权的设立和转让，应当依照法律的规定交付，原来后面还有一句话，叫做"动产的占有人是该财产的权利人，但证据另有证明是另外情况的除外"。这么重要的一句话给划掉了，"动产"的占有人有的国家视为是它的权利人，这才是真正的公示主义。比如，手表戴在我手上，这手表就是我的。你要说不是我的，你来证明；你证明不了，这表就是我的，我不需要来证明。你要我证明的话，我说这是我买的。你要叫我拿出发票来，我说发票丢了。你说既然发票找不出来，就是违法的。但是不能倒过来这样推。刑法有一个罪名叫做"财产来源不明罪"，说不出财产来源的就有罪。那么民法说不出财产来源的怎么就是你的了呢？可见这个东西跟法律的规定不一样。在所有权里面，你们看到一个有趣的现象没有？私人财产的保护前面都加上了"合法"两字了，合法的私人财产受法律保护，跟这个不一样，看看前两年《宪法》

修改保护私人财产的规定，可没有说合法的私人财产受法律保护，为什么到了《物权法》就要加上合法的私人财产受法律保护了呢？这样一来的话，民营企业家又要害怕了，怎么又加上"合法"的财产受法律保护呢？是不是在保护之前先要问问你的财产是不是合法财产？私人的不动产财产以登记为主，一般来说，动产问题，只要你占有了就应该推定为合法。刑法规定的说不清财产来源罪，也不是对所有老百姓的，而是针对一些有权力的官员的。你是公务员，你的收入和你目前的财产不一致，相差太大说不清，就推定你有罪，这条不能对所有的人。如果任何人说不清自己的财产的来源，就是违法、就是有罪的话，那还了得?! 所以，在民法中有一条，只要"动产"在我手中，你说是你的，你证明；我说是我的，不用证明。检察院说我是偷来的，检察院拿出证据来；检察院证明不了我是偷来的，那么我就是合法的，这和"无罪推定"差不多。

大家注意到《物权法》第五编的"占有"两个字没有？"占有"是没有合法的权利、有合法权力的保护。基于合同关系产生的占有、不动产的收益，按合同规定，我合法的占有，这是我借来的、租来的、保管的，有《合同法》规定。《物权法》规定的"占有"是无权占有、非法占有。老百姓会说，没有权利占有的东西、非法占有的东西，《物权法》都要保护？人家会说我们疯了，《物权法》连无权占有的东西也要保护啊？

实际上我们保护的不仅仅是合法的，非法所得的无权占有也要保护。这是物权立法的一个重要的宗旨。我再特别强调一下，动产的公示原则就是这个道理，法律上没写最高人民法院应该有解释，没有解释的你们用学理来解释，谁是占有的人，谁就应该推定为合法的权利人，谁认为你没有权利，就由谁去证明，证明不了的话，你（占有人）就视为合法的权利人，这样才能保障社会财产秩序的稳定。

第四个原则是"物权优先原则"。物权优先原则，原来的条文写了，但是颁布的《物权法》里没写。为什么？主要认为物权优先原则有些地方说不清。有些问题可以从学理去解释。但是，我还要跟大家讲一讲，物权优先实质上扩大来理解是三个概念。一是物权对债权是不是优先？原来草案有物权优先于债权，法律另有规定的除外。物权优先于债权是肯定的，但是有很多例外。劳动债权有抵押的，例外。哪个优先了？工人工资优先于银行的抵押。二是物权跟物权哪个优先？原来条文也想写，先设立的优先于后设立的，法律另有规定的除外。所有权跟用益物权，当然用益物权优先于所有权，所有权是集体的，承包给农村的经营户30年不变，土地承包的经营权人可以对抗土地所有权人，你发包给我种30年，就不能说随时就可以收回。用益物权优先于所有权。你是国家土地，我已经有偿取得了70年，这期间你不能随便拿走，不能因为你是所有权人就随便拿走。现在比较难的是三种担保物权中谁优先？既有抵押权，又有质权，还有留置权时怎么办？过去是不谈这个问题的。现在动产可以抵押，可以质权，可以留置权，三种都有了。对于同样种类的，应该是谁的优先，这在单独的条文中已经有了，现在重要的是"用益物权"的优先。"用益物权"优先涉及养殖捕捞这样的优先，到现在，争论还没有解决。海洋部门认为，海域使用权应该优先一些；渔业部门说，养殖捕捞应该优先一些；有的认为土地有承包经营权，海域也可以承包经营，同样在一个土地海洋上，有土地使用权、承包经营权、捕捞养殖的权利发生冲突了，谁优先啊？现在没有解决。同样的用益物权也有哪个优先的问题，这叫物权谁优先。三是债权和债权哪个优先？本来立法中也考虑要不要写进去，叫优先权。海商法有优先权，现在决定不写了。因为债权和债权哪个优先，只有在债务人的财产不足以抵债时优先权才重要。谁优先，谁100%拿走，谁在后，一分钱拿不到。这个问题可以不在《物权法》中规定，因为资产不足以抵债时的优先权在破产法中有规定，《民事诉讼法》修改后执行程序也可以变更。所以，第四个优先原则都没写，实际上这三个优先都有。

第五个原则是"物权保护和不得滥用原则"。由于物权保护原则是一般的原则，写不写，没有什么意义，任何权利都要受到保护，一个人享受的物权是私权，你侵犯了社会公共利益，或者侵犯了其他人的合法权益，就叫滥用。物权的不得滥用是一般的原则，民事权利都不得滥用嘛。这次重庆"钉子户"事件，从权利保护的角度看面临一个很严重的问题，这个"钉子户"的哪些是合法的权利应当受到保护？哪些是滥用的权利应当被制止？很多人判断不一样，我跟贺卫方教授的看法就不见得一样。现在民法学界的人说了，报纸上登了，重庆"钉子户"事件是弱势群体，是保护自己利益的典范。也有人说是在滥用权利利益。这是最难解决的。什么是当合法权益受到侵害时应该保护？现在断水断电绝对是侵犯权利，不能这个样子，这绝对侵犯了合法权益。哪些是滥用呢？比如说公共利益是由谁来确定的，公共利益是由当事人来认定，还是应该由公权机关来确认？我认为，什么是公共利益，最后只能够由公权机关来确认。政府是公权，政府机构没权力；告到法院，应该由法院来确定。既然是商业利益的需要，那就要按照国际通行的商业规则一对一谈判，没有必要必须要搬迁，商业利益跟开发商谈判，价钱合适我搬，不合适我不搬。个人的权利不得侵犯公共利益，而现在公共利益需要征收的，你又认为不是公共利益，那怎么办？总不能任何一个人说不是公共利益就不是公共利益吧，总得有一个程序。也有些学者讲了，在重庆的"钉子户"事件里面，如果被搬迁的人有他的物权，已经宣布了的就不是他的房子了。现在的房子究竟属于谁？政府作出的决定说房子不是你的了，法院也作出裁决不是你的了。但是，不要忘了开发商也是合法权益，开发商也是用合法的程序、合法的竞买，用相应的对价开发的。有人说这是两种不同的合法权益，一边是富人，一边是穷人，开发商是剥削者，开发商牟取了更多的利益。又有人倒过来说，开发商为了建设，你个人是小的，你要服从大的。我想，法律上没有一条规定是小的利益要服从大的利益，如果他们都是合法权益，法律就一条，"任何人拥有的权利，不能侵犯他人的合法权利"。这个怎么掌握呢？又是一个难点。我们可以预见，《物权法》通过以后，老百姓也好，其他民事主体也好，权利意识会大大增强,《物权法》大大激发了人们的权利意识。因为《物权法》更多的是保护人们的私权。但是,我们应该清醒地看到,在《物权法》通过以后,随着权利意识的增长,滥用权利的现象也会产生。有时,这两个问题是同时产生、同根产生的。哪个属于正当权利来保护,哪个属于滥用权利来保护。重庆"钉子户"事件是对《物权法》生效以后第一次严峻的考验。不仅考验公权机构如何来合法、合理、正当、科学地行使公权,而且也是对我们律师、法学工作者的一个重要的考验。

讲到这里,我想还有一个问题,这就是广大农村的房产,为什么只有宅基地使用制度,而没有房产登记制度?关于这个问题,立法中大致确认,房屋登记效力主要还是用于城市,农村虽然也写了"房屋的所有权是登记生效主义",但是必须承认农村的事实状态,祖先的房子一直住在这儿,没有登记就不是你的吗?并不是说农村的房子没有登记一律无效,或者是一律不承认他的产权,这样是不对的。"公共利益"已经成为侵犯公民权利的保护伞。在现今世界经济大环境下如何认定"公共利益"?"公共利益"怎么来界定?我们可以说"公共利益"的界定有两大趋势、两大问题。一个是改革开放30年来,就像上面说的,我们国家任何农村的土地征收和房屋的拆迁,无一不是以"公共利益"为由,实际上相当一部分是商业利益。"公共利益"相对的是"商业利益",没有用国家利益相对私人利益。很多人要求把"公共利益""商业利益"进行列举。"公共利益"和"商业利益"能不能列举?立法者也在反复考虑着。有学者引用了国外的例子和国内的事实,反复争论这两个方面的问题。上世纪20年代,美国纽约要修建100多层的帝国大厦,帝国大厦当时是纽约也是世界最高的建筑。盖帝国大厦,需要拆迁将近四五百商户的建筑。这些被拆迁的商户提出了质疑。他们说,你所要盖的房子也是商业出租,为什么让我们搬迁?这个争议被诉到了纽约最高法院。应该说,纽约要建立一个标志性的建筑,这是公益性的建设,是公共利益与商业利益的冲突。我们的重庆这个地方的旧房子,是50年代建设的,有的一家人只有20来平方米，煤气通道都没有，生活环境不好。为了改变这种生活环境，市政府决定要进行旧城改造，盖一座现代化的商业大楼。像这种情况是不是公共利益的需要？我们大家也可以思考和讨论这个问题。中国有很多危房需要改造，说难听一点是"贫民窟"的改造。怎么来处理这些问题？我的主张是在这个问题上可以适当放宽一点。应该补偿的要全部补偿到位，补偿到位了，而没有克扣被拆迁户的利益，他不就愿意搬迁了嘛。从这一点来说，补偿的标准实在是很重要。比如在北京，开发商在前门大街的辖区内盖房子，开发商的收益很大，开发商把利益很大的一部分切给被拆迁的人，他不就满足了嘛。这就是说利益分配要注意平衡，不能让开发商拿得过多、被拆迁人拿得太少。有些问题现在确实是很难说，你说盖电影院究竟是商业利益大还是公共利益大？如果在北京三环以内盖一个超市肯定是商业竞争，但如果在北京六环连一个商店都没有的新的居民区，盖一个商店应该是为当地居民谋福利。有些情况下，仅仅按照营利不营利来确定是不是公共利益也很难说。我主张"公共利益"有时候也需要实事求是、因地制宜进行分析，一样的形式，不同时间和场合就不一样，这是我个人的观点。

《民法总则》评议[*]

江 平

一、民法典的编撰历程

2017 年 3 月 15 日闭幕的十二届全国人大五次会议审议通过了《民法总则》，标志着中华人民共和国成立以来民法典的编纂完成了第一步。制定一部民法典是中国民法学者的夙愿，可以说笔者几乎全程参与和见证了这段立法史。从 20 世纪 50 年代中期开始，中国立法机关先后四次组织编纂民法典，均因各种原因而搁浅。这次应当是第五次编撰民法典了。

第一次编撰是 1954 年的下半年启动的，第一届全国人大常委会组建了专门的起草班子，开始起草民法典。当时的立法体例，当然是受苏俄民法典的影响，但是具体内容并不是抄袭或者说是照搬苏俄民法典，也就是说学习但绝不抄袭。这次民法典起草的草案，一共有 525 个条文，并于 1956 年开始到各地征求意见。但是随后的"整风运动"使这次民法典的起草不了了之。

第二次编撰民法典是 1962 年开始的，因为我们逐渐认识到忽视自然规律和法律所带来的恶劣后果，所以开始进行政策上的调整。毛泽东主席提出了"不仅刑法要搞，民法也需要搞，现在是无法无天。没有法

---

* 原文载于《浙江工商大学学报》2017 年第 3 期。

律不行，刑法、民法一定要搞，不仅要制定法律，还要编案例"。因此开启了第二次民法典的编撰。这次民法典的草案共 262 条。这些草案，有几个比较有意思的现象：首先是几乎把所有的法律名词都搞没了。法则里面用的是单位和个人，法人和自然人没有了；物权、债权、法律行为、合同都没有了。买卖合同叫作买卖关系，基本建设合同叫作基本建设关系，运输合同叫作运输关系，当时创造了很多这样的"关系"。其次是结构体例上，把婚姻家庭关系和继承关系拿掉了，不再作为民法的一部分。后来更大的政治运动文化大革命开始了，法典也就夭折了。

第三次编撰是在 1979 年拨乱反正之后开始的。此次民法典起草工作是由陶希晋和杨秀峰两位先生领导的。这次采用的是大兵团作战的方式，当时在彭真同志和全国人大法律委员会的领导下，第一批就调集了36 位法学专家、学者和实务部门的工作人员，组成了起草小组。1982年 5 月，民法典起草完成了第五稿，但随即被叫停。彭真同志提出了民法典的起草工作，由"批发"改为"零售"，即先行制定单行法，待单行法完善后再行制定民法典。理由是中国正在进行经济体制改革，摸着石头过河，不可能在一部完整的民法典中预先确定规则，只有待改革大体告一段落后才有把握制定完善的民法典。这次民法典制定的直接后果，就是之后出台的一直到目前还有效的《民法通则》。

第四次民法典的起草工作是在 1998 年之后开始的。王汉斌同志召开立法工作会议，提出了要继续制定民法典的想法，认为现在我们的改革方向已经明确了，单行法也大体上都有了，应该是认真制定一部民法典的时候了。会议上大家一致认为应当起草一部民法典，并决定由我和王家福同志牵头，成立民事立法工作组。经过大家的讨论，一致认为民法典的起草，应采取分步单行立法，然后汇总为民法典的做法。具体步骤是：1999 年完成合同；从 1998 年开始到 2003 年的四五年间，争取通过物权法；到 2010 年完成中国民法典。2002 年初，时任全国人大常委会委员长的李鹏同志提出，要在九届全国人大任期内通过民法典。物权法起草被搁置，整个立法机构和学界将工作重心放在了起草民法典上。2002 年 12 月 23 日匆匆忙忙提交给全国人大一个民法典草案，该草案共计 1200 多个条文。学界对该草案提出了很多批评。在笔者看来，当时及时提交民法典草案的好处就是"开弓没有回头箭"，既然已经提交了，那就必须不断地进行审议、完善，直到民法典最终可以通过。后来各方的批评比较大，不满意这样一部草案。况且民法典本身卷帙浩繁，很难一口气制定出一部让各方都能接受的民法典，于是就又搁浅了。

1986 年，有"小民法典"之称的《民法通则》制定时，笔者有幸作为专家咨询小组成员，与佟柔、王家福、魏振瀛教授一同组成起草专家咨询小组，参与了《民法通则》的起草工作。《民法通则》长期以来代行了民法典的功能，因此被称为"小民法典"，为现在的《民法总则》奠定了基础。

可见，各界所期待的一部民法典是来之不易的，《民法总则》的通过使我们看到了民法典的曙光，无论如何我们都是比较高兴的，当然也是赞成的。

二、《民法总则》的结构体例与立法技术

民法典的制定首先要解决的就是采取的结构体例和立法技术问题。就法典的结构而言，要回答两个方面的问题：其一，是民商合一还是民商分立的立法模式。笔者一直以来比较赞成采取民商合一的立法模式，因为在我国不存在如同法国、德国等欧洲国家实行民商分立所处立法时期的经济基础和社会条件，可以说民商分立的立法模式是特定历史时期的产物。此次《民法总则》的通过确立了民商合一的基本立法模式，笔者是赞成的。例如其在"法人"一章中，将法人按照营利法人和非营利法人的模式进行构建，用了营利法人就是商法人，由民法典予以规定，不能规定在民法典中的则由公司法等单行法予以规定，而不需要再在民法典之外另行制定商法典了。其二，是采取法国的三编制还是德国的五

编制立法模式。这在制定民法典的过程中也是一个争议不小的问题。实际上我国自从民国时期就已经采取了德国潘德克吞式的立法体例，而且《民法通则》也基本上是这个思路，因此多数观点还是采取德国模式的立法体例，即总则——分则式的立法模式，在各分则之前设立总则规定能够适用于全部分则领域中的共同性规则。笔者赞成这种立法模式，这种立法模式在法律技术上或者说是法律科学上都是比较先进的模式。此次《民法总则》的通过可以说使这一问题得到了确定，笔者认为是正确的选择。

在确定了民法典的基本模式之后，就是制定民法总则和各分则，最后再合成一部完整的民法典。关于民法总则的制定有两种基本思路或者说是方法：一种是演绎的方法，也就是先制定出一个民法总则，然后再用演绎推理的方法制定出民法各分则；另一种是归纳法，也就是大家所说的提取公因式的方法，即从民法的分则中归纳总结出共同性的、一般的规定作为民法的总则。由于中国目前实际上民法典的分则都已经有了，那就是《物权法》《合同法》《侵权责任法》《婚姻法》《继承法》，因此中国民法总则的制定也就是采取第二种方法，从这些法中归纳总结出民法总则的规定。

《民法总则》是未来制定通过的民法典总则编，无论是在结构体例上还是在内容上，都可以说是在《民法通则》基础上修改而成。可以说《民法总则》是在《民法通则》实施 31 年后制定，吸取了中国民事立法的特点，保持了《民法通则》的体系、指导思想的基础上，在具体条文上，努力做到了精益求精，纠正了《民法通则》中不准确的、错误的内容，使不太明确的规定更加精准，同时也将法院司法实践中好的做法吸收了进来，因此总体上来说是一部不错的立法。

从基本结构上看，《民法总则》包含了基本规定、自然人、法人、非法人组织、民事权利、民事法律行为、代理、民事责任、诉讼时效、期间计算、附则十章共 206 条，比现行《民法通则》多出 50 个条文。

这一结构体例完全是沿袭《民法通则》的做法，与其他国家民法总则相比其特色有三：第一是设有基本规定（包括立法目的、基本原则和法律渊源）；第二是设有民事权利一章；第三是将民事责任独立作为一章规定在民法总则中。这一体系虽然不够完美，但是一方面它有中国自己的特色，另一方面又继承了现有《民法通则》的基本做法，保持了立法上的延续性，因此在笔者看来还是比较满意的。另外，从历次立法的经验来看，笔者觉得参与法典制定的各方应该采取比较现实的态度，既不能在内容上过于苛求，也不能在体系上过分追求完美，只有这样才能在六七年内完成中国民法典制定的重任。

三、《民法总则》的内容与创新

从内容上来看，《民法总则》也有不少进步或者说是创新的地方，主要有如下几个方面。

（一）关于法律渊源

《民法总则》第10条规定："处理民事纠纷，应当依照法律；法律没有规定的，可以适用习惯，但是不得违背公序良俗。"这一点应当说与笔者一直所主张的制定一部开放的民法典的理念是相一致的，将制定法之外的其他法律渊源纳入其中。过去《民法通则》规定没有法律的依据政策，现在用习惯来替代，笔者是非常赞成的，因为政策是很难界定的，中央的政策可以叫政策，地方的政策呢？各个地方都有自己的政策，而且政策经常会进行调整，很难加以确定。当然，这一法律渊源的规定也有其问题。首先习惯究竟何指也是一个不确定的问题。是比较法上的习惯法还是普通的习惯？是通行全国性的习惯还是地方习惯就可以？是民事习惯还是商事习惯？习惯又如何具体认定和确定？习惯之外的其他法律渊源呢？

（二） 自然人的保护上有所完善和进步

首先，《民法总则》第16条增加了对胎儿利益的保护，这是符合国际发展趋势的，体现了对人的关怀，使胎儿的利益能够得到应有的保护。其次，降低了限制行为能力人的年龄，将限制行为能力人和无行为能力人的年龄确定为8周岁，这样就使一大部分未成年人有了一定的行为能力，能够实施一些日常生活所必须的法律行为，是符合社会发展趋势的。再次，则是完善了监护制度，增加了遗嘱监护人、成年监护制度等，对无行为能力人和限制行为能力人的保护进一步加强了。

（三） 法人方面的进步与创新

法人制度在法人的分类方面有较大的创新。既不按照传统大陆法系自罗马法发展而来的分类方法，也不再按照《民法通则》所确定的分类方法进行分类。传统大陆法系将法人划分为社团法人和财团法人，而社团法人可以是营利法人也可以是非营利法人，还可以是中间法人；财团法人只能是公益法人。《民法通则》则按照行业将法人划分为企业法人、机关法人、事业单位法人、社会团体法人，而《民法总则》是按照营利法人、非营利法人和特别法人的方法分类。当然对这种分类方法，学界有不少人提出了批评。需要特别说明的是，此次法人制度中创设了"特别法人"这一种新的法人类型。使过去无法安放的法人类型得到了处理，包括机关法人、农村集体经济组织、城镇集体经济组织、村民委员会、居民委员会等在内。这为未来中国土地改革等均奠定了相应的基础。其次就是将《民法通则》中关于法人规定的很多不够细致和准确的地方都予以修改和完善。如将独立承担民事责任作为法人成立的效果而不再是法人的成立要件，将法人的法定代表人制度、法人的终止和清算进行了完善等。此外还在非营利法人方面，增加了法人终止后不得将剩余财产予以分配，而是应当移交给宗旨相同或者相近的其他法人；捐助法人的捐助人有权对捐助法人进行必要的监督等，使捐助法人等公益法人能够维持其公益目的，而不是相反。

（四）民事权利

《民法总则》"民事权利"一章列举了所有的民事权利类型，包括人格权、身份权、物权、债权、知识产权、股权、继承权等。这为后来制定民法分则指明了方向。这其中有三点要特别予以说明：首先，第109条规定："自然人的人身自由、人格尊严受法律保护。"这是《宪法》第38条所规定的人格尊严在民法中的具体化，将其作为民事权利予以保护和落实。这在民法理论上又被称作一般人格权。一般人格权理论的采纳也符合笔者一直主张的制定一部开放的民法典的观点。也就是说，人格权作为一种与生俱来的权利，不能够法定，而是应当保持开放的状态，随着时间的发展不断地扩张其范围和内容，从而实时地将自然人新发展出来的人格利益予以保护。其次，在第111条规定了自然人的信息权，这也是《民法总则》的一大创新。自然人信息权在以往的法律中是没有规定的，其保护仅仅是由刑法等其他法律予以间接的保护，这次《民法总则》回应了社会发展的需求，及时将其作为一项人格权予以保护，应当说是一大创新。最后，在第127条规定了对数据、网络虚拟财产的保护问题。这方面还有很多问题需要研究，如虚拟财产的法律性质、侵害后的具体请求权基础等均需进一步研究和完善。

（五）其他

《民法总则》除了上述几个方面之外，还在法律行为制度、代理、诉讼时效、民事责任等其他方面有诸多创新的地方。如在"法律行为"一章，主要是将合同法中所创立的规则予以吸收和采纳，同时也做了一些创新，如增加了通谋虚伪表示的规定，将显失公平和乘人之危合并成为一种可撤销的情形。在诉讼时效中则是将普通诉讼时效期间从2年修改为3年，并且取消了1年期的短期时效，这无疑是正确的选择。最后在民事责任中还增加了对英雄烈士的姓名、名誉、荣誉的特别保护；规定了所谓的"好人条款"等。

四、《民法总则》的不足

当然在笔者看来，《民法总则》的创新还是不足的，还有进一步完善的余地。这特别表现在"民事权利"一章中。《民法总则》第五章民事权利涉及的物权有单独立法，债权有了《合同法》和《侵权责任法》，知识产权有单独立法，投资的保护有《公司法》，继承也有单独一编，唯独对人格权规定得少。关于人格权的立法体例，学说上向来争议较大，有的学者主张应当独立制定"人格权编"，有的学者则坚决反对将人格权独立成编。后来决定把人格权放在总则中，笔者也接受，但现在看到《民法总则》里面写的人格权太简单了，只有名词，另外再加上个人信息的保护这么一个笼统的规定，将来是不是人格权有必要再作为一章，还可以思考。因为人格权内容日益丰富，因名誉权、个人信息、人体器官、人体胚胎、个人信用等产生的纠纷越来越多，这些问题仍旧只是用一个跟《民法通则》时代一样的词来表示，总显得有所欠缺，所以笔者觉得这一部分需要进一步思考。当然也有观点主张自然人的人格权将来在《侵权责任法》这一部分再具体规定，即从侵权的角度加以规定，笔者觉得倒不是不可以，但是必须要对各种人格权的具体内容、保护范围、保护方式等予以细化和具体规定，否则就不能很好地完成对自然人人格权这种与生俱来的权利的保护。人格权是宪法所规定的基本人权的重要组成部分，必须要不遗余力地加以保护，可以说笔者的一生都在为此努力。

其次，《民法总则》中商法的因素还是非常不够的。前面已经谈到了，《民法总则》采取了民商合一的立法模式。既然《民法总则》已经采取了民商合一的模式，就应当将商法中能够纳入到民法的内容均纳入到民法典中，而现在的《民法总则》，除了法人部分有关于营利法人的规定之外，其他部分几乎没有商法的因素，完全是一个民商分立模式下的民法总则。

再次，在立法技术、法律用语等方面也有进一步完善的余地。《民法总则》中很多用语还不够理想，不过笔者认为这是一个过程，很多法律用语都是从不被接受到逐渐被接受的，大家共同努力就能够进一步完善。还有很多法律规定，不属于民法的法律规范，或者说不适宜在《民法总则》中加以规定的，还有的规定所使用的表述方式也需要进一步完善等等。总之，笔者希望在未来民法典的编撰中，应该吸收更多国内外的研究成果，立法、司法和学术界应当保持更加良好的互动和合作，从而制定一部更加完善的、开放的民法典。

商法

论股权[*]

江 平 孔祥俊

构筑我国市场经济体制基本框架的十四届三中全会决定将建立现代企业制度确认为这一基本框架的五大支柱之一，指出国有企业实行公司制是建立现代企业制度的有益探索，并对企业尤其是国有企业推行公司制进行了详细阐发。由于财产权是现代企业制度的基础，决定对现代企业的产权关系加以重点明确。实行公司制必须确立符合市场经济要求的现代公司产权结构，公司产权则是股权与公司法人财产权的契合关系，因此，股权的法理探讨对于建立我国公司产权制度和进行企业制度创新具有重要的理论意义和现实意义。

一、法律性质论

法学界对股权性质问题从来聚讼纷纭。以抽象研究见长的大陆法系民商法理论对股权的界说更是异彩纷呈，百余年来新论迭出。以德国为代表的大陆法系股权理论大体上可归纳为社员权说、股东地位说、债权说等学说，同一学说中也不乏歧见。社员权说主张股权是股东基于其营利性社团的社员身份而享有的权利，属社员权的一种。19世纪后半叶，德国学者Prenaud率先主张股份有限公司是以股东为社员的社团法人，股东权就是股东因认缴公司资本的一部分而取得的相当于此份额的社员

---

[*] 原文载于《中国法学》1994年第1期，系与博士生孔祥俊合著。

权，是一种既非物权又非债权的特殊权利，并将股权确认为"单一的权利"。[1]当时学界尚未将股权区分为共益权和自益权，将股权概括为"单一的权利"理所当然，但这种对股权单一性的认定和社员权说对以后的学说产生了重大影响。1893 年德国学者 Pregelsberger 将股权划分成共益权和自益权，认为共益权是为实现全体利益而给予社员的权利，自益权则是为满足个人利益所赋予社员的权利，两者因性质上的差异而不能构成"单一的权利"。十年以后德国学者 K. Lehmann 采纳该分类法，但对共益权的性质重新加以阐释，即认为自益权是"专门为各个股东谋求利益的权利"，共益权则是"谋求股东利益的同时也谋求全体利益的权利"。不过，他未像 Prenaud 那样将股权概括成如"社员权"这样的"单一权利"，而将股权解释为股东"通过认缴资本的一部分而产生的对公司的法律关系的总体"。此即股权（股份）为股东权利义务总和的学说的启始。后来，德国学界改变了将股权作为社员享有的一切权利称为"社员权"的思维方法，把社员资格与社员权区别开来，认为社员资格是基础性的统一法律关系，社员权则是这一基础关系的产物，从此社员权被认为是基于社员资格而享有的权利，社员权因而具有身份性。[2]而且，有些德国学者（如 Pruth）还将营利社团法人与公益社团法人的社员权作统一研究，并力图形成统一理论，认为所有社团都是人的结合关系，社员资格为第一位要素，权利为第二位要素，社员权以社员资格为基础，社员资格的取得以社团一方接受的表示与加入者一方加入的表示达成一致为要件。体现在股份有限公司中，转让记名股时受让人对公司的股东名册的变更请求中含有加入社团的表示，转让无记名股时受让人

---

[1] 在此之前股份有限公司被视为合伙，学者从股东对公司财产的共有份出发，将股东权视为物权成为通说。其后曾有人认为股份公司属于法人，但又将股权视为债权。Prenaud 驳倒股份公司是依契约结合而成的合伙的见解，第一次主张其为社团法人。参见［日］菱田政宏：《会社法》（新版），上卷，中央经济社，第114页；［日］松田二郎：《株式会社法的理论》，岩波书店，第20页。

[2] 有人据此主张股权中的共益权不可转让。

取得股份的行为即含有加入的表示。日本学者松本烝治博士在日本奠定了股权社员权说的基础。他按 Pregelsberger 的学说将社员权利区分为共益权和自益权，同时认为这两种权利并非各自独立的权利，而是由"一个单个的社员权产生出来的权能"，社员权为单一的独立权利。总之，社员权说是大陆法系股权性质的通说。[1]

股东地位说否认股权是一种具体权利，主张股权是股东因拥有股份或出资而在公司取得的成为各种权利基础的法律地位，以此法律地位为基础所确认的权利（股东的具体权利）是股权的内容。[2]有些日本学者认为股权中的共益权和自益权因有性质上的差异而难以结合成一个本质的、不可分割的整体性权利，遂避开"社员权"的名称而代之以"社员地位"称呼股权，但其实质内容与股权无异。[3]债权说主张股权本质上是以请求利益分配为目的的债权或称附条件的债权，请求权以外的其他权利均非附属于股东的根本性权利。[4]此外还有一些股权性质的其他学说。

我国学者多从我国经济体制改革的背景出发，侧重于从股权与公司（企业）产权的双重角度研究股权性质，要么主张股权本质上属于债权，唯公司享有所有权；要么主张股权本质上是所有权，即或者主张股东对公司财产享有所有权（或共有权），公司享有经营权，即所有权与经营权分离说；或者认为股东对公司享有所有权，公司对其财产享有所有权，即双重所有权说。还有人认为股权为原始所有权或终极所有权，公

〔1〕 参见［日］松田二郎：《株式会社法的理论》，岩波书店，第20~28页；［日］色泽康一郎：《商法的基础》，税务经理协会，第105~106页；［日］菱田政宏：《会社法》（新版），上卷，中央经济社，第114~116页。

〔2〕 参见［日］松田二郎：《株式会社法的理论》，岩波书店，第26页；［日］菱田政宏：《会社法》（新版），上卷，中央经济社，第114~116页；［日］色泽康一郎：《商法的基础》，税务经理协会，第106页；武忆舟：《公司法论》，三民书局1980年版，第295页。

〔3〕 参见［日］松田二郎：《株式会社法的理论》，岩波书店，第26页；［日］菱田政宏：《会社法》（新版），上卷，中央经济社，第114~116页；［日］色泽康一郎：《商法的基础》，税务经理协会，第106页；武忆舟：《公司法论》，三民书局1980年版，第295页。

〔4〕 参见［日］松田二郎：《株式会社法的理论》，岩波书店，第26页；［日］菱田政宏：《会社法》（新版），上卷，中央经济社，第114~116页；［日］色泽康一郎：《商法的基础》，税务经理协会，第106页；武忆舟：《公司法论》，三民书局1980年版，第295页。

司享有法人所有权。凡此等等，不一而足。这表明对股权性质的探讨自始即与我国经济改革的进程息息相关，也表明对股权性质还应作深层次的研究。

我们认为，股东地位说、债权说、所有权说等均不能反映股权的本质，而股权也不同于公益社团法人及合作社中的社员权，把股权归入社团法人的社员权也不妥当。股权只能是一种自成一体的独立权利类型。

（一）股权是作为股东转让出资财产所有权的对价的民事权利

社员权说主张股权为社员权的基本理由是，股权为股东基于公司社团的社员资格而享有的身份权。按这种理论界定公益社团和合作社的社员权无疑恰如其分，但用于界定股权却失之偏颇。

按照传统民法理论，社团法人可分为公益社团法人和营利社团法人，但不论何种社团法人，均须由二人以上以合同行为设立，并以二个以上的社员为存在基础。在公益社团中，社员资格的取得不以出资为要件，并且社员权的享有完全基于社员身份，社员权必然成为身份权。在合作社中，尽管交纳社股为取得社员资格的要件，但合作社的互助合作性质决定了社员权的享有与出资额无关，社员权基于社员资格而享有。而且，这些社团的公益性和互助合作色彩决定其具有强烈的人合色彩，即至少须由二人以上所组成，是名副其实的社团。[1]

传统民法理论历来把公司作为基本的营利社团法人，传统公司法绝对地强调公司的人的结合性，即必须至少由二人以上所组成。公司股东与其他社团法人的社员一样，股权按社员权解释，即将股权作为根据股东资格（社员资格）而享有的权利，与其他社团的社员权无异。但是，

---

〔1〕 以合作社为例，成为合作社的社员须办理入社手续，即除缴纳股金或入社费外，通常还要填写入社志愿书、申请书或经其他社员介绍，并经理事会、社员大会同意或通过，才能成为社员，成为社员后才享有社员权；社员转让社股时，若受让人不是社员，则须首先办理入社手续，然后才能受让股金，社员死亡后由继承人继承股份时，若继承人不愿入社，应以退社论，而继承人愿入社时，在办理入社手续后方能继承股金，即社员资格不能转让和继承，只能通过入社取得，取得社员资格后才享有股权。

随着"一人公司"的出现并被许多国家的法律所承认,传统公司社团观念受到冲击,对一个股东的公司仍按传统社团观念认定已显得极为牵强。因为,在一人公司中,公司不再依赖二个以上的成员成立或存在,公司之内不再发生社员之间的关系及多数社员权和少数社员权等问题,股东一人即可形成公司意思和参与公司事务,但此时股权依然是股权,股权性质并未改变,这就要求对股权的性质作出新的说明。尤其是,我国公司立法承认国有独资公司的普遍存在,更应当对股权性质进行重新思考。

尽管"一人公司"(独资公司)的存在使公司与传统社团观念相冲突,但公司仍不失为一种团体,只不过与传统社团在人的结合性上分道扬镳,即公司是由设立人通过出资设立,由出资人(股东)及其他有关机构共同组成的团体,不以成员的二人以上为一律的要件。尽管公司团体仍以股东为基础,但已具有强烈的资本性,即股东地位完全取决于股东的股份或出资额,公司以营利为目的并将盈余按股份或出资额分给股东,这种特质与公益社团和合作社形成鲜明的对照。公司的资本性决定了公民或法人只要出资(包括股份有限公司中的认缴股份和受让股份及有限责任公司的缴纳出资和受让出资)就可以换取股权,就可以成为股东,因此,股权显然是转让出资财产所有权的对价。概括地说,出资关系是由投资者与公司或转让股份(出资)的股东之间就投资者通过投资成为股东所形成的法律关系。根据这种法律关系,投资者通过履行出资义务而取得股权,投资者也因而成为股权的权利主体即股东。因此,股权不是基于股东身份而产生,而是与股东同时产生,是同一出资法律关系的两个要素。

投资者以出资财产所有权换取股权后,投资者即股东同时取得了以股票(股份有限公司)或出资证明书(有限责任公司)等作为表现形式的股份(股份有限公司)或出资(有限责任公司)。但是,股份和出资均非表明股东在公司资产中所占份额的单位,只是股权的计量单位。一方面，股份或出资用以计量股权的大小，即股东在公司中享有权利的大小取决于其拥有股份或出资的多少；另一方面，股份或出资又用以表明股权的经济价值，即转让股权时根据股份或出资确定股权的价值（格）。因此，股份或出资并非包含股权，而是依附于股权。股份或出资的上述性质充分地反映了股权对出资财产所有权的对价性。

（二）股权是目的权利和手段权利的有机结合

传统公司理论往往将股权区分为共益权和自益权，但对共益权和自益权性质的不同认定又直接影响到对股权性质的认识。否定股权为独立权利的论者往往以共益权与自益权具有本质差异而不可能组成同一的权利为根据；社员权的主张者则认为共益权也是以股东利益为最终目的，自益权和共益权在最终目的上具有共同性，可以组成同一的股权。

一般而言，自益权均为财产性权利，如分红权、新股优先认购权、剩余财产分配权、股份（出资）转让权，共益权不外乎公司事务参与权（如表决权、召开临时股东会的请求权、对公司文件的查阅权等），而在独资公司中，共益权已无存身之地，股东权利均变成一体的自益权。因此，与其继续沿用共益权和自益权的传统分类方法，不如将股权区分为财产性权利与公司事务参与权。从本质上讲，财产性权利为目的权利，公司事务参与权为手段权利。因为，不论投资者投资的直接动机如何，其最后目的都在于谋求最大的经济利益，公司不过是为股东谋利作嫁衣裳的工具，公司无疑以股东的经济利益为终极关怀。为实现股东获利最大值的终极目的，必然要在公司团体内设定直接体现股东终极目的的权利；既然股东因其出资所有权的转移而不能以行使所有权的方式直接实现其在公司中的经济利益，那么也必须在公司团体内设置一些作为保障其实现终极目的的手段的权利，股东的财产性权利与公司事务参与权遂应运而生，即两者分别担当目的权利和手段权利的角色。而且，两种权利终极目的的相同性决定了两者能够并且必然融合成一种内在统一的权利，即若没有目的权利，手段权利就因无所指向而成为毫无意义的单纯手段；没有手段权利，目的权利就成为缺乏有效保障的权利。目的权利与手段权利有机结合而形成股权。

应当指出，股权中的目的权利（财产性权利）与手段权利（公司事务参与权）只是对股权具体内容的形象说法。实质上这些权利均非指独立的权利，而属于股权的具体权能，正如所有权之对于占有、使用、收益和处分诸权能一样。正是由于这些所谓的权利的权能性，才使股权成为一种单一的权利而非权利的集合或总和。

（三）股权是团体性权利和个体性权利的辩证统一

股权既具有团体色彩，又具有个体色彩。所谓团体色彩，就是说股权的一些权能只有在团体中才会发生，股权中的公司事务参与权属于这种团体性权能。这些权利必须按照公司法及公司章程规定的团体规则行使，有些权利必须通过股东会之类的公司机关行使（如表决权），有些权利则须通过向其他公司机关提出请求而实现，这些权利的行使必然导致股东与公司各机关之间发生错综复杂的关系，这种只有在公司内才能行使的权利以及行使权利必然在公司内发生复杂的关系使股权带有鲜明的团体性。个体色彩则是指股权始终以股东个人的利益为出发点和归宿，股权中的财产性权利就是这种股权本质的集中表现。这些权利由股东直接行使并直接受益，具有突出的个体化色彩。因此，我们说股权既是团体性权利，又是个体性权利，或者说既包括团体性权能，又包括个体性权能。

股权的团体性和个体性不是各自孤立和相互割裂的，而是相辅相成，互为依托。公司本身即个体化和社会化的契合体，公司首先是成为股东的个体获利最大值的工具，必须以股东的利益为行为准则，而不能追求脱离股东利益的目标，而一旦公司成立后，又成为社会存在物，其行为又攸关交易安全和公共利益，不能任由股东随心所欲地操纵。这种双重取向调和出既能保护股东利益、又能限制股东为所欲为的股权。把股权塑造成一种寓个体性权利于其中的团体性权利。

（四）股权兼有请求性和支配性

股权的部分内容具有请求权属性，如财产性权利中的分红权、剩余财产分配权等属于财产性的请求权能，公司事务参与权中的临时股东会召集请求权等属于非财产性的请求权能。但是，这些请求权不过是股权的部分权能，不同于债权，而且其非请求权内容又非债权所能涵盖，因此，债权说依据股权的请求性内容而认定股权为债权失之片面，不能成立。

股权具有部分的支配权内容，如通过行使表决权支配公司的重大事务。但是，股权的支配性不同于所有权的支配性。因为，在公司中，公司人格的存在使股东不得直接支配公司财产，而只能按照法定程序，通过行使股权，以左右公司的重大事务，并且公司享有收益权，股东的收益来自公司，何况股权的具体权能又与所有权大相径庭，因而股权绝非所有权。同时，股权也不同于知识产权。知识产权是权利人对无体物智力成果的支配权，因各国注重其经济利益而通常将其列入财产权之内。尽管股权也具有无体性，但股权非以智力成果为客体，股权的丰富内容又非知识产权所能包含，故股权不是知识产权。

（五）股权具有资本性和流转性

公司是以资本为基础而设立的企业，股东的地位以股东拥有的股份额或出资额为唯一确定标准，即主要体现为表决权按出资额计算，股利和剩余财产按持股比例分配。而且，股权还是一种能够以股份额或出资额计算经济价值的权利。

股权的资本性决定了股权的非身份性和可转让性，即经股东与他人合意，股东可按股权的经济价值将股权转让给他人，他人因而成为股东和享有股权。股权的转让以股份或出资的转让为标志，因股份或出资已丧失资产产权意义，也就变成了股权的象征，其转让即股权的转让。大陆法系有些学者基于股权为股东的身份性权利而否认共益权的可转让性，认为只有股东资格的加入和退出，没有单纯的共益权的转让。但因我们主张股权为单一性权利及其所谓的具体权利都是股权的权能，以及股权是出资财产所有权转让的对价，故我们认为股权作为一个整体性权利具有可转让性，况且股权的各项权能不可能分开转让。

股权的资本性和转让性是公司形态高级化的标志，来源于市场经济的必然要求。其一，使股权商品化。资本性使股权具有价值和价格，使股权得以游离于公司资本之外而自由流转，其流通不影响公司资本及经营的稳定。尤其在股份有限公司中，股权的商品化表现为股票的商品化，股票的商品化必然形成证券市场并促进资本市场、金融市场的迅速发展，从而使资金的增量和存量能够根据生产发展需要合理流动起来，使企业的生产经营规模能按生产力发展的需要随时扩大。其二，使股东利益与公司的资本维持达成一致。在多股东公司（尤其是股份有限公司）中，资本原则难免使股东利益与公司的资本维持产生两对矛盾：一是公司事务的多数决与少数股东意志不相容的矛盾，此时必然要求使少数股东具有脱离公司、转让资本的可能性，但若准其抽走资本，又会损害公司发展的稳定性；二是公司资本的固定性和回收周期的长期性与股东短期回收愿望的冲突，此时股东可能希望随时收回投资，但收回投资又与公司准则相悖。赋予股权转让性质这些矛盾迎刃而解，即由于由出资转化而来的股权具有流转性，若股东对按多数决形成的公司决策不满，或不愿忍受投资回收的长期性，可通过转让股权达到目的，而股权的转让又不影响公司资产的正常运转。在单股东公司中，股权的流转性同样地为股东因各种原因收回投资提供了现实性和极大的便利。其三，使股东对公司的股权约束强化，即股东可以通过转让股权的形式用"脚"投票，对公司施加强有力的股权约束，使公司营运符合股东增殖资本和增加资本收益的意愿。特别在股权高度分散化的当代股份公司中，由于股东用"手"投票的积极性锐减，用"脚"投票遂成为不可轻视的股权约束力量。

股权的资本性与流转性把公司的股权与其他社团法人的社员权区别开来。公益社团的社员地位一律平等，社员权基于社员身份并按人头享有，而且社员权的取得需首先通过入社取得社员资格，不能随意让与，因而这种社员权没有资本性和流转性。合作社社股是取得社员资格的必要条件，但合作社通常不以社股作为主要经营资本，社股往往更具有象征意义，而且，取得社员资格后社员的地位与出资额即无关联，表决权实行一人一票制，盈余按交易额分配，其社员权没有资本性，同时，合作社高度的人合性使其对社股的转让加以严格限制，甚至只准退股不准转让。

总之，股权的上列特征足以把股权塑造成一枝独秀的权利形态。我们可将股权界定为：股权是股东因出资而取得的、依法定或公司章程规定的规则和程序参与公司事务并在公司中享受财产利益的、具有转让性的权利。

二、创设行为论

作为民事权利的股权是由特定的法律行为创设的，创设行为是产生股权的法律事实。

大陆法系的学者对股权创设行为有所探讨，但众说不一。诸如，入社行为说认为，社员权通过向社团法人入社而取得，入社行为属于入社契约，即股东之间以共同形成社团为目的的契约。有利投资说认为，入社契约是一种虚构，股份的取得不过是一种有利的投资，即以取得利益分配为目的的买卖行为，股权不过是称为利益分配请求权的债权，与通过入社契约取得社员权的其他社团法人的社员权不同。[1] 社员资格说从股权基于股东资格而产生的角度出发，主张股权以社员资格的取得为前提，社员资格则由社员一方的加入表示和社团一方的接受表示达成一致

---

[1] 参见色泽康一郎：《商法的基础》，税务经理协会，第105～106页。

而取得，取得社员资格后即享有股权。[1]

英美法通常认为股权基于合同关系而取得。按照英美法，成为股东的途径有三：（1）在设立章程中签字并认购股份；（2）在公司成立之前或之后通过认购取得股份；（3）从他人手中受让股份。取得股份后即成为股东和享有股权。前两种股份认购与后一种股份受让均为合同关系，但性质并不相同。前两者基于公司法规定并采取书面形式，且在公司接受认购要约后才成立合同关系，认购人据此成为股东，是否交付股份证书不是必要条件。后一种属于股份买卖合同，通常受反欺诈法调整，受让方在交易结束时方取得股份，并且以交付股份证书为必要条件。[2]这表明英美法的股权创设行为有两种，即股份认购人与公司之间的股份认购合同以及股份买卖合同。其中前一种行为更具有典型意义。具体而言，英美法将公司设立人之间的关系称为共同风险关系，在设立公司过程中，设立人相互之间及其与公司、其他股东和债权人之间存在着以设立公司为目标的信托关系。公司成立前的股份认购具有双重含义：一是向拟设公司的要约，即由于公司在法律上尚不存在，股份认购只能是以设立人为公司的受信托人而向拟设公司发出的要约，俟公司成立并接受要约后（通常是公司成立后即召开的董事会上正式接受）即在公司与认购人之间成立合同关系，认购人因而成为股东和享有股权；二是认购人之间产生的合同关系，即一认购人以他认购人的认购为对价而成立的合同关系。[3]可见，创设股权的这种行为是认购人与公司之间的认购合同行为。

由于我们主张股权是由出资财产所有权换取的权利，对基于股权为身份性权利而主张的加入行为作为股权创设行为，显然不能同意。英美

〔1〕　参见松田二郎：《株式会社法的理论》，岩波书店，第44页。

〔2〕　参见 Harry G. Henn, Jhon P. H. Senander, *Laws of Corporations*, west Publishing Co, pp. 425~426。

〔3〕　参见 Harry G. Henn, Jhon P. H. Senander, *Laws of Corporations*, west Publishing Co, pp. 261~264, pp. 233~239。

法基于其固有的信托观念而以要约与公司成立后的承诺界说股权的创设行为，固然有其道理，但毕竟要约之时受要约人即公司尚不存在，将其移植到我国法理中来并按我国的法学观念加以衡量，这种界说即失之严谨。

我们认为，股权既可以原始地创设，又可以受让取得，因而可区分为原始取得和继受取得两种取得方式。在原始取得中，股权以出资行为为发生根据；在继受取得中，股权以受让行为等为取得根据。

作为股权原始取得根据的出资行为，是指投资者以成为公司股东为目的、向公司投资并由此换取股权的法律行为。笼统地说，出资行为是投资者与公司之间的合同关系，可称为出资合同。在出资合同中，投资者作为合同的一方以取得股权为目的而履行出资义务，公司作为合同的另一方以取得出资财产所有权为目的而履行给予投资者股权的义务。通过对待给付，投资者成为股权的权利主体即股东，公司则据此成为出资财产所有权的主体。因此，出资合同是原始地创设股权的法律行为。具体地讲，出资行为应当区分为公司设立过程中的出资行为与既存公司增资扩股时的出资行为。增资扩股时的出资行为以投资者与公司为双方当事人，并无疑问，但由于设立过程中公司尚未成立，此时以公司作为出资行为的一方似乎牵强附会或难以自圆其说。问题的实质在于如何确认公司在设立过程中的法律地位。大陆法系有关设立中公司法律地位的学说具有启发意义。

大陆法系学者将章程订立后公司依法成立前的公司雏形称为设立中公司。按照学者近年来的通说，设立中公司为无权利能力社团（其法律地位相当于合伙，这种社团与我国法理上的非法人团体相当）[1]，以发起人为业务执行机关和代表机关，具有有限的法律人格。设立中公司是

---

[1]《德国民法典》第 54 条规定："1. 对无权利能力的社团适用关于合伙的规定。2. 以这种社团的名义对第三人所为的法律行为，由行为人个人负责；如行为人有数人时，全体行为人视为连带债务人。"

拟成立公司的前身，与成立后的公司可以超越人格的有无而在实质上归属于同一体（即同一体说）。之所以承认设立中公司的有限人格，是因为公司不可能在设立登记时突然出现，之前即经历逐渐生成的过程，在此过程中必然发生一系列法律关系。而设立中公司又已具有相当于成立后公司的成员（如发起人、认股人）及机关（如董事、监事等）的一部分或全部，承认其法律地位有利于其开展设立活动。[1]

我们认为，我国可以在法理上承认设立中公司的非法人团体地位，即这种团体由设立人组成并作为对外活动的代表，有权从事设立公司的各种活动。公司一旦成立，就将设立中公司与公司视为同一人格，设立中公司实施的设立行为的后果自然地归属于公司，他人与设立中公司发生的行为视为与公司发生的行为。公司不能成立时，则由作为设立中公司成员的设立人承担由此而生的法律后果。承认设立中公司的法律地位显然有利于设立人开展设立活动，有利于明确设立责任，并且能够克服向公司归属设立后果的理论障碍。在承认设立中公司的法律地位后，公司设立过程中投资者认购股份或出资时，应认为与设立中公司形成出资合同关系，即以成为拟设公司的股东为目的而订立的合同，在公司成立后其后果转归公司，视为公司与投资者订立的合同，投资者因而成为股东并取得股权。这种法律后果转归关系既无需特殊的移转行为，也无需权利义务的特殊继受。

继受取得是以股权的转让或继承等作为发生根据。此时股权业已存在，不存在股权创设，唯有易乎而已。继受取得中以股权买卖行为最为普遍。

三、股权：公司所有权的伴生物

股权与公司财产所有权是相伴而生的孪生兄弟。只有股权独立化才

―――――――――

〔1〕 参见柯芳枝：《公司法论》，三民书局印行，第21～23页。按照同一体说，既然设立中公司与成立后公司属于同一体，那么设立中公司的法律关系即系成立后公司的法律关系。详言之，随着公司的成立，认股人即成为股东，设立中公司选任的董事监事即成为公司机关，发起人代表设立中公司实施的行为的后果归属于公司。

可能产生公司所有权，而公司所有权的产生必然要求股权同时独立化。股权与公司所有权的分化又是现代市场经济的伴生物，是商品经济长期孕育和发展的必然结果，也是现代企业制度的重要标志。

现代市场经济的确立是由古典商品经济在宏观层次和微观层次上的深刻变革促成的。在宏观层次上，商品经济由完全的自由放任和"看不见的手"调节转化为市场调节和宏观调控相结合，政府由"守夜人"转换成宏观调控者。在微观层次上，古典商品经济中独资企业和合伙企业的主体地位逐渐被公司所取代，公司（主要是股份有限公司和有限责任公司）成为市场经济的微观基础和基本载体。现代市场经济的微观层次又是由企业产权制度的变革塑造的，即股东的出资财产所有权转化为股权，公司在股东出资的基础上形成其财产所有权，在公司产权独立的基础上股东的人格与公司的人格相分离，现代企业制度由此而生。

英国公司法上的股权与公司所有权的分化始于19世纪三四十年代，于20世纪初最终完成。在股权独立化之前，英国判例主张股份是股东对公司股本所享有的份额，即股东对公司资产拥有的一份。[1]这实质上承认股东对公司财产的按份所有权。1838年以后，英国法院即坚持无论在法律上还是在衡平上，股份均不得赋予股东对公司资产的任何权利。自此，英国法律逐渐认为公司财产无法为公司和股东所共有。为摆正股东和公司的地位，英国在法律技术上以法律利益和衡平利益处理两者的利益关系，即赋予股东衡平权，赋予公司法律上的所有权。详言之，英国公司法在确认公司所有权的同时，认为股东是股份的所有人，股份属于一种无体财产，即能够以一定数量的金钱度量的股东在公司中的权益，是股东在公司中享有的各种权利的集合，这些权利由法律、章程、组织细则及股份发行条件所界定。这种体现于股份中的权利即股权，其

---

〔1〕 比较著名的判例如：Buckeridge V. Ingram（1795）2 Ves Jun. 652；Howse v. champman（1799）4 ves. Jun. 542. See D. G. Pice，"the legal Nature of a share"，the conveyancer，Vol. 21，1957，pp. 433~434。

股权性质亦在于此。[1]英国法的股权理论被其他一些普通法系国家（如印度等）所采纳。

按照美国模范公司法规定，公司对其财产享有完全的占有、使用、收益和处分等权利。美国公司人格理论认为，公司的财产归公司所有。所谓的股东拥有公司只是一种非严格的说法。股东享有股权，其主要内容有三：（1）收益，即股东对公司净收入的分红权；（2）资产净值权，即公司终止时，在满足所有债权人的请求后对剩余财产的分配权；（3）控制权，即按股份享有表决权。

大陆法系国家的股权和公司财产权立法与理论探讨以德国最具影响力。德国法上的法人所有权源于日耳曼法上的总有权。德国继受罗马法后，总有团体转化为法人，总有权分化为法人所有权和法人成员社员权。体现到公司制度上，就是公司享有所有权，股东享有股权。这种认识大体上于 19 世纪后半叶逐渐形成，并被其他一些大陆法国家所继受。

历史传统、发展历程及具体制度设计均有极大差异的两大法系公司法对股权与公司所有权认识的殊途同归，乃根源于市场经济对企业组织进化的必然要求。公司是在合伙企业基础上经长期演化而成的。相对于独资企业而言，合伙企业已具有一定程度的团体性，即已形成合伙共有财产和合伙人的共同意志等团体因素，但在本质上合伙企业还未脱离合伙人的人格而取得独立人格，合伙企业既无区别于合伙人的独立财产，又没有阻隔合伙人责任的责任限界。合伙企业对合伙人人格的依附性决定了合伙企业的不稳定性（常因退伙、死亡而散伙）、资本积累机制的局限性（难以扩大规模）、产权不能自由流转性及责任的无限性（经营不善时极易导致倾家荡产）。在古典商品经济向现代市场经济转轨过程中，企业经营规模日趋扩大、市场竞争愈演愈烈、经营风险越来越大、经营专门化的要求越来越高，所有这些均使合伙企业难以胜任市场经济

---

〔1〕 参见 Harry G. Henn, Jhon P. H. Senander, *Laws of Corporations*, west Publishing Co, pp. 154, 396, 496。

基本载体的地位，现代公司呼之欲出，应运而生。现代公司制度带来了股东人格和公司人格的分化，造就了股东和公司的双重人格，即股东只是股权的法律主体，公司则是公司财产所有权的法律主体，公司真正地取得了法人地位。但是，股权与公司所有权的分化又带来了公司地位的双重性，即公司既是独立的民事主体，又是股权的客体；既能独立自主地对外交往，又因是股权的作用对象而受股权的制约，而这种制约又通过公司立法被纳入了制度化的轨道。

股权与公司所有权的分化、股东与公司的双重人格以及公司地位的双重性均反映了市场经济的客观要求。其一，确立了产权界区，完成了产权社会化。股权与公司所有权分化后，股权的权限范围、行使方式和程序均由法律和公司章程界定，并且直接指向公司而非公司的具体财产，公司对其财产则享有完全的所有权，股权与公司所有权遂形成高度清晰的产权边界。这一方面排除了越界行使权利的可能性，另一方面又使两种产权均独立化。股权的独立化使股权能够逸出公司之外自由运动，使公司的资本积累外在化、多元化和社会化，使资源能够得到合理配置，并促进证券市场、金融市场等的健全和发育。公司产权的独立化使公司具有了独立的经营人格和生命力，真正地作为法人而成为完全的市场主体。其二，划定了责任界限，限制了经营风险。股东将其出资财产所有权转换成股权的同时，也取得了有限责任，公司则因其财产权的独立性而形成了对外独立承担责任的基础。股权的非所有权属性阻断了股东与公司在责任上的连带关系，公司经营失利不会再殃及股东的其他财产，从而限制了股东的经营风险；公司因其具有对外承担责任的财产基础，既能以这些财产作为对外交往的一般担保，又能使第三人据此预测与公司交往的风险系数，从而能够有效地维护交易安全。所有这些使股东获利最大化与交易安全有机地协调起来。其三，为专家经营奠定了产权基础。股东与公司人格的分化使公司不再依附于股东人格，股权的界区使股东对公司事务不能任意干预。公司依靠其内部各机构进行运作，股权的行使必须纳入公司正常的运作中去，这就为专家经营提供了制度空间和制度性保障，从而造就出一个能够适应生产日益社会化要求的、专门从事经营管理的专家阶层，促进经营管理日益现代化。

我国的企业改革以国有企业改革为中心，国有企业改革则是按照"两权分离"的基本思路进行。但是，"两权分离"毕竟是产品经济和市场经济交互作用和双重取向的产物，是适应市场经济要求对传统企业制度的改良，其以国家所有权为基本取向而否认法人所有权的产权结构使企业无法成为真正的市场主体，时至今日的经济体制改革的深化程度已使国有企业改革的深层矛盾充分暴露，要求进一步深化企业改革，正如十四届三中全会决定所指出的，"继续深化企业改革，必须解决深层次矛盾，着力进行企业制度创新"。这就要求我们必须按照市场经济的一般规律，以塑造现代企业产权制度为契机，实现企业制度创新，即建立符合市场经济要求的现代企业制度。

以股份公司和有限责任公司为主导的公司是最典型、最具代表性的现代企业组织形式，是市场经济的基本载体。实行公司制是我国企业制度创新的主要形式。按照十四届三中全会决定的要求，公有制企业应当有步骤地进行公司制改造。国有企业的公司化改造要求尽快建立健全经营国有资产的中介组织，由国有资产经营组织受托对生产经营性企业的国有股进行持股、控股和对国有股进行买卖，实现国有股股权分散化及国有资产经营与政府职能分开，把国有企业改造成真正的股份有限公司和有限责任公司。集体企业通过公司制改造，形成有限责任公司、股份合作公司和股份公司。通过公司制改造，出资财产的所有者即转化成股东，股东对出资财产不再拥有所有权，公司则对其财产拥有所有权。通过股权与公司所有权的分化及股东人格与公司人格的分离，创建在资本积累机制、责任风险机制和经营管理机制上等均适合市场经济要求的我国现代企业制度。

论中国的信托立法[*]

江 平 周小明

信托法已正式列入八届人大五年立法计划之中。本文拟就中国信托立法中的若干基本理论问题作一探讨。

一、为什么要制定信托法

信托是源于英国衡平法的一种为他人利益管理财产的制度,其独具一格的法律构造是:财产所有人(称为委托人)将其财产权转移或设定于有管理能力且足以信赖的人(称为受托人),使其为一定之人(称为受益人)的利益或特定目的,管理或处分该财产。简言之,信托就是委托人、受托人及受益人三者间所存在的一种以财产权为中心的法律关系。信托的这一法律构造,使其在运作上极富弹性,且深具社会机能。任何人都可以借契约或遗嘱形式,就自己的财产权为各种合法的目的成立信托。因此,在英美,信托早就被广泛运用于民事、商事乃至公益领域。近一个世纪以来,许多大陆法系国家也纷纷引进信托制度,并立法予以规范。如日本于1922年、韩国于1961年都先后颁布了信托法。我国台湾地区也于去年推出了"信托法"草案,预计今年能公布实施。

在中国的法律传统中,向无信托的观念和制度设施。那么,在即将跨入21世纪之际,为什么要制定信托法,以规范国人颇为陌生的外来

---

[*] 原文载于《中国法学》1994年第6期,系与博士生周小明合著。

制度——信托？这是许多人都颇为不解的问题，当首先予以说明。

第一，自改革开放以来，信托已被引进我国并获得初步发展。目前，我国已有几百家专业的信托机构——信托投资公司，从事信托投资和信托存贷款等金融信托业务。此外，信托制度还被广泛地运用于海外企业的设立和经营之中。目前，许多海外企业都是国家出资以私人名义在海外注册登记的，为了防止个人名下的企业资产被该人侵吞或因其他变故而受损失，实务上多借鉴英美信托制度，即通过签订信托声明书，使该人成为出资设立海外企业的公司的受托人。再如，近年来，一种国际上十分流行的集合投资计划——投资基金在我国悄然兴起。我国目前绝大多数投资基金都是通过信托契约即运用信托机制来管理和运用的。可以预见，信托作为一种管理财产的有效方式，还将得到更为广泛地利用和发展。而继受大陆法传统的我国现行法律体系，显然无法对具有独特法理的信托关系作出调整，因此，制定一部完备的、专门的信托法，乃是必然之举。

第二，中国信托业的有序发展，需要以信托法的制定为依托。自1979 年第一家信托机构——中国国际信托投资公司成立以来，中国信托业获得了极大发展。目前，通过各种渠道设立的信托投资公司已达四五百家之多。然而，这些迅速发展的多层次的信托机构从一开始大多没有独立的经营方针和明确的业务发展方向。它们虽然都冠之以"信托"的名称，但实际上都以非信托业务的经营为主，真正的信托业务则少之又少。即使向来被视为信托业务的所谓"信托存贷款"，其实与银行的信贷业务别无二致，只有"信托"之名，而无"信托"之实。更为甚者，为了维持和扩张所谓的"信托存款"，各信托机构还纷纷从其他金融机构低利拆借资金，并以"信托贷款"的方式，高利投放到计划外的基建项目甚至非生产项目上，从而使大量计划内的信贷资金转化为计划外资金，冲击了国家的信贷计划。我国信托业业务经营上的混乱和无序状态，急需加以规范，这显然以信托法的制定为前提。

第三，信托法的制定还取决于我国信托法制建设的现状。自 1979 年第一家信托机构设立以来，到 1986 年为止，在短短的七年期间，通过各种渠道设立的信托机构就达数百家之多，然而，却不见任何形式的信托法规出台，使信托业的设立和经营长期处于无法可依的状态。尽管发展中的教训催生了 1986 年《银行管理暂行条例》（国务院发布，其第 4 章"其他金融机构"中有关于"信托投资公司"的三个条文）和《金融信托投资机构管理暂行规定》（中国人民银行发布），但其调节面过于狭窄，只适用于营业信托，一般的民事信托则未被纳入其调整之中；而且其内容几乎都集中于对信托业的纵向行政管理上，比如信托机构的成立条件、审批机关、经营范围、行政监督等，欠缺调节横向信托关系的最基本规则，如有关信托的设立、变更和终止规则，关于信托关系人的资格、权利、义务和责任的规则等，而这些规则恰恰是规范信托活动的基础性规则。不仅于此，现行信托法规的许多规范并不体现信托的本质，反而扭曲了信托的观念。比如，在信托业的法律地位上，单纯地视信托业为金融机构，而抹杀了其作为财产管理机构的本质；在信托业的业务范围上，更多地确立了非信托业务，颠倒了信托业经营上的主次，使信托业丧失了明确的发展方向；在信托财产的来源和范围上，片面地将信托财产的范围限定为"资金"一项，而且只能吸收五种来源的机构资金，由此大大缩小了信托业的生存空间；在信托资金的运用和管理上，肯定了银行信贷业务的做法，从而混淆了信托业务和银行业务的界限。由此可见，现行信托法规本身尚属于有待进一步"规范"的规范，尚难提供信托制度健全发展所需的法律环境。

综上所述，欲谋求信托制度在我国的健全发展，以使社会分享信托弹性机能的益处，当务之急乃是应制定一部全面调节信托关系的基本法——信托法。

二、立法模式的选择

我国正在起草的信托法，系采单行立法的方式。但有一种意见认为，应在将来修订《民法通则》或制定民法典之时，将有关信托的规定纳入民法范围，不必单独立法，这是值得商榷的。信托关系在性质上固然属于一种民事财产关系，但信托乃是英美法的产物，其基本法理与继受大陆法传统的我国民法观念大为不同。比如，民法对财产关系的调整是依物权关系和债权关系的划分为基础的，而信托关系在性质上既不能单纯地划归于物权关系，又不能单纯地划归于债权关系。从受托人与信托财产的关系而言，受托人有权以自己的名义管理和处分信托财产，并对抗第三人的干涉，因而具有物权关系的性质；从受托人与受益人的关系而言，受托人负有将信托利益交付于受益人的义务，这是一项"对人的义务"，因而又具有债权关系的性质。可见，信托关系具有物权关系和债权关系的双重性质，迥异于民法对财产权关系分类的单纯性，性质上颇为特殊。又如，信托财产权与民法上财产权的概念也截然不同。民法上的财产权，无论是物权还是债权，其权利名义人与利益享受人属于同一主体，即谁在名义上享有权利，谁就享有该权利所生的利益。与此不同，信托财产上的权利主体与利益主体则相分离，也即信托财产的名义权利人是受托人，但受托人行使该权利所生的利益则不归于其自身，而由受益人享有。由此可知，信托为一种特殊的财产管理制度，无论纳入民法的哪一个部门，均不适宜；而且在体例、立法技术上，如何并入民法，也大有问题。因此，只能采取单行立法的方式予以规范。当然，单行的信托法在性质上乃属民事特别法，信托关系中的特殊问题固然应由信托法作出规范，但属于民事关系中的一些共通性问题，仍可适用民法的一般规则，而不必在信托法中予以重复规定。比如，信托关系人的权利能力和行为能力问题，受托人在处理信托事务中对第三人所生的契约责任和侵权责任问题，等等。因此，信托法的制定，必须协调好与民法的关系。

　　另一个值得探讨的问题是，信托法究竟应规范哪些内容？从目前完成的信托法草案初稿来看，包括了三大部分的内容：一是各种信托关系的共通性规范，如信托的设立、变更和终止；信托财产的法律地位；信托关系人的权利、义务和责任，等等。二是特种信托的特殊规范，即关于公益信托和证券投资信托的规范。三是关于信托业的特殊规范，如信托业的设立条件、法律地位、业务范围、信托资金的运用、业务财务监督，等等。显然，我国信托立法的思路是欲将与信托活动有关的一切规范都纳入一部统一的信托法之中。这种立法模式的选择主要是基于现实需要的考虑。我国制定信托法的初衷在于规范信托业的无序行为与已经出现的某些特种信托活动，如以"投资基金"面目出现的"证券投资信托"。要规范这些行为，自应先将有关信托的一般原理在法律上予以确认；但是，若信托法只规范信托关系的一般原理，而不包含特种信托及信托业的特殊规范，则信托法的制定就丧失了其现实意义，此其一。其二，如果信托法不将特种信托及信托业的规范纳入其范围，那么，由于认识上的原因和已经形成的八届人大五年立法计划的限制，这方面的规范在短时期内不可能由国家权力机关以"法律"的形式加以制定。这样，我国信托发展中一些急需解决的问题仍然在立法上难以得到解决，在实践中，势必只能由主管机关制定行政性规范来解决。而主管机关限于立法素质、本位主义和已经形成的对信托的不甚正确的观念等因素的影响，其规则恐怕一时难尽人意。正是基于这些现实因素，我国信托立法在结构和内容上采取了上述"大一统"的立法模式。

　　这样，在立法模式的选择上，就出现了现实性与科学性的冲突，因为我国信托立法的"大一统"模式并不合乎立法的科学性：第一，调整对象的非单一性。有关信托的一般规则调整的是横向信托关系，且属于所有信托关系的共通性问题；而有关特种信托和信托业的规则有许多是调整主管机关对它们的监督关系，属纵向的行政管理关系，涉及信托关系的部分也仅限于它们运作中所产生的特殊问题。调整对象的非单一性，不符合现代立法的基本原则。第二，规范的异质性。有关信托关系的一般规则在性质上属民事规范，而调整特种信托和信托业的许多规则属于行政规范。同一部法律之中异质的规范太多，在立法技术上难以协调。第三，稳定性和变动性的冲突。作为信托关系基本法的信托法应具有相对的稳定性，而国家对特种信托和信托业的监督管理规则，需根据经济现实不断加以修改，具有较大的变动性。如将这部分规则纳入信托法之中，则会影响信托法的稳定性。

况且，这种立法模式也不符合世界成文信托立法的趋势。无论是1925年的《英国受托人法》，还是《美国信托法重述》（第2版），抑或是继受信托制度的日、韩信托法，其内容都只针对信托关系的一般性规则和共通性规则，至于特种信托和信托业则多另行立法加以规范。比如，在英国，公益信托由1980年的公益法专门调节；在日本和韩国，信托业和证券投资信托分别由单行的信托业法和证券投资信托法予以规范；美国的证券投资信托同样由专门的投资公司法和信托契约法调整。我国台湾地区的"信托法"草案在起草过程中，原先也将信托业的规范纳入"信托法"中，后考虑到其规范的特殊性，又将其从"信托法"中分离出来，而另立专门的"信托事业法"加以集中规定。

因此，我国信托法在内容设计上，最好也能遵循立法的科学性，并参照世界各国或地区成文信托立法的惯例，而集中就信托的一般原理和共通性问题作出规定，使之成为信托关系的基本法。另外，就信托业和特种信托的设立、运作和监督再进行专门立法，比如，信托业法、公益信托法、证券投资信托法等，使它们成为信托法的特别法，以期形成合理的信托法制体系。如果确实无法逾越现实的障碍而不得不在一定程度上牺牲立法的科学性，那么，也应在现实的格局下尽量实现科学的立法原则。一种可行的做法是，《信托法》只对信托关系的一般原理作出具体详尽的规范，而对信托业和某些确需规范的特种信托只作原则性的规定，其更为具体的规范则可通过颁布"实施细则"的方式来丰富或委托主管机关根据原则性规定来完善。

三、规范意义上的信托与信托法理的借鉴

信托是英国衡平法精心培育的产物，在长期的司法实践中，已形成其定型化的法理。信托富于弹性的社会机能，正是源于其精密的法律设计。后世引进信托制度的国家，无论是美国，还是大陆法系的日本和韩国，虽然都在一定程度上结合了本国的国情和法律文化，但莫不以承继信托的基本法理为前提。因此，中国要么不引进信托制度，如欲引进，则必须坚持规范意义上的信托。这意味着，中国的信托立法必须充分借鉴国外定型化了的信托法理，包括英美固有的信托法原则和日、韩等大陆法系国家发展了的信托法原理。

笔者以为，信托法理的基本层面表现为下列原则。

（一）信托目的合法性原则

信托目的是设立信托制度所欲达到的目的。从信托的历史起源上看，信托最初是被作为规避不合理的法律而加以利用的。无论是罗马法上的"遗产信托"（fidei commissum），还是现代信托的雏形——中世纪英国的"用益权制度"（uses），其主要目的莫不如此。但是，随着社会经济生活的发展，信托的机能逐渐得到拓展，信托日益被运用于其他各种各样的目的之上；另外，现代法治的基本理念也不允许当事人通过法律行为而规避实在法的适用，即使不合理的法律，也只能通过立法程序而予以改进。因此，现代信托法一方面承认当事人的意思自治原则，即允许委托人为各种目的而设立信托，另一方面又确认了信托目的合法性原则，不允许为违法性目的设立信托，作为对意思自治原则的一项外在限制。英国法上有一句格言："违反法律的人，不能请求法律的保护。"这一格言同样适用于信托。《美国信托法重述》（第2版）规定，任何信托或信托条款因违法或违背公共政策而无效（第60条、第62

条)。《韩国信托法》第5条第1款规定:"信托之目的,不能违反良好的风俗和社会秩序。"同条第2款又规定:"信托在其目的违法或不能成立时,则告无效。"《日本信托法》则进一步列举了违法性信托的具体样态:依法不能享有特定财产权的人,不得以受益人身份享有该权利相同的利益(脱法信托)(参见第10条);不得以进行诉讼作为信托的主要目的(第11条),以诈害债权人为目的的信托,债权人可以申请法院予以撤销(第12条)。

(二) 信托财产上的权利与利益相分离原则

源自英美法系的信托制度,信托财产权的性质甚为特殊。一方面,信托财产的权利由受托人享有,受托人有权以自己的名义管理和处分信托财产,并与第三人从事交易行为;另一方面,因受衡平法所确认的受益权的限制,受托人因行使信托财产权所生的利益却不归属于自己,而由受益人享有。因此,英美学者普遍认为,受托人是信托财产名义上的所有人(the nominal owner of the property),而受益人则是信托财产的利益所有人(the beneficial owner of the property)。信托财产上的权利与利益相分离,正是信托区别于类似财产管理制度的根本特质。为了充分发挥信托的机能,日、韩等继受信托制度的大陆法系国家,在自己的信托立法中都确认了这一原则,表现在:(1)将信托明确定义为,委托人将其财产权转移于受托人,使受托人依信托本旨,为受益人的利益而管理和处分信托财产的法律关系(《日本信托法》第1条、《韩国信托法》第1条);(2)确认受益人享有受益权。除信托行为另有规定外,明定根据信托行为而被指定的受益人,有权享受信托利益(《日本信托法》第7条、《韩国信托法》第51条);(3)禁止受托人享受信托利益,明定受托人除非为共同受益人之一,不得以任何人名义享受信托利益(《日本信托法》第9条、《韩国信托法》第29条)。

(三) 信托财产独立性原则

委托人一旦将其财产交付信托,即丧失其对该财产的权利,从而此项财产作为信托财产而不再属于委托人的自有财产；受托人虽因信托而取得信托财产的权利，但只是信托财产的名义权利人，不能享受信托利益，因此，信托财产实际上也不属于受托人的自有财产；受益人固然可享受信托利益，但在信托存续期间，他并不享有信托财产的所有权。即使信托终了后，委托人也可通过信托条款将信托财产本金归属于自己或第三人，因此，信托财产也不属受益人的自有财产。这就是信托财产的独立性。为了确立信托财产的这一法律地位，日、韩信托法在总结英美审判实践经验的基础上，抽象出了更为明确具体的规范：（1）信托财产的范围。受托人因信托财产的管理、处分、毁损、灭失或其他原因取得的财产，均属于信托财产（《日本信托法》第 14 条、《韩国信托法》第 19 条）。（2）抵销的禁止。属于信托财产的债权，与不属于信托财产的债务不得抵销（《日本信托法》第 17 条、《韩国信托法》第 20 条）。（3）强制执行的禁止。非基于信托前存在于信托财产上的权利或处理信托事务中所产生的权利，不得对信托财产申请强制执行（《日本信托法》第 16 条、《韩国信托法》第 21 条）。（4）信托财产不属于受托人的遗产或破产财产（《日本信托法》第 15 条，《韩国信托法》第 22 条、第 25 条）。（5）信托财产为所有权以外的权利（如地上权、抵押权、质权）时，受托人即使取得了该权利的标的物，也不适用民法上的混同原则而使该权利归于消灭（《日本信托法》第 18 条、《韩国信托法》第 23 条）。（6）受托人的有限责任。受托人只要尽了善良管理人的注意义务和法律及信托文件规定的其他义务，即使造成了信托财产的损失，也不负个人责任。换言之，受托人因信托关系而对受益人所负的债务，仅以信托财产为限负有履行的责任（《日本信托法》第 19 条、《韩国信托法》第 32 条）。

（四）信托公示原则

信托公示是通过法定方式使信托的事实为外人所知。在英美，由于公益信托涉及社会公共利益，因而法律明定须经公示，其方法为登记。

登记机关在英国是公益委员会，在美国是各州检察长。公益信托非经登记不得成立，因而信托公示乃公益信托的成立要件。至于私益信托，英美则没有规定公示方法。日、韩信托法除对公益信托要求经主管机关许可方得成立外，还规定了统一的信托公示制度，适用于包括私益信托和公益信托在内的所有信托，这无疑是对英美信托法的一大发展。不过，日、韩信托法上的信托公示，并非是信托成立的要件，而只是信托对抗第三人的要件。这是因为，依日、韩信托法的规定，信托一经有效设定，不仅委托人和受托人的债权人原则上不得强制执行信托财产，而且受益人有权撤销受托人违反信托宗旨处分信托财产的行为，从而对信托财产具有追及权。因此，信托的设定对第三人利益影响很大。为避免第三人因不知信托财产的事实而遭受不测损害，故有必要规定信托公示的方法。日、韩信托法依信托财产的不同而规定不同的信托公示方法。信托财产若属于应登记或注册的财产权，其公示方法为登记，即除须办理财产权转移登记外，还应同时办理信托登记，否则，信托不得对抗第三人；若信托财产为有价证券，其公示方法为在证券上标明属于信托财产，其中涉及股票和公司债券的，还要在股东名册或公司债券簿上明确记载属于信托财产，否则，信托不得对抗第三人（《日本信托法》及《韩国信托法》第3条）。至于没有规定公示方法的信托财产，则只能对抗恶意第三人，不能对抗善意第三人（《日本信托法》第31条、《韩国信托法》第52条）。

（五）信托的继承性原则

信托是一种具有长期性和稳定性的财产管理制度，这突出表现为其具有继承性的特点。信托的继承性主要体现在三个方面：（1）遗嘱信托不因受托人的欠缺而影响其成立。契约信托是委托人和受托人的双方法律行为，因而没有受托人，契约信托也无从谈起。但在遗嘱信托中，其设立行为乃是委托人（遗嘱人）的单方法律行为，只要遗嘱有明确的信托意思表示，即使没有指定受托人，或者虽加指定，但指定的受托人不接受或拒绝接受时，其信托依然有效，这是英美信托法的一条基本原则。此时，可以由法院选任受托人处理信托事务。日、韩信托法也基本上承继了这一原则，即由遗嘱指定的受托人不接受或不能接受信托时，有关利害关系人可以申请法院选任新受托人（《日本信托法》第49条第2款、《韩国信托法》第17条第2款）。（2）有效设定的信托不因受托人的更迭而影响其存续。信托设立后，在其目的达成或不能达成之前，原受托人即便因死亡、解散、破产、丧失行为能力、辞职、解职或其他不得已事由而终止其任务，信托关系也不因此而消灭。此时，有关利害关系人可以申请法院选任新受托人，继续执行信托事务，直至信托目的达成或不能达成为止。（3）公益信托中的"类似原则"。私益信托所定目的如果不能达成，信托关系即告消灭。与此不同，如果公益信托所定的特定公益目的不能实现或实现已无实益时，只要委托人在信托条款中有将信托财产运用于公益目的的一般意思表示，则公益信托不终止，法院将使信托财产运用于与初始信托"尽可能类似"的其他一些公益目的，从而使公益信托继续存在下去。这就是英美信托法上著名的"类似原则"，日、韩一些大陆法学者则将之称为"公益信托的继承性"。日、韩信托法原则上也承认"类似原则"。《日本信托法》第73条和《韩国信托法》第72条都规定，公益信托终止而无信托财产权利归属人时，主管机关可依信托的宗旨，为了类似的目的而使信托继续下去。

（六）利益冲突之防范原则

受托人应为受益人的利益管理和处分信托财产，但是，由于受托人在实际上拥有和控制着信托财产，因而很容易利用其地位为自己或他人就信托财产谋求不当利益。为防范利益之冲突，英美信托法都强加于受托人一项法定义务——信任义务（fiduciary duty）。在英美法上，信托向来被视为一种信任关系，受托人处于受信任者的地位，对受益人负有信任责任。从最广泛的意义上说，信任责任是指这样一种责任，即处于受信任者地位的人不得使其个人利益与其所负义务相冲突，因此不得利用这种地位为自己谋取利益，也不得保有因此所获得的利益。根据这一规则，英美法确立了如下几项基本原则：除非法律和信托行为另有规定，受托人不得就其服务收取报酬；受托人不得购买信托财产；受托人不得从信托关系中获取任何直接或间接的利益。日、韩信托法就利益冲突之防范，也规定了类似的原则：（1）忠实义务。受托人应忠实于信托目的，以善良管理人的注意，为受益人利益管理和处分信托财产（《日本信托法》第20条、《韩国信托法》第28条）。（2）分别管理义务。受托人应将信托财产与其自有财产和其他信托财产加以分别管理，唯在金钱信托时，只要分别记清即可（《日本信托法》第28条、《韩国信托法》第30条）。（3）取得权利的限制。受托人原则上不得以任何名义将信托财产转为自有财产或取得与信托财产有关的权利（《日本信托法》第22条、《韩国信托法》第21条）。（4）信托的无偿性。受托人除以营业接受信托外，如无特殊约定，不得接受报酬（《韩国信托法》第41条）。（5）受托人权利行使的限制。受托人只有在承担违反信托的责任以后，才能行使其费用和报酬请求权（《日本信托法》第38条、《韩国信托法》第44条）。

当然，我国信托立法固然要充分借鉴上述信托的基本法理，但也应充分考虑中国的国情，并注意与现行的法律制度相协调。比如，英美十分流行的宣言信托以及推定信托和结果信托，由于操作难度较大，在我国引进信托制度之初期，不宜加以确认，否则，就很容易出偏差，欲速则不达，反而不利于信托事业在我国的长远发展。

关于股份制改组和公司制改组问题*

江 平

公司制或股份制改组的形式

股份制改组和公司制改组，从本身的含义来看，应该是一样的。我们 1992 年提出来搞股份制改组，《公司法》[1]通过以后，又提出来要实行企业的公司制改组，有的叫公司化改组。这两个基本含义是差不多的。我们 1992 年的股份制企业试点办法里面讲，所谓的股份制企业，主要就是指有限责任公司和股份有限公司，而我们现在讲的公司也是指有限责任公司和股份有限公司。从这个意义上来说，股份制改组和公司制改组所包含的意思是一样的。但是，股份制改组就涉及"股份"两个字怎么理解的问题，因为股份制改组里面讲的是有限责任公司和股份有限公司，那么，这时候的股份就有股份制企业的股份和股份有限公司的股份两种用法了。如果用在股份制企业，它还包括有限责任公司。如果说股份有限公司，它当然不包括有限责任公司了。所以，我们一讲"股份"这个词，往往先要弄清指哪个意义上的"股份"。如果讲股份制企业，这个股份，它就包含有限责任公司。如果要讲股份有限公司的股份，

---

* 这是江平教授在全国铁路局级主要领导干部理论研讨班上所作报告的第二部分。原文载于《理论学习与探索》1994 年第 4 期。
　〔1〕 本文中所提到的公司法，如无特别说明，为 1994 年《中华人民共和国公司法》。

当然不包括有限责任公司，这是两种不同形式的公司。

从世界各国来看，"股份"这两个字，仅限于用在股份有限公司。我们现在的公司法文件，或者现在体改委的规范意见，对有限责任公司的部分从来不用"股份"这两个字。这样的话，"股份"这个词就容易产生歧义或产生误解了。过去我们一提到股份制改组，人们首先想到的是改组成为股份有限公司，如果这样的理解，就有些片面了。我们现在的 13 000 家股份制企业里面，有限责任公司占多少呢？7000 多家，也就一半稍稍多一点，几乎是有限责任公司和股份有限公司各占一半。那么，为什么会造成这样的现象呢？就是在向公司制改组的时候，人们不愿意改组为有限责任公司，而都愿意改组为股份有限公司。股份有限公司（其中包括职工持股的股份有限公司），都有一个目标，即盯着股票上市。只要股票一上市，对于一个企业来说，就可以名利双收，企业马上变成一个驰名的企业了，每天都有它的股票的价格，世界上的人经常可以听到或看到你这个企业的股票行情，企业也就成为著名的企业了。另外，企业的股票上市以后，还可以溢价发行，它本身没有出任何钱，仅以股票价格发行的这种差额，就能够得到一笔额外的收入。往往这笔钱是相当大的，很可能如果它发行三四千万元的股票，那么它就可能拿到 1 亿多元。从这个意义上来说，促使人们进行公司制改组的动力，主要是想通过发行股票，得到一种溢价的收入，即超过它原来票面价值的很大一笔收入。那么，持有企业内部职工股的职工也是把眼睛盯着企业的股票上市，这部分内部职工股上市了以后，职工可以从上市的差价里面得到好处。

但是，从我们现在的股票市场情况来看，已经不是两三年以前的那个股票行市了。这半年来，上海股市的股票指数已经从一千五百点降到六百多点了。在这种情况下，如果我们再来增加股市的容量，或者说，再来增加股票上市的数量，那么，就要把股市压垮了。因为股市存在供求关系问题，现在价格在跌，就意味着买的人少，卖的人多，股市已经供大于求了。股份有限公司好比是一座桥，这座桥的客载量是有限的，大家一起上桥，都无法顺利通过，甚至将桥压垮。

从世界范围来看，像美国这么发达的资本主义国家，搞了几百年的股市，真正股票上市的公司也就两千多家，三千来家，我们这两三年就到了 20 多家了。所以，光走股份有限公司这一座桥，还不能够很快地来实现向公司制的转化。现在的公司法有一个很重要的精神，就是要开辟第二座桥梁、第三座桥梁，甚至第四座桥梁，这第二座桥梁就是有限责任公司。从世界各国来看，有限责任公司是公司制度的基础、地基。大量的是有限责任公司，往往是有限责任公司先搞好了，机制搞好了，经营得很不错了，它才发行股票。而我们现在的企业往往都是从国有企业一蹦蹦到了发行股票。有限责任公司它本身成立比较简单，还有其他的一些优点。我想从这个意义上来说，应该鼓励搞有限责任公司。

这第三座桥梁就是搞国有独资公司。因为我们国家现在的国有企业比较多，原来就是百分之百国有的财产，现在要是转到公司制度，考虑到又不能一下子都变成共同出资的了；再加上有一些需国家垄断的企业也不能变成两个以上股东的企业。所以，开辟了第三座桥梁，就叫作国有独资公司。

第四个是专门给乡镇企业开辟了一座桥梁，那就是搞股份合作制的改造或股份合作制的改组。当然，这座桥梁主要是对乡镇企业和集体企业而言。更重要的，它是一种由社区、土地、劳动这么一个纽带联系起来的企业。乡镇企业原来的财产过去都是小队、大队、公社三级所有，都是农民在合作化的时候，在公社化以后，劳动积累起来的和他的土地价值所形成的这一部分财富。现在转到股份制，就要给这些劳动者一定的股份。深圳就确定了这部分叫作合作股，每个人一股，不要花一分钱，因为我原先就在土地上作出了贡献，要按一定的比例分给我一份。这一部分的股份，他们规定不能够转让和买卖，在这个意义上来说，它就和原有的股份制度不太一样了。甚至连继承都不行，一般的股份有限公司的股份可以继承。它为什么不能继承呢？如果某个享有这一部分土地权利的人，他的儿子是在北京工作，在城里工作，那么，他儿子取得了这部分股份的权利，就等于说当初把自留地分给了城里工作人员一样，不应该。所以，这样的一种制度，也是一座桥梁。

按所有制来划分的企业制度，过渡到按责任形式来划分的企业制度，大致就是这四座桥梁。第一座、第二座桥梁适用于一般企业，第三座桥梁只限于国有企业，第四座桥梁只限于乡镇企业，改组为股份合作公司。这是我们国家现有的企业制度，向公司制，或股份制改组所要走的路。

国有企业公司制改组的基本要求

国有企业要搞公司制改组，有三座桥梁，第四座不适用。那么，从《公司法》来说，还有一个总的要求，就是第 7 条，对于国有企业改建为公司，提出来要"转换经营机制，有步骤地清产核资，界定产权，清理债权债务，评估资产，建立规范的内部管理机构"。可以说，《公司法》第 7 条，是国有企业改组为公司的一个龙头条款。

这种转换经营机制显然不是指 1992 年的转换经营机制条例里面在《企业法》基础上的转换经营机制，而是要把《企业法》的机制转到《公司法》的机制上来。所以，现在就有了两个意义上的转换经营机制了，一个转换经营机制就是按照 1992 年的那个条例在《企业法》机制的基础上，完善 14 项权利，真正做到自主经营、自负盈亏，这么一个概念上的转换经营机制。第二个就是《公司法》第 7 条里面讲的国有企业改建为公司，应依照《公司法》规定的条件来转换经营机制。它下面讲了五个步骤，我把这五个步骤简单地来说明一下。

第一个步骤，就是清产核资。清产核资的基本概念就是把准备改组的国有企业全部财产（国家所有的财产），要摸底搞清楚，要确定它的现值，因为有通货膨胀的原因，它现在的价值是多少，要明确。另外，应由权威的国家清产核资部门来进行。

第二个叫界定产权。这个界定产权不仅仅是指界定国家所有权，更重要的，这个界定产权，是要界定股权。对于国有企业来说，现在比较明确的是，不论国有企业原有国家授予它经营的那部分财产，或者是企业以后按照法律的规定，从其利润中留成的那一部分，通通的都是国有财产。对这一点还有个争论。我利润留成的那部分财产，能不能不叫国家股，叫作企业股，因为这部分当时就是为了鼓励企业的积极性，国家留成给企业的那一部分利润。所以，有人说，这应该算企业自己的财产。现在看起来，经过讨论，不能把企业利润留成的那一部分单独再搞企业股。所以，在这个意义上，可以说，所有的国有企业现在的财产都是属于国家的财产。

那么，我们现在的国有企业里面还有一些是属于集体所有的企业，比如说劳动服务公司，或者其他的一些。这一类要明确，如果它属于集体出资的，那么，你可以确认它出资人的股权。如果仅仅是把国家的财产、铁路的财产拿来，办了一个劳动服务公司，然后让它的职工在那里就业，没有个人出资，就不能把产权界定为个人的。

有一次讲课，有人问我，我们是全民所有制的企业，下面办了一个全资性的子公司，这个公司名义上是我来办的，但实际上我没出钱，企业自己到银行借了钱，然后赚了很多钱，把银行贷款都还了。现在，这笔财产的产权应该归谁？从所有权来说，到底是应该属于这个国有企业呢？还是属于我们这些共同挣钱的人？我说，关键就在于他们这些人自己出钱没有。你没有出资，它仍然是国有企业办的一个公司。虽然，国有企业投的资产没有到位，但你是以国有企业全资性子公司的名义到银行借的钱，然后积累的财产。所以它的产权，它的所有权仍然是国家的。界定产权首先是明确所有权问题。

如果，所有权问题不太大的话，这里最重要的就是要确定谁是享有股东权利的机构或者单位。一句话，所谓界定产权，就是把由谁来代表国家行使股权的单位要明确，这是个很重要的问题。《公司法》第 72 条这个规定，有些国有企业就自己是自己的股东了，公司就是股东。所以，实际上界定产权是包含三层意思。第一个是哪些财产是国家所有的，这个问题比较好解决。第二个是谁是你的股东单位，这要确定你的股东是谁了，具体来说，谁是股东，特别是要明确国有股的股东是谁，谁来行使国家股的权利了。第三个是要是不止一个单位，那么，各自占多少比例呀。如果你这个公司既有铁道部国家授权的，又有别的来投资的，你都要明确。这样，才能够真正变成一个股权式的公司。

按照《公司法》第 7 条，第三个就是清理债权债务了。清理债权债务，这是改组成为公司以前必须完成的。因为你已经改组为一种新的机制了，原来欠的钱，都应该理清楚，人家欠你的钱也要理清楚。现在关键的问题，就是非银行的债权人怎么办？所谓非银行的债权人，就是你欠的钱不是欠银行的，而是欠其他企业的。在经贸委制定的改组为有限责任公司的办法草案里面，确立了这么一个原则，就是非银行的债权人，经过双方同意可以债权转化为股权。就是说，如果你欠了他 500 万块钱，按照现在的原则，经过了他的同意，经过了你的同意，这 500 万块钱的债权，可以变成股权，你可以变成两家共同经营的公司。那么，你要把相互之间的债权债务和把三四家合起来，如果你是经常有这种合同来往联系的，那么，关系也比较密切，完全可以把这三四家之间欠的钱，我也可能变成了股权，变成三四家共同经营的有限责任公司。所以，非银行的债权可以变为股权。但是，银行的这种债权，原则上不能变为股权，因为银行是信贷机构，它不是投资机构。现在，正在考虑为了使得国有企业能够更方便地转化为公司，把银行的债权，或者说国有企业欠银行长期不能还的呆账，考虑怎么冲销一部分。

第四个是评估资产。这里讲的评估资产，不是前面讲的清产核资。这里的评估是折合成为股份的股本的评估，也就是说把哪一部分的财产要折成股本，要是股份公司，就叫折成股份。这也是一个很重要的步骤。

显然，我们现在的国有企业不能够把它的全部清产核资以后的财产一股脑儿地、百分之百地都转为公司的股本了。刚才讲，咱们铁路还有很多医院、学校，不可能都转成股东呀。不然，公司背了那么沉重的包袱。怎么办啊？所以，在评估资产的时候，现在面临着两个最大的问题。一个是土地怎么办，折合不折合为股本；一个就是非生产性机构怎么办，要不要折合为股本？恐怕这两个问题是最主要的。如果你要变成上市公司，土地问题原则上当然都应该折合成股本。你要不折合成为股本的话，上市以后，每个老百姓都能够来买，甚至 B 股外商企业都来买了，国有企业的土地使用权不作价，还是原来的无偿使用，这就等于把国家的土地资源无偿地拱手让人来使用，把国家的这笔资产等于白白浪费了。所以，原来我们无偿取得土地使用权的国有企业，在转为公司制的时候，要变成有偿了，再不能无偿使用了。

土地的有偿使用，有三种形式：一个就是折股，按照现在土地的价格折股，折成国家的出资，国家拿着这部分土地作为国家的股份来出资。第二个是成立了的公司来把土地使用权买下来，按照土地使用权有偿出让的办法，你把它买下来。第三个办法就是租赁。刚才我讲了，上市的公司，原则上都要折股。但是，折股本身的困难又极大。原因是，我们现在的国有企业，可能你们铁路更是这样，往往占地面积相当大。按照现在的土地价格来折股的话，恐怕谁也受不了。所以，现在基本的方针是朝第三条方针走。就是国有企业改组为有限责任公司，尤其是国有独资公司的时候，除了一些商贸性的小企业以外（第三产业、商贸占的土地不多，一个商店就一小片土地），原则上采取土地租赁的办法。由成立以后的公司向土地管理部门定期交纳土地租赁费用，当然这种租赁费用要根据不同情况可以随时进行调整。因为占地的大小也不一样，土地的地点也不一样。

非生产性的机构，原则上也不应该折价入股。如果一个现有的国有企业转为公司，把医院、学校都折价来入股，那么，新的公司又要背很沉重的包袱。公司法一个重要的精神就是公司是经营的实体，是以营利为目的的，不允许再有这些非经营性机构来拖累。所以，在这个办法里面也规定了如何把这样一些非生产性的机构交给当地政府部门、交给教育局以后，学校还仍然为铁路职工子弟服务等。这一系列的问题，恐怕都要有专门的规定。我只说明一下，原则上来说，这种非生产性的机构不应该再纳入公司的这种范围内。如果不折合为股本，那么，它这部分财产，怎么独立出去，和你的铁路或建立的公司怎么建立一定的关系，都要考虑。

第五个就是建立规范的内部机构。我想这个问题没有什么特别好说的，就是要把应该建立的机构按照公司法的机制建立起来。

关于国有独资公司

国有独资公司在我们国家有很多的特点。在公司法规定国有独资公司的时候，也有许多人持反对意见。说搞这样的国有独资公司，弄不好就是翻牌公司了，本来国有企业就是国家独资的，现在变成了国有独资公司，那不是翻牌最容易了吗？所以，在这个意义上来说，可以说国有独资公司是公司法里面作为单独一节的规定，它有这么几个特点。第一个就是第64条规定的，它仍然是有限责任公司的一种，也就是说，股份有限公司不搞国有独资公司，也不可能。而且，这样的有限责任公司，它的基本特征还是要保有公司的特征。它要有股权制度，要有股东会，要有这样的一系列制度。可以说它仍然是有限责任公司的一种，但它又和一般的有限公司不一样。有限责任公司有两种，一个叫多股的，一个叫独股的。多股的就是两个以上股东的有限责任公司，独股的就是国家独资的有限责任公司。所以，在法律上又把它单列了一节，说明它的设立和组织形式与一般的多股的有限责任公司不太一样。第二点就是这样的国有独资公司仅限于是国家授权投资的机构，或者国家授权的部门出资设立的，主体非常明确。国有独资公司的投资主体是国家授权的投资机构或者国家授权的部门。不要搞层层授权，这样的话一个县里面的什么企业也可以变成国有独资公司，那就乱了。第三个就是它应该是限定在一定的领域，主体限制了，领域范围也要限制。按照现在的解释就是国务院确定的生产特殊产品的或者特殊行业的公司。这一部分，也需要进一步的解释。经贸委有一个办法草案还没有拿出来，是这么写的：涉及国家安全、国防尖端、特殊产品、某些基础产业和公用设施等具有垄断性的企业，按国有独资公司形式进行改造。什么是垄断性的企业？铁路是不是垄断性的？恐怕铁路也难说是垄断。这个问题是很复杂的。和这相对应的是这么写的：一般基础工业、原材料工业、加工工业和第三产业等具有竞争性的企业按多股形式来改组，也就是具有竞争性的行业不搞国有独资公司。我看，国有独资公司的领域也写得非常清楚，不是任何领域里面都要搞独资。竞争性的可以搞多股，垄断性的搞独资。第四个就是国有独资公司在它的组织形式上显然和多股的就不太一样。因为国有独资的它就没有股东会了，一个股东怎么叫股东会呢？没有股东会的话，董事会就要行使一部分股东会的权利。而且，董事会的成员要由国家授权的投资机构或者部门来委派了，董事会的成员就要任命，而不是选举产生了。董事会的成员也要有职工代表参加，而且，在这样的公司里面，必须设立职代会，也就是按照《公司法》里面的专门一条，第16条，在国有独资公司必须设立职代会，按照法律规定的权限来实行它的职能。第五个是国有独资公司的产权转让就受到很大限制。它的产权转让就不像一般的公司那样自由转让。总的说来，这样的国有独资公司是国有企业和有限责任公司这两种形式的混血儿。

论商自然人的破产能力[*]

江 平 江 帆

现代社会，"破产"一词已经发展成为一个专门的法律术语。它的内涵已不仅指"倾家荡产"这种客观事实。法律意义上的破产是指债务人不能清偿到期债务时所适用的偿债程序及该程序终结后债务人身份、地位受限制的法律状态。[1]然而，哪些债务人可以成为法律上的破产主体，这是破产立法面临的一大难题。世界各国破产法所适用的对象不尽相同。有些国家的破产法适用于任何人，无论是商事主体（商人）或是民事主体（非商人）均可宣告破产，这就叫一般人破产主义，如英国、美国、德国等立法；有些国家的破产法只适用于商人，这就叫商人破产主义，如法国等。[2]我国现行破产法只允许商法人（企业法人）破产，不承认商自然人的破产能力，更勿说一般的债务主体。然而在市场经济条件下，商自然人主体已经成为一种广泛的经济组织，且濒临"破产"的问题亦相当突出，仅仅依靠民事诉讼程序去处理他们的债务，已不能充分保护债权人的利益和使债务人获得新生。目前，全国人大已授权有关部门起草新的破产法草案，拟对现行破产法进行全面修改，但对于商自然人能否享有破产能力却存在激烈的争论。虽然新的草案已大胆写进

---

[*] 原文载于《现代法学》1997 年第 4 期，系与博士生江帆合著。

[1] 邹海林：《破产程序和破产法实体制度比较研究》，法律出版社 1995 年版，第 1 页。

[2] 江平：《西方国家民商法概要》，法律出版社 1984 年版，第 325 页。

了这一内容，[1]但立法机关能否赋予其法律效力，社会各界能否心悦诚服地理解和接受，仍然处于不能确定的状态。产生这种犹疑态度的根本原因在于对商自然人破产能力在理论上仍存在模糊的认识。有鉴于此，笔者试图运用民商法的基本原理，对主张商自然人破产能力的利弊及其危害的防止进行全面的论证，以期对这一制度的建立和完善有所裨益。

一、商自然人破产能力的法律界定

（一）商自然人及破产能力的基本含义

在商品经济的社会条件下，人们已将"营利"视为商的本质，但法律意义上的商，其内涵更多体现为商事主体的一种资格。商自然人又称为商个人，是商事主体之一种。它是指依商事法规从事商事活动，享有权利并承担义务的自然人。商自然人可以表现为一个"自然人"（在我国又称作"公民"），或一"户"，也可以表现为自然人投资设立的独资企业，又被称作一人公司或个体企业。原则上，具有权利能力和行为能力的自然人，都可以从事商事活动。但依我国法律、行政法规规定，自然人从事商业经营，必须依法核准登记，并且须具有完全民事行为能力。而对于商自然人从事商事活动所发生的债务，个人经营的，以个人财产承担责任；家庭经营的，以家庭财产承担责任。[2]由此可见，自然人并非当然成为商事主体，尚需具备法定条件，即商法所规定的主体条件。只有依商事法确认的商事主体才能实施商事行为。

商事主体的产生是民法在商品经济昌盛时期的产物。由民法基本原则和制度所衍生而专用于规范商事活动的专门立法，已经显示了极其重要的价值，如公司法、票据法、破产法等。而其中的一些法律概念，也

---

〔1〕 根据新破产法草案第 3 条规定，本法适用于下列民事主体：（一）企业法人，（二）合伙企业及其合伙人，（三）独资企业及其出资人，（四）依法设立的其他经济组织。

〔2〕 王保树主编：《中国商事法》，人民法院出版社 1996 年版，第 40 页。

有了相对独立的含义，"破产能力"一词当属其一。有学者认为，"债务人虽有不能清偿债务、停止支付、债务超过等破产原因，但由于权利主体性质不同或由于维护公益之必要，不能一概认为均得对于有破产原因之债务人为宣告破产。有破产原因之债务人，有无法律上之资格为破产程序之进行，此乃破产能力之问题"。[1]既然不能一概认为均可对于所有债务人宣告破产，那么一般债务主体并非具有当然的破产能力。而如何定义破产能力，目前立法上并无专门的解释。笔者认为，可以概括为商事主体享有可以宣告破产的资格，但对这种资格的理解，又必须结合自然人的民事权利能力和行为能力。

（二）自然人的权利能力、行为能力和破产能力

破产能力是商事主体得以被宣告破产的资格，但这种资格并不同于自然人的一般权利能力。自然人的一般权利能力在罗马法上被称作"人格"，在《法国民法典》中被称为"民事权利的享有"，《日本民法典》则使用"私权之享有"这一术语。但无论如何称谓，在本质上，它们具有相同的法律特征。其基本含义是指法律赋予自然人从事民事活动，享受民事权利和承担民事义务的资格。商自然人的破产能力虽然必须以自然人的民事权利能力为基本前提，但破产这一特殊的债务清理程序已经使商自然人的破产能力与一般自然人的权利能力产生了不同的法律意义。首先表现为主体范围的差异。我国《民法通则》第 10 条明文规定，"公民的民事权利能力一律平等"，这意味着，在我国既不存在无民事权利能力的公民，也不存在具有特殊民事权利能力的公民。"公民"是自然人享有民事权利能力的唯一根据。但"公民"并非是破产能力的唯一前提，依我国现行破产立法，自然人及非法人团体不具有破产能力，只有企业法人才可以依法宣告破产。对此，世界各国立法不尽相同。如法国 1986 年颁布的破产法适用于商人及其以外的非商人法人实体，德国

---

〔1〕 陈荣宗：《破产法》，三民书局 1986 年版，第 39 页。

及英美国家又将其破产主体扩展到所有债务人，也就是说，破产程序只能及于负有特定债务的自然人，而这种特定性就是自然人的商行为区别于自然人的一般民事行为之所在。其次，民事权利能力的内容远远大于破产能力的范围。自然人权利能力的内容，通常包括人身权利义务和财产权利义务两方面，范围相当广泛；而商自然人的破产能力仅局限于财产权利领域，并且已不是通常意义上的享有财产权利和承担财产义务的情形。第三，民事权利能力与自然人的人身存在不可分离，本人既不能转让或放弃，他人也无权限制或剥夺。自然人的死亡，其权利能力自然消灭，而商自然人破产能力的取消，并不影响他的民事权利能力，即使商自然人死亡，也并不能引起已经发生的破产程序的立即终止。因此，从某种意义上讲，破产能力与其民事主体的身份可以适当分离。第四，两种资格的法律渊源不一样。民事权利能力源于民事基本法的规定，在我国即是《民法通则》的规定，而破产能力的发生，则在于民事特别法或者说商法的规定，在我国主要是《企业破产法（试行）》《公司法》等。根据这些法律规定，我国公民当然享有民事权利能力，但并非当然享有破产能力。国外绝大多数国家也是将破产能力规定在破产法中，而在民法典中规定自然人的民事权利能力。

关于破产能力究竟是与民事权利能力相对的概念，或是与民事行为能力相关的范畴，笔者认为，商自然人的破产能力属于自然人特别具有的法律能力即法律上的"资格"，它并不能与权利能力或行为能力简单对应。有行为能力的自然人同样不能当然取得破产能力。只有当自然人依其行为能力产生并获得从事经营活动的经营资格，方可享有破产能力。

从上述比较中可以看出，自然人的破产能力并非其权利能力和行为能力的简单逻辑延伸，或者说破产能力已经不再是神圣的个体享有的私权，而是公权干预私权的产物。破产能力的意义在于，它是构成诉讼程序上宣告债务人破产的必要条件，没有破产能力的债务人，不能按破产程序清偿债务而获得"新生"。破产能力与民事权利能力和行为能力一样，是法律赋予自然人的一种资格。但这种资格不仅包含了权利的享有和义务的承担，而且体现着国家意志对私行为的干预。

（三）自然人的经营能力与破产能力

我国法律赋予了公民平等的权利能力，但并非有民事权利能力的公民都具有行为能力，同样，行为能力亦不能当然产生经营能力。这是由"经营"或"商"的特征所决定的。行为能力只是经营能力的基本前提。根据我国《民法通则》第 26 条规定，"公民在法律允许的范围内，依法核准登记，从事工商业经营的，为个体工商户"。可见，只有通过实施"核准登记"行为的自然人，才能依法取得经营能力。经营能力，也就是主体从事经营活动的资格。

从理论上讲，自然人既已依其行为获取了经营资格，亦当然享有破产能力。因为经营行为在性质上已不是自然人简单的一次性的法律行为，而是一系列法律行为的组合，即是自然人为实现自己的营利目的所从事的种种商事活动的总称。这种经营行为本身就是产生多个债权债务的基础，并成为发生破产原因——"不能清偿到期债务"的主要前提。

值得注意的是，这里所谓经营能力与破产能力应当仅仅理解为商事主体的经营能力和破产能力，而不包括农村承包经营户这一特殊民事主体。根据我国《民法通则》第 27 条规定："农村集体经济组织的成员，在法律允许的范围内，按照承包合同规定从事商品经营的，为农村承包经营户。"这里的规定实际上具有特定的含义。首先，从法律程序上看，在我国，农村承包经营户并不需要核准登记，更无需持有营业执照，根据国家农业政策，凡具有农民身份资格的民事主体即当然成为农村承包经营户。他们在土地上进行的耕种权利是其民事权利的基本内容。其次，从经济上看，"农"，在我国仍具有自给自足的成分，"商"的因素不大，且部分农产品购销具有很大的行政命令性，并不具有纯商事主体的特点。第三，从国际情况看，世界各国商事立法均排斥农业生产者作为商事主体。如《美国统一商法典》关于商人的定义规定"商人是指经营某种货物的人，或对某种货物及经营业务有特殊知识和技能的人，或因具有经营业务能力、专业技术能力而受雇佣的代理人、经纪人或其他中间人"。[1]目前，我国新的企业立法规定的新四种主体即独资企业、合伙、公司、股份合作企业也将农村承包经营户排斥在商事主体之外。因此，农村承包经营户并不享有企业法上的经营能力，不能作为商自然人享有破产法上的破产能力。

二、商自然人破产能力的演进及其社会功能

（一）商自然人破产能力演进的基本概况

追溯破产制度的历史，必须回顾债权公力救济的历史。中国古代一直推崇"重农抑商"政策，商事活动很不发达，并且诸法合体，根本不可能产生专门的债务清偿制度。同时"父债子还"的封建法律传统及伦理观念，统治着封建社会的历史，亦不存在债权人平等和债务人破产的自然法观念。从世界范围来看，对于债务人不能清偿债务，债权人的救济措施经历了三个阶段，即债务奴役，债务监狱及债务破产。可以说债权救济制度的变迁直接反映了人类文明的历史进程。而最早能够体现债务破产特征的是古罗马诉讼程序上的财产委付（Cessio Bonorum）制度。根据这一制度，债务人无力清偿债务，经二个以上有执行名义的债权人的申请，或者经债务人本人作出委付全部财产供债权人分配的意思表示，裁判官则谕令扣押债务人的全部财产，交由财产管理人悉数变卖以价金公平分配给债权人。[2]当然，这并非现代意义上的破产制度，债务人的破产能力尚未从其一般民事权利能力中分离出来，凡具有罗马法上

---

〔1〕 Ronald A. Anderson, *Business Law and Legal Environment South*, Western Publishing Co., p. 1077, Uniform Commereial Code, 第 2~104 页。

〔2〕 邹海林:《破产程序和破产法实体制度比较研究》，法律出版社 1995 年版，第 25 页、第 29 页。

"人格"的自然人都有资格承担财产委付的法律后果。到了中世纪，欧洲的政治和经济形势发生了重大变化，地中海沿岸的重要港口城市成为海上贸易的中心，并逐步形成商业中心城市，产生了一系列城市商事法规。在债务执行方面，这些城市法规吸收了古罗马法的财产委付制度，进而创立了商事破产制度，如1244年威尼斯条例、1341年米兰条例和1415年佛罗伦萨条例中均有较完整的破产程序规定。这些城市法规应当说是历史上最早的成文破产立法。在这一时期，商人已经成为社会特有的群体开始区别于一般自然人，而自然人又是该时期商事主体的唯一形态，因此，可以说早期破产法所适用的对象就是商自然人。

然而，西方破产法发展到近代，破产主体的范围在不同的国家开始产生了分歧。因为近代的商事主体在组织上已经不只是自然人个体，大量存在的商事合伙、公司法人，以及非法人机构在商事活动中扮演着极其重要的角色。商事立法开始关注对这些商事主体的活动进行规范。而以债务执行为主要内容的破产立法当然也不例外。在规定破产主体的破产能力方面，产生了以法国为典型代表的商人破产主义。1804年拿破仑民法典直接吸收了古罗马法财产委付制度，创立了法国近代民法的"全部财产让与"制度（第1265~1270条）。全部财产让与甚至被理解为立法者创制的针对所有债务人破产的程序，但事实上，自1538年以来，法国只有商事破产程序，一直反对将破产适用于非商人[1]。尽管如此，法国破产立法却并未剥夺商自然人的破产能力，能否宣告破产的资格以是否"从商"为标准。到了现代，法国仍未放弃商人破产主义，但扩大了破产法的适用范围。1967年修正的破产法已将其适用范围扩到商人以外的非法人实体。继法国之后的1883年意大利破产法也规定了以商人为宣告破产的主体，并明确规定破产法只适用于依《意大利民法典》第2082条所定义之商事业者（Commercial Enterpreneur），1903年还颁布只

---

[1] 邹海林：《破产程序和破产法实体制度比较研究》，法律出版社1995年版，第25页、第29页。

适用于"小商人"的破产特别法。可见，即使对破产主体限制立法的国家，商行为主体仍然是破产法调整的基本对象，其中亦当然包括了商自然人。

德国的破产立法并未完全承袭法国的传统，并突破了商人破产主义的原则。英、美、日等大多数资本主义国家，也都与德国一样，主张一般人破产主义。根据一般人破产主义的原则，破产法的适用范围已无任何限制，所有债务人，无论其为商人或非商人，都具有破产能力。只要有破产原因发生，都可依法宣告破产。

（二）商自然人破产的社会功能

应当说商行为的产生和发展是破产制度得以建立的经济基础。商品经济是破产制度存在的社会条件。只有商事活动才能形成广泛而复杂的债权债务关系，而债权债务清理或者全体债权人公平受偿则是破产制度最初之功能。然而，在商行为中，商自然人主体是商事活动的基本细胞，随着商品经济的产生而产生，消亡而消亡。因此对这一主体赋予破产能力，同样具有相当于商法人主体的社会功能。

破产制度之于商自然人的主要功能在现代社会中仍然是所有债权人公平受偿。一般而言，破产程序的开始与进行，以多数（二人以上）债权人的存在为基础。尽管对是否以多数债权人的存在为破产程序发生的绝对条件存在争论，但笔者认为，应以肯定为是。因为单个债权人较之多数债权人对于债务人来说，具有较小的心理负担，且不容易导致债务人债务不能清偿。同时，这种单一的债权债务关系依一般民事诉讼程序即可处理，并无实行破产程序的必要。从古典民事执行制度实行的执行优先主义（即先获得执行名义的债权人，对债务人的财产取得优先受偿的权利或者机会）到对破产程序的选择，正是为了避免多数债权人行使请求权发生混乱，以协调债权人之间以及债权人与债务人之间的利益冲突。因此，破产程序是针对多数债权人行使请求权的有序和公平而设计的程序制度。[1]根据这一制度，全体债权人的债权，于破产程序下受到平等受偿的保障。即使不能受偿的残余债权，其损失亦由各债权人公平分担，尽管损失的分配并非破产制度本身的目的与功能，仅是公平分配所发生的自然结果。而作为商自然人，在经济活动中仍可能存在二个以上的债权人并发生资不抵债的情况，因此，商自然人的破产与商法人破产的作用在保护债权人利益的功能上并无二致。

随着社会的发展，社会本位思想代替个人本位成为社会的主流，商行为的社会功能开始凸现，保护债权人利益已经不是破产制度的唯一价值目标。赋予商事主体"更生"的机会及稳定社会经济秩序开始受到破产法的关注。因此，破产制度上的各种设计，不仅应当为债权人的利益着想，同时亦兼顾商自然人的利益。商自然人的"更生"同样对社会经济秩序的稳定起着重要作用。一般认为，大企业的破产可能导致失业人数的增加及有依赖关系的中小型企业产生连锁反应，从而造成对社会的危害。然而对于商自然人，由于个体与家庭关系密切相关，如果到达破产界限而不能以相应的破产程序予以调整，势必使家庭的经济生活受到影响，家庭成员的精神受到打击，从而增加社会的负担。

商自然人破产具有不可忽视的社会功能。这不仅因为商自然人与商法人的商行为在性质上并无差异，且它们同样担负着稳定社会经济秩序的使命。

三、我国赋予商自然人破产能力的必要性

（一）我国立法上的商法人破产主义

我国历史上缺乏破产立法的传统，现行破产法的适用范围重复了我国按所有制形态立法的痼疾。1986 年颁布的《企业破产法（试行）》

---

[1] 邹海林："论破产程序中的债权人自治"，载梁慧星主编：《民商法论丛》（第 2 卷），法律出版社 1994 年版，第 157 页。

仅适用于国有企业法人。1991 年修订的《民事诉讼法》将破产还债程序的适用对象扩大到所有企业法人，即某些集体性质的企业法人也可以宣告破产。这种立法上的商法人破产主义的主张有着深刻的历史背景。

中华人民共和国成立以来，废除了国民党的六法全书，当然也包括破产法在内，从而使我国历史上作为西方法律传统引进的破产制度又再次消失；中华人民共和国成立初期，由于私营企业的存在及其债权债务的不能清偿，我国运用破产程序解决过实践中的一些问题。但这只是为了适应形势需要的政策和司法解释，随着对工商业私有化改造的结束而完成了其历史使命。之后我国在发展社会主义经济过程中，将破产视为资本主义生产关系的特有产物而予以尘封，从而使人们几乎不知"破产"为何物。1979 年改革开放以来，我国开始探索商品经济在中国的运用，商品经济的发展必然引起债权债务关系的发生，但这一时期的主要经济主体是国有企业法人和集体企业法人，商自然人及商事合伙刚刚开始成为合法的经营主体。因此，1986 年的破产法尚未对这类主体进行规范，对其债务清理不能实行特别的破产程序。随着改革开放的深入发展，许多过渡性的法律制度已经不适应形势的需求，客观情势的变迁及立法技术的成熟使破产立法的修改完善势在必行。其中赋予商自然人破产能力已成为破产立法的客观要求。

（二）商自然人债务清偿程序缺乏规范

市场经济的建立和发展，我国非国有企业或非集体企业的商事合伙和商自然人已经成为市场主体的重要组成部分。据统计，截至 1994 年底，我国各类企业 837 万户，其中取得法人独立核算的 419.2 万户，非法人企业 417.8 万户[1]。在非法人企业领域，绝大多数都是商自然人操作的结果。这些主体同样存在债务困境，而他们的债权人同样需要依破产程序得以公平受偿。然而，在司法实践中，常常出现这样的状况，

---

[1]　里昂证券：《中国研究报告》，1996 年 8 月，第 18 页。

当数个债权人诉请某一个商个体时，由于没有破产程序的规范，法院并不能依职权使数个债权人公平受偿，而是采取"谁先诉，谁受偿"的原则予以处理。这样，诉请在先的债权人一旦将债务人的财产分偿完毕，其他债权人的债权即全部落空。而在另一方面，由于没有破产程序中撤销权及相关制度的约束，那些濒临破产的商自然人可以任意转移、隐匿财产以逃避债务，或者根据他个人的喜恶有选择地向债权人清偿债务，从而使多数债权人得不到公平受偿的机会。因此，从这个意义上说，商自然人破产制度不仅使法院在清理商自然人的债务时有法可依，而且对商自然人"濒临破产"时的随意偿债行为本身产生了规范和约束的效果。

（三）商主体应当平等享有商行为中的权利义务

作为商事活动中的法律主体，不论为自然人或法人，应当平等享有商行为中的权利义务，包括破产能力在内的"资格"。在商事活动中，商事主体之间本身存在广泛的依赖关系。如果某一企业破产，必然影响与其有密切业务关系的商自然人，使这些商自然人可能濒临破产边缘，甚至直接达到破产界限。在这种情况下，商自然人作为商主体不仅失去了存在的经济基础，而且也失去了恢复生存能力的内在动因和外部条件。如果不主张商自然人破产，不仅相关债权得不到公平合理的清偿，就其本身也无法摆脱债务重负而以新的身份东山再起。而另一方面，由商自然人组成的合伙企业的破产本质上也是商自然人的破产，这种合伙企业的破产能力，实际上是商自然人的破产能力的变通适用。由于合伙人对合伙企业的债务负无限连带责任，法院宣告破产的效力最终及于每个合伙人。这时合伙企业的破产能力，必须建立在商自然人的破产能力之上。只有在所有合伙人对合伙企业债务都不能清偿时，对合伙企业适用破产程序才具有实际意义，或者说，合伙企业的破产必须与合伙人的破产同时发生。可见，只有商自然人享有破产能力时，合伙企业的破产能力才能得以真正实现。

（四）法制建设的国际化趋势要求立法赋予商自然人破产能力

综观世界发达资本主义国家的破产立法，无一例外均承认商自然人的破产能力。即便是商人破产主义与一般人破产主义在理论上有一定分歧，但立法上均不将商自然人排除于破产法的适用范围之外。而另一方面，破产法的域外效力即一国破产程序的效力能否及于他国领域之内已经为各国破产立法所关注。有条件地承认他国破产程序的效力亦成为国际破产立法的趋势。如以英国为代表实行普及主义，即在英国宣告破产的，其效力不限于英国，在外国宣告破产的，一般承认其效力。[1]就连最严格奉行属地主义原则的日本，理论界也对破产法的属地主义进行了反思。[2]在这种立法背景下，破产程序效力的域外性也是我国破产立法必须予以认同的问题。既已如此，破产主体的范围如果不能同国际潮流相呼应，不管是本国境内的外国商自然人，或是他国境内的本国自然人，破产程序的发生和执行将产生很多矛盾而无所适从。因此，我们必须重视这一问题。

四、对确认商自然人破产能力危险的防止

在我国，主张商自然人破产的最大担忧是破产制度可能使自然人拒不偿还的债务得以合法免除，从而使自然人更容易利用破产制度去隐匿财产以逃避债务。然而从本质上讲，确认商自然人破产能力与其恶意逃避债务的行为并无必然联系。没有破产能力的债务人，同样存在着故意转移、隐匿财产或通过不正当消费等方式以逃避应当履行债务的情形；而对于享有破产能力的法人，也并非不存在破产前转移财产以减少或逃避清偿债务的行为。目前，我国某些国有企业在"濒临"破产前将企业

---

[1] 张卫平："论破产法的域外效力"，载梁慧星主编：《民商法论丛》（第4卷），法律出版社1996年版，第161页。

[2] 张卫平："论破产法的域外效力"，载梁慧星主编：《民商法论丛》（第4卷），法律出版社1996年版，第161页。

的固定资产转移至另一新企业的名下，再以债务人的身份申请原企业破产，从而逃避大量的债务，尤其是银行的贷款。可见，这种逃避债务现象的产生实际上是破产制度及相关法律不完善的后果，并不因破产主体是商法人或商自然人而有所不同。但是，由于商自然人主体较之法人主体具有更大的"私有"性，利用"破产"逃避债务的行为更容易发生，二者在适用破产程序上也出现了相当的不同。首先，破产程序中，法人的财产范围容易确定，而自然人则难以查明；其次，破产宣告后，自然人的民事权利依然存在，而法人则完全消失；再次，商自然人的破产存在债务免责及破产主体复权的问题，而法人不存在债务免责，虽有法人机关成员的复权问题，但法人作为破产主体已消失，已不受复权制度的约束。由此可见，对商自然人破产较之法人可能产生更危险的社会后果，建立相关的防范措施是十分必要的。

（一）建立完善的商自然人财产登记申报制度

如前所述，法人破产财产的范围容易明确，而自然人的破产财产则很难界定。原因在于法人作为一个社会团体独立于自然人个体而存在，法人的财产既与成员的利益相关，又不与单独的个人发生直接联系。这种"共有性"机制使法人财产的流转更具有公开的特点，不容易产生非法隐匿的情形；相反，商自然人的财产与家庭财产联系紧密，并与其成员的利益休戚相关，很容易发生财产的隐匿和非法转移的问题。世界各国对于法人的财产登记、申报制度都有详尽的规定，如《联邦德国股份公司法》（1993 年 7 月 22 日最后修订）第五部分共四章就公司年度账目的报告、审查、确认及公布作了专门的规定，[1]相反，对商自然人就并非如此重视。在我国，除了商自然人资本注册登记外，财产年度申报制度几乎空白。而商自然人经营过程中资产的变化与注册登记的情形往往相去甚远。如果没有相关制度来掌握这种变化，势必为商自然人滥用

---

〔1〕 卞耀武主编：《当代外国公司法》，法律出版社 1995 年版，第 179~185 页。

"破产"以逃避债务造成可乘之机。因此，必须完善商自然人的财产登记、申报制度，严格区分商自然人作为商事主体经营活动的财产与家庭成员生活资产的界限，并定期申报财产存量的变化，使有关部门随时掌握商自然人的财产状况。应当说，这一制度是预防商自然人滥用"破产"以逃避债务极其重要的措施。

（二）严格商自然人破产免责制度

承认商自然人的破产能力，即产生如何对待破产人的免责问题。债务必须清偿，除非债务人有法定的免责事由。这已成为民法上债务清偿的基本原则。但在破产制度中已经产生了破产免责这种特别债务清偿制度。

法人破产，并不存在是否免责的问题，因为破产是法定解散的原因之一。法人清偿债务的责任，以其所有的全部资产为限。法人的主体资格与其资产共存亡。破产分配使得法人主体资格归于消灭。而商自然人破产，其自然人的民事主体地位不受影响，破产人仍有生存和进行一般民事活动的能力。债权人未依破产程序受清偿的债权，就存在着是否仍要继续清偿的问题。最先主张破产不免责制度的法国、德国认为债务人对债权人应承担无限清偿责任。因债务人自身原因造成的破产而免除其未清偿债务的清偿责任，对债权人有失公平。这实际上沿用了民法上自然人财产无限责任制度的规定。在破产不免责制度下，破产程序终结后，债务人恢复对其财产的占有和管理，并免受破产程序的约束，债权人得独立向债务人请求清偿未清偿债务，债务人负有继续清偿所有未清偿债务的责任。很显然，破产不免责主义绝对维护了债权人的受偿利益。破产仅仅体现了对债权人公平受偿的功能而拒绝给予债务人"更生"的机会。与此相反，英美法系各国的破产立法认为，既然法律给予债务人破产的机会，实际上也就是要债权人和债务人共同分担债务不能清偿的风险，并有必要继续给予债务人破产后经济上自立的机会。这也是破产的社会功能之一。因此，英美法系国家普遍实行破产免责主义。破产免责主义已成为现代英美破产立法鼓励债权人宽容债务人，最大限度地给予债务人重新经营事业的机会。这种制度实质否定了自然人承担无限责任的能力。

对于商自然人破产，绝对不免责已不能完全体现现代破产制度的功能。现代破产立法思想普遍认为破产程序不再是首要满足债权人的程序，同时也是为了免除（个人的）债务人的债务。对此，统一后的德国在新的破产法中明确规定："应给予诚实可靠的债务人机会，免除其剩余的债务。"[1]然而尽管如此，严格商自然人破产免责制度是十分必要的。对此，理论上又产生了两种态度，即当然免责主义和许可免责主义。[2]我国新破产法草案关于破产免责的规定体现了许可免责主义的精神。法院根据债务人清偿债务的比例确定其最后免责的期限，偿债比例越高，期限越短，偿债比例越低，期限越长，最长可达到 10 年。笔者认为，这一规定是比较恰当的，既给予债务人以继续偿债的压力，同时又有新生的机会。

（三）完善破产无效行为制度和撤销权制度

破产法上的无效行为制度和撤销权制度源于民法理论上民事行为的无效和撤销。破产无效行为制度可以概括为债务人在破产宣告前的临界期间内（破产宣告前的一段时间）所为的有害债权人一般利益的行为，依破产法的特别规定而构成无效的制度。破产无效行为的发生，将产生民事无效行为相同的法律效果，即恢复原状或损害赔偿。因破产无效行为转让的财产或让渡的利益，应当重新回归破产财团，供债权人公平受偿。而对于债务人在破产宣告前的临界期间内，实施有害于债权人团体利益的行为，破产管理人可以请求法院撤销该行为，并使该行为转让的

---

〔1〕 参见波恩大学教授瓦尔特·格哈德博士所著《德国的新破产法——破产法改革的原因和新破产法的基本特点》第 8 页，1996 年中国破产法国际研讨会提交论文。

〔2〕 当然免责主义是指，破产人因破产程序而未能清偿的债务，因破产程序的终结而当然免除。许可免责主义是指，破产人因破产程序而未能清偿的债务，只有达到免责期限并经法院审查确认方能予以免除。

财产或者利益回归破产财团。破产管理人所行使的这种权利即称之为撤销权。目前,对于破产法上究竟适用无效行为制度或是撤销权制度,两大法系仍存在争论。以英国为代表的英美法系遵循破产溯及主义的立法原则,认为破产宣告的效力及于债务人破产宣告前临界期间的行为,主张适用破产无效行为制度,如《英国破产法》第 37 条做了明确规定。而以德国为代表的大陆法系则不认为破产宣告可以溯及既往,主张以破产管理人行使撤销权来否定债务人在临界期间为不利于债权人的行为的效力。如《德国破产法》第 29~42 条,《日本破产法》第 72~86 条都规定了破产撤销权制度。笔者认为,这两种制度的最终价值目标均在于防止债务人利用"破产"以逃避债务,从而最大限度地保护破产程序下债权人的利益。但由于两种制度法律后果毕竟不同,且适用中各有利弊,因此,我国在立法制度的选择上可采取二者结合的态度,区别不同的行为而适用不同的规定。对于隐匿、私分财产、捏造债务或者承认不真实的债务的行为,应当然宣告无效,并且不允许存在一个宣告前的临界期间,即该类行为无论何时发生,均得宣告无效。但对于无偿转让财产和财产权利的,非正常压价出售财产的,对原来没有财产担保的债务提供财产担保的、对未到期的债务提前清偿以及放弃债权等其他有损债权人利益的行为,因涉及相对交易人的利益选择,故不宜一律确认无效。立法上可赋予管理人,破产清算人请求人民法院行使撤销权,同时规定这类行为发生的临界期间。如此,既保护了破产债权人的利益,又使正当的交易安全不受影响,从而有效防止商自然人利用"破产"实现非法利益的目的。

(四) 加强商自然人破产犯罪的法律规定

破产领域的犯罪行为虽没有其他刑事犯罪那么猖獗,但仍不可小觑。对于破产的法人而言,刑事责任的威慑力远不如破产的商自然人那么严重而具体。因为破产,法人主体消亡,法人犯罪即名存实亡,对于直接责任人员的追究也难以科以重刑。这主要是因为他们往往代表一个团体的利益而非个人利益。商自然人却完全不一样，其商主体资格与民事主体人格合二为一，既统一又相分离，刑事责任的处罚对于自然人意味着基本人身权利的剥夺和限制。因此，加强商自然人破产犯罪的法律规定，完善刑事责任规范，对于防止商自然人滥用破产具有极其重要的意义。

世界主要资本主义国家有关破产犯罪的规定十分详尽而严密，如《德国刑法典》第 24 章规定了以下数种破产犯罪，诈欺破产罪、过怠破产罪、过失破产罪、特别严重的破产犯罪、庇护债权人罪、庇护债务人罪等，对每一类罪规定了具体的构成要件及量刑期限。日本、韩国等国家及地区也作了类似的规定，只是在立法体例上与德国不同，将其置于破产法的"罚则"编内而不是列入刑法典中。

我国现行破产法笼统规定了债务人在具有破产无效行为和可撤销行为构成犯罪时，可直接追究刑事责任。这显然过于原则和简单。新的破产法草案专章规定了破产法律责任，虽然尚未列举具体罪名，但分别以不同的罪状将债务人及其有关人员在破产程序中的犯罪行为具体化，如"债务人已知或应知其不能清偿到期债务，仍然不合理地花费钱财，或者挥霍财产的，人民法院可以对直接责任人员处以三千元以上三万元以下的罚款；构成犯罪的，依法追究刑事责任"。[1]这样的规定较现行破产法已有很大的进步，但仍存在疏漏之处。例如，上述规定既无具体的罪名，也没有明确的法定刑期，而目前我国现行刑法典亦无破产犯罪之规定，因而在司法实践中实际上无法可依。如何加强和完善破产犯罪的规定以防止商自然人破产的危险是刑事立法和破产立法共同面临的课题，新的破产法草案将"法律责任"作专章予以规定，符合中国当前的立法现状。因为相对于西方资本主义国家，破产现象在我国仍属"新生事物"，有待进一步摸索与实践，因此，尚不能盲目置于刑法典中。但是新的破产法关于刑事责任的规定太过原则，惩罚力度不够，应尽可能

---

〔1〕 参见新破产法草案第九章"法律责任"，第 188 条。

有确定的罪名及法定刑期的规定，如诈欺破产罪、过怠破产罪等，由此方能对商自然人的破产犯罪行为产生预期的防止效果。

结束语

法律本身不是万能的，任何一项法律制度对社会都产生着双重影响。破产制度对于商事主体本身就表现为一把"双刃剑"。一方面它使债权人承担了债务人不能完全清偿的损失，另一方面又使债务人在无奈中获得了新生。确认商自然人的破产能力虽然可能会产生个别消极的法律后果，但我们绝不能因担心其负面影响而无视甚至放弃它的社会功能。赋予商自然人破产能力不仅为世界法律制度接轨之必要，亦是社会客观经济规律发展的必然。改革开放已使经济发展的国际化趋势不可逆转，能否主张商自然人破产是我国破产立法是否符合现代化法制要求的重要标志之一。

现代企业的核心是资本企业[*]

江　平

一、关于两种公司并存及现代企业本质的争论

经过十多年的试验、比较、犹豫、徘徊，经过几次的起落、反复，党的十五大终于选定了国有企业的最佳改组模式是股份制形式。走国有企业全面股份制改组的道路，走从双轨制公司向单轨制公司迅速过渡的道路，这是历史的正确选择。

自改革开放以来，中国就是两种公司并存的局面：单一所有制的公司（以全民所有制工业企业法的模式组建的公司为代表，也可称其为企业法的公司）和股份制的公司。前者数量巨大，后者数量甚少；前者代表的是传统的企业形态，后者代表的是现代企业形态。如何处理好这两种现实生活中并存的公司关系，如何认识这两种公司的性质和把握它们发展的前途，是自 1983 年开始起草公司法以来直至今天 15 年来一直未解决好的问题。

1983 年公司法起草伊始，就有一种方案认为公司法中不仅应该规定股份制式的公司（有限责任公司和股份有限公司），而且应该独立设章规定单一所有制的"国有公司"，理由是：如果现实中存在的绝大多数公司不纳入公司法范围内，那么所制定的公司法将会失去其意义和作

---

　　* 原文载于《中国法学》1997 年第 6 期。

用。经过十年的反复认识，我们终于通过了一部只规定股份制形式的公司法，一部与世界各国总体接轨的公司法。但这只是第一步的认识上的胜利，并不意味着真正彻底地认识。1993 年通过的公司法只是不把国有公司纳入公司法中，但却仍然认为这两种公司将在中国长期存在下去。《公司法》第 229 条的争论就充分显示出这一点。一种意见认为，公司法实施前成立的所有公司（当然也包括单一所有制公司）可以继续保留，但应在规定的期限内达到公司法所规定的条件。另一种意见认为，应当在规定期限内达到公司法所规定条件的只能是公司法施行前设立的有限责任公司和股份有限公司（当然也就不包括单一所有制公司）。前一种意见是限期并轨的观点；后一种意见是不限期并轨的观点。由于当时许多人认为限期并轨很不现实，两种公司将"长期共存"，为稳妥起见，《公司法》第 229 条采取了第二种观点的写法和解释。这也就是为什么《公司法》颁布实施后，贯彻得不好、其作用不大的根本原因。也正是由于法律上承认了两类公司长期并存的局面，所以许多人对公司的认识混乱，认为这两类既然都可以称为公司，因此都属于合乎公司法的公司。这样一来，实践中就出现了许多非驴非马的公司、半驴半马的公司乃至亦驴亦马的公司。这可以说是公司法实施几年来一个值得总结的教训。今天，根据十五大的精神，就是要加速两种公司并轨的进程，甚至是两个法（公司法和企业法）的并轨进程。当然是企业法向公司法并轨，企业法公司向公司法公司并轨，这在中国改革开放的历史进程中将有着重要的意义和作用。

比起两种不同性质的公司如何并存的理解分歧来，对现代企业本质的理解分歧，可能是国有企业股份制改组更深一层的问题。

1983 年公司法起草伊始，就有一种意见认为，我国公司法中不应当使用"资本"二字。这种意见认为社会主义国家可以用"资产""资金"，但它们绝不能成为"资本"。资本是资本主义所特有的。如果社会主义的公司中也称"资本"，那么岂不等同于资本主义了？经过十年的反复认识，我们终于认识到"资本"和"资金""资产"是不同的概念，认识到股份制公司中的投资经营与国有企业中的国有资产授权经营的本质不同，最终在通过的公司法中明确地使用了"资本""资本额"这样一些更准确的概念。这应该说是一个历史的进步。但我们也应看到，这样的认识还是初步的、不深刻的，甚至有些地方、有些方面还有矛盾，还有反复。例如，《公司法》第4条正确地把公司股东和公司看作是两个不同的主体，二者享有不同性质的权利，正确地把公司股东权利的来源确立为其对公司投入的资本，正确地把公司的财产视为属于公司法人所拥有的财产权的同时，却又矛盾地规定："公司中的国家资产所有权属于国家。"显然，这里又把企业法中的企业资产属于国家所有的概念搬进了公司法中。这说明立法者对于现代企业——公司的本质特征仍有些模糊不清，甚至混乱、矛盾。

二、股份化就是资本权利化和资本权利人格化

1993年通过的我国公司法中所规定的两种公司形式（有限公司和股份公司）的最基本特征是资本企业。这一特征是由市场经济需要所决定的。资本是要追求最大利润的。这一点在资本主义社会和社会主义社会并没有什么根本不同。不同的只是在社会主义条件下国有资本的比例要大于私人资本，而在资本主义条件下则相反。资本不是划拨，资本不是恩赐，资本也不是济贫。在今天国有资产亏损现象仍没有改变的情况下，只有根本改变观念、改变机制，把国有资产变成国有资本，变资产经营为资本经营，将国有资本按其市场规律投向能产生最大效益、最大利润的地方去，才能有国有资产状况的根本好转。

股份化就是资本化，股份制也就是资本制。虽然按照我国公司法股份制可以有广义和狭义之分。狭义的股份制只能用于股份公司的股东出资，广义的股份也包括有限公司股东的出资额，即指出资份额。但我们可以清楚地看到这两种公司股东出资的法律名称虽然不同（在股份公司

中称股份，在有限公司中称出资额），但它们的实质是完全一样的，它指的是资本。虽然人们使用"股份"一词时有时仅指所持资本的一种形式（即指全部资本分为等额股份），虽然人们使用"股份"一词时有时指作为有价证券的一种形式（即股票），但谁都不能否认股份的最本质内核是指资本。所谓国有企业的股份制改组就是改组为公司法上的公司（当然还应包括股份合作制企业），就是把它从企业法中的"授权经营"的产权机制改组为公司法中的"投资经营""资本经营"。

股份化就是资本权利化，股份制也就是股权制。从财产关系来看，任何财产都必然同时体现为权利。财产和财产权几乎可以是一个东西的两个侧面。不论是有形财产如房屋、土地，无形财产如专利、商标，均是如此。作为财产的一种形态的资本更是如此。股权就是股东对其所投入资本享有的权利，这种权利的性质和内容显然已经不是所有权了，虽然它是从所有权转化来的。它不是所有权最明显的证明是投资人已经没有抽回其出资的支配权了。股权的内容按公司法的规定主要是资产受益权、重大决策权和选择管理者的权利，这些内容也与所有权的占有、使用、收益、处分权不同。由此可见，股权的内容既不同于企业法中国家对国有财产的所有权，更不同于企业对国有财产的经营权。这是性质不同的财产权（用经济学术语来说，它们是不同性质的产权）。因此，国有企业的股份制改组首先是产权性质的改变，产权机制的改变。不改变产权机制不可能使原有的国有企业转变为资本企业。它不是名称的改变，也不是单纯的管理机制的改变，而是根本性质的转变。但是，我们现今有些人仍想要用原来的国家所有权的观念来套入资本企业之中，这不能不说是南辕北辙了。

股份化就是资本权利人格化。股份制也就是实行股东自然人和法人制。从财产关系来看，不仅任何财产都同时体现为权利，而且这种权利必然要具体地归属于特定的民事主体（自然人或法人）。在财产权上，没有无权利的主体，也没有无主体的权利。股权也是如此，自然人持股和法人持股自然不发生任何问题。国家股的股权是不能由国家来作为股东的，因为"国家"是不可能参加股东会的。这就是为什么公司法规定国家股的股东应是国家授权投资的机构或者国家授权的部门。由此也可以看出国家股权（国家资本权）与国家所有权（国家财产所有权）的区别：所有权可以归国家（较抽象概念上的国家，具体由国务院行使），而享有国家股股权的股东则不能是抽象的国家。至于所谓"集体股"的概念也是属于类似股东人格不明的范畴，在具体实施中只有股东人格明晰化才能使股份制改组得以真正实现。

我们可以说，股份制的全部法律内容就是股东（主体）、股份（客体）、股权（权利）三者的有机结合。而这"三股"（股东、股份、股权）正是资本企业的灵魂，是它区别于原有的单一所有制企业的最重要的分水岭。

三、资本企业的灵魂——资本信用原则

资本企业也就是以资本为信用的企业。因此，资本信用是资本企业的灵魂。

市场经济既然是竞争经济，就必然与风险联系在一起，世界上没有无风险的市场。投资有风险、交易有风险、贷款有风险，均不例外。如何减少这种市场风险呢？最重要的手段之一就是借助信用机制。信用越高，风险就越小；反之，信用越低，风险则越大。信用与风险并存于同一市场经济之中。一个完善的市场法律机制首要的是建立一个完善的市场信用法律机制。我国市场经济之所以风险过大的一个重要原因也就是缺乏完善的信用机制和信用意识及观念，尤其是缺乏资本信用的意识和观念。

在市场经济中，信用是一种资格，信用是一种财产，信用是一种权利，信用也是一种信息。作为主体资格的信用，它是自然人或法人担任某项职务，从事某项职业或业务活动的资格要求。古代罗马法便已经有

了无信用人（如作伪证的人）从事某些活动的资格限制。近代商法中也有无信用人不得作为保证人的规定。我国公司法有关不得担任公司董事、监事、经理的资格规定中实质上已包含了某些信用资格的因素。在其他一些商事活动中显然应当更多地增加有关信用资格的要求以减少风险。信用作为一种无形资产的价值和作用不仅不亚于有形资产，而且也不亚于作为知识产权形态的无形资产。企业的商誉（Goodwill）就是其信用的表现形式，它应是企业全部资产的一个组成部分。信用作为一种权利在商法中早已不是古代罗马法中仅仅表现为一种人身权了，它已从人身权而发展成为财产权了。这种财产权利又须有法律加以保护。信用作为一种信息越来越可以科学地量化为一定的等级，例如银行的信用、证券的信用通过其信用等级的评估使人能具体地感受到。商业资信和信誉的咨询、查询机构在商事活动发达的国家中已经成为提供信用信息的重要可靠来源。在我国，这种信息的提供和查询还仍然是一个空白点，有待大力加强。

西方国家公司法中有一种公司分类的方法，即将其分为人合与资合。有些人错误地将人合公司注解为人的组合公司，将资合公司理解为资本组合的公司。其实，任何一种公司，无论其为有限责任或无限责任性质的公司，均同时包括人的组合和资本的组合，股东和资本是有机结合在一起的，不能设想有不出资的股东（人），或无股东的资本。人合与资合区别的界限仅仅在于其信用的不同，是人的信用（股东个人的信用）还是资本的信用。由此可见，从公司发展的历史来看，公司以什么作为其信用是公司类型的主要划分标志，以资本作为信用的公司正是近现代发展起来的现代公司的最本质特征。

资本信用作为一个法律概念的核心问题就是民事主体承担财产责任的实际能力和范围。资本信用的大小直接关系着民事主体有多大的履约能力、有多大的偿还债务能力、有多大的赔偿能力、有多大的最终承担民事责任的能力。作为现代企业的资本信用应该包含三个方面内容：第一，公司注册资本的信用。注册资本的信用首先表现为股东的出资信用以及股东对其出资额所承担的有限责任。其次表现为该公司成立时它所拥有的原始资本的信用。当然注册资本越大，其信用越高。最后表现为该公司盈余还是亏损的界限。净资产高于注册资本的为盈余，低于注册资本的为亏损。盈余或亏损以及盈余和亏损的数额均构成一个公司对外信用的组成部分。第二，公司的信用，即公司的全部资产信用。既然公司法明确规定，有限责任公司和股份有限公司均以其全部资产对公司的债务承担责任，那么，公司的净资产越大，其对外的信用度当然就越高，反之就越低。市场经济中与对方交易的可信任度最主要的便是公司的这一资本信用。第三，信用的破产，即公司本身的破产。当公司不能支付到期债务或资产小于负债时公司便失去了支付能力，因此也就失去了其全部的信用，这就应该导致公司的破产（公司重整时除外）。在这个意义上可以说，资本信用和企业破产无非是同一事物的两个不同侧面。真正的资信制度确立之时也就是真正破产制度建立之日。

现代企业的信用，除具日常交易之信用外，端赖于资本的信用，而不能是其他的信用。我国长期以来国有企业所依赖的往往不是资本信用，而是所有制信用（或可称之为"制信"）。国有企业发不了工资可以从银行借；没有偿还债务能力仍然可以得到贷款；三角债可以安然欠着不必变卖财产偿还；资不抵债时仍然可以不破产，诸如此类，等等，无不因为它有所有制的优势。市场经济必须破除所有制信用，建立资本信用的观念，才能有真正的市场经济。

城市股份合作制企业是一种劳动合作和资本合作有机结合的新企业形态。它既不是完全股份制式的现代公司，也不是合伙企业，也不是一般的合作制企业。顾名思义，股份是资本合作的象征，合作是劳动组合的象征。可以说，在中国的企业形态划分标准上，除人合和资合之外，又多了一种劳合和资合相结合的形态。纯劳合的就是合作社，纯资合的就是现代公司。那么，怎样来理解劳合与资合的相结合呢？能不能理解为劳动信用与资本信用的相结合呢？当然不能。世界上没有这样一种以劳动为信用的企业。合作社对外仍然是以其全部资产作为信用的企业。股份合作制企业，按照国家体改委发布的《关于发展城市股份合作企业的指导意见》的规定，也仍然是"以企业全部资产承担民事责任"。能不能理解为职工是以劳动作为出资而称为劳合呢？显然也不能。劳动作为一种出资形式只能存在于合伙企业中，只能在合伙合同中以协议的方式确定，而不能存在于现代公司中。劳动作为公司股东出资的一种形式在某些地方的试验中也证明是失败的，不可取的。因此，股份合作制中的劳合只能表现为劳动者的联合，即只有职工才能成为股东，而且是实行一人一票的合作社原则，而不是一股一票的纯资本企业的原则。

四、资本企业的重要特征之一——资本社会化原则

现代公司作为资本企业的另一重要特征为资本社会化原则。现代公司的最典型形态是股份有限公司，而股份有限公司自其登上历史舞台伊始便以其资本社会化显示于世。资本社会化在西方国家主要就是社会公众的广泛持股。从由少数人持股投资转变到由社会公众持股投资，在西方国家不能机械地视为从生产资料私有制向公有制过渡，但也不能简单地视为其生产关系没有发生任何变化。近一二十年来在西方国家，包括美国，发展了全部股份由职工持有的公司。职工本身是劳动者、雇员，又是出资人、股东。这种一身二任的现象也应当看到其生产关系已发生某些变化的一面。不承认其变化，不研究这些现实，就等于不承认世界在变化，就会走向僵化。如果说社会公众持股是资本的大社会化，那么职工持股可以称为资本的小社会化。

我国实行股份制改革以来，尤其是最近中央肯定职工持股的实践以来，也同样存在这两种社会化。我们必须看到这两种资本社会化毕竟有所不同。其主要不同点有三：第一，社会公众持股的公司在我国实践中，

公众持股的比例通常都不会有50%以上，主要的持股人仍为国家股或法人股；而在职工持股的股份合作制企业中，职工持股不仅必须超过50%，而且甚至可以100%由职工持股（职工个人股与职工集体股）。第二，社会公众持股在我国不可能成为全体公民均普遍持股的社会化程度极高的公众公司，而在股份合作企业中，乡村是建立在社区基础之上，因而村民作为社区的一分子均能享有量化到个人的股份。城市是建立在共同劳动的基础上，因而每个职工均能享有量化到个人的股份（当然，城市股份合作制企业的职工根据自愿原则，他可以不入股）。因此，职工和村民持股是在一个社区、单位中社会化程度很高的一种股份制形式。第三，社会公众持股在我国不可能成为持股量大体平均的社会化现象。由于贫富还比较悬殊，参与持股的欲望也不尽相同，所以社会公众持股并不是平均化的持股。而职工持股（包括农村中的村民持股），不论是政策要求或实际状况，均体现了每个职工（村民）大体平均的持有量，不鼓励持股量悬殊的做法。从以上三点可以看出，职工持股的高度社会化、普遍化已经使其性质离开了单纯的个人所有性质。我们既不能把社会公众持有股份简单地视为公有化，也不能把职工持有股份简单地视为私有化。

既然全民所有制是指财产归全体公民所有，那么它就是最高度社会化的一种所有制；既然集体所有制是指财产归这个集体的全体劳动者所有，那么它就是在一个社区、单位范围内的高度社会化的一种所有制。全民所有制可以体现为国家所有（由国家来代表全体公民）也可以体现为量化到全体公民；集体所有制可以体现为由一定的集体组织来享有，也可以体现为由量化到这一组织内每一个成员的享有。而且后者的社会效果更好。这就是公有制的多种体现形式。每一个社会成员的所有也就是一种公有。如果不是每一个（当然不能太绝对）成员所有（一部分人拥有，另一些人不拥有）或者其拥有量很悬殊（一部分人大量拥有，另一些人拥有的极少），那就不是公有制，而只能是私有制。资本社会化已经不是单一的所有制了，再用单一所有制的旧观念去分析这种现代公司必然会导致错误的结论。

现代公司中股权运动的模式显然已经不是单一的高度社会化了。股权社会化的运动模式是分散化的模式，而资本控股化的运动模式则是集中化的模式。这两种倾向都同时存在，就像在市场经济中同时存在着自由竞争和垄断一样。自由竞争的结果必然要出现兼并和垄断，但大企业的垄断绝对不可能改变自由竞争。市场经济中一旦垄断到没有竞争了，那也就没有了市场经济自身。西方市场经济发达的国家之所以需要制定反垄断法也就是这个原因。在市场经济中竞争是绝对的，垄断是相对的。同样，现代公司的股权运动模式中，社会化是绝对的（虽然其表现形式和程度不同），控股化是西方国家一人公司股权最高度集中的表现，但它绝不代表现代公司发展的主流。在我国，国有独资公司作为一种国家垄断，绝对控制的一种手段，尤其在从计划经济向市场经济过渡时期有其合理、积极的方面。但是，如果无限制地使用这种国有企业改制手段，特别是将那些本质属于竞争性行业的企业也改制为国有独资公司，就将走向其反面。合理的变成不合理的，积极的变成消极的，这在我国现实生活中不得不引起高度重视。

在我国的条件下，从某种意义上可以说，股权社会化、多元化反映的是市场经济的规律和需求，而股权国家高度控制仍是计划经济的反映。我们不否认在某些领域内必需有国家的高度控制，但是否国家高度控股就能改变经营机制，把原有的国有企业搞活、扭亏为盈呢？可能是恰恰相反。国家高度控股是营造政企不分、政府干预企业活动、企业领导人员由政府任命管理、缺少监督机制、缺乏自主独立经营机制的最好土壤和环境。

五、资本企业的重要特征之二——资本流通原则

现代公司作为资本企业的又一个重要特征便是资本流通原则。资本

自由流通是资本企业的生命线。不允许资本自由流通就等于扼杀了资本企业自身的生命。资本和资产的重要区别（包括国有资本与国有资产的重要区别）就在于资本不像资产那样更大地体现为实物形态，而是表现为价值形态。表现为价值形态的资本（股本）的转让显然要比公司资产的转让方便得多、简单得多。既然资本自身的规律是不断追求更大利润，那么，资本也只有在更大范围内的流通才能实现这一目的。私人资本是这样，国有资本也是这样。因此，在法律上如何保障这种流通的自由和安全秩序就是立法的首要任务。

市场经济主要是两大行为：交易行为和投资行为。交易行为虽然离不开一定的主体，但它并不创造出一定的主体机制；投资行为则不然，投资行为是和创造一个主体机制（特别是现代公司）紧密联系在一起的。在这个意义上可以说，投资行为是主体和行为两种法律机制的高度结合。交易行为作为一种市场行为，必然要求自由交易、平等交易和公平交易，三者缺一不可。投资行为作为一种市场行为，也同样要求具有自由、平等和公平这三性。

投资自由不仅包含投资者享有是否愿意出资成为股东的自由（包括在城市股份合作制企业内不允许强迫或变相强迫每一个职工必须入股），而且也包含投资者有转让其股权的自由，虽然这种自由转让的程度在上市股份公司、不上市股份公司、有限公司、国有独资公司及职工持股的股份合作制企业内不尽相同。资本真实原则的一个要求就是股东不得退股，"一旦入股，永远入股"。除非公司解散之时，股东才可以收回其出资。而资本的规律又要求其能最大程度减少风险。这就必然要求赋予股东转让其股权（资本）的权利。这一权利在任何一种形式的资本企业中都不能允许被剥夺或非法限制。对于城市股份合作企业，把职工股权转让仅限制在本企业职工之间是有必要的，但必须切实保障在职工中可以自由流通的畅通渠道，否则这种转让权利就得不到保障。更要注意当这种企业亏损乃至濒临破产时，没有任何其他职工再愿意来购买原职工的持股时，如何保障职工不因事实上无法转让、流通而遭到巨大损失？否则就等于事实上发生既不允许退股，又不允许转让的严重侵犯职工股东权利的现象。这一点是仍需在完善城市股份合作企业法律机制时加以认真考虑。

投资行为平等不仅仅表现为投资者法律地位的平等（同股同权、同股同利、同次发行的股份同股同价），而且应该表现在股权转让和资本流通上。个人股（包括社会公众的个人股和职工个人股）、法人股、国家股，应当在同一类型的公司制度内享有同样范围的流通自由。而实际上，国家股在自由转让这一点上是不平等的。这不仅会导致国有资本应该得到的利润没有得到，也会导致国有资本因为不能流通而使国有企业改组成现代公司后，股权结构中国家控股局面永远不会改变。这就极易形成现代公司僵化的现象。由于国民经济发展的需要，有些国有企业改组为现代公司后，国家保持长期控制是合理的。但绝不能说，所有国有企业改组为现代公司时，国有持股比例永远不变是合理的。就一般规律而言，国有股权转让是使死水变活的方式，是板块结构中有机掺沙的方式，是改变产权机制、政企关系机制和管理机制的有效方法。只有国家适应市场经济需求，灵活地或者将国家控股改变为不控股、甚至不持股，或者将国家不持股改变为持股，甚至控股，才是搞活市场经济下资本企业的福音。从理论上讲，个人、法人、国家均可以有控股的平等权利；从实际上看，允许个人、法人、国家在不同程度上、不同领域内享有控股的地位，也是与多种经济成分并存的积极效果不相矛盾的。

投资行为公平应当表现为要有一个公正、有序的流通市场。资本流通绝不是任意流通，而是必须在法律允许的规范化市场内流通。上市公司的资本流通已经有了一个比较规范化的市场，但不上市股份公司的股份如何转让呢？有限公司的股权和国有股权转让如何建立市场呢？都是尚未解决的问题。国有资产变为国有资本后是否会流失也涉及公平、有序问题。流通并不等于流失，但流通也可能会带来流失。国有资产不正当的高值低估，国有资产资本化过程中以各种福利形式化公为私，这都是实际中存在的问题，但这不是流通自身必然产生的。只要我们加强流通过程中的法律规范完善和执法严格，这些现象是可以克服的。

公司法与商事企业的改革与完善（一）[*]

江　平

产权明晰是企业改革的首要目标

第一讲商事企业制度。我国的改革开放使企业的形态和有关企业的法律逐渐完善，或即将走向完善。在这种情况下，我们应了解我国企业立法存在什么问题，有哪些形式。从中华人民共和国成立 40 多年的实践来看，我们习惯以所有制来划分企业，它的注册登记、地位、权利义务能力、资格，都是首先看它的所有制。按这种划分传统的所有制有四种，全民、集体、私营、个体。现在这四种所有制企业都面临着挑战和全面改造，甚至可以叫全面消灭。就是说不仅国有企业要改制成股份制或股份合作制，集体企业也面临着改制，私营和个体今后还叫不叫私营企业或个体企业，或个体不叫企业还叫户，都是新的问题。有关部门曾下了一个通知，不许叫民营企业，我前两天还在上海市工商局问这有没有依据，《工商时报》争论这个问题，既然民营企业不许叫，那国有企业能不能叫？我说没有任何一个法律定义了民营企业或民营企业的组织规则，所以从法律上说，没有一类企业叫民营企业，不能注册为民营企业，但作为一个探讨当然可以。私营企业和个体企业的叫法也面临着一

＊　这是江平教授在全国律师协会举办的公司法律实务高级培训班上的发言。原文载于《中国律师》1999 年第 1 期。

350

些问题。

那么现有的划分企业的方法有哪些弊端呢？第一，依所有制来划分企业本身就是不平等的，在计划经济下，要完成国家计划，完成国家税收靠国有企业，虽然国有企业的税收和信贷有优惠，然而税负是重的。公司法在起草过程中，在国有企业中要不要分国有股、法人股、个人股、外资股，事实上国有股有国有股的地位，法人股也不同，它的流通也不一样，外资股 A 股、B 股地位也不一样，不一样意味着不平等，而市场经济要求是平等竞争，如果在法律中规定了它们的不平等，则必然违反市场经济的规律。公司法基于这个原则没有把股权、股份分为这四种写进去。既然不能以主体资格所有制来划分企业，也就是不能以主体资格的所有权来划分企业所有权，股权所有人只是主体资格不一样，不应这样来区分它的地位、权利义务，不同的性质。

第二，现在以所有制来划分存在着一个问题就是产权不明，全民的可以说是国有，产权还明晰，但再进一步问还有不明的地方，国有的产权不明表现在两个问题上。其一，国有财产到底是分级所有还是分级管理呢？还是分级享有投资权？我为什么要提出这个问题呢？因为在制定国有资产法和已经开始制定的物权法都讨论到这个问题，就是国家所有权到底是国家所有、分级管理呢？还是分级所有？分级享有投资权？这三个到底是什么东西？在国有资产法讨论时有两种尖锐的意见，有的说我国不是联邦制的国家而是中央集权的国家，但这样的国家是不是都是统一的国家所有呢？从世界各国来看，包括法国除了有整个中央的国家所有，还有地方所有，如巴黎市政府的所有，但没有把所有权全部集中到中央再分配到下面的。那么我们将来的物权法，国有资产法最重要的一点是资产的所有权到底怎么归属，在这个基础上有人提出我们也要搞分级所有，中央有中央的国有、地方有地方的国有。这些理由主要是有分税制，中央有中央的税收，地方有地方的税收，地方以其财产来投入就形成了地方所有。另外一些人说现在不能搞地方所有。

第一是我国有大量的国有企业下放了，鞍山下放到辽宁，首钢下放到北京，如果有地方所有的话，20 世纪 60 年代中央都投资到东北则财产都是东北的，现在包袱重了，又都是东北的，这样下去会不会把全民所有财产分割成各个地方所有？也害怕这样一来把我国的经济变成了诸侯经济，这个问题仍然没有最后定，但中央的倾向是统一所有，分级管理。其二，谁代表国家来行使国家产权，这到现在争论仍很大。公司法在起草中就涉及国有股的产权由谁来行使，如果说所有权是政府，是国务院，那么股权呢？投资权呢？投资权与股权与管理权不一样，所以投资所形成的股权，管理所形成的管理权和所有者所形成的所有权是不一样的。公司法只在原则上规定了一个国家授权的投资机构，但到底谁是国家授权的投资机构呢？还是不明确，仍然需要法规或规章来具体明确。

明晰产权资产各归其位

实践当中有这样几种模式，我在参加了国有企业改制、上市审查时看到，一个省整个的报表上写到一个百货公司改组为有限公司，国有股权由当地的商业局来行使，就是由政府来行使国有股的股权，这是第一种模式。第二种模式是由国有资产管理局来行使，叫作国家国有资产管理公司。这个办法好不好，在起草国有资产管理法时讨论的也比较多。成立国有资产经营公司来行使国有股权在某些地方是一个成功的经验。它不是国有资产管理局，也不是由主管的行政部门，而是专门搞一个国有资产经营公司。在讨论的过程中大家提出一个问题，国有资产经营公司是什么公司，它是不是公司法的公司？首先认定它不是公司法的公司，它不再有股东了，它只是代表国家来行使国家股的股权，它没有股东会，它不再有出资的股东，这样的话它又依什么来成立的呢？是不是还要有一个国有资产经营公司的法来规定这种公司的地位？这种公司到底是政府部门管理性质的公司，还是以营利为目的的公司？它自己没有以营利为目的，只是行使国有股的股权，来派国有股的股东，股息的管理，保证国有资产的不流失，它的本质是管理，那管理能叫公司吗？假如叫国有资产经营公司也好，叫国有资产管理公司也好，它收取国有股的股息也好，红利也好，那这些公司与成员是什么关系呢？公司收入多，职工工资就高，还是脱钩？如果说公司收入高，公司成员收入也高，则说国有资产的收益不是让这些公司成员拿走了吗？但这是全民收益的一种方式呀！如果脱钩，那国有资产经营好坏与我无关，积极性必受影响。第三种模式就是我们所说的控股集团、控股公司、集团公司、投资公司等。我们现在也试图建立一些投资公司，现在商业银行不允许向企业投资，拥有企业的股权。现在很多人都主张建立中国式的投资公司，需要一个持有国有股股权，代表国家来行使的公司。所以投资公司、控股公司、集团公司的模式可能好一些，但仍然存在一些问题，就是现在持有上市公司股权的不是公司法意义上的公司，是企业法上的公司。如山西的汾酒厂上市了，搞个汾酒集团来持它的股，汾酒集团公司恰恰是利益不大的一部分；湖北兴化是津门石化成立的，是最好的一部分，股票价格很高，但持有公司股权的津门公司仍然是国有公司。很多都是这个模式，拿最好的一部分去上市，由国有企业来持股，国有企业仍没有改制。十五大的精神提出国有企业要全面改制，可上市公司的持股股东仍是国有企业。最近我第一次看到想把湖北兴化的持股公司也全面改组合并的消息，可以说是子公司吃掉母公司。这样改了以后，国有企业作为上市公司的持股单位就成为股份式的公司了。这个方案拿出来后，北京大学的厉以宁教授，两届人大财经委副主任董辅礽教授都参加作了一个论证，怎么把持有湖北兴化的津门石化变成股份式的公司合并，怎么把持有汾酒股份的集团公司变成股份公司，当时提出了三种方案，第一个是增资，配股，子公司将母公司财产吸收过来；第二个是搞购买方案，湖北兴化越来越大，最后买下它的母公司；第三是搞公司合并的方式。我讲这个问题的目的是想说明国有股的股权经过改制，即使改制成股份有限公司，产权仍不太明晰，因为持有股权的仍是国有企业。目前国有企业改制，存在的问题首先是产权明晰。

集体企业的产权比国有企业的产权更不明晰，我看集体企业改制最困难。集体企业改制的产权有这么几种情况，一个是原来产权明晰，但20世纪50年代手工业合作者的出资经过改组的，造成集体企业被当作类似国有企业产权受到侵犯，这种情况很多。北京的一个很小的一商局企业，合并时搞成一个大的公司，就将集体企业的股权随便合并过来，到现在这个官司还打着。我说集体企业就是集体企业，不能在改制中将集体企业的财产合并。那农村乡镇企业的产权到底属于谁的，劳动群众集体所有制到底属于谁的，集体企业的很多财产归政府支配，归乡政府和村民委员会来支配，集体财产变成了政府支配的财产。集体企业谁有权来支配呢？起草物权法最难的一点是，集体所有的土地归农民集体所有，但由谁来行使所有权，实际上是空的，通常是政府部门来行使所有权，这当然存在着问题。以四通公司为例，四通公司从1988年、1989年就提出改制成股份有限公司，但一直在争论这个股权到底属于谁。最早拿出的方案是想把四通公司改成职工持股的。但这不是将国有企业改制成股份有限公司，职工出资买一部分，而是将本来就属劳动群众集体所有的归全体劳动者集体所有，应把其财产无偿量化到劳动者个人，那四通公司量化到哪些个人呢？是只包括上班的个人还是也包括离职的个人呢？创始人有没有，还是上班三天的就有呢？集体企业量化给个人是很重要的，因为是无偿的，所以城市中一些高科技企业名为集体企业，但其产权中存在着问题。第三以所有制划分是很不科学的，不科学主要是指私营和集体。

我们律师每天都要接触到企业的设立和地位问题，以私营和个体来划分后果很严重，它后果的不同在哪里呢？现在笼统地将私营企业都称作独立法人是不准确的，企业按现在条例是三种形式，独资、合伙、有限公司，有限公司是法人，个体的现在不许叫企业，因为1986年民法通则说个体企业是个体经营户，但1986年的民法通则写的是农村承包经营户和个体经营户，这两户显然不一样。农村承包是承包土地而不是将人承包给你，所以农村是增人不增地，减人不减地，是将土地承包给户，那工商经营、个体经营就是一个户吗？它不是以家庭为单位，如果一家人都搞工商经营叫工商经营户，如果不是与家里人搞而是与朋友搞叫什么？他说还是叫个体工商户。叫户看雇工多少，雇工七个以下是个体工商户，雇工八个以上是私营企业。这对登记企业来说，是个最好的规避的方法，户是以个人来纳税，私营企业是以企业来纳税，所以如果个体户税赋低，就可以少雇两人，如果私营企业待遇好可以多雇两人。从政治经济学角度看，私营企业是资本主义生产方式，个体户是劳动者经济，如果再有一次社会主义改造，则前一个是公私合营，后面的叫作合作化道路了，人从成分上看前者是资本家而后者是劳动者。

企业划分的标准要适应市场经济

现在这四种企业的划分仍然存在，但已走到了历史的尽头。作为律师要有一定的敏锐性。我们对社会经济的主体要有一个前瞻性了解，新的是按什么来划分，按中共中央八届人大的立法规划，要立四个法，企业法、合伙企业法、公司法、股份合作企业法，我们把这四个叫新四法，那么我们要对这新四种企业有个了解，对于老四种企业向新四种企业的过渡要有全面地了解。所谓经营主体的改革就是将老四种企业改制成新四种企业，这新四种企业是以出资形式和出资者的责任来划分的，什么叫出资的形式呢？独资是一个自然人出资；合伙是少数几个人出资，公司是社会化出资，股份合作是劳动者出资，可见这不是以所有制来划分而是以出资的形态和出资者的责任来划分。一个自然人的独资是无限责任，合伙是连带无限责任，公司是有限责任，股份合作也是有限责任，这样新四种企业的划分就走向科学化了，不管主体出资是谁，是国家、是个人、是外资，其出资责任、出资形式都是相应的，这样划分也符合国际的惯例。

（未完待续）

公司法与商事企业的改革与完善（二）[*]

江　平

五种企业形式

独资企业法和合伙企业法是同时起草，同时召开的会议，包括两次国际会议。但独资企业法还没有通过，理由是独资企业法还需中央来研究。第一个问题是独资企业法出来了以后，私营企业条例就要废除，这意味着我们不再用"私营"这个名称了，而改用独资、合伙、有限公司了。第二个问题是独资企业法出来后个体经济还有没有，个体经营有的是企业，有的不是企业，作为律师，以后再进行企业登记时要明确哪种是企业要进行企业登记，即：第一要有企业名称，第二要有企业住址，第三要有经营人员，更重要的是要有商业账簿，纳税是按商业账簿中记载的经营额来纳税。这样个体的概念就要一分为二，以前雇七人以下都叫个体，现在要区分了，具备企业形态的不管雇工多少都叫独资企业，这样必然要划分出一种东西，即非个体形态的个体经营者摊点、小商小贩，这些不用营业地点，不用账簿，是按点来纳税，这样将来的私营企业和个体企业就会变成这样两个东西；独资企业和小商小贩。我们要有小商小贩管理条例，这也与世界各国比较一致了。

---

* 这是江平教授在全国律师协会举办的公司法律实务高级培训班上的发言。原文载于《中国律师》1999 年第 2 期。

　　独资企业法到现在还没有出来，最大的难点就在于两个问题：独资企业要不要注册资本，独资企业抽逃资本是不是违法行为，法律是否要规定不许抽逃资本？为什么要讲这个问题呢，与公司有关系，因为公司是不许抽逃资本，要有注册资本。那既然独资是承担无限责任，我拿我的家产来抵债，10 万也好，5 万也好，有什么意义呢？因为都是拿全部家产来抵债，只有股东承担有限责任的才要有注册资本，如股东承担无限责任，则不管注册 10 万、50 万都是以全部家产来承担责任。反过来再说第二个问题，如我出资了 50 万，又抽走了 40 万那没人管得了，这不算违法，而股份公司抽逃资本是犯罪，严重的还可判 5 年以下的徒刑，独资反正是以全部资产来抵债，那你就管不了他抽逃资本了。比较多的人认为独资企业不需注册资本，抽走了也不算违法。

　　但第二个问题就更复杂一些，原来草案中写的一个人只能成立一个独资企业，这个规定得很严格。在国际讨论会上，外国学者都觉得不可理解，说为什么要规定一个人只能办一个独资企业呢？起草人解释说，如果在一个地方赔本了，要拿其他地方的资产去抵债，我怎么知道你在别的地方开的企业是不是亏损的呢？又没有一个人设独资企业公告、登记，我怎么知道你开了多少。这实际涉及两个我国在立法上比较难解决的问题：一个是我国将来独资来办企业实行财产登记制度，否则无法知道他有多少财产？你怎么知道他用多少财产来承担无限责任呢？起码要有一个明确的范围，要不要登记他的财产呢？但一注册登记财产就谁也不敢干了。第二个问题大家知道我们现在正在制定破产法，中华人民共和国破产法老早就有好几稿了，我先不讲企业破产问题，现在的稿子中就有自然人破产，就是从事经营的自然人破产，既然从事经营的法人能破产，自然人能不能破产，这次搞合伙企业法就争论合伙企业有没有破产，合伙企业按道理说没有破产，如果合伙企业的钱不能还债，那还能找合伙人呢？只有到合伙人资不抵债时，才能破产。所以合伙企业法中没有合伙企业破产，最后只有合伙人破产。独资企业的经营人有没有破产，如独资经营，我欠了10个人的钱，如第一个欠1万，第二个欠2万，第三个欠3万，那我现在财产只剩2万了，如没有一个公平清偿的制度就是谁先来要我先还谁。破产制度从本质上来说是一个公平还债的制度，是当有两个以上债权人，而债权人的财产不足以清偿时，要公平偿还。法人有这个问题，自然人也有，因为他不会只欠一个人的钱。独资经营，如果他的债权人多，没有破产行吗？但许多人反对自然人破产，自然人破产与法人破产有什么区别？法人宣告破产则法人消灭，自然人破产后自然人还活着，他的财产还在，谁知道他的财产挪哪儿去了？也不能不允许他一辈子不再经营，各国自然人破产都有一个剥夺他经营权的期限，如过了两年、三年要复权，那自然人破产就很容易藏匿资产。所以没有一种严格的财产管理登记制度，弄不好破产就成为自然人逃避债务的方式。我国的独资企业法将来要搞商事企业制度，到底怎么搞，将来是个大问题。

第二个是合伙企业法，虽然世界合伙企业数量不多，但仍是一种很重要的企业形态。我们的律师就是合伙，合伙法就把律师都包括进去了，律师可以准用合伙企业法中的一些规定，但他不是以营利为目的。现在正在起草统一的中华人民共和国股份合作企业法。应该说还有第五种法，这就是合作社法。原来在八届人大的立法规划上大家也提了一个合作社法，世界各国尤其是欧洲大陆有很多合作社，在北欧、丹麦合作社还很发达。有人说合作社中国是老祖宗，但欧洲大陆的合作社与中国集体的合作社不一样。原来草案中提出想搞一个合作社法，但领导同志提出如果颁布合作社法，农民会不会害怕认为又要搞合作化了。但请大家注意我们正在制定供销合作社法，已经讨论了许多次了。从现在看，合作社只有两种：一个是供销合作社，一个是信用合作社。信用合作社现在看起来问题很大。农村的合作社50万元就可以成立，我遇到的一个河南信阳合作社注册了50万元，可连10万都没有拿出来，但搞了很多借贷、存款，大额存单已达上亿。这是一定要整顿的。

可以看出将来有五种企业形式，独资、合伙企业、公司、股份合作和供销合作，或再加上信用合作社，实际上就是人合、资合、劳合的问题。人合就是承担无限责任，合伙就是人合，独资就一个人，不能叫人合，资合是股份公司，资合加人合是有限责任公司，纯粹的劳合是合作社，资合加劳合是股份合作。用这样一个模式来构造现代企业制度，就会走向一个科学化的企业制度。

我国的企业没有国籍限制

第三种是按外商投资的形式，这也是很有特色的。现在看起来外商投资的三资企业也存在一些问题，首先一个问题，合伙企业法颁布以后，有人来问一个外国人，一个我国台湾地区居民到大陆来与人合办合伙企业，能不能注册登记，是否允许境外的人当合伙人，再进一步问，如三个外国人，或三个我国台湾地区居民到大陆来办合伙企业，合伙企业法中的主体有无国籍限制？我说没有，我国的企业法完全没有国籍的限制，独资企业法出来后，外国人是否可到中国来开办独资企业，我说可以，但他不享有三资企业的待遇，因为他是按合伙企业法设立而不是按三资企业法来设立，这个问题是最典型的，我说有法律依据，可以参照公司法中股份有限公司的发起人的规定，公司法中规定股份公司的发起人至少是五人，当然国有企业作为发起人，向社会募集的有例外，国有企业改制的一个就够了，但一般来说要有五个发起人，而且规定在五个发起人中，至少一半以上在中国境内要有住所，住所是营业地总部的所在地，可见可以有外国人作为股份公司的发起人，五个发起人之间就有合伙关系，最后有些债务，发起人就要承担连带责任，从这点看合伙人也可以是外国人。第二是我们的中外合资经营企业法规定的合资企业的组织形式是有限责任公司，没有说股份有限公司，但现在外经贸部发布了一个只能是规章的东西，就是允许设立中外合资的股份有限公司。

这个规章出来后有些学者有看法，认为有点越权。因为《中外合资经营企业法》是人大通过的法律，写的是有限责任公司，现在规章规定可以设立股份有限公司，中外合资企业的所有优惠待遇它都享有，是否有点超出权限，允许设立中外合资的股份有限公司不是公司法上的公司，但首先是适用三资企业法的，这是新的发展。

第三个应该说我们的企业法里面还有一个问题没有解决，就是中外合作企业，1988年通过的《中外合作经营企业法》中是这么规定的，中外合作经营企业可以是法人也可以不是法人，是法人它是什么法，适用什么形式，必然是有限责任公司，不是法人的是什么企业形态呢？1988年的《中外合作经营企业法》没写，不写有两个目的，一个是纳税不一样，不是法人的以合作一方来纳税，但形式可能不同一点，是法人的可以有董事会，不是法人的可以有联合管理机构，但忽略了一个问题，就是，不是法人的是什么组织形式，他的出资人承担什么责任，是有限责任还是无限责任？那时从上海到北京来了一个年轻的律师，他找我，我那时刚刚上任全国人大法律委员会副主任，他说刚通过的《中外合作经营企业法》只写了可以设立不是法人的中外合作企业，没有写不是法人的中外合作企业是什么形式，出资人承担什么责任，日本人理解不是法人就是合伙，合伙出资人就承担无限责任，他问我们是不是合伙，我国那时合伙企业法还没出台。这个问题当时没有讨论到，我必须谨慎的回答，我就反问他，如果你是日本的投资者到中国来投资，是希望承担无限责任还是有限责任呢？他说如果我作为日本的投资者当然希望承担有限责任了。实际上我含糊地回答了他的问题。他说我不是作为投资一方的律师来回答这个问题，我是作为与中外合作经营企业交易的一方来问你的，如果中外双方只承担有限责任，那和你做生意时就要小心了，不敢与你打大交道，如果你是合伙性质，双方承担无限连带责任，我就可以放心大胆地与你订几千万、几亿的合同，你有了更高的信用。我们现在这个问题始终在回避着。中外合作企业不是法人的，到底股东承担什么责任，是承担连带无限责任还是有限责任，不是法人怎样承担有限责任，都没有很好地解决，所以从这几点来看，合作经营企业也在我们总的合作的框架中，这是第三种的划分，这从长远看也是过渡的。有人提出建议把三资企业法都并入公司法，对投资者的优惠待遇可以专门搞一个，至于组织形式都是公司、合伙企业。

以所有制划分企业的方式将改变

第四种我要先说明一下，还有另外一个企业法叫乡镇企业法，从标准来看是从地域来划分，凡在乡镇的都叫乡镇企业，不管你是集体的还是独资的都叫乡镇企业，这个法在人大讨论时引起很大争论，有人说制定这个法有什么用处？它又不是一种独立的企业形态，将来是不是还要有与之相对应的城镇企业法？最后这个法修订了以后，变成了一个近乎于企业振兴法似的东西。日本有一种法不是企业法而是企业振兴法，就是国家用政策去支持这类企业，叫中小企业振兴法。我请大家注意，乡镇企业不是一种企业形态，而是只要它具有劳动力是农村吸收的，产品是为农业服务的等几个条件，国家就按乡镇企业法给予优惠政策，所以它不构成一个独立的企业形态。将来我国也会有某些行业的振兴法，如日本有电子行业的振兴法来振兴电子行业。之所以分析我国现有的企业形态，就在于今后企业划分将从以所有制来划分四种企业甚至包括外商投资的这三种企业要逐渐的统一合并为以出资者的责任，以出资的形态来划分。目前，多种企业并存出现了许多混乱的问题，现代企业制度混乱就在于多种所有制形式并存。我想举两个例子来说明，第一个是公司名称，到底公司名称怎么使用，现在叫公司的可以适用哪几种不同的法律，我看起码有五种甚至有六种、七种，第一种是适用公司法的公司必须冠以有限责任或股份有限字样，但是我想请大家注意，有的名称上不加股份有限或有限责任的也适用公司法，银行就是这个东西。撇开中国工商银行是国有独资银行不说，交通银行是股份制的，但名称上不加股份有限几个字，它也适用公司法。西方国家银行都是公司制的，从这个意义上讲虽然它不叫交通银行股份有限公司，它也是适用公司法的公司。第二类是适用全民所有制企业法的公司，在公司法起草时就有人主张专门设一章节，国有公司就是百分之百适用国家的，适用全民所有制企业法的公司，如首都钢铁公司、机械进出口公司，公司法现在没有将其包括进去，但它仍用公司的名称；第三类是公司法规定的公司就是外商投资的公司，首先适用三资企业法，三资企业法未规定的才适用公司法；第四类适用什么法需要探讨。我们先看合伙企业法，合伙企业法草案中有这么一句话："依照本法设立的企业不得使用公司二字"，这么写的意图是不得把这种股东承担无限责任的叫公司，因为我国的公司法没有无限公司，如果合伙也叫公司就容易出现混乱，后来在讨论中大家认为这个问题很难。

企业法定主义

企业是法定主义还是非法定主义，我认为应把物权和企业设立的法定主义区分开，法定主义的概念是只有法律规定的才能设立，非法定主义是只有法律禁止的不能设立，没有明文规定不可设立的就是可以设立，那么企业在这个问题上就相当重要了。

我举四个例子与大家来探讨，第一是无限责任公司，这是从1983年起草公司法时就争论的，要不要规定无限责任公司，赞成不要无限责任的说，现在都搞有限责任，谁还搞无限责任公司呢？世界潮流是向有限责任发展，反对的观点说世界各国都有无限公司，无限公司的信用是很高的。当时制定公司法的时候没写，在起草报告中是这么说的，我国在搞公司法时对要不要办无限公司有不同意见，公司法中没有写并不意味着在实践中不能成立无限公司，这就不是法定主义了，也许以后无限公司多了，我们会搞个无限公司法，但国家工商部门会说，没有一个依据我拿什么给你登记？所以我国以后要不要搞无限公司，合伙企业法要不要在其形式上加以变动？合伙人搞了一个股东会，再搞一个董事会可不可以？公司冠以无限责任公司名称可不可以？现在有不同的观点，有的说合伙企业可以冠以公司名称，不就等于无限公司，那为什么不可以成立无限公司呢？德国没有规定可以成立无限公司，但无限公司可以准照合伙的规定？在我国这样可不可以？

第二个问题是合伙企业法在起草过程中争论的最大问题是法人能不能成为合伙人，实际就是公司法上的无限公司，能不能成为无限公司，承担有限责任的公司股东能不能成为无限公司的股东？能不能成为一个合伙企业的合伙人，能不能成为连带责任的股东或合伙人？开始草案中明确写着禁止，当时起草时是把这个当作国际惯例，可是合伙企业法和独资企业法开了两次国际讨论会，没请日本，在座的德国和英美法的学者都说法人可以成为合伙人，有限公司可以成为无限公司的股东，如国际银团借贷就是法人的合伙的例子。起草人开始认为禁止的做法是国际通例，一查主要是日本和我国台湾地区有这个规定，主要是我国台湾地区。最后出台的合伙企业法把法人作为合伙人给划掉了，也没说可以，也没说不可以。合伙人的资格上写了一句话，合伙人必须具有权利能力和行为能力。法人也有权利能力和行为能力，依这条来猜，原草案写的法人可以作合伙人的规定给删了。立法者回答法人能不能成为合伙人，依《民法通则》去看，合伙人只能是自然人，法人与法人之间有合伙性的联营，法人仍要承担无限连带责任，《民法通则》没写法人与自然人能不能搞联营或合伙。所以现在问题就复杂了，按《民法通则》，法人和法人之间可以搞联营或合伙，自然人没有规定，合伙企业法中就没提法人，没提他能不能成为合伙人。在讨论的过程中，政府部门不希望写上法人可以成为合伙人，法制局负责合伙企业法起草的人说，要写上法人能成为合伙人我们要请示总理和副总理，那个法就不知道结果怎么样了。当时担心国有企业和独资的来搞合伙，如果我有 50 万元，我用它和首钢搞合伙，首钢也出 50 万，赚钱后一人一半，负债后负连带无限责任，我财产总共才有 50 万，可首钢有 50 个亿，当然债权人会找国有企业去要债，容易造成赚钱时法人和自然人一人一半，赔钱后则由国有企业来负担。所以把它删掉了。现在法人与法人仍可以按《民法通则》的规定不管叫联营也好，叫合伙也好，自然人与自然人也可以，法人与自然人的没有规定，法律没写，等于还是不可以。

第三个是有限合伙的问题，原合伙企业法中专门有一章写有限合伙问题，这有限合伙是学的美国的方式，也就是一部分合伙人承担无限责任，另一部分承担有限责任，大陆法叫隐名合伙，我听说有些律师事务所也想搞隐名合伙，能不能搞我没有研究。大陆法原来的两合公司就是这种形式。合伙企业法出台时，将这个也删除了，有人说美国不是也有有限合伙企业法吗？将来我国合伙企业多了，就可以成立有限合伙法。我说没有这个法，它能成立吗？他说等多了不就可以制定这个法，立法者说没写不可成立就可以成立，工商部门说没有依据我不能给你成立。我们陷入了鸡生蛋、蛋生鸡的怪圈。到底我们能不能成立有限合伙，依据什么来成立呢？

（未完待续）

公司法与商事企业的改革与完善（三）[*]

江 平

我国不能成立一人公司

现在困扰公司法的是独资企业问题。因为公司法出台时就讨论写不写一人公司，世界各国的潮流都是一人公司。欧共体基本上都是一人公司，美国都是一人公司，日本近几年修改了公司法允许成立一人公司，我国香港地区现在还不行，但实践中也存在一人公司，我国在起草公司法时也反复讨论这个问题，考虑有三种独资，一人公司、一个法人、一个国家民事主体三个，即自然人、法人和国家。一个自然人办公司，承担有限责任，在我国没有健全的财产登记制度，一人成立公司承担有限责任，在我国是不可以的。办国有独资公司实际上很多人反对，但考虑我国的实际情况，有些垄断的行业如要搞两个以上股东，像银行、电力怎么办？立法意图是只对国家占垄断行业的才搞国有独资公司，不是普遍地来设立国有独资公司，国家要承担有限责任。但在实践中有越来越多的国有企业超过了这个范围，竞争性的国有企业也搞国有独资公司，要是这样国有企业改制太容易了，今天是百分之百的国有企业，明天是百分之百的国有独资公司，所以国有独资公司在实践中造成了很大的混

---

　　* 这是江平教授在全国律师协会举办的公司法律实务高级培训班上的发言。原文载于《中国律师》1999 年第 4 期。

乱，难点就在于法人的国有独资公司，原来的公司法草案中有个第三章第四节"法人独资公司"，想承认法人独资公司承担有限责任，这一部分最后还是删掉了。理由是法人独资公司在现今中国的市场经济情况下很可能变成皮包公司。既然法人注册一个百分之百由我法人投资的公司，今天注册了500万，明天全拿走谁也不知道，所以抽逃资金就很容易，尤其像海南注册了很多内地来的资金，大多数由内地去注册的独资有限责任公司实际上都是小金库，海南的房地产如兴旺了，就来了几千万资金，明天海南房地产落了，这500万就抽回去了，或者母公司需要，我也可以拿走，所以法律上规定不搞法人独资公司。公司有两个以上股东有利于监督，拿中外合资企业来说，中方出资100万，日方出资100万，如中方出资了，日方没出资那中方不干，当然还有社会化集资的作用。可是在经营中有些觉得两个不合适，就又变成一个了。这个问题从开始就陷入了困境。事实上现在已有大量的法人独资公司存在，怎么办？公司法生效时是不是让这些公司都改组，过去的既往不咎，以后的不许成立，如这样仍有法人独资公司。公司法1993年12月通过，1994年7月1日生效，在这半年就大量成立了法人独资公司，因为7月1日以后不许再注册登记法人独资公司了。

既然不许法人成立独资公司，两个股东的公司很可能规避，方法是再找一个股东，我出99%，他出1%，法律没禁止这个，有的规避是违法的，有的规避是合法的。他不参加管理，也不参加经营，最后分他1%的利润就等于借给他几个钱，这样可不可以。那次在深圳开会时，国家工商总局的曹副局长也谈到这个问题说：我们已经注意到了规避两个股东出资的现象，所以国家工商总局准备规定一个办法，两个股东出资时，一方股东的出资不得少于注册资本的20%，我说如果你有这个规定，那我就三个股东出资，我出98%，另两个都是1%，因为你规定了两个却没有规定三个，如果你规定三个，那我就四个人出资。上海工商局作了一个规定，说两个以上的股东，一方出资不得少于90%，那如果我出 90%，另外 10 个都 1%，则公司还是在我控制下。这给我们律师提出了一个问题，以后不许法人独资，公司注册怎么办？各地方做法又不一样，那将来我们怎么规定合适呢？

实践中，虽然从国家工商总局的作用仍是死守公司法的这条规定，法人独资公司不允许设立，但据我所知，下面做法已经不一样了。其理论根据一种是公司法中的子公司，可以将其理解为控股性的子公司，也可理解为全资性的子公司。有的地方采用企业设立的非法定主义理论，既然公司法没有禁止设立法人独资的子公司，就意味着允许设立，有的地方已开始设立了。从这个角度上讲，我国在设立法人独资的子公司问题上造成了混乱，这是困扰我国实际工作的很大问题。

揭破公司面纱理论

这个问题又涉及另外一个问题，就是已经设立的或公司法生效后又设立的全资性子公司遇到法律纠纷时的责任怎么办？是有限责任、无限责任还是连带责任？法院判决有时是子公司自己来承担责任，有时是设立子公司的母公司来承担责任，这在法律上到底有什么依据？这在国外也很重要，有一人公司的揭破公司面纱理论，我国现在有没有这方面的根据，最高人民法院能不能这样解释呢？这个问题在公司法生效之前或说公司法通过之前，最高人民法院就有过这么一个案例征求专家的意见，我讲的是典型化了的，但仍有很现实的思考意义。甲企业有 100 万元财产，他拿出 50 万成立了 B 企业，B 企业注册资本 50 万，按公司法，转投资额不超过净资产的 50%就可以，假设甲公司，B 公司，即母公司和全资性子公司的注册财产都是 100 万，现在有两个问题，第一个问题是子公司欠的债务是 200 万，母公司要不要拿它的 100 万来抵债，第二个问题是母公司欠了 200 万，要不要拿它的全资性子公司的财产来抵债。

这个案例可以简化为母公司，子公司，母公司与全资性子公司之间的关系。一个母公司要不要对它的全资性子公司的债务承担责任？全资性子公司的财产要不要对母公司的财产承担责任？我们先来分析第一个就是揭破公司面纱的问题，按最高人民法院 1994 年的解释，一个公司设立另一个公司承担责任的规定，拿 A 公司与 B 公司来说，A 公司的 50 万确实出资了，那它只承担 50 万的责任，再欠 100 万它就不承担责任了。按最高人民法院的解释如果 50 万没出足，如果它出资达到了工商部门规定的最低标准，即生产和批发性 50 万，零售性 30 万，咨询服务性 10 万；比如它办了一个批发性的公司，它出了 30 万，另 20 万没到位，那它只需补足 20 万就不再承担责任了。那什么情况下母公司要对子公司的债务承担连带无限责任呢？有三种情况，第一是子公司根本没出资，按法院理解如母公司对子公司是全资性的，它就相当于你的分支机构，按公司法，分公司的财产不足以抵债时，则由本公司来承担，第二是它出了一部分资，但低于规定的标准，也视同为它没有出资，它要对子公司的全部债务承担责任，这两条是硬性的东西，虽然它也有不科学的地方，它的不科学在于达到最低标准的要补差额，未达最低标准的要负无限责任，这不是鼓励作弊吗？我开办一个生产性的公司我知道最低标准是 50 万，我将它注册为 1000 万，但我只出 60 万，出现问题我再把不足的部分补足就可，但如果我出的是 40 万就惨了，就要承担无限责任。这 20 万的出资就有这么大的差别？当然最高人民法院可能会出别的解释又将这个作废，最难的是最高人民法院解释中的第三个，是说如果被设立的企业事实上不具备法人资格，这时设立的企业要对其债务承担连带责任，这个问题解释起来有意思。

前两年我碰到这么一个案子，我国五矿公司的一个很小的全资性的子公司与美国订了一个合同，最后由于我方违约，美方在美国法院提起诉讼，美方想如果告与其订合同的公司那么此公司的财产很有限，如果这公司一破产，则美方拿不到钱，所以美方将母公司即五矿公司也列为被告。这时五矿公司就提出意见，子公司是独立的法人，你与它签订的合同，你为什么告我，所以美国法院先让美方拿出一个意见，中国法律到底是怎么规定的，美方找到一个著名的中国专家，请他出具一个法律意见，他看了中国的很多材料，说中国最高人民法院司法解释有揭破公司面纱的理论，如果子公司确实不是独立的法人，母公司就要承担连带责任。后来他也让我提意见，说五矿公司下的这个小公司没有自己的住址，它的住址与总公司是一样的，它们的电话号码是一个，负责人是一个，凭这三个就证明它不是独立的法人，所以要告五矿公司。

我国的五矿公司找了一个美国的律师事务所，因为出庭要找美国的律师，这个美国律师事务所找了我给他写一个关于中国的法律意见，我也引用了最高人民法院的司法解释。我在意见中写道，第一，在中国两个公司有同样的地址是经常的事，在一个大楼里往往有很多牌挂在那里；第二，中国的电话号码同样的太多了，因为中国都是总机号相同，但分机号不同，不能说总机号相同就是同一号码；第三，中国现今还没有法律规定母公司的负责人不得兼任子公司的负责人，我国往往母公司的总经理当子公司的董事长，或兼其总经理，公司法只规定不能在竞争性行业中同时担任两个公司的总经理，没有说母公司与子公司不同业务的不能担任，所以最重要的是解决好母公司与子公司的独立人格的问题，这从实践上看需要不同的特征。

我国公司改组中最大的危险是在集团化的过程中母公司对子公司实行行政控制，因为行政控制就可认为你不具有独立法人资格，产供销都由集团公司管理起来。有一家很有名的进出口公司提出一个方案，想把某个省的同样名称的公司作为它的子公司，在改组方案中说，它想作为我的子公司的目的，是想利用我外贸方面的政策得到好处，我想利用这个控股，但我怎么能控它呢？这位老总想出一个办法来，他说我想它的总会计师由我来派驻，这样它的财务情况我就全能掌握了，我就能把它控制住了。我说它的会计由你来派驻，这在国外一旦发生纠纷，这就是子公司失去独立法人资格的最好证据之一。我国企业改制改成企业集团仍是上面派干部的办法这就是子公司不具独立法人资格，而是母公司的分支机构的证据。母公司与子公司不应是行政命令的办法，而是我的股份占多少，由子公司的董事会来任命它的人员。法人独资公司确实存在，它是否独立承担民事责任仍然要看母公司与全资性子公司是什么关系，这在外国不是揭破公司面纱，在日本是不承认公司独立法人资格，与我国最高人民法院的解释基本上差不多。现在我只对上面问题回答了一半，即母公司是否要对子公司的债务承担责任。

应当允许法人独资公司存在

那次最高人民法院讨论的是倒过来的案例，是母公司欠了200万，它的财产只有100万，但它在子公司投入了50万的财产，现在子公司的财产也有100万了，要不要把子公司的债务拿出来抵母公司的债务，这个问题因为最高人民法院有不同的意见，所以要听取专家的意见，这个问题因为是在公司法还没有出现的情况下发生的争议。一种意见是子公司不对母公司的债务承担责任，理由是既然都是独立的法人，既然母公司不对子公司的财产承担责任，那子公司也不对母公司的债务承担责任，任何一个法人都不为其他法人的财产承担责任，这是法人说。

第二种是财产说，因为子公司的财产都是母公司投入的财产，投入了50万，后来形成了100万，如果以后变成了1000万也都是母公司的财产，所有投资形成的财产都是股东的，谁投资归谁所有，谁投资形成的财产是谁的。这是从法律上说的两种观点，现在公司法通过了，这个问题就明确了，第一要肯定子公司的财产归子公司所有，母公司投资形成的财产仍归子公司所有，因为《公司法》第4条，股东投资形成的财产公司享有全部法人财产权，实际上就是所有权，子公司的财产只能用来还子公司的债务，不能用来还母公司的债务，它们只是股权关系而不是所有权关系。但是母公司以子公司投入的股权、股份如果不是股份公司的话严格说来是出资额，它既然独资的不是股份公司，出资的这部分应是母公司的，它必须拿这部分来抵债。它可以表现为股票的形式或出资证明书的形式，不论什么形式，它都是母公司财产的一部分，财产中有有形财产，有无形财产，不能清偿债务时这部分不算。所以母公司投入的 50 万要拿来抵债，而不是将子公司的财产拿来抵债。那用股权来抵债意味着什么呢？就是子公司的法人人格不能消灭。子公司的名称仍然存在，但股东要换了，股权要卖了，有限公司就要将股权转让给别人了，那到底这个股权转让要多少钱呢？要根据市场价格，这种转让是在什么场合，要依法律规定，独资的有限责任司就不需别人同意了，如果公司经营得相当不错，出卖时原 50 万股权现在变成 100 万，而且还看好，要按股权价值来抵债，如果企业经营得不好，股权价格可能低于投入的价值。所以拿财产来抵债和拿股权来抵债不是一回事，一个法人资格未消灭，但在工商注册时要变换股东了。从这个意义上看，独资企业不仅存在公司法出台后能不能成立的问题，又有一个原先成立的和公司法生效这段时间成立的甚至公司法生效后成立的母公司和独资的子公司的关系，如果两个股东转让，大家都知道了，一个股东怎么办呢？所以这种法定主义是必须的。这个问题解决不好会影响我国公司法的发展。学者主张将来公司法的修改要顺应世界的潮流，应允许法人的独股公司的存在，然后在它的成立条件和监管方面加以控制，认为现在不许法人独资公司成立并不是最好的办法，当时这么做是因为市场秩序的混乱。这一部分也与市场环境的完美有密切的联系，如果市场环境好了，允许法人独资公司，法人独资的有限责任公司就会有了基础。

（未完待续）

公司法与商事企业的改革与完善（四）[*]

江　平

现代公司是资本企业

现代公司的基本特征是什么？有的认为国有企业也可以叫现代企业，有的说合伙了可以叫现代企业，我个人的观点始终坚持现代企业的最基本特征是它作为资本企业出现。这次九届人大时我看到有个代表发言说为什么现在不明确的叫资本，而叫资本金，国有企业开始叫资金，现在叫资本金，资本金和资本有什么区别？这个问题很尖锐，实质上资本金就是公司法中的资本。开始制定公司法时，争论最大的问题就是能不能用"资本"二字，当时有人极力反对叫资本，现在看来，公司作为一个企业，它的本质特征是以营利为目的，是以追求最大利益为目的的。作为国有资本来说，它也要追求最大利润，和私营资本本身一样，国有资产法是讨论过国有资产怎样分类进行管理，这个法还没出来。最后决定国有资产是按三类来管理，第一类的国有资产是经营性的，经营性的国有资产就是资本管理，追求最大利润；第二类是国家机关和事业单位按预算形成的资产，这不能按资本来管理，更不能追求最大利润，这部分资产要按其目标进行管理，如中国政法大学的教育经费只能用在

---

　　* 这是江平教授在全国律师协会举办的公司法律实务高级培训班上的发言。原文载于《中国律师》1999 年第 5 期。

教育上；第三类是资源性的国有资产，像矿藏资源、土地资源、森林资源等，也不能按资本来管理，不能按让它产生最大利润的目标去开发，资源必须合理使用，以让子孙后代还有一些能用。按这几个原则，国有企业改制就是改制为以资本为红线的企业，要树立资本的观念。

公司制度体现了资本企业的三个重要原则：

第一是资本信用原则，有限责任公司都是以资本作为信用，不是人作为信用，我们强调资本的信用就是淡化人的信用和所有制的信用。过去银行只借给国有企业钱而不借给其他企业钱是所有制信用。我认为资本企业的资本信用体现在两个方面，一个是实有资本的信用，另一个是注册资本的信用。但注册资本标志着什么东西呢？我认为注册资本在市场经济中标志着三个信用，一是股东承担责任的界限；二是公司成立时原始的自有资本的标志；三是公司营利还是亏损的法律标准。一个公司以它的全部资产作为对外信用，当它资不抵债时就破产，所以一个公司的资本信用是与它的破产制度紧密联系在一起的。

第二是资本真实原则，这是公司法贯彻中最复杂的一个问题。前些天中央电视台焦点访谈报道的一个消息我吃了一惊，它讲上海登记公司时，花5000块钱就可以将所有手续都办完，也不问你注册资本交了没有。后来我问上海工商局的人，他说注册的不是公司法意义上的公司，5000元办的是个体或独资的执照，这就是另外一个问题，因为个体或独资是承担无限责任的。在全国各地，皮包公司或类似的皮包公司很严重，我认为这个问题和国务院的某些政策是分不开的。因为那时国有企业有一个改革措施叫拨改贷，"拨"是建一个国有企业本来应该国家拨款，当然预算拨款不等于投资，改成贷了就是建一个厂子，国家本来要拨给5000万自有资金或流动资金，一变成贷款就要还了，那贷款生下来的东西归谁呢？这是个很复杂的问题。我认为拨改贷后，国家虽不拿一分钱，但国家要批准你立项，要不立项，就贷不到款，而且这个贷款不是工商银行的流动贷款，它是建设银行的基本建设贷款，长期的低息贷款，所以原来拨改贷的企业在资产评估时全是国家的。现在我们搞企业的公司制改组，实际上是确定了贷改投的原则，大家可以看到在企业的改组、兼并过程中，国家拿出一定的额度把呆账、坏账消掉，但是在企业改制的过程中形成的坏账不好还，在清理债权债务，欠银行的钱不还怎么能改成股份公司呢？不能把这留给新的股东，在改制的过程中，如果确实还不起，经国家批准，可以作为呆账、坏账来处理，但一定要拿到额度，赖掉不行，朱总理特别强调欠银行钱不能赖，但可以按一定的额度免掉。但有了额度以后，大家眼睛就盯着这个额度了，只要拿到这个额度就可以不还钱了，所以现在是欠了钱的也想拿额度，没欠钱的也想拿额度，这是行政给的指标。另外原来的拨改贷造成了很大的问题，现有的国有企业自有资金不足，国家也没有投入，这违背公司法的原则，所以要改成贷改投。在一次会议上李鹏明确宣布，国有企业破产后，原欠国家的拨改贷的就不还了，这是很明智的说法，因为还拨改贷的部分是很不合理的。本来国家该投入 5000 万，改成了贷款，破产后还要还是很不合理的，按公司法的原则，公司一旦破产，股东投入的钱是不还的，债权人能拿到点钱。拨改贷的不用还了，但欠商业银行的还是要还，第二拨改贷要逐步改成贷改投，这说明我国企业的资本原则到位了，拨款不是资本，贷款也不是资本，贷改投就成为了资本，从这里可以看出国企改革的三部曲，因为我国已意识到资本企业的重要性，我们认识到现在企业的重要性是投资，贷改投后关系就明确了，国家投入了 5000 万，赚了钱，国家就可以以国有资产股东的身份来享有收益权，要是亏损了，国家也不能分到利益，一旦破产，国有资产也要受损失。国家投入的资本也和其他资本一样。这是从拨改贷的角度谈资本真实原则的重要性。

股份有限公司是现代企业的标志

资本的第三个原则是资本的社会化原则，现代的公司和以前的公司的不同点就在于资本的社会化，我现在讲的资本企业是作为公司出现的，现代企业的标志是股份有限公司，股份有限公司出现的时间一般是1600年，1600年的英国东印度公司，1602年的荷兰东印度公司，为什么这些与殖民地做生意的先成为股份有限公司呢？主要是与殖民地做生意，利益大，风险也大，于是就产生了和1600年以前的公司截然不同的公司形式，即股份公司。与以前相比，它们在性质上不同。第一个是在1600年以前，不论无限公司、两合公司至少有一个股东要承担责任，而1600年以后股份有限公司的股东都承担有限责任，这是划时代的。第二，它要到殖民地进行贸易的话，需要大量的资本，靠一个人，几个人不行，要社会化出资，股份向社会来募集，从这个意义上说，现代企业的革命，就在于资本的社会化，这是现代企业的重要特征。我国在很长时间里没有将其看成社会主义的形态，经过这十几年的发展，懂得了这么一个道理，就是如果我向社会募集，让社会公众出资，国家不需出一分钱，只要给一个股票发行额度，企业就可以筹集到很多钱。人们买股票，每买一次，国家都收税，股票买卖越多，国家收税越多，对社会主义大有好处。现在国家认识到了国有企业的改制要走社会化的道路，社会化到底是什么性质，社会化有大社会化和小社会化，我把大社会化叫全社会的公众持股，小社会化就是这个公司、企业的职工持股。过去对于大社会化有点担心，所以控制比例受限制，过去对小社会化也持有戒心，对职工持股限制多于鼓励。职工持股要分成两种职工持股，一种是公司法范围内的职工持股，它的特点是职工持股不能占大多数，第二是走股份合作制的职工持股，就是职工持股至少占50%以上，这样我国现在有两种意义上的股份制改组，一种是公司制上的改组，一种是股份合作制的改组。当时为什么要提股份制改组而不提公司制改组呢？是因为那时还没有公司法，怎么能叫公司制改组。公司法出来后，大家提议不再叫股份制改组而叫公司制改组，是因为股份制改组的"股份"二字不太清晰，原来公司包括股份有限公司和有限责任公司，有限责任公司不再叫股份而叫出资额了。如果那个时候再叫股份制改组则很多人会误认为成股份有限公司，而没人愿改组成有限责任公司了。所以股份制改组和公司制改组本来意义差不多，但在不同的时期有不同的含义，但今天又提股份制改组了，因为多了个股份合作制，股份合作制不是公司法上的公司，这个提法不是那么绝对，股份制改组、公司制改组又到股份制改组有一个历程。

我们现在来分析公司法上的职工持股，第一类是上市公司，上市公司的政策比较明确，就是上市发行的10%由职工来持有，此职工持股的比例不大。第二按规定上市公司的职工股应是个人股，应归个人。但实践中做法不一样，有的地方发行上市的不是给职工，还是由集体来管理，我认为上市的那部分，既然上市了，职工也可卖。第三个是上市公司的职工股是带有福利性质的，因为职工买到原始股就便宜，上市之后就涨，所以很可能一上市就卖掉了。这里没有太多的新的法律问题的难点。第二类是不上市的股份公司，是过去叫定向募集的那部分，不上市的股份公司按原有的规定，职工股的比例可以占到25%，这个股票将来可以上市，可以有25%给职工，这说明不上市的公司职工持股的比例大了，至少目前不带有福利性，带有集资性。三年之内不能转让，职工之间也不能转让，所以带有明显的集资性。这不上市的股份公司是个人持有还是集体持有，从理论上说，不上市公司完全可以职工个人持有，因为股份公司的股东无上限。实践中有两种做法，一个是由每一个职工来持股，也有的把职工持股变成一个职工股。我举一个例子，这是我亲自调查的，青岛制药厂是一个全国很有名的企业，它是不上市的股份公司，很有意思，它的股份是两股，国有股一个股，职工股一个股，它原来的厂长现在就是董事长，我问他你们的国有股股权怎么行使，他说他们国有股的股权大约占75%，国有资产管理部门确定由我和另一个人各行使国有股权一半的权利，职工股授权给一些职工代表来行使，他也是职工选出来的行使职工股的代表之一，另外他还是董事长，还是总经理兼党委书记，我想这样股东大会就不要开了，你说是就是，你说不是就不是。由此可以说明，有的职工股是采取这种形式，即选出代表来行使。这种做法的优点是职工持股的比例增大了，但仍有限制，不得超过25%，另外它限于在职工之间转让，没有上市额度之前，职工股怎么转让呢？另外它可能集体行使也可能个人行使。

有限责任公司的内部持股

公司法中的第三种形式，是有限责任公司。有限责任公司中怎么搞内部职工持股是比较复杂的。有限责任公司的第一个障碍是有限责任公司的股东是2到50人，除非工人人数很少，否则很少有职工不超过50人的，所以职工人数多一点的都受到2到50人的限制，我们知道有限责任公司成立比较方便，而股份公司成立需部委或省政府审批。这样人们就要想出一个突破办法，第一个办法是用车间或班组作为一个股东，这证明是失败的，因为它既非自然人又非法人，如果工人离开这个车间或班组怎么办？所以这个方法是不可取的。另外的方法是组成一个职工持股会，来行使职工股，5000个，9900个职工都可以作为职工持股会的成员，但对外是一个股，这样哪怕只有一个国有股，一个职工股，也可以成立股份有限公司。现在看起来，这是有限责任公司的很好的模式，就是职工作为一个股，由一个机构来行使，不上市的股份公司也可以这样。我们的职工持股到底采用什么模式，美国的经验也可以采用。20世纪70年代末80年代初制定公司法时我们吸取了这样的经验，美国的第七大钢铁公司，叫做威尔顿钢铁公司，拥有职工将近8000人，这个公司由于经营不好，快要破产了，一旦破产，8000名职工要失掉工作，会给美国社会造成很大的压力，它的债权人或拿一部分或拿不到钱。所以这家职工提出了一个很新的思想，这是一个上市公司，上市公司经营不好，股票价格就会下跌，已跌破了面值，如果有人要收购，这是最好的时机，这家职工提出，不要别人来收购，要职工自己来收购。这个计划被美国政府接受了，形成 ESOP 即美国的职工持股计划，把上市股票分期由美国政府给予低息贷款，给一些减免税的优惠，在两三年的期限内逐渐将其买回来，就把本来上市的变成了不上市的，这怎么操作呢？它是采取了信托的办法，搞了一个股票的托管机构来保管所有上市的股票，每个工人离开工厂的时候必需将股票卖给这个托管机构，有人进厂的时候也要先买一部分股票，实际上是用投资买股来换取公司破产失业的风险，这样入厂时必需买一部分股票，工厂有钱就不会破产，工人也不会失业。由托管机构来托管，内部职工股不能转给工厂以外的职工就是这样形成的，经过三年多的改组，这家公司一直生存下来。据新的资料，美国现在有几百万的职工采取这种内部职工持股，美国对这种内部职工持股向来有不同的意见，赞成的认为股票不上市了，由职工持有，企业有了向心力。反对的人认为这样的做法主要是想换取政府的优惠政策。也有人认为劳动者和持股者身份不明，他一旦成为持股者，他可能不好好干了，我是股东了，你不能解雇我了。所以也有人认为这种东西不三不四。1997 年我到哥伦比亚大学去做访问学者，我问美国的教授，美国的职工持股计划到底现在执行得怎么样？社会上学者对它的评价如何？他说现在对职工持股是有不同的意见，而且争论很大，但美国最大的航空公司——联合航空公司是美国最大的职工持股企业，在全世界拥有十多万的职工，这个消息很新鲜，我们正在搞职工持股，在美国这个资本主义最发达的国家竟有这么多的职工持股企业，所以后来我让一个学生去问问，问美国航空公司在芝加哥的总部，现在美国航空公司的职工持股基本占到 75%，按它的计划，到 2000 年，职工持股要占到 80%以上。在一些国家，职工股票是作为奖励，在西方国家，职工持股都有不同程度的发展，这也许我们不可理解，也是马克思政治经济学不好解释的。如果 100%的职工持股，就意味着职工自己剥削自己，西方就发展了这种职工持股的公司。由哪个组织来行使职工持有的股份是一个争论很大的问题。我看报纸上写着上海已由工会来行使，国家体改委也有这样的意见，由工会来统一行使，但在讨论中有很多人反对由工会来行使，认为工会是代表劳动者的利益。持股人的利益和劳动者的利益并不一样，第二我国的工会领导委任很多是上面任命的，是官方性质的工会，如果搞不好，职工干不干？这个问题一直没有得到很好解决。以前我问国家体改委的人，你们一直提倡搞职工持股会，但你说职工持股会怎么产生呢？职工持股会是什么性质？信托怎么搞？是自己职工搞，还是像基金一样从外边聘任？这些都是需要探讨的。有限责任公司和不上市的股份公司的内部职工持股到底怎么搞？每个人独自行使好办，股东大会我愿去就去，不愿去就不去，分配股利时我想拿就拿，集中行使时怎么办？风险怎么办？所以请大家思考。

职工持股的几个问题

我想这个意见中有几点需要考虑。

第一是国有企业股份制改组要拿出什么样的企业来改组，让职工来持股，亏损的企业职工买不买，没有前途的企业职工买不买？所以第一就是搞职工持股要选择什么样的企业，要让职工有利益他才来持股，不能强迫他们。

第二是不入股的人要解雇怎么办？因为现在实践中很多问题就是不入股就被解雇，美国也存在这样的问题。入了股就是股东，怎么好解雇他呢？解雇了他还要将股票卖给职工持股会。

第三是现在非常重要的，职工持股要体现大体平均的原则，其理念就是公有制实现的另一种形式，集体可以由集体成员来所有，也可以量化到个人来行使，否则我们绝不会将股票上市作为公有制的一种形式，因为只有少数人拥有股票，大部分人都没买，有的人拥有得很少，有的人拥有得很多，如果只有10%的人持有，90%的人没持有，叫什么公有制的实现形式？这10%的部分也要大体平均，在这时，有的职工拿不起钱怎么办？拿得起的人不让拿，拿不起的人非让拿，这是否合理？广东就出现这样的问题，厂长有钱，可以买40万股，或技术人员有钱，可以买20万股，职工则最多买2万股，这是否违反股份制的原则？

第四是只能在职工之间转让，不能上市，也不能转到职工以外的人持有，职工持股严格意义上只限于职工，老子死了，如果儿子不是职工，儿子也不能继承，是完全封闭型。完全封闭型和开放型到底哪个好现在也有争论。有一次开会时，国家体改委的同志也参加了，我说现在农村搞开放式的也可以吸收非农资金，他说国家体改委在制定时观念非常明确，如果有非职工出资，就去搞有限责任公司而不用搞股份合作制了，要搞股份合作，就只能搞股份合作，所以请大家注意这条界限，股份公司和有限公司是开放式的，股份合作制是封闭型的，这是明确的。但职工怎么转给其他职工还没有明确，如果职工离厂了，交给谁？

第五是非常明确的，就是这样的职工股都是普通股，可能有一部分国有股，但国有股不能占一半以上。只能职工股和职工集体股合起来占一半以上，这样股东大会就成为职工股东大会，其他的持股人不能参加，在这个意义上说，它是一个真正的职工持股的机构，而且实行一人一票制，不是一股一票，体现了劳动结合的性质。

第六是应真正实行职工持股会决策，让职工持股了，但还是党委说话算数，还是上面的人说话算数，这是不行的，职工持股必然要和现行的干部任命制度相联系。很多人问我，我国的职工持股有没有前途，股份加合作能加得起来吗？我说股份合作是新鲜的东西，职工持股绝对是各国都在做。这是资本社会化原则，作为上市公司的社会化大家都能接受，但作为内部职工持股的社会化还是在探讨中，我们在搞国有小企业改革中这是一个很有意思的方案，我们律师可以在其中起到作用。

（未完待续）

公司法与商事企业的改革与完善（五）[*]

江 平

现代企业应是独立法人

我们在起草公司法时强调的是合同自愿原则，在西方国家也叫契约自由原则。到底自由和自愿有什么区别？除了自由和自愿，我国还有自治，公司法中还有经营自主，这都是自由竞争的体现。从公司的角度看，我认为企业的自治，公司的自治包含着三层意思，第一层意思是它必须是独立的法人，包括公司法中的公司和股份合作制的公司，能够做到真正的经营自主、盈亏自负。我认为我们现在的市场经济最重要的问题是没有建立起真正的法人机制，这是改制的非常重要的原则和目标，我们的公司法、民法以白纸黑字向全世界宣布我们的国有企业和集体企业是独立的法人，但大多数企业不能做到是独立的法人。在向市场经济转变时，这个问题还是要解决。撇开书本，我说独立的法人要有两个条件，一个是这个公司能支配它的全部财产，第二是它能以它的全部资产来抵债。1992 年我国制定了《全民所有制工业企业转换经营机制条例》，给予企业 14 项权利，当时把这个条例看成避免国有企业死亡的最后一副仙丹妙药，看起来这个转机条例没有达到效果，因为光有这 14

---

* 这是江平教授在全国律师协会举办的公司法律实务高级培训班上的发言。原文载于《中国律师》1999 年第 6 期。

项权利还不行，大型机器设备、厂房、土地还是不能处理，当我们的公司不能支配它的全部资产的时候，怎么能说是独立法人呢？国有企业现在能拿它的全部资产来抵债呢？不能，三角债这么严重就说明这个问题。三角债是很多外国学者最难理解的中国问题，债不是双方当事人的债权、债务吗？怎么会出现三角债？第三人叫什么人？你对他说就是欠来欠去，他又不懂为什么会欠来欠去，他想不通。他问为什么欠债，我说账户上没钱，他问为什么不能用机器、设备等来抵债。可见，国有企业还是不能拿全部资产来抵债，所以这既是理论问题，又是我国最实际的问题。公司法想解决这个问题，但公司法的第4条怎么写？公司法规定是三大权，谁出资、谁受益、谁出资、谁做重大决策，谁出资、谁来选择管理者即董事会。公司享有的应是法人所有权，完全支配权。原来的草案中写的是现代企业享有的是法人所有权，国家享有的是终极所有权。公司存在，国家就可对公司享有支配权，公司一旦不在了，财产归国家，在有关机构讨论时提出问题，第一是和宪法不符，宪法规定国家对国有财产享有所有权，现在是国家享有终极财产权，多这两个字是什么意思？第二是法学中没有双重所有权，企业的法人所有权，国家的终极所有权是什么关系？所以后来就还是避免使用法人所有权又要体现出能支配全部财产的意思，最后就用了全部法人财产权，全部法人财产权到底是什么东西？实际上它应是所有权，可是在国有资产法讨论时，它又不能与公司法抵触，企业享有的全部法人财产权是股东出资形成的，有一次在国有资产法讨论时，一位经济学家提出，要确定企业对国有资产享有的是什么权，全部法人财产权怎么理解。这位经济学家说它是比所有权小一点，比经营权大一点的权利。这不就越来越混乱了吗？照我们的观点，全部法人财产权就是所有权，企业法人享有所有权，股东享有股权，就这三种权。国有企业不能支配它的全部财产，一旦它改组成了公司，公司就能享有所有权，包括土地、厂房都能支配，而且它能拿它的全部资产来抵债。我给法院讲课时强调，在贯彻公司法方面，请法院注意以后依公司法建立的企业不能再存在三角债，因为如果账户上没钱，那它变卖一切财产也要抵债，再不行就破产，不严格执行，哪来的现代企业制度。我请律师们注意，现代企业一能支配它的全部财产，二能用它的全部财产来抵债，三抵不了债要破产。这才是真正的现代企业。

现代企业应是章程企业

自治企业的第二层意思是现代企业是章程企业，它靠章程来维系。我为什么要强调章程呢？现在很多人把章程看成可有可无的东西，我们的国有企业就没有章程，也无须章程，而现代企业有别于其他的就是它有章程。如果我们说任何国家都要对企业的行为进行约束是千真万确的，企业在任何国家都不是个人行为，它是重要的社会经济问题，因为它的生产直接影响社会的利益。但国家靠什么来约束企业的行为呢？在计划经济下国家约束企业的行为是靠两个法宝，一个是指令性计划，一个是上级主管部门，生产什么计划规定好了，重大的事项要向政府报告，企业当然也管住了。市场经济下怎么办呢？市场经济下国家靠什么来约束企业的行为呢？我认为主要靠两个东西来约束企业的行为。从西方国家的经验看一靠法律，二靠章程。法律是国家的意志，章程和合同一样是当事人的意志。只有当事人自己意志，没有国家意志也不行。公司法是将当事人意志和国家意志统一的法律，公司法中有不少强制性规定。公司法规定的都可以用章程来补充。公司法中规定可由章程另行规定的还可以与章程规定不一样，从这个方面说，公司法必须掌握好国家的意志和当事人的意志。

我想讲两个例子来说明这个问题。第一是章程和合同的关系。我国三资企业法中常有章程和合同规定不一样，但按外经贸部的解释，章程与合同不一样，以合同为准，这个问题在三资企业法可以这么说，在我国公司法中没有合同的规定，公司不是合同行为而是章程行为，只有有限责任公司规定章程需全体股东签字，这有点类似于合同。严格说来，公司的行为就是章程，交易的行为是合同，所以有人说以后公司法与三资企业法合起来后，也不要规定什么合同，只规定章程就可以了，但这是后话。

首钢前几年出了一个案子一直打到最高人民法院。那时首钢还是以承包为本，首钢和深圳一个公司合起来成立了一个海运公司，买了两条船，各出了两百多万，在公司章程中写了这个海运公司是联营性质，是有限责任公司。这家公司成立后效益不好，首钢就决定把这个海运公司承包出去，后来首钢的海运部出了事，很多人被抓起来了，首钢公司和海运公司的董事会就签订合同将海运公司承包了出去。承包合同中约定承包期间全部产供销、人财物由首钢负责，又约定了承包期间的全部债权债务由首钢负责。现在人们还在争论这些事情，按公司法成立的公司能不能承包？有人认为按三资企业法成立的公司可以承包，我说按公司法成立的公司不能承包，它应按董事会、监事会和股东会来管理，不能按承包一个人说了算。但那时没有这样的规定，所以按公司法成立的公司就承包了。当时钢材比较紧张，海运公司和海外一家公司订了一笔数额极大的钢材，然后首钢以海运公司的名义签订了 6 个销售合同，规定如到时海运公司不能交付钢材，则双倍返还定金。但到后来上家的钢材没来，首钢就要返还几亿元的定金，这个案子是省高院一审，最高人民法院二审。如果按合同约定是全部债权债务由首钢承担，如果按章程的规定是海运公司承担有限责任，要是这样首钢就太高兴了，只用一百多万来承担责任就行了。他们找了北京的专家学者征求意见，有人认为应按合同来承担责任，这是"揭破公司的面纱"，应按合同来承担有限责任，也有人认为合同是经营方式的转变，但不能改变公司的性质，承包不能改变有限公司的性质。到底章程和合同发生冲突时依哪个来办，法院认为这个案件的判决会产生合同和章程哪个效力为先的问题，所以最后组织了一个调解，避免了这个问题，将定金退回去，利息少拿一点。可是问题没有解决。

第二个例子是律师应知道的我国公司法的一个重要的特点，就是公司的高级管理人员，董事、监事、经理，对公司承担什么责任，这个问题很有意思，世界各国都存在这个问题。我国在1986年制定民法通则时曾争论一个问题，就是国有企业的厂长、经理搞了违法的经营活动，给企业造成了损失由谁承担责任，比如一个企业的厂长明知买走私汽车违法，但为了发工资，为了把企业搞兴旺，买了10辆走私车，以为一转手会赚，结果却被没收，给企业造成了损失。按《民法通则》第49条规定，企业法人的法定代表人就是厂长，超出经营范围的活动除由法人承担责任外，还可以由法定代表人承担责任，构成刑事责任的承担刑事责任，损失由国有企业，也就是国家承担。和第49条相适应的还有一个第43条，企业的法定代表人和工作人员在经营范围内的活动由法人承担责任，这条很多人不懂。当时《民法通则》通过以后，在我国澳门地区东亚大学举办的高级经济法文凭班上，我去讲的民法通则，最后开卷考试，我出了一道题：企业法人对其工作人员在什么范围内承担责任，我国香港地区律师99%写的是在权限范围内的活动由企业承担责任，越权自负。如果按我国民法规定的经营范围来理解，不管合法的、违法的，只要在经营范围内的活动就由企业来承担责任，这在西方是不可理解的。

在这里必须有个界限，什么情况下给企业造成损失由企业承担责任，什么情况下由自己承担责任。法律要在责任里寻找一条最合理、最公平的界限。所以大家看看《公司法》第118条讲董事要对董事会的决议承担责任，董事会的决议违反法律、法规或公司章程，给公司造成重大损失的，由参加决议的董事对公司承担赔偿责任，如果有人反对，而且有记录的，可以免除责任。我是想说现代企业必须有一个依照法律和章程的明确的权限范围，公司法就是规定董事会有哪些权利，监事会有哪些权利，股东会有哪些权利的法律，凡违法和越权的由自己来承担责任，这就和我国《民法通则》第 49 条、第 32 条不一样了。所以企业章程要对责任作出明确的界限，违法是违反法律，越权是违反章程。

第三个是自治企业要独立于政府，应是没有上级领导机构一说，不过国有企业是国家授权给企业经营，国家当然要管你，现代企业的公司是跨所有制、跨部门、跨地区、跨国界，所以不应由任何主管部门来管。

现代企业应是民主企业

现代企业是资本企业是就它的产权而言，自治企业是就它和政府的关系而言，而就其治理结构而言企业应是民主企业。董事长的权限和性质在公司法中写得比较清楚，只有董事长能做法定代表人，以前这条很多人有异议。在德国可以是董事长为法定代表人，也可以由经理做法定代表人。在我国就存在问题，经理的地位到底是什么，经理的权限是什么。现在三资企业中也存在这样的问题，董事长和总经理为两方各出一人，董事长常以自己是法定代表人来干预经理的权限，所以也有人提出经理的权限是不是法定的，董事长能不能干预经理的权限，章程中是否可以对其作出限定？我认为首先应将经理的法律地位加以规定，从目前情况看，我国没有商法，也无商法典，按规定经理的权限不会只规定在公司法中，应写在所有商事准则里面，合伙企业和独资企业也有经理人，合作社将来也会有经理人，经理的地位不应只限于公司法中的经理。从商法来说，经理的地位是全权的代理人。从这点说，第一它是代理人，是通过代理这一民事关系来说的，董事长是选出来的代表公司的，法定代表人和代理人一个是代表人，一个是代理人，自身就写明代表是根据代表权，代理权是由于经理的聘任确定的，所以作为全权代理人的重要特征是聘任的，不是任命制，也不是选举制。我认为聘任的机制有三个特征，第一个特征是合同制，有聘任的期限，有聘任的要求。第二个特征是它应是竞争的机制，在竞争中选更好的人来担任，第三个特征是它需要公开的机制，要有透明的机制。第二，它是全权的，它不需要授权委托书，也不用对权限作出另外的规定。

另一个大家讨论比较多的是经理人签订合同。董事长签署公司的股票、债券，公司法规定公司要发行股票、债券，要由董事长亲自签字才能有效，现在比以前多了一点的规定是在公司董事会期间，公司根据需要可以授权董事长在闭会期间行使董事会的部分职权，这是相当谨慎的，法律上没有董事长可以行使董事会全部权利的规定。我们应确立这样的制度，合同的签字不一定要有法定代表人。现在外贸实践中常出现这样的问题，外贸的一些合同往往就是业务员签字，如股票的交易，期货的交易，如在新加坡发生的巴林银行事件，它的业务员就可全权代表公司在东京股票市场、期货市场进行交易，我们在涉外事件中遇到不少这样的情况。

有一个国际仲裁的案子，黑龙江农垦公司与中国化工日本公司订了一个合同，是由业务员签的字，发生的问题是业务员签的字生不生效？按外贸惯例，业务员就是代表，但外方不承认，他认为只有董事长能代表公司。如果仅看有没有法定代表人的签字，那我们在实践中许多合同都会发生问题，大家知道这次合同法中有表见代理的规定，如果这个签字是明显的代表了公司的行为，对外签订的合同，公司不加以否认而且对方也同意的，就认为是表见代理，此合同有效。

这样就又出现了第三个问题，就是经理人的权限到底是法定还是约定？股东会、董事会、董事长的权限是法定的，法律没有写的，公司章程可另行规定，而唯独在经理的权限方面有一个单独的规定，公司章程或董事会授予的其他职权，允许在公司的章程里扩大或限制经理的权限，这也是世界的通例，比如按公司法的规定，经理可对外签订合同。虽然没有这么写，但包含着这方面的意思，但我这个公司就是在章程中明确写了，公司的经理只能签订 100 万元钱以内的合同，超出 100 万元钱，必须经过董事会讨论，或规定超出 100 万的合同必须由董事长来签字，能不能通过章程的规定来约束经理的权限？这是可以的，理由就是《公司法》第 119 条。有人提问，对法律规定的权利加以限制的时候，能不能对抗其他人，受不受这个限制。因为这要通知与公司做生意的人，告诉他我们的经理只能签订 100 万元以下的合同，100 万元以上的合同经理签字是无效的，如果你告诉他了，就可以对抗。如果没有告诉怎么办呢？就是通过章程有所约束的，未告诉第三人的，不得对抗善意第三人，如果别人不知道，与经理签了 500 万元的合同，除非他是恶意的，否则他不受限制。

第四个问题是撇开了股东会、董事会、监事会的权限不说，另一个制约机制是董事长和总经理之间的关系。由于我国在国有企业中实行的是厂长负责制。它最大的问题是一人负责制。在这种情况下，很多人就想用企业法中的某些概念来表述，认为公司是董事会（长）领导下的经理负责制，这是不准确的。应该说公司法中董事长的权限和经理的权限都是法律所规定的，各国公司法的发展都认为董事会的权限不是股东所赋予的，董事会的权限来自法律的规定而不完全是股东会，股东不可能开会决定将董事会的权限缩小。同样董事会可以聘任经理，但经理的权限是法律所规定的，按道理讲董事长只是管董事会决议的执行，公司的大政方针是否得以贯彻，公司的日常经营指挥权都在经理、副经理以下的人员，他们都是由经理来任命的，所以说经理的权限是相当大的，在这种情况下，董事长、董事会只能在认为经理不合格或违法的时候而免他的职。在公司的管理中往往董事会是虚设的，董事长只是名誉性的而实权完全在经理，这样经理就变成了一切权力集中的人物。另外一种模式是董事长认为我是法定代表人，工厂里不仅决策大权我要来管，而且日常经营管理，乃至一般人事变动都管，这样就把董事长的权限扩大，他行使了一些本应由经理行使的权力。在这个意义上说，我们很容易走两个偏向。这是实施公司法中问题最多的。当然我们刚才也讲了在三资企业中，一方担任董事长，董事长能干预经理的权限，做经理的一方又希望将董事长的权力拿来一部分。在现代企业制度中，如何处理好董事长和经理的权限分工和制约是一个很重要的问题。

（未完待续）

公司法与商事企业的改革与完善（六）[*]

江　平

公司法制定时，特别考虑到了我国公司的一个特点，就是大多数公司是原来的企业改制成的，因而在股份公司的设立中体现出了它的特点。所以西方的学者，以及我国台湾地区的学者研究我国公司法时注意到了这一点，公司法的总则和具体规定中都有国有企业改制的痕迹存在。在总则中最重要的是第 7 条，第 7 条讲的国有企业改建成公司而且是针对国有企业改制中的基本原则和步骤，它讲国有企业改建为公司必须依法律、法规规定的条件和要求转换经营机制，有步骤地清产核资，界定产权，清理债权债务，评估资产，建立规范的内部经营管理机制，叫作一个转变、五个步骤。一个转变是要转变经营机制，包括原来的产权机制、政企机制和内部的管理机制。我认为五个步骤特别重要，第一个是清产核资，这个概念比较准确，国有企业转换成公司法意义上的公司必须要清产核资，其目的是将原来国有企业的资产有一个比较准确的界定，不要因为转换成股份制而使国有资产流失，国有资产可能在评估的过程中减损，贬值，但这个问题在实施的过程中有几个难点，比如有的固定资产折旧已经到期了，有的是评估了一个价格，但实际上没人买，再有无形资产怎么来评估，无形资产中的非专利技术和商誉怎么办？我们对商誉没有一个明确的概念，如果这些都评估成了资产也不

---

　　* 这是江平教授在全国律师协会举办的公司法律实务高级培训班上的发言。原文载于《中国律师》1999 年第 7 期。

好，绝对的不评估也不好，我说的是在商业名称中所凝聚的信誉而不是服务商标，服务商标可以归纳为商标权。"全聚德"在国外已经作为资产了，在国内还不可以，我国现在不允许用企业名称中所凝聚的商誉作为出资，公司法只规定了五种出资：货币、实物、工业产权、非专利技术、土地使用权，没有"等等"。第二个是界定产权。我认为是界定哪些是国有资产。因为国有企业中也有非国有资产，现在叫集体企业的有的是真正的集体企业，有的是国有财产，这要界定清楚。我国东北的一些老公司，据他们介绍，十万人的国有企业，注册为集体的已有四至五万职工，这样的国有企业中的集体企业的资产到底怎么界定，它应界定为国有财产还是集体财产呢？为这个甚至闹了很大的纠纷，如劳动服务公司注册为集体所有制，但是由国有企业来投资，用的房子和水电都是国有企业的，这与职工完全拿自己的钱来建立的企业又不一样。这是非常难划分的，包括用国有企业的名义贷款自己来增值的问题，弄不好会发生冲突。国有资产的界定产权有第二个内容，如果里面有投资的话还要界定不同企业、事业单位的产权。上次华能与本溪钢厂的纠纷就是这样，本溪钢厂有很多是华能公司的投资，现在要改制了，华能投资的这部分怎么办，是贷款还是投资，不能笼统界定为国有股，再有要界定哪些是国家股，哪些是国有企业股，也是明晰化的过程。第三个是要清理债权债务，这有一个原则是只要国有企业改制为公司法意义上的公司不论国有股在里面占多大比例，它都是另外一种性质的企业了，不能把原来的债权债务带走，如果债权大于债务转来由公司股东享有，则国家吃亏，如果债务大于债权，转到新的公司中则股东就吃亏了，所以公司法在这个问题上是很严格的，律师对这个问题一定要明确。国有企业转成公司以前，所有的债权债务要清理，这个清理是不是指必须要还清呢？有的经过新公司的股东会同意也可以转过来，但必须在信息披露中说清楚。现在清理债权问题不太大，关键是债务，债务要区分银行的债务和非银行的债务，欠银行的债务作为呆账、坏账来冲销或清还。对于企业之间的债权债务，经企业同意可以将债权转为股权，这条已有了明确的政策，它能促使公司改制中更方便地进行，一个企业欠另一个企业的债务变成了股权，一个国有独资企业变成了两个或三个有限责任公司或股份有限公司。第四个是评估资产，这里用评估资产不好，容易与前面的清产核资弄混。很多人问这评估资产是什么意思，我认为这是将国有企业的哪一部分作为新设立的公司的注册资本。这里有几个问题，第一个是非生产性的要剥离，不能将工厂附属的学校都作为资本来投入；第二个是土地怎么办？原来的国有企业往往土地的面积很大，上面已经盖好了厂房或宿舍，这部分如果无偿的转过去是不行的，一旦成为股份制的公司，土地绝对不能无偿使用。所以土地如何折价入股是一个相当复杂的问题，根据实践中出现的问题和现实中转轨的需要，土地管理部门通常采取三个办法来解决土地有偿使用的问题，第一个是折价入股，这通常是在上市公司，第二个办法是土地使用权出让，国家把这块土地使用权以出让的办法转给公司，这也有一定的难度。第三个也是用得比较多的是土地出租的办法，租金并不是按面积而是可以根据效益情况来调整。第三个评估资产的问题实际上不是评估资产了，而是如何解释退休职工的退休金和福利待遇的问题，不能把原有企业的这些问题都转嫁到新的公司。现在的办法是将这部分转成由社会来负担。第五个建立规范的内部管理机构即董事会、监事会和股东会的制度。我想《公司法》第7条对今天国有企业改组成公司仍有现实的意义。除了改制就是公司的重组和兼并，我想谈一点是，作为公司也好，作为国有企业也好，搞兼并，现在正在搞一个兼并条例，有什么优惠政策里面会规定。我想从广义的企业来说有三种兼并的模式，一个是购买式，一个是合并式，另一个是股权转让式。我国发生过两个较大的金融机构资不抵债，为了使它不至于破产，所以没有实行公开的法院宣告破产的办法而是采取了行政解决的办法，一个是中银信托投资公司，另一个中国农业信托投资公司。它们不是股份公司，中银是一个股东的，中农信是带有国有企业的性质。中银由于资产很差，资不抵债，先由中国人民银行托管了一年，一年后如果宣告破产，国内外的债权人得不到偿还，那么我国的金融信用要受到很大的影响，所以中国人民银行决定由广东发展银行来购并，中银的所有债权债务都由广东发展银行来负责，广东发展银行为什么要背这个呢？因为中国人民银行给它优惠政策，让它在上海、北京设立分行，它的业务可以从广州发展到全国各地，这样就防止了金融危机。广东发展银行也很巧妙，因为它只能对中银的分支机构的债务进行偿还，它的合资公司和控股公司的债务它还不还？另外它采用什么方式，当时考虑的可以有这么几个方式，第一个就像荷兰银行以一英镑买下了巴林银行。现在报纸上也有很多国外的国有企业以一美元的价格卖出，这是一个买卖协议，这种方式世界各国都相当多，好处就是不需要对企业进行清算，甚至都不需要进行资产评估了。买下来以后，我可以利用你原来的机构，利用你原来的关系，把你的债权债务拿过来，买了你这种无形的客户的价值，当时我是中银信托投资公司的法律顾问。第二种方式是公司合并，看起来中银采取的是这种模式，我请大家特别注意公司合并的模式，它也包括企业法中规定的企业的模式，合并可以是新设式的合并，也可以是吸收式的合并，这实质上就是兼并。公司法中对公司分立时有一个特别的规定，严格按《公司法》第185条的规定，就是公司合并时，应作出合并的决议，所以兼并一方和被兼并一方都要有股东会的决议，这是代表股东的意志。只有股东大会有这个权力，董事会都没有这个权力。第二必须有合并的协议，这不是股东之间签订而是两个公司之间签订，签订了协议后就要编制资产负债表和财产清单，这个意思是公司合并不要清算，但是必须把财产清单拿出来。第四个很多人不好理解，就是为什么《公司法》第184条规定公司自作出合并决议之日起10日内通知债权人，并于30日内在报纸上至少公告三次，接到通知的自接到通知之日起30日内，未接到通知的自第一次公告之日起90日内，可要求公司清偿债务或提供担保，否则公司不得合并。我们设想，广东发展银行要将中银公司吸收过来，中银公司的债权人好说，但可能有的债权人担心，你兼并我的公司有多大的偿还债务的能力，我有权了解广东发展银行偿还债务的能力，反过来兼并一方的债权人也有这个问题，债权人可能会想你把一个亏损很大的企业吸收进来就增加了我的风险，所以法律要求合并之前必须要告诉债权人。未看到公告的可以在 90 日后要求公司偿还债务，或者要求提供担保，我想做公司合并也好，企业合并也好，都要掌握这种精神。公司合并债权人的利益必须得到保障，不能不通知他。这是公司法规定的，我认为企业法也应贯彻这种精神。现在有这样一种意见，将来母公司可以变成股份公司，甚至有限公司。但大家认为这有困难，一家是一个效益很好的上市公司，另一家效益不太好，当然就是一家愿意合并，另一家不愿意合并，所以合并既要有股东的意志，也要有债权人的意志。第三种模式是通过股权转让的方法，原来的中银公司是 11 个股东，资不抵债就可以通过股权转让买入股权，股权转让最大的一个问题是所有的股东同意转让股权，但看起来也有两大障碍，第一是能不能把原来 11 个股东的股份全部转让给一个后来的股东，成为法人独资公司，这在工商注册时是否允许。第二是股权转让了以后，企业名称还在，没有消灭，只是股东换了，然后再通过决议来改变名称，走的是两步。

（全文完）

中国职工持股研究[*]

江　平　卞宜民

西方国家的职工股份制是在股份制经济发展了数百年以后，适应新的形势的需要才应运而生的。推行职工股份的目的在于通过承认职工劳动力产权，参与企业利润分配，获得资本收益，并同时建立起相应的约束与激励机制，将职工个人利益与企业的经济效益密切相联，以改善企业经营绩效。而在中国，股份制企业是在 20 世纪 80 年代初期逐步产生和发展起来的，它的建立是从对计划体制下的传统国有企业或集体企业的改造开始的。而这种改造，又是在缺乏有关对股份制企业的明确的法律规范的情况下，从由本企业职工购买或以其他形式持有本企业股份开始的。中国的股份制企业中的职工持股是与股份制企业同时诞生的，可以说是股份制改革的起点。由于这一特殊的历史背景，中国的职工持股呈现出形式繁多、性质不一的状况：上市公司的内部职工股；定向募集公司的内部职工股；由集体企业内部积累形成的内部职工股；某些民营企业中有特殊贡献人员的创业股与贡献股（所谓干股）；股份合作中职工投资形式的内部职工股份等等。这些职工持股的性质及其权利义务各不相同，本文只介绍几种较为普遍、相对定型的形式。

---

[*] 原文载于《比较法研究》1991 年第 3 期、第 4 期，系与博士生卞宜民合著。

一、内部职工股

这里的内部职工股特指《公司法》生效（1994 年 7 月 1 日）之前，根据《股份有限公司规范意见》和在此之前设立的定向募集公司向其职工募集的股份以及据此设立的社会募集的股份公司向本公司职工配售的股份。

定向募集公司，指不向社会公开发行股票，只对法人和公司内部职工募集股份的股份有限公司。《公司法》已取消了定向募集公司的提法，但是作为一个历史遗留问题，由定向募集设立的股份公司还大量存在。上市公司内部职工股又分为两种情况：一种是上市公司在公开募集股份的时候，分别向社会公众和内部职工进行募集，募集时就有内部外部之分，而内部、外部的价格是不一样的。另一种情况是股份公司在成为上市公司之前已经进行了内部股份制改造，在公开募集股份前已存在职工内部股，在进行公开募集时直接转变过来。

设置内部职工股的最初意图在于为企业提供筹集资金的渠道，并通过让职工持有本企业的股份而调动其劳动积极性，增强企业的内部凝聚力，同时增加职工的收益。从企业股份制改造的历史发展过程来看，职工内部持股制度是有它存在的原因和必要性的。但是，由于这部分股份的发行缺乏完善的设计，法律规定缺乏连续性，没有形成完善的制度体系，加之监管不力，致使这部分内部职工股的运作呈现混乱状况。我们从相关政策法规的几度变化中，可对其发展历程及现状略见一斑。

（一）相关法律规定

20 世纪 80 年代股份制刚刚开始试点时，由于缺乏多元化的投资者，改制企业中内部职工股所占的比重很大。随着股份制试点的推进，内部职工股也越来越普遍。而这一阶段，关于股份制的性质问题还处于讨论中，对股份制没有成型的法律规定，更不用说专门的职工持股规定了。

1992 年 5 月，国家体改委颁布《股份有限公司规范意见》（以下简称《规范意见》）规定，采取定向募集方式设立的公司，可向其内部职工发行不超过公司总股份 20% 的股份；社会募集方式设立的公司，本公司职工认购的股份不得超过公司向社会公众发行部分的 10%。由此，设立了一大批定向募集公司，绝大多数都有内部职工股，采取的方式是职工自愿出资购买。

1992 年 5 月，国家体改委等 5 个部门联合发布的《股份制企业试点办法》规定，"不向社会公开发行股票的股份制内部职工持有股份，采用记名股权证形式，不印制股票"，且股权证发放要严格限定在本企业内部，并由公司委托证券经营机构集中托管。这实质上只是一种股权证明。

1993 年 4 月，国务院发出紧急通知，要求立即制止发行内部职工股中的不规范做法。原因在于许多企业超比例、超规定地发行职工股，一些地方还出现了非法交易。

1993 年 7 月，国家体改委发布《定向募集股份有限公司内部职工持股管理规定》，对职工持股中的"职工"作出明确规定，不允许擅自扩大其范围，并规定"内部职工持有的股份在公司配售 3 年内不得转让，3 年后也只能在内部职工之间转让，不得在社会上交易"。"内部职工持有的股份，在持有人脱离公司、死亡或其他特殊情况下，可以不受转让期限的限制，转让给本公司其他内部职工，也可以由公司收购。""定向募集公司内部职工认购的股份总额不得超过公司股份总额的 2.5%"，"内部职工持股的定向募集公司转为社会募集公司时，内部职工持有的股份从配售之日起，满 3 年后才能上市转让"。

1994 年 6 月，国家体改委通知各地方、各部门立即停止审批定向募集股份公司，在规范内部职工股的新办法出台之前，暂停内部职工股的审批和发行工作。

1998 年底中国证监会又发布通知，停止上市公司内部职工股的发行。

（二）存在问题

尽管内部职工股已延续了 10 年，尽管制定了上述众多的法规规章，但企业内部持股制度仍存在着大量不规范行为，而与推行者的初衷愈益背离，究其原因主要有以下几点。

1. 个人分散持股难以起到激励作用

内部职工股是由职工个人出资认购的，由于个人资金有限，每个职工持有的股份，对于整个公司而言只是极微小的一部分，犹如"沧海一粟"。职工与企业的关系不会因这极微小的股份而更密切。理论上讲，职工因持股而成为公司的股东，却如同千万个小股东一样，谁会真正关心，又有谁有能力关心整个公司的发展？

2. 开放性的职工持股难以成为维系职工与公司关系的纽带

企业股份制改造的初衷之一，就是通过让职工持有本企业的股票，体会到企业"有我一份"来增加企业对职工的凝聚力，提高职工的劳动积极性和对企业的关心，从而提高企业的经济效益，这也是企业股份制改造要从企业的内部职工持股开始的原因之一。然而，从目前企业内部职工持股的现状和所起作用来看，这一目的还未达到[1]。

从上述有关内部职工股的规定来看，股份公司中的内部职工股部分是允许上市流通的，只要持有一定的时期并且不超过一定比例即可。对上市公司和定向募集公司的内部职工股来说，由于目前我国股份制企业的每股营利率很低，长期投资收益根本无法与其他投资方式的投资收益相比较，因此，上市公司的内部职工主要是期望通过出售手中成本较低的股票来获取收益，他们很少从作为企业的长期投资者的地位出发关心企业的经营状况。到现在为止，中国上市公司中已有半数以上企业的职

---

[1] 中国企业家调查系统："关于我国股份制企业的调查报告"，载《管理世界》1994年第 4 期。

工股随上市公司而套现消失[1]。原定向募集股份公司中的内部职工股虽然规定发行 3 年后也只能在职工内部转让,职工股应是企业给予其职工的优惠安排,意在使之像"胶水"一样将职工与企业紧密地联系在一起,但从定向募集公司的情况看,由于许多公司从集资角度出发,并没有按照股份制企业的运行机制运作,职工的股东地位没有得到应有的尊重,对于效益不好的企业来说,内部股就成了背在企业职工身上的一个包袱。

3. 缺乏统一的管理规范,管理上漏洞百出

企业内部职工股份缺乏统一的管理规范,有时候政出多门、相互矛盾,有时候又无门出政、无人管理,有时候虽然政出有门,但又有法不依,执法不严。

比如,在内部职工股的上市时间问题上,《规范意见》规定,"公司内部职工的股份(除去职和死亡者的股份外)在公司配售后 3 年内不得转让"。但是上海交易所曾经规定,"上市公司在股票上市满一年半后其内部职工股才能上市流通"。而 1993 年底,中国证监会又宣布,"社会募集股份有限公司向本公司职工配售的股份,在公司本次发行股票上市后 6 个月即可上市转让"。这众多口径不一的规定,使人们难以适从。

又比如,在内部职工股的发行额度上,《股票发行与交易管理暂行条例》(以下简称《暂行条例》)规定,"设立股份有限公司申请公开发行股票,向社会公众发行的部分不少于公司拟发行的股本总额 25%,其中公司职工认购的股本数额不得超过向社会公众发行的股本总额的 10%"。但实际上,许多上市公司的内部职工股都大大超过了这一规定的范围。以深圳交易所公布的在 1994 年 9 月 2 日和 10 月 3 日内部职工股挂牌上市的几家公司为例,它们的内部职工股数额以及占社会公众股的比重分别是:津国商 1227.2 万股,占 26.6%;陕民生 1431.5 万股,占

---

[1] 王克明、王东梅:"连股连心——建立中国的内部职工持股制度",载《国际贸易》1997 年第 9 期。

38.7%；武凤凰 3106.34 万股，占 48.9%；猴王 2554 万股，占 62.7%；吉轻工 1560.1 万股，占 36.3%；吉制药 1455.26 万股，占 32.6%。如果上述公司是在《暂行条例》出台之前发行股票还可以既往不咎，但在《暂行条例》出台之后，于 1994 年 6~8 月发行新股 1610 万股，1994 年 9 月 12 日在上交所上市的广州梅雁的内部职工股高达 966 万股，占社会公众股 2576 万股的 37.5%，照样"犯规"不误，更反映了在内部职工股管理方面执法不严的问题。根据国家体改委 1994 年的统计，在被调查的 44 个省市中，天津、辽宁、吉林、甘肃、西安等省市内部职工持股比例突破 20%，超过比例最大的西安市达到 41.4%〔1〕。超范围发行主要表现在：一是向法人股单位配售了一定比例的内部职工股；二是发行所谓的"关系股"和"权力股"，将内部职工股作为"礼物"，"送给"有关部门的有关人士。内部职工股成为公司手中的"权杖"，企业职工及社会人士都视之为一种生财之道，完全背离了设置内部职工股的本来意图。这里所谓的职工股事实上已完全名不符实。

4. 黑市交易严禁不止

据统计，广东、辽宁、四川、海南、山东、重庆、成都、西安等很多省市出现了炒买炒卖内部职工股权证的黑市交易〔2〕。这就使得职工股与公司其他股份没有区别，使得"内部职工股社会化"，职工优惠取得公司股份，关心的根本不是本公司的成长而是短期内是否可以变现赢利。即使是上市公司向职工配售的内部股，发行价格应与公司本次向社会公众发行的股票价格一致，但由于社会公众必须采取购买抽签表、全额预缴、比例配售、余额转存或损失利息与交易机会等方式支出额外的成本才能取得；内部职工股则由公司直接配售，获取成本大大低于社会公众股。对于那些由定向募集公司转为社会募集公司的，3 年后上市的价格通常数倍于当初职工获得股份的价格，这无疑是对职工的巨大诱惑。

---

〔1〕 谢悦："除却巫山不是云"，载《中国证券报》1997 年 10 月 13 日。
〔2〕 谢悦："除却巫山不是云"，载《中国证券报》1997 年 10 月 13 日。

5. 一次性分配难以吸引新的人才，新老职工之间机会不平等

内部职工股通常的做法是一次性地将股份分配或出售给公司当时的职工，而此后加入公司的新职工因未赶上机会，即使表现优秀也无法获得公司股份，由此在企业内部形成新的不合理状态。

仅仅是本企业的职工持股，并不意味着建立了职工股份制。内部职工股出现在那个特殊的时期，它本身应具有的对企业和职工的激励约束机制并未显现，呈现在人们面前的只是它的利益所带来的诱惑，这种形式的内部职工持股并没有在中国形成真正意义上的职工股份制。

二、职工持股会持股制

据调查统计，由国有企业改造的股份制企业中，含有内部职工股的企业约占总数的 86%，内部职工股占总股本的比例为 6.1%[1]。鉴于内部职工股在运作中存在的许多问题，对如何管理好内部职工股，充分发挥内部职工股的积极作用，许多企业进行了有益的探索，采取的方式主要是改变过去职工个人分散持股的状况，由职工持股会代表职工统一持有股份，行使各项权利。许多部门和地区制定自己的职工持股会的管理规章，如《江苏省现代企业制度试点企业职工持股会暂行办法》《深圳市国有企业内部员工持股试点暂行规定》《北京市现代企业制度试点企业职工持股会试行办法》《外经贸股份有限公司内部职工持股试点暂行办法》，等等。

（一）组建职工持股会的必要性

1. 企业内部职工持股的迅速发展，迫切要求成立职工持股会，以维护和代表职工股东的各项权益

内部职工持股的特点是持股职工人数多，一般都占企业职工总数的

---

〔1〕 汪光武：“劳动股权制：股份制与参与制的结合”，载《中外管理》1994 年第 8 期。

90%以上,而每人持股数量相对较少,不可能都参加股东大会。即使有部分人参加股东大会,也难以形成维护共同利益的统一力量和一致意见。持股职工需要通过持股会将他们的意见和要求集中起来,在股东大会进而在董事会上充分地表达和反映,以更好地维护持股职工合法权益。

2. 成立职工持股会,对现有企业内部职工持股模式进行改组或重造,是解决内部职工股社会化问题的有效途径

设立内部职工股的初衷是使职工成为投资者,增强其敬业精神和对企业的关切度。所以从一开始职工股就具有非上市转让和交易的性质。但在实际操作中,职工更多地把它当作是一种短期投资,寄希望于通过转让获取利益。解决这一矛盾的关键是把企业内部职工股培育成一个独立的产权主体,而职工持股会作为这一主体的代表,具有管理内部职工股并行使参与企业决策管理的各项职权。

3. 组建职工持股会有利于形成职工与企业的利益共同体,促进企业的发展

由于职工持股会所管理的内部职工股是一种职工自愿出资购买的只分红、不交易的内部股份,所以有利于持股职工自觉地与企业结成“风险共担、命运与共”的利益共同体。职工通过实际地拥有企业部分产权,从而更关心企业的发展和资产的增值,形成一个促进国家资产和税收增长、企业效益和职工收益同步提高的有效机制。

(二)相关法律规定

对于职工持股会,统一的全国性的管理办法未见出台,许多地区和部门自行制定了规章制度。虽然各个规定有不尽相同之处,但最基本的共同点有以下几点。

(1)明确职工持股的目的在于,“为了建立现代企业制度,探索在社会主义市场经济条件下的公有制实现形式,使劳动者的劳动联合与劳动者的资本联合有机结合起来,充分调动员工的积极性,使公司员工以产权纽带与其他所有者结成利益共同体,增强员工对公司长期发展的关切

度和管理的参与度，形成内部动力机制和监督机制"（深圳市《暂行规定》）。其他省市如贵州省、广东省、江苏省的规定中也有类似的阐述。

（2）职工股份由工会或另设职工持股会代表职工统一持有，统一行使股东权利。如贵州省规定，内部职工持股是指由试点企业内部职工认购企业的股份，委托企业工会托管运行。工会代表职工个人股进入董事会参与企业管理，按股份享红利的新型股权形式。深圳市规定，内部员工持股是指公司内部员工个人出资认购本公司的部分股份，并委托公司工会持股会进行集中管理的一种新型的公有制产权组织形式。这是与过去的个人分散持有的内部职工股最大的区别。

（3）职工股份不得在社会上交易，也不得继承，通常也不允许在内部职工之间相互转让。职工离开公司或死亡时，由公司（通常是按照上年度每股净资产价值）将其名下的股份购回。

（4）职工购股资金的来源。很多省市规定，除了用职工自有资金购买以外，还可由企业从历年积累的公益金划转，作为员工持股金提供给职工，有条件的企业可由企业划拨专项资金，贷给员工作为购股款，企业还可按适当比例提取年度可分配利润作为奖励资金（如哈尔滨〔1〕、深圳、广东、江苏都有类似规定）。

通过职工持股会施行的职工持股制与早期的内部职工股最大的不同在于，它是由职工持股会（工会）统一持有的并且是不允许转让和上市交易的，而内部职工股则是由个人分散持有且经过一定时间即可转让的。如前所述，内部职工股的这种开放性和流动性，使职工在最初认购时，更多地把它看作是一种投资，而不是把它作为能参与决策的途径。而职工持股会的建立正是为解决这一问题。一些省市如广东及哈尔滨等省市在实行过程中，为了与早期的内部职工股相区别而将之称为"员工持股制"。

---

〔1〕 "哈尔滨拟进行员工持股试点"，载《中国证券报》1997 年 9 月 20 日。

（三）职工持股会的具体运作

据对全国 9 个省市的调查统计，成立职工持股会的企业共有 388 家，占股份制企业的 7.6%[1]。目前职工持股会主要有三种形式：（1）职工是公司股东，持股会是集中职工股权管理的机构；（2）职工持股会是一个法人单位，该法人持有公司的股份，职工是职工持股会的出资人；（3）职工将资金交给企业工会，工会以自己的名义认购公司股份，工会的职工持股会是股份的管理和行使机构[2]。由于采取的形式有所不同，各个企业中职工持股会的具体运作方式也略有不同，但从各地的法规规定及企业的操作实践看，基本的运作方式如下。

（1）职工提出购股申请，由公司或工会根据职工个人的岗位、职称、学历、工龄、贡献等因素确定个人的持股额度；

（2）公司给予购股职工以资助，公司划转公益金，按贡献大小、工龄长短等分配给职工；和/或提取部分可分配利润作为奖励；和/或公司贷款给职工；

（3）职工以个人资金加上公司的资助，按持股额度，交付认股资金；

（4）工会/持股会汇集认股资金，向公司统一认购公司股份，公司将股票（或股权证明）交给工会/持股会；

（5）工会/持股会按职工认股比例，向职工签发出资证明，并对购股员工登记注册；

（6）工会/持股会将从公司分得的红利，按职工个人持股份额分给职工；

（7）职工离开公司时，由公司或工会/持股会将其名下股份购回，职工获得现金。

---

[1] 王淑华、尤立新："关于职工持股会的调查报告"，载《经济研究参考》1996 年 1 月 22 日。

[2] 《中国证券报》1997 年 10 月 13 日。

（四）职工持股会的设立

各地在试点过程中，都把职工持股会作为社团法人登记注册。比如深圳市规定，"员工持股会以工会社团法人的名义办理工商注册登记，并作为公司的股东之一"。北京市试行办法规定，"职工持股会是指依照本办法设立的、由公司职工自愿组成的，并经核准登记的社团法人"。

职工持股会的设立应依据国务院《社会团体登记管理规定》以及各地有关规定，向主管部门申请注册登记。

职工持股会的资金来源应以会员的现金出资为主，会员以其出资额为限对职工持股会承担责任，职工持股会以其全部出资额为限对公司承担责任。职工持股会的资金仅限于购买本公司的股份，不得设立企业，不得用于购买社会发行的股票、债券，也不得用于向本公司以外的企事业单位投资。

（五）职工持股会的职责

职工持股会是负责职工股的集中托管和日常管理的管理机构。主要的职责有以下方面。

1. 制定职工持股会章程

主要内容包括：持股会名称；所持有的职工股总额；持股职工的权利和义务；持股会的议事程序和规则；会员出资收益的分配办法；会员入会和退会的条件和程序；持股会的负责人、办事机构及其职责等等。

2. 对内部职工股的具体管理

这是职工持股会的一项基础工作，具体由职工持股会的办事机构来负责。主要内容有：收集会员出资资金购买本企业的股份，办理职工认购、入购事宜；办理和管理持股职工名册，集中管理内部职工股份凭证；向会员发放出资证明，作为会员查核本人出资金额，据以享受权利和承担义务的书面凭证；根据企业分配方案向会员办理发放股利或配股送股手续；办理因职工调离、死亡或其他特殊原因而退出职工持股会的手续及内部的股份转让等。

3. 代表持股职工参与企业管理和决策

职工持股会按照投入公司的资本额，享有所有者的资产受益、重大决策和选择管理者等权利。这是职工持股会重要的一项职责，这项工作完成的好坏，直接关系着职工持股会能否实现其设立的宗旨，关系着职工持股会在企业中的生命力。具体做法是：根据内部职工股在企业总股本所占份额，选出股东代表参加股东大会，参与股东大会的审议或表决。份额达到董事所要求标准的，职工持股会负责人（工会主席）依法进入董事会，在董事会上参与股东利益相关的重大事项的决策和监督。职工股东代表和职工董事参与的主要内容有：反映持股职工的意见和要求，维护持股职工的合法权益；将持股职工的提案提交公司董事会或股东大会；处理、协调职工股东与公司证券管理机构的有关事宜；参与审议企业生产经营重大决策和企业方针的制定；参与制定企业的职工福利方案和分红方案等。

4. 对持股职工进行有关股份制知识教育、权利义务教育和法制法规等方面教育

对职工进行相关知识，特别是持股职工在持股会内应享有的权利和应尽义务的教育，是职工持股会有效地代表和维护持股职工权益的基础。持股职工享有的权利主要有通过职工持股会，按投入持股会的资金额享有出资者的资产收益，参与决策和选择管理者以及选举权、被选举权、表决权等。持股职工应尽的义务包括认真做好本职工作，关心企业发展，积极为企业发展献计献策；遵守持股会章程，执行持股会的决议，承担持股会委托的工作；依所持有的股份承担投资风险等。

（六）职工持股会的积极作用

通过职工持股会而实行的职工持股，由于股份的统一托管及不允许流通转让的封闭性，克服了早期内部职工股管理混乱，职工只追逐短期利益，不关心企业长期发展的弊病。

职工分散持股，由于每个人持有的份额很小，难以对企业的经营决策产生影响；而由职工持股会统一持股，积少成多，持股职工选出代表，按持股总数参与表决，职工代表则有机会进入公司董事会等上层管理机构，职工的意见和建议可直接影响公司决策。这样，不仅将职工的利益与企业的效益连在一起，而且让职工有机会参与企业管理，大大提高了职工的工作热情，真正认识到自己"主人翁"的地位。据江苏省徐州恒源有限公司对该企业持股职工和董事会成员的调查，认为持股会作用明显的占 83.6%，认为有作用的占 15.7%，认为作用不大的仅占 0.7%[1]。

深圳市是我国最早推行员工持股制度的城市，该市的金地（集团）股份有限公司最早实行该制度，也是公认最成功的范例，形成了所谓的"金地模式"。该公司员工持股比例达 23%，由工会代表员工统一持有，成为公司的第二大股东。持股职工可选择 2 名董事会成员和 1 名监事会成员。正如金地公司董事长尹智雄所说的："员工持股起到了一个催化剂、强化剂的作用，先把员工和企业捆在一起，慢慢培养员工的参与意识，公司中员工身份的变化所带来的企业动力机制的变化是其他类型企业改革不可比拟的。"[2]

目前，职工持股会还有一个独特的作用，就是可以规避法律的限制。首先，一些企业改组为有限责任公司，大量吸收本企业的职工投资入股，但是由于受到股东人数的限制（《公司法》第 20 条规定，有限责任公司由 2 个以上 50 个以下股东共同出资设立）。通常的做法是：由职工出资成立社团法人性质的职工持股会，持股会将资金投入公司，成为公司的一个法人股东，公司职工则通过持股会按出资比例"间接"持有公司股份。由此，公司既得到了职工的出资，职工也拥有了相应的股东权利，又规避了法律的限制。于是职工持股会应运而生，作为一个独立的投资人

---

〔1〕 王淑华、尤立新："关于职工持股会的调查报告"，载《经济研究参考》1996 年 1 月 22 日。

〔2〕 金城："尹智雄：关于金地模式的对话"，载《万科周刊》1997 年 9 月 22 日。

参加股东会，符合法律对有限责任公司股东人数的要求。其次，可以规避法律对公司内部职工股的限制。《规范意见》第 24 条第 3 款规定，定向募集公司内部职工认购的股份不得超过公司股份总数的 20%，社会募集公司中内部职工认购的股份不得超过公司向社会公众发行部分的 10%，而根据第 10 条，职工个人又不得作为发起人。1993 年 7 月国家体改委发布的《定向募集股份有限公司内部职工持股管理规定》，进一步缩小了内部职工的持股比例，规定内部职工认购的股份总额不得超过公司股份总额的 2.5%。因此，职工持股会作为挡箭牌，既可作为发起人，而又无超比例之虑。

（七）职工持股会持股设计和实行中的问题

1. 职工持股会、公司、职工三者之间的关系欠缺法律保护

职工持股会持股，尤其是在工会/持股会将职工出资以其自己的名义认购公司股份的情况下，职工其实并没有真正持有公司股份，真正的股东是持股会，职工只是持股会的出资者。在这里，持股会的运作类似于一些投资信托机构，相当于企业职工出资成立一个投资信托机构，持股会发给职工的"出资证明"类似于信托基金发行的基金券，职工相当于基金受益人，获取投资收益，行使相关的各项权利。该信托机构的特殊之处在于只能将资金投资于公司，购买本公司的股份。1992 年 5 月颁布的《股份制企业试点办法》曾在"股份制企业内部职工持股"条款中作了如下规定，转化为有限责任公司的，内部职工所持股份可以转为"职工合股基金"，以"职工合股基金"组成的法人成为本有限责任公司的股东。该基金组织不得向社会办理金融业务。

这里的"职工合股基金"似与投资基金相类似，但就其性质及运作方式未见再有规定。

但遗憾的是，我国内地目前还没有建立起一般的信托制度，没有关于信托方面的法律规定。职工持股会本应作为受托人，为受益人——持股职工的最大利益服务，但由于欠缺这方面的规定，职工、持股会、公

司之间并没有明确的信托关系。虽然持股会是由职工组成，持股会的章程也规定要"代表职工"行使股东权利，维护职工利益，但是持股会作为一个普通的法人团体必然有其独立的利益，并且它的利益并非总和其成员（公司职工）的利益相一致，如同公司与成员（股东）利益时常发生冲突的情形类似。当两者利益不一致时，如何保证持股会为职工的最大利益运行？假如持股会并没有这么做，又有什么惩罚措施？从目前的法律中，还找不到持股会有尽最大努力为职工最大利益行事的强制义务，自然也没有相应的预防措施。

由于职工持股会、公司、职工之间的法律关系不明确，一旦发生争议，其解决难以找到法律上的依据。

2. 职工个人自愿入股，造成股东与非股东职工之间的不均衡

由于目前职工股的主要资金仍是由职工个人承担的，因此采取职工个人自愿入股的形式，由职工根据自己的经济实力和对企业的评价决定是否购股，实际上是职工个人所做的一项投资。很难做到企业职工全部入股（即使金地公司，第一次认购率也只达到93%，第二次还要略低一些）〔1〕，这样就可能造成持股职工和非持股职工的利益差别，同一岗位上的职工可能因其持股与否而收益有不小差别（职工股东除了劳动收入外，还参与分红），这样在调动了持股职工积极性的同时，很可能挫伤了另一部分非持股职工的积极性。这一现象也出现在非全部职工参与持股的西方国家企业中，也成为抨击职工股份制的一个焦点。

3. 职工股的内部转让可能弱化职工与企业的纽带关系

有些地区虽然规定职工股不得在社会上交易，但允许持有一段时间后（多为3年），在本公司职工之间转让（如北京市、江苏省的规定）。职工持股制的目的在于让职工获得资本收益的同时，将职工的利益与公司的利益紧密联系在一起，职工股的封闭性、非流动性是维系利益共同体的纽带。允许股份在职工之间转让，允许其流动，势必造成一些人将

---

〔1〕 金城："尹智雄：关于金地模式的对话"，载《万科周刊》1997年9月22日。

职工股仅视为投机的手段。职工为短期利益转让其股份后，职工与企业间的纽带就被割断了。再加上对职工股的管理方面，虽成立了持股会，但在持股会运作的第一种模式中，职工是公司的直接股东，持股会只是职工股份的管理机构，职工加入持股会是自愿行为（如北京市规定），对于那些没有加入持股会的持股职工，其股份的转让程序、转让价格难以控制，给黑市交易以可乘之机。

4. 股份的购回问题

为了维系公司与职工间的股份纽带，保证职工股确实限于公司内部职工，各地法规及具体实践都要求，当职工离开公司时，由公司或持股会将职工持有的股份购回。如江苏省规定，持股职工脱离公司或死亡，公司应参照上年度每股净资产值将职工货币出资形成的股份购回；外经贸部则规定在此情况下，由职工持股会以职工出资名册记载的职工出资金额为基准，参照每单位出资拥有的净资产购回[1]。

由公司购回职工股份存在两个问题：首先，持股会作为公司股东代表职工持股的情形下，职工只是持股会的出资人，并没有持有公司股份，也不是公司股东，由公司承担职工离开公司时购回股份的义务，既无法律上的依据，也不合乎逻辑——职工根本就没有持有公司股份，谈何由公司购回？其次，受《公司法》的约束，公司只有在为减少注册资本或与其他公司合并时，才可以购回自己的股份（《公司法》第149条），购回职工股份显然不符合上述规定。由职工持股会购回职工股即使无法律上的障碍，也存在操作上的问题，主要是购回股份的资金从何而来。尤其是在全部购股资金都是由职工个人出资的情况下，持股会须将职工的出资全部用于购买公司股份，持股会没有剩下任何资金（即使有一些留存，也只是作为维持日常工作的经费）。一些企业采取由持股会向银行贷款购回职工股份，贷款的偿还采取从这部分股份的分红中逐年扣除，或

---

[1] 《江苏省现代企业制度试点企业职工持股会暂行办法》第29条；《外经贸股份有限公司和有限责任公司内部职工持股试点暂行办法》第26条。

者将这部分股份再出售给新职工的做法（如深圳金地公司）。这样虽然暂时解决了持股会购回股份的资金问题，但贷款的偿还并没有得到保证。（如若企业经营不善，连年没有分红，或者没有新职工入股，还贷资金从何而来？）

三、股份合作制

（一）股份合作制的发展

股份合作经济自 20 世纪 80 年代初期兴起至今，十几年之间取得了巨大发展。作为改革开放的产物和广大人民群众的创造，股份合作制是农民在农村经济体制改革中结合股份经济和合作经济的因素而进行的制度创新。

针对一些农村股份合作经济的涌现，早在 1984 年中央 1 号文件中就明确指出："允许农民和集体的资金自由地或有组织地流动，不受地区限制。鼓励农民向各种企业投资入股。鼓励集体和农民本着自愿互利的原则，将资金集中起来，联合兴办各种企业。""鼓励技术、劳力、资金、资源各种形式的结合，使农民能够在商品生产中发挥自己的专长，逐步形成适当的经营规模。"随后，1985 年 1 月 11 日《人民日报》在头版显著位置发表了评论员文章《提倡股份制合作》。文章指出，"我国农民创造的股份合作制企业，具有新的合作内容：农户以资金、劳动、技术、管理才能入股，入股者即生产经营者，实行按股分红和按劳分配相结合的取酬办法。这种股份制合作，以自愿互利为原则，不改变入股者的财产所有权，避免了一讲合作就合并财产，平调劳力的弊病，与过去的'一大二公'不同。农民入股合作，自主经营，是企业的主人，关心经济效益，生产经营的积极性自然很高"。

20 世纪 80 年代兴起的股份合作经济，虽然名称和内容上比较混乱，但它毕竟体现了资本与劳动联合的一种思想，在农村生产力还很不发达的情况下，促进了农村经济的发展，为广大农民所接受。并形成了股份合作经济几个典型的地区。1987 年和 1988 年国务院先后确定三个地区为全国农村股份合作制的改革实验区。一是浙江省的温州地区，重点探讨将个体私营企业转化为股份合作制企业；二是安徽省的阜阳地区，重点探讨将户办、联户办企业转化为股份合作制企业；三是山东省淄博市的周村地区，重点探讨乡村集体企业组建或改制为股份合作制企业。

进入 20 世纪 90 年代，股份合作制开始进入城市，逐渐成为城市中小企业特别是小企业改造的重要模式。如山东诸城、广东顺德、四川宜宾、江苏盐城、山西朔州、湖北襄樊、上海等地股份合作制改革由点到面，逐步推开，并取得了良好的效果。

据初步统计，截至 1996 年底，全国的股份合作企业已达 400 多万家，仅乡村股份合作企业就超过 300 万家[1]。其中上海市自 1992 年 6 月批准第一批 32 家企业进行股份合作制试点至今，已有 1.3 万家中小企业实行股份合作。实践昭示，股份合作经济在社会主义市场经济中不可动摇的地位，显示出在明晰产权、转变机制、积聚生产要素方面明显的经济和社会效益。

如今，股份合作制不仅越来越成为农村产业和乡镇企业广泛采用的主导经济组织形式，而且也逐渐形成中小企业改革的基本思路甚至首选模式。据统计，至 1995 年底，在国有小企业改制的各种形式中，股份合作占 35%，是比重最高的。据山东省统计，股份合作制企业在全部改造企业中占 50%以上。[2]

为适应实践的旺盛需求，农业部、轻工业部、煤炭部、劳动部及全国大部分省市根据实际情况纷纷制定了有关股份合作企业的办法、意见、通知、规定等；经济学界、法学界对此也进行了深入的探讨。前段

---

〔1〕 邵秉仁："关于当前股份合作制的认识和完善"，载国家体改委生产体制司编：《股份合作制企业运作指导》，经济日报出版社 1998 年版，第 9 页。

〔2〕 "国家体改委副主任洪虎谈：股份合作制与中国企业制度的创新"，载《中外管理》1997 年第 7 期。

时间，制定统一的《股份合作企业法》曾纳入最高国家权力机关的议事日程。

(二) 股份合作制的性质

理论界对于股份合作制的性质还存在很大争议，并由于认识的不一致，导致政策滞后、法律滞后。这种滞后的结果是使股份合作制的发展呈现出不确定性（没有严格界定的法律地位）和不规范性。这种不确定性和不规范性正在严重影响着股份合作经济的生存和发展。

股份合作制是不是一种特定的企业制度？对这个问题争议颇多，归纳起来大致有三种意见：一种主张股份合作制虽然是结合了股份制和合作制因素形成的，但它既区别于股份制，又区别于合作制，是一种新的经济组织形式或企业制度；二是认为股份合作制是企业趋向股份制或合作制之前的一种过渡形式，其存在是暂时的，不能成为一种经济组织形式或企业制度；三是认为股份合作制就其本质来说是股份制，或者是合作制，股份合作制充其量不过是包含了一些合作因素的股份制，或包含了一些股份因素的合作制，因而不是一种独立的企业形态。

股份合作制不是建立在纯理论上的"楼阁"，而是从全国各地的改革实践中总结出来，并经过实践证明是行之有效的企业改革形式。股份制是以资金、实物、技术、劳动作为股份，实现资本联合和劳动联合的有机统一，自愿组织起来从事生产经营活动，实行民主管理，实行按劳分配与按资分配相结合，有公共积累，能独立承担法律责任的经济组织。从实践看，目前股份合作制企业本身是混杂的，但从各地的有关规定看，基本都主张股份合作制是合作制与股份制的结合，而二者结合的具体方式、途径却又形态各异。

(三) 股份合作制企业的运作特点

作为职工所有制的重要形式，股份合作制企业的运作具有如下共同特点。

1. 设立宗旨——营利与互助兼顾

股份合作制企业要追求营利，以维持自身生存和发展，但又不是以营利作为唯一目的。成员的互助性、自救性是推动这一法人实体成立的直接动因。

2. 资金联合与劳动联合有机统一

股份合作制企业的资金联合是劳动者的资金联合，劳动联合是带资入股的劳动者联合。企业的职工为股东主体，实行职工全员股东制或多数职工股东制，劳动者既是职工又是股东。企业一般不吸收本企业职工以外的个人入股。这样既吸收了股份制的筹资方式，又保持了合作制中成员参加劳动的特征。企业职工具有双重身份，既是劳动者，又是所有者，共同占有生产资料，共同劳动，从而实现资本与劳动的直接结合。

3. 职工个人所持股份只能在本企业内部转让，不能退股

当职工离开企业时，必须将股份转让给本企业其他职工，或由企业购回。

4. 劳动民主与股份民主相结合

企业实行职工民主管理，设立职工股东会为企业的最高权力机构，表决权由职工股东享有，并实行一人一票的投票制度，并且附属于股东职位具有自治性，但并不排斥某些事宜按股份民主，采取一股一票，或一股一票与一人一票相结合混用，具体事宜可在企业章程中作出规定。

5. 按劳分红与按资分红相统一

在股份合作企业税后利润分配中，除按股份大小进行分红外，还按股东职工劳动的数量和质量进行分红，以更好地体现劳动的价值。

目前，我国股份合作制企业股权结构设置是比较混乱的，企业职工所持股份通常由两部分组成：一是职工个人股，即职工个人出资购买的企业股份；二是职工集体股，这部分股份由企业内部职工共同拥有所有权，其来源是企业自身积累和国家历年减免税所形成的资产。企业积累形成的股份，可以划出部分根据职工对企业的贡献情况量化到职工个人，

不能继承和转让，只能参与分红；国家减免税形成的股份只能留在企业，用于扩大再生产。

由于股份合作制企业兼采股份制筹集资金，有些地方并不排斥非企业职工的自然人或法人入股，但他们属于优先股，没有表决权。普通股或职工个人股为主，优先股或非职工自然人、法人股为辅，一方面重塑个人与企业独立产权，另一方面使股份制与合作制优势得到结合。

（三）股份合作制成效显著

实行股份合作制的国有中小企业，改制后收到了积极的效果。

（1）明晰了国有小企业，特别是集体企业的产权关系，使职工的主人翁地位更加具体化。提高了职工对企业的关心程度和风险意识，增强了企业的产权凝聚力，调动了职工的积极性。

（2）企业管理，企业经营效益有很大提高。据对河南商丘实行股份合作制的企业调查，90%以上的改制企业打破了干部、工人界线，实行民主管理，提高了劳动生产率。1996 年上半年与改制前的 1995 年同期相比，企业总资产从 12.4 亿元增加到 15.2 亿元，增长 22%，企业产值比上一年同期增长 13.6%，职工月收入增长了 15%。[1]

（3）为企业开辟了一条新的融资渠道，职工投资入股为企业注入了新的资本，为企业的长期发展提供了资本支持。

（4）促进了政企分开和政府职能的转变，使企业走上自主经营之路，转变成真正的市场竞争主体。企业由职工出资，且占有全部或绝大多数股份，政府对企业的干预失去了经济基础。改制企业的债务包袱因破产或由职工消化（因改制企业多是债务负担沉重、效益不好的企业），减轻了国家的负担。

（5）对于发展地方经济，保障职工就业和保持社会稳定起到了积极

---

〔1〕 河南省总工会调查组："关于国有小企业改组为股份合作制的调查"，载《中国工运》1997 年第 3 期。

作用。河南商丘地区改制为股份合作制的企业共募集了个人股 887 万元，9104 名企业富余人员得到妥善安置。[1]

(四) 股份合作制作为职工所有制形式的局限性及运作中存在问题

1. 股份合作制局限于中小企业

股份合作制企业的资金来源是（或主要是）本企业职工的个人出资，入股职工一般占职工总数 80% 以上，职工个人股一般占股本的 51% 以上，企业一般不吸收本企业以外的个人入股。由于实行股份合作制的企业本身就是较小的企业，职工人数有限，有限的资金来源必然限制企业的发展壮大。

还有，股份合作制企业多采取职工股东一人一票的决策机制，这也只有在人数较少且股份平均的基础上才能施行，否则责权利之间的不对称（比如无论出资购买多少股份，也只有一票表决权）必然使该制度不能长久。

2. 股份合作制形态的维持

当职工离开企业时，必须将其股份转让给其他职工，转让不了的由企业购回。假如企业没有足够的资金来购回这部分股份，怎么办？很可能由企业的非职工股东（现在的股份制企业很多都设有国家股、法人股等）购得；或由企业外的人取得。导致的结果便是职工个人股份在企业中所占比例越来越小，直到丧失其职工股份合作企业的性质。这样下去，我国的股份合作制企业也就有可能如同西方传统的工人合作制，成了只有一代的"骡子公司"。

3. "股价" 如何确定

在企业改制为股份合作制时，由职工投资入股企业，"股价" 如何确定是个重要问题。由于缺乏公开市场，企业股价的确定有赖于独立的评

---

[1] 河南省总工会调查组："关于国有小企业改组为股份合作制的调查"，载《中国工运》1997 年第 3 期。

估。对企业价值的高估，无疑侵害了职工的利益，且在改制企业经营状况不好的情况下，损害职工入股的积极性；对企业价值的低估，更多的是损害了国家的利益（对国有中小企业而言）。在实践中，企业为吸引职工入股，"股价"被低估的情况时有发生。

4. 职工个人购股资金的来源

职工个人股分为三部分：一是现金投入形成的股份；二是从企业资产中划出一部分按劳量化到职工个人形成的股份；三是从企业利润中划出一部分，按职工贡献大小分配给职工个人形成的部分。由于许多改制企业经营前景并不乐观，许多职工对企业的前途信心不足，或者自身缺乏资金，如何调动这部分职工购股的积极性？涉及企业原有积累中可否量化给企业职工，是全部归于职工个人，还是有限量化到职工，即职工只有在职时有分红权，不得转让、继承，离开企业时不准带走。实践中做法不一，理论上也有争议。

5. 职工的实物及无形资产出资

许多地区允许职工以现金以外的实物或无形资产折价入股，如何估价这部分非现金出资？当企业不再需要这些实物或无形资产时，应该怎么办？再有，当企业中存在其他非职工股东时，其他股东却不享有这种出资方式的选择权，造成职工股东间的不平衡。

论有限合伙[*]

江 平 曹冬岩

"想开办商业的人所面临的一个根本问题是哪一种商业组织对于商业利益是最适当的。有几个因素要加以考虑，这些因素包括建立的难度、出资者的责任、税收考虑和资本需要。"[1]在各国对于商业组织的基本分类中，独资企业的数量众多，而公司则在经济生活中占据了越来越重要的地位，但作为一种古老的商业组织形态，合伙不仅没有随着经济的发展退出历史舞台，反而以各种多样化的形式在散发着新的生命力，有限合伙正是其中重要的一种。

一、有限合伙——投资者不同需求的法律设计

（一）有限合伙概念之比较

1. 大陆法系中的有限合伙与隐名合伙

大陆法系国家对于有限合伙的概念各有差异。法国民法典中并没有有限合伙的概念，而只有隐名合伙的规定。《法国民法典》规定，合伙人得约定不进行注册登记，在这种情况下，合伙被称为隐名合伙，此种合伙并非法人，也无须进行公告。此种合伙得以一切方式证明。法国民

---

[*] 原文载于《中国法学》2000年第4期，系与博士生曹冬岩合著。

[1] 参见［美］Kenneth W. Clarkson 等：《韦斯特商法学》，东北财经大学出版社1998年版，第709页。

法典在最初并没有承认隐名合伙，1978 年修改后的民法典才专门制定了一章叫"隐名合伙"，隐名合伙人以出资为限承担责任。而德国商法典则依次规定了普通商业合伙、有限合伙和隐名合伙。根据《德国商法典》第 171 条和第 172 条的规定，有限合伙是为了在某一商号的名义下从事商事营业而建立的一种商事合伙。有限合伙中包括两种合伙人，即至少一个无限责任合伙人和一个有限责任合伙人，有限责任合伙人在其出资的范围内对合伙的债权人承担责任，而隐名合伙则是作为隐名合伙人的出资者与商业企业之间的一种契约，根据该契约，隐名合伙人负责向企业提供一定数额的资金，并相应的参与企业的营利分配，分担企业的亏损，并且无须登记。可见德国商法典虽然承认隐名合伙，但也更多的将其作为契约对待；而有限合伙则被认为是商事主体，具有较强的独立性，必须要进行登记。

2. 英美法系的概念

英美法则把以合伙存在的有限合伙和两合公司一起统称为有限合伙。在 1907 年以前的英国法院是不承认这种合伙形式的，后来基于社会经济生活的需求在 1907 年颁布了有限合伙法。而在美国更是在颁布了统一合伙法之后，又颁布了统一有限合伙法，并在 1985 年加以修正。根据《美国统一有限合伙法》的规定，有限合伙是指在按照某一州的法律由两个或者两个以上的人组成的合伙，其中包括一个或者一个以上的普通合伙人和一个或者一个以上的有限合伙人，这与德国商法典的有限合伙的概念是基本相同的。

（二）有限合伙的萌芽：与普通合伙的分离——适应高风险投资的需要

有限合伙其前身为康孟达契约，其后为两合公司，"一种新型的商业经营方式——康孟达于 11 世纪晚期在意大利、英格兰和欧洲的其他地方逐渐被使用。这种经营方式调动的资金一般用于长距离的海上贸易，不常用于陆上贸易。康孟达最早的前身可能是穆斯林的一种商业惯例，这种惯例在 8~10 世纪传播到拜占庭，包括南意大利的港口城市。在北意大利和阿尔卑斯山的那一边，康孟达可能在 11 世纪是被作为一种借贷契约开始的，但它很快发展成为一种单一经营——通常是来回航行于中东、非洲或者西班牙之间的一种合伙协议。一方合伙人被称为 stans，他提供资金但是待在家里，另一方合伙人被称为 tractor，他从事航行。作为完成艰难而危险的航行的报酬，从事航行的合伙人通常获得四分之一的利润，而冒资金风险的合伙人则获得四分之三的利润。洛佩斯评论到：'这种经营方式虽然好像是不公平的，但是在 12 和 13 世纪，生命是廉价的，资金则非常短缺'。康孟达的一个变化形式是海上合伙，在这里，从事航行的合伙人提供三分之一的资金，不从事航行的合伙人提供三分之二的资金，双方平分利润"。[1]可见，与普通合伙相比，这时候的康孟达契约已经具有如下的特点。

1. 适应海上贸易中高风险的投资需要

由于中世纪的海上贸易尤其是远洋贸易是当时风险最大但同时也是利润丰厚的贸易，有足够资本的投资既即希望进行投资来获取高额利润，但是他们却不愿意承担高风险带来的无限责任，船主则往往苦于缺乏足够的资金来造船、购货，于是产生了船主企业家和银行投资家之间的新式联合——康孟达契约。康孟达和海上合伙所具有的极大好处是投资者的责任被限于他们最初投资的数额，在这方面它很像近代的股份公司，而且投资者还可以把他们的钱分散在几个不同的康孟达之中以减少风险，而船方承担无限责任，获取资金，双方各自得到了经济上的满足。而同时代的陆上合伙，则往往是由同一个家庭成员组成的联合体，最终被外人加入，因此，陆上合伙人都负无限责任，其中最根本的原因应当是相对于海上贸易来说，陆上贸易的风险因素要小得多。

---

〔1〕 参见 ［美〕哈罗德·J. 伯尔曼：《法律与革命——西方法律传统的形成》，贺卫方、高鸿钧、张志铭、夏勇译，中国大百科全书出版社 1993 年版，第 429 页。

2. 康孟达的短期性为投资者的退出提供了便捷通道

"康孟达一般是一种短期联营，在完成了它为此建立的特定航行之后就解除了，它是在一个短暂的期限里为了一个特定的目的而建立的，完全是一个时间意义的东西。"而与此同时代的陆上合伙，则在持续多年的一段时间里从事多种多样的贸易活动，"它常常具有规模庞大、持久存在和行动灵活的属性，足以使它在不同的城市建立自己的分支"。[1]从两者的时间性可以看出，康孟达的短期性可以使投资者在获得利润之后迅速地退出以回收投资，而陆上合伙（或者称普通合伙）则更倾向于营业的持久性，投资者的投资较为稳固。

3. 管理结构的不同需求

由于当时的教会法禁止利息，因此采用投资的方式进行收益成为许多具有资本的人的选择，但与普通合伙人相比，有限合伙人（投资者）可能并没有愿望参与经营，其单纯的希望从投资中获得利润。而普通合伙人则往往是对经营较为精通的人士，希望通过经营管理获得更大的利润。双方对管理结构的不同需求在有限合伙中都能得到确实的满足。

"事实上，11 世纪晚期和 12 世纪新的法学为按照秩序和正义的新概念把各种商业关系制度化和系统化提供了一种构架。假如没有诸如流通汇票和有限责任合伙这些新的法律设计，没有对已经陈旧过时的商业习惯的改造，要求变化的其他经济社会压力就找不到出路。"[2]有限合伙的出现显然是当时投资需要和经济发展的双重产物。

（三）有限合伙的发展——多种法律和经济因素的综合选择

在有限合伙产生和发展的同时，另一种与有限合伙相类似的商业组织形式——两合公司（一部分股东承担有限责任，另一部分股东承担无

---

〔1〕 参见［美］哈罗德·J. 伯尔曼：《法律与革命——西方法律传统的形成》，贺卫方、高鸿钧、张志铭、夏勇译，中国大百科全书出版社 1993 年版，第 430 页。
〔2〕 参见［美］哈罗德·J. 伯尔曼：《法律与革命——西方法律传统的形成》，贺卫方、高鸿钧、张志铭、夏勇译，中国大百科全书出版社 1993 年版，第 409 页。

限责任的公司）也产生了。但是至今，两合公司的数量很少甚至在有些
国家根本不承认两合公司的存在，其主要原因是两合公司不仅设立复
杂，而且公司的治理机构也相当复杂，而以合伙形式存在的有限合伙不
仅设立简单，比如《美国统一有限合伙法》规定，建立有限合伙只需要
向州的相关机构递交相关的文件，取得证书即可。其 1985 年的修订版
中要求提交的文件则更少，且有限合伙的运作一般按照合伙协议进行，
灵活性也很强，更为关键的是由于人们向企业资本投资的决定，在很大
程度上是取决于税收的问题，而有限合伙恰恰具有公司所不能比拟的纳
税上的优势。德国法律规定，普通商事合伙和有限合伙的合伙人，就其
基于合伙份额获取的利润收入交纳税金，合伙本身不需要交纳所得税，
但是合伙财务报告中所显示的年度营利，必须包括在合伙人的报税单
中。而在美国，对大多数投资者来说，最理想的商业组织形式是可以结
合合伙的纳税优势和公司企业中的有限责任的特色，有限合伙则正是兼
具了这两个优势。

（四）有限合伙的新生——多样化商业组织形态的需求

合伙虽然是一种古老的形式，但是它始终在随着时代的脚步前进，
从普通合伙到有限合伙，合伙跨越了合伙人无限责任至有限责任的屏
障；从民事合伙至商事合伙，合伙更适应了交易主体稳定性的需要，而
在当今时代，合伙更是随着经济和科技的发展，为了使商业成本最大限
度地降低，体现出多样的形态以适应人们建立商业时多样化的需求。这
一点尤其体现在有限合伙发达的美国。在《美国统一有限合伙法》颁布
之后，为了适应合伙人内部的不同责任要求，出现了有限责任合伙
（LLP），至 1997 年，美国几乎所有的州都颁布了有限责任合伙法。LLP
的一个最主要的优势在于它允许合伙仍然作为税收的"传导体"，但是
作为普通合伙形式存在的这种合伙又限制了合伙人的无限责任的范围，
尤其是在合伙制律师、会计师的事务所中，采用这种方式可以避免某一
合伙人因为其他合伙人的过失以及不法行为承担连带责任，比如在得克

萨斯州、北卡罗来纳州等地区，法律免除无过失的合伙人对于合伙中因其他合伙人的过失、恶意等行为产生的侵权责任所承担的连带赔偿义务。由于 LLP 的基本机构仍然是普通合伙，因此，将普通合伙转换成 LLP 也是相当简单的。同时，在实践中还产生出有限责任有限合伙（LLLP），使有限合伙中的普通合伙人也可以承担有限责任。另外，在传统的公司形式之外，又在 1996 年通过了有限责任公司法，这种有限责任公司同样可以让股东承担有限责任，但是又可以作为合伙纳税。可见，合伙内部责任的多样化需求使合伙的形态也丰富起来，合伙在新的需求的作用下得到了新生。

二、有限合伙——高新技术产业吸引风险投资法律组织形式的优良选择

（一）有限合伙——美日等国家风险投资的主要法律组织形式

现代社会是知识经济的时代，而知识经济的支柱产业就是高新技术产业。在国外，与高科技企业融资紧密相连的是风险资本，风险投资是对技术专家发起的、缺乏资金的、不太成熟的技术密集企业所做的小规模投资。风险投资公司为了获得高额回报，将资金投入新兴的高科技产业，同时通过对企业的管理，为其带来丰厚的利润。风险投资者在持有创业股权的同时，就要考虑退出高科技企业，收回数倍的收益，然后再次进行新的投资。

由于风险投资和一般的投资不同，其高风险和高收益性使风险投资的关键是如何募集到风险投资资金。在国外，风险投资一般是由风险投资公司发起的，依靠吸引投资者募集资金来实现。募集的方法主要有两种：一是设立向社会投资者公开募集的风险投资基金，这类基金是封闭型的；二是吸引一定的机构和个人投资者组成某种类型的商业组织，而以有限合伙的形式存在较为普遍。"这种商业组织一般由风险投资机构

发起，出资 1% 左右，成为普通合伙人，其余 99% 左右吸收企业或者金融保险机构等投资者出资，成为有限合伙人，同股份有限公司的股东一样，只承担有限责任。普通合伙人的责任有三条：一是以其人才全面负责资金的使用、经营和管理；二是从每年的经营收入中提取相当于资金总额的 2% 左右的管理费；三是项目成功而收益倍增时，普通合伙人可以从收益中分得 20% 左右，而其他合伙人可以分得 80% 左右。"[1] 根据统计，在美国，风险投资中有限合伙关系的组织形式已控制了 80% 的风险投资额。而"日本在 80 年代早期受到美国风险投资热潮的影响，大量的小型银行和证券公司开始设立创投公司，但是长期以来在法律上不承认有限合伙的创业投资公司，因此难以吸引机构投资者参加，结果日本的创业投资公司和小型的商业贷款机构没有任何差别。据估计，70% 的创业融资方向是贷款而不是股权投资，而且提供资金的金融机构承担的是无限责任。但是，从 1998 年 11 月开始，日本也在立法上正式承认了企业投资有限合伙制，从而为风险投资的发展提供了法律的基础。"[2]而在以色列，在 1991 年，仅有一家比较活跃的风险投资基金，其促进科技发展的作用十分有限。鉴于自由市场机制在发展风险投资方面已经失败，以色列政府在 1992 年拨款 1 亿美元作为风险投资业的启动基金，设立了 10 个风险投资基金（称为 YOZMA 基金），该基金全部采用合伙人的模式组建和运作，每个基金的规模为 2000 万美元，政府和私人投资者各占一定数量的股份，该基金由私人投资者进行运作，政府不干预基金的具体事务。如果运作成功，6 年后，政府将基金中的股份原价出让给其他的投资者，撤出政府资金，如果运作失败，则和投资者共同承担损失。可见，无论是政府扶持的风险投资，还是由独立的市场主体运作的风险投资基金，有限合伙都成为发展风险投资的主要的组织形式。

---

〔1〕 "风险投资：发展高科技企业的资本运营模式"，载《金融时报》1998 年 3 月 12 日，第 6 版。

〔2〕 章彰、付巧灵："日本创业投资体系研究"，载《证券市场导报》2000 年 1 月。

（二）有限合伙成为优良选择的动因

风险投资的高风险性必然要求在法律上风险投资企业建立时应当较为简单，避免因为设立繁琐而造成的成本；技术在其中应当占有一定的比例，以满足技术人员的需要；投资者尽量规避风险，同时能够迅速退出，实现高额的回报等要素，只有符合上述要求的商业形式才能适应风险投资的发展，而有限合伙正是这样的优良选择。有限合伙能够成为高科技风险投资的有效组织形式，是由其内在的平衡机制适应了风险投资运营的特点所决定的。

1. 有限合伙的有限责任与无限责任并存的架构正适合风险投资者各方的需要

风险投资与一般投资的最大不同是高风险与高收益的强烈对比，由于新技术还没有成型，风险性相当大，一般的商业银行是不愿意贷款的，但是风险投资成功后，具有极高的收益率，这又会对某些投资者产生极大的吸引力。而采用有限合伙方式，投资者作为有限合伙人既可以将风险控制在出资额的范围内，又可以获得高额回报，这尤其是对机构投资者更为良好的选择。

美国现在风险投资盛行，而对风险投资的主体一般是金融机构和证券投资基金等机构投资者，通过风险投资获得成功的公司包括雅虎、微软、美国在线等，风险投资的回报率是相当高的，对雅虎的风险投资当初是 200 万美元，而到 1999 年中期已经达到 34 亿美元。为了促进经济的迅速发展，我国政府提出了科教兴国的战略决策，特别是《中共中央关于加强技术创新，发展高科技、实现产业化的决定》，使高科技企业的发展成为新的经济发展目标。应当说，我国还存在着大量风险投资的潜在投资者，比如，我国现在的投资基金、信托基金、保险基金等，而随着社会保障制度的发展，也会出现养老基金等基金模式，如果采用有限合伙的形式，适当的将一定的基金引入风险投资领域，会极大地促进高新技术的发展。即使是对于有政府参与的风险投资，也可以参照这一模式解决政府和私人投资者之间的权利和义务关系。

而之所以选择作为普通合伙人是因为在高新技术项目开发中，技术人员往往个人财产不多，无限责任对他们没有较大的风险，同时又可以通过技术入股的方式取得将来收益的分配权，而风险投资机构则是因为可以凭借管理优势取得将来的收益权，由于有限合伙满足了出资者、技术人员以及风险投资机构在建立商业组织形式时架构上的基本需求，因此，将有限合伙作为首要选择就不言而喻了。

2. 有限合伙协议的灵活性可以解除法律对技术出资设定的诸多限制

由于风险投资是同技术创新相联系的投资，因此，技术在其中占有相当大的比重，且技术正处于种子期和导入期，风险是相当高的。如果建立适合这种投资的组织形式，需要在法律上解决两个问题：第一，技术在出资中的比例如何估算？第二，技术出资比例能否符合法律规定？

如果用公司的形式作为风险投资的商业组织形式，就必须考虑到公司法中的若干强制性规定。其一是技术的估算，我国公司法规定以无形资产出资的，还要经过法定的验资机构验资并出具证明，而风险投资选中的技术往往是尚处于开发阶段，技术还没有成型，验资的估算是非常复杂的。其二是公司法对于出资比例的限制，这在我国体现得更为明显。我国《公司法》第8条规定，"发起人以工业产权、非专利技术出资的金额不得超过股份有限公司注册资本的20%"。这种关于技术投资比例的限制，应当说是难以适应高新技术发展的，也使许多的高新技术企业陷入产权不清的问题当中。比如四通集团公司，在初期是由中国科学院的7名科技人员借贷而创立，可以说是科技人员以技术投入白手起家的，但是当时中国还没有技术入股或者创业股的概念，因此产权问题成为该公司发展的困扰。四通公司在产权改革之后，相关的集团核心层在四通投资有限公司职工持股会中占有43%的股份，再加上骨干层共占到70%，充分体现出技术和管理在公司中的重要性。应当说，我国为了发展风险投资，已经在对相关的法律进行修订。为了强调知识产权的价值，科技部等七部局推出的《关于促进科技成果转化的若干规定》中提到："以高新技术成果向有限责任公司或者非公司制的企业出资入股的，高新技术成果的作价金额可以达到公司或者企业注册资本的35%。"特别是1999年12月29日，九届全国人大常委会审议通过了《中华人民共和国公司法》修正案，其中规定："属于高新技术股份有限公司，发起人以工业产权和非专利技术作价出资的金额占公司注册资本的比例，由国务院另行规定。"这显然为高新技术企业中技术入股的规定留下了广阔的立法空间。但是，即使空间再扩大，也是有限制的，其根本原因是公司法作为主体法，其规范为强制性规范，主要目的是对于企业的行为进行规范和管理，可变通的余地比较小。

但是，如果采取有限合伙的形式却可以避免。由于有限合伙协议是有限合伙存在的基础，这就使有限合伙具有相当的灵活性，更适于投资者对于合伙中权利和义务的不同需求，可以更多体现出任意性的特点。这在各国的法律中都有所体现。虽然很多国家都在法典中规定了法定的有限合伙的模式，但是有限合伙的模式在很多方面可以被合伙协议变更。《美国统一有限合伙法》明确确认合伙协议，而不是有限合伙的证书，对于大多数有限合伙来说，是最有权威性和最综合的法律文书，合伙的债权人和潜在的债权人应当直接从合伙所提供的协议和其他文书中寻求他们所关心的合伙的资本、财政状况而不是登记证书。有限合伙协议的灵活性为不同的投资者按照自己的意愿安排合伙事务提供了方便。因此，如果是采用有限合伙的形式，各合伙人的出资形式和比例可以在合同中自行约定，这样，在对高科技进行风险投资过程中，技术成果开发人不仅可以以技术成果出资，而且也可以以劳务出资，技术成果开发人的管理才能也可能作为出资，双方可以自由约定出资比例，如何评估也完全由合伙人之间约定；相对于公司法对于出资比例和出资方式的严格限制，采用有限合伙的形式显然带有更大的自主性。

3. 采用有限合伙的形式可以充分体现高科技风险投资中高风险与高收益的特性

相对于其他的商业组织形式，有限合伙在收益上不必像公司一样按照出资比例进行分配，而完全可以按照合伙协议进行。尤其是作为普通合伙人的风险投资机构，在开始创立有限合伙时往往出资的比例很小，而到成功后又可以取得较大比例的利润分配（一般出资和收益比例为1∶20），同时其报酬完全取决于风险投资项目的成功与否；而作为有限合伙人的投资者其回报率也是其他投资所不能比拟的。在硅谷，Wells银行的西北银行合伙人分行向一家小的网络设备公司 Cerent 公司投资1200 万美元，共获得了 5.5 亿美元的回报，高风险与高收益的特性在有限合伙的架构中得到充分的体现。

4. 有限合伙的内部治理结构可以满足风险投资管理的特殊性

各国的法律都规定，在有限合伙中，有限合伙人一般只出资分享利润，而不参加管理，或者虽参加管理，但是不起决策控制作用，决策控制权仅由承担无限责任的合伙人（以下称普通合伙人）行使，有限合伙的管理形式也比较简单，不需要像有限公司和股份公司中的股东会和董事会、监事会等组织形式，使普通合伙人可以不受外界的掣肘而依照自身的判断力进行管理，这对于风险投资是十分重要的。由于高科技企业的专业性强，风险投资操作的难度大，一般由风险投资机构专门运作，这种机构中既有技术专家，也有懂得市场开发、管理决策以及法律、保险、会计等各方面的人才，并且侧重于投资某一领域，由他们作为普通合伙人，首先可以对于投资项目进行选择，一个有名的风险投资机构一年接到的创业申请书往往有成百上千，但是投资公司只选择1~15 个进行操作，同时对被选中的项目进行管理，几年后将成功的卖掉，不成功的了结。这种商业的判断和管理对于风险投资是十分关键的，而风险资本的有限合伙人往往是独立的民间基金、金融机构、大企业等，这些投资者只要能够收到高额的回报，并限于对于风险项目管理的知识，参与管理的愿望都比较小。

5. 有限合伙可以为高科技的风险投资提供便捷的退出通道

根据有限合伙的法律规定，有限合伙人可以将合伙权利转让，这比普通合伙中合伙权益转让方便得多，尤其是各国的有限合伙立法都规定有限合伙不因为其中一名有限合伙人的死亡或者终止而终止，以保证有限合伙的持续性。而作为风险投资的一个重要特征是不以追求产品的利润实现回报而是以股利转让一次性退出获得高额利润。风险资本在持有创业股权的同时，就要考虑如何退出投资企业，取得高额回报后，再进行新的投资活动。因此，无论是风险投资机构还是风险资本投资者都要考虑一个便捷的退出通道，使资金安全的退出。如果采用有限合伙形式，风险投资者可以根据企业的发展情况随时将合伙权益售出，这就为合伙人认为需要时撤出其投资提供一条方便的道路，而合伙权利的转让也可以不影响有限合伙的继续存在。

这里应当注意的是，有限合伙一般只是风险投资项目在运行初期投资者和风险投资机构以及创业者所愿意采用的法律组织形式，在技术逐渐成形并取得一定效益之后，必然要进行其他形式的改造，有限合伙一般都会转型为有限公司或者股份有限公司，最终寻求公司的股票在主板尤其是在二板市场上市，达到取得高额利润并融资的目的。

三、有限合伙立法方式的选择和建议

（一）我国合伙立法基本思路之探讨

"民事权利归根到底反映在主体法或者行为法中。确定主体地位、资格、能力、权限的法律规范应当表现为法定性；而主体取得权利或者行使权利的法律规范在相当程度上表现为意思自治，主体法律的核心是建立以法人制度为基础的现代企业制度，而行为立法的核心是建立以合同制度为基础的现代交易制度。"〔1〕综观全球，有关合伙的立法主要有两种思路：一是确立合伙契约制度，其立足点是契约，旨在调整所有合伙关系，形成一部规范合伙人之间以及合伙人和第三人之间关系的基本法律；二是确立合伙企业法律制度，其出发点是主体，主要是规范企业的行为，从而保护与合伙交易的外界安全。相比较而言，前者体现为任意性规范比较多，以双方当事人的意思表示为优；而后者则表现为强制性规范比较多，以国家的意志为优。

应当说，我国对于合伙立法一直是走主体立法之路。我国《民法通则》就将合伙放在主体法中加以规范，合伙企业法在当初立法的时候就对该法的名称有两种不同的主张：有人主张叫合伙法，有人主张叫合伙企业法，按照前者考虑的角度为行为法，而按照后者考虑的角度是主体法，最后还是按照主体法的思路制定了《中华人民共和国合伙企业法》，而作为新颁布的统一合同法中又没有规定合伙合同，由于主体立法原则是强制性规范，因此在一定程度上难以适应现实生活中经济发展尤其是商业组织形态多样化发展的需要。比如是否所有的合伙都要以企业形态出现，非企业形态的合伙应当如何对待，合伙企业之外存在的其他事实上的合伙是否被认定为非法，有限合伙等合伙的其他形式是否被承认？如果单纯是为某一项目的而成立，待目的完成后就解散的简易合伙，是否不予承认？这些合伙形态在工商部门如何登记？如何纳税？这些现实的问题都在迫使我们对现在我国合伙立法的思路加以深刻的反思。

国外对于合伙的立法，大多是把合伙作为合同进行立法，无论是将合伙放入民法典的法国法，还是专门为合伙立法的英美法，所达成的一个共识是合伙应当是以协议为基础的，合伙合同所体现出的任意性正是为了满足投资者的多样化需求，而合伙形式的多样性和合伙内容的多样性是采用主体立法的合伙法所无法体现的。

---

〔1〕 江平："制定民法典的几点宏观思考"，载《政法论坛》1997 年第 3 期。

（二）对我国有限合伙立法的建议

我国在 1997 年颁布的《合伙企业法》中没有规定有限合伙的形式，其第 5 条规定："合伙企业在其名称中不得使用有限或者有限责任的字样。"我国《合伙企业法》起草时曾有专门的"有限合伙"一章，但是在最后审查时被删除了，其中一个理由是我国目前没有这种企业形态的实践，似乎也没有这种企业形态的需求，既无实践经验，也无立法需求，规定它做甚！于是被砍掉了。《合伙企业法》通过没有几年，人们在谈论高科技风险投资企业组织形式时发现，有限合伙是目前高科技风险投资的最好形式。现今许多有识之士呼吁对有限合伙尽快立法，不仅是恢复原先被删除的那一部分，而且还要针对高科技风险投资的客观需要，更加详细地单独立法。笔者深以为然。

根据现今我国的立法状况，对于有限合伙进行立法，可以有以下几种方式进行选择：

（1）对《合伙企业法》进行修订。由于《合伙企业法》颁布的时间还比较短，对立法进行修订的程序又相当复杂，采用这一方案可能在时间上会无法适应快速发展的风险投资的需要。

（2）专门制定有限合伙法，这在英美已有先例。美国在颁布了合伙法之后，又专门制定了有限合伙法，专门对有限合伙的定义，有限合伙人、一般合伙人的权利义务关系，有限合伙的设立、解散等作了规定，但是采用这一方案也同样需要时间。

（3）在即将颁布的风险投资管理条例中规定有限合伙的形式。国务院正在制定《风险投资管理暂行条例》，这部条例中一定会涉及风险投资主体的法律组织形式，能否在制定时加入有限合伙的形式，也是很现实的选择。我国有许多的商业形态是首先在相关条例中得到承认后才加以正式立法的，采用条例的方式对有限合伙加以确定也是适应高科技发展的方式之一。

（4）我国目前从企业法的角度看，企业法都采用法定主义，我国没有有限合伙企业的规定，但是从合同法的角度看，合同法采取的是非法定主义，任何合同只要不违反法律、法规的禁止性规定就是合法的，因此，双方当事人之间订立有关有限合伙的协议、合同，应当说其效力是合法的，在有限合伙法还没有制定之前，如何利用合同形式促进高科技风险投资，走有限合伙之路，是一个可以探索的空间。

总之，有限合伙形式是适应风险投资发展的重要的组织形式，尽快对其立法，对实践中出现的问题加以规制，才能使我国的风险投资业处于规范的环境中，以促进高科技企业的发展。

入世与市场主体准入（上）*

江 平

WTO 的规则既是一个法律规则，也是一个游戏规则。从这个意义来说，WTO 有三条非常明确的规则。

第一条，每一个参加国、每个成员，都应当保障它的法律、法规和行政程序符合 WTO 的规则。这就要求我们有关的法律法规及行政程序要和 WTO 接轨。我们现在对于 WTO 的规则，法院还不能够直接适用，即法院还不能按照 WTO 的规则来判案。因此，加入 WTO 以后有一个如何把 WTO 的规则变成国内法律的问题，从而有许多国内的法律要做相应的变更。

第二条，法律法规和其他的一些措施都要透明，不经过公布是不能使用的。第二条讲的就是法律法规的透明度。这是我们加入 WTO 以后需承担的义务。任何外国投资者、交易者，到国内来投资做贸易，我们有关的法律法规都应该是透明的，让他们能够了解，不允许再有内部的政策和内部的文件。

第三条，为了保证执法的公正，对于一切行政行为，应当允许外国投资者、贸易伙伴上诉，或者提起司法审查。一句话，就是可以告到法院。上诉也好，审查也好，应该由法院来解决，不能由你的上级主管部门、行政部门来解决，争议要有司法审查制度。

---

* 本文是江平教授在国家工商总局 "WTO 与工商行政管理" 专题培训班上的讲课内容，根据录音整理，有删改。原文载于《中国工商管理研究》2002 年第 7 期。

今天我讲的题目偏重于有关主体的法律地位。从法律上，大家要掌握四组概念：

（1）公法和私法。公法是调整公权权利的法律，私法是调整市场经济主体的法律。显然在市场经济里面，调整市场经济的法律，要跟国际接轨。我们开始制定《商标法》时，究竟叫"商标法"，还是叫"商标管理法"，有不同意见，因为如果加一个"管理"就变成公法的范畴；如果强调的是商标，商标虽然也有管理，但是商标的管理目的是保障每一个商标专有权人的权利不受侵犯，在这个意义上来说，《商标法》是私法。所以，我们首先要明确，在公法和私法的划分上，市场主体是属于私法的范畴。我们加入WTO，更多的是在市场私法这个范畴上法律主体地位的统一。

（2）主体法和行为法。主体法强调的是主体的法律地位，每个国家对于主体的法律地位有自己特殊的规定。最典型的是各种企业形态企业的法律，中国企业形态和外国可以更多地趋向一致，但是也有不同之处。国际上有无限公司，我们没有无限公司。许多国家有有限合伙，我们没有有限合伙。我们现在还不承认一个法人、一个自然人的公司。在国际公约里，对于公司制度，也没有很统一的规定必须是什么形态。但是，行为法不一样。行为更多体现为投资行为和交易行为，尤其是在交易行为上。在交易行为上，主要表现在合同上，这些方面更多地体现为一致。我们的合同法、海商法、票据法、保险法，甚至包括银行的一些业务，证券交易的一些业务，这些越来越具有国际接轨性。

（3）程序法和实体法。应该说，加入WTO以后，我们在实体法方面需要接轨的东西很多。但是，我们国家具体如何来设立管理程序，比如企业设立程序、批准程序、证券上市的程序等，当然要跟国际接轨，但是不是完全跟人家一样，也非常难说。

（4）市场规则法和市场秩序法。市场规则体现为经济规律，市场规则的法应该大体差不多，是等价的、有偿的。各国的市场手段、交易形式、合同内容、合同形式应该差不多。但是，有关市场秩序调整的法，就不同了。每个国家经济发展的水平不一样，市场秩序混乱的程度不一样，在这种情况下，每个国家为了适应其经济管理需求，可以采取不同的措施。在这个基础上，我想谈四个方面的问题。

一、市场主体准入的框架、架构

（一）国家主权与境外主体准入的原则

在这个问题上，WTO 里面有四个方面的协议。

（1）涉及货物贸易领域里的协定。最早的关贸总协定，主要涉及关税。这部分应该说我们对外打交道的时间比较长，主体地位已经没有什么特别不同的待遇。在货物贸易领域里，最重要的东西，体现在国际贸易跟国内贸易，尤其是国际的货物买卖和国内的货物买卖的基本规则的统一。现在不统一的地方还有一些。比如国际货物买卖，适用的诉讼时效是四年，而国内的货物买卖只有两年。又如涉外的国际货物买卖公约里面的赔偿金，不仅要赔偿货物的灭失、毁损、减少，或者减少货物损失所花费的费用，而且还要赔偿由此而减少的利润。如果合同履行以后，可以获得利润，还可得到利益减少的赔偿和利润的赔偿。现在，我们涉外经济合同法已经废除了，国内的经济合同法也废除了，搞了统一的合同法。这部分内容基本上都一致了，没有对外主体的特殊地位的限制。在贸易领域里，还涉及配额的额度、纺织品进出口额度、关税等。

（2）知识产权贸易领域。第一大领域叫有形资产。第二大领域就是无形资产。无形资产领域里，在我们合同法和三个知识产权法修改以后，有些东西已基本确立。这次民法典起草中提出了新的问题，包括传统知识的保护，如民间的建筑、民间的传说、民歌等，还有生物多样化。在起草民法典的时候，我国最著名的知识产权专家郑成思教授讲到，我们国内有一种杉树，品种特别濒危，但是这个杉树成长期很快，建筑质量很高，做建筑材料也很好。加入 WTO 之后，对于这种濒危的动植物重要的基因怎么保护，这些都是新的问题，还是要进一步地改。我们的商标、专利等知识产权都相应带来一些改动。

（3）服务贸易领域的准入。服务贸易的问题，应该说涉及的问题比较大，我后面将专门来谈。

（4）农业与土地、资源领域的准入。这里涉及三个问题，一个农业问题，一个土地问题，一个资源问题。这些问题在任何国家都跟主权有关，因为土地涉及很复杂的综合性的权利。一般来说，农业都有特别的保护，如日本对于大米。我们也要有特殊的保护。因为农业是薄弱的，是发展的，所以农业不能够随便进入，需要特别保护。对于土地问题，我们现在只开放了土地使用权的一部分，这次在全国人大讨论农村土地承包法和民法典的物权问题，研究农村土地承包经营权能不能作为一种权利，可以转让、转包、入股、赠予、继承，包括抵押等。珠江三角洲，包括浙江有些地方，土地承包都放开了。放开以后，土地承包经营权开放度到多少，能不能把土地承包经营权作为抵押，或者土地承包经营权作为投资，直接作为入股的形式。入股的形式能否开放，入股不一定非在本国国内入股，能不能作为其他方式入股，这是个很敏感的问题，需要慎重研究。

前不久，《中国改革》杂志在卷首语上特别刊登了一篇文章，标题用的是"第二次解放农民"。农村之所以贫困，就是农村两大要素没有市场，一个是土地没有进入市场，一个是劳动力没有市场。土地进入市场，就是如何进一步流通。劳动力涉及户籍制度改变。我们不少地方户籍制度的改变都已经走向这一步了，将来劳动力户籍的解放和土地承包经营权，在多大范围内放开，各地不一样，这也是一个非常敏感的问题。资源就更复杂了，矿产资源的开采权利，包括勘探的权利，这里涉及国家主权。

（二）服务贸易领域主体准入的问题

应该看到，服务贸易领域的概念要比传统的扩大很多。过去我们中国概念中的服务，往往是指商业概念的服务、中介服务，或者我们仅仅把某种中介机构看作是一种服务。在工商管理部门的概念中，这种服务当然也有它自己的理解。总之，我们国家对于服务概念的定义，显然跟国际上有很大的差别。

在消费者协会的一次会议上，我就讲过这个问题，服务领域究竟有多少，到底哪个领域属于服务领域？现在加入 WTO 以后，应该有一个更新的概念。

目前来看，在 1 个大类，142 个对象中，比较简单的是一般的劳务性质的合同，如承揽、加工、运输等都好说一点。现在比较重要的，是金融、通讯和健康。这几个对我们来说比较复杂一点。

金融包括四大领域，银行、保险、证券、信托。其中最重要的是银行。入世两年后，我们将允许外国银行进入，而且都能够从事人民币业务，但对其主体进入的资格，没有作为特殊的形态来加以规定。人寿保险、电信则不然，我们规定外国进来，只能够采取中外合资企业的形式，而且我们开始谈的是中方不能少于 51%。跟美国谈判的时候，美国只能是 9%。后来由于它们坚持，现在到了各 50%。此外，还有一个形式的编制限制，你只能够采取这样一种形态、形式，当然有一个具体谈判的过程，具体合作的一些形态。银行可以允许 100% 的外资银行在中国开展业务，而且可以一样从事人民币业务。

《合同法》在修改的时候，有一条规定，合同可以以各种形式订立，如书面合同、口头合同和其他形式合同。这条规定很重要。《经济合同法》《涉外经济合同法》《技术合同法》中都规定合同应当用书面形式。所以，我们在参加国际货物买卖公约的时候，我们国家专门就合同的形式做了一个保留，即中华人民共和国政府可以声明保留的除外。我们为什么保留？我们只承认合同的书面形式，不承认其他形式，那就是担心其他形式会在交易里受骗。现在我们的《合同法》已经写了可以是书面形式、口头形式和其他形式，跟国际完全接轨了。

其实，在信用发达的社会里，这种担心是不必要的。从口头形式合同来看，我在参加一次合同法讨论会的时候，中国人民银行有一个从国外回来的博士，他在会上的讲话中说，他在新加坡银行实习的时候，当天这个银行的存款高达几百万美元，可晚上一个电话就贷出去了。这说明什么？说明口头合同带来的效率之高，也说明合同完全没必要必须用书面形式签订，一个口头电话就签了。如果等大家都签了字、盖了章才贷出去，需要好几天，几天的利息就没有了。几百万美元当天贷出去，说明速度之快、信用之高。这对我们有两个很重要的启示：一是这样的银行效率，如果进入国内跟我们做竞争，哪怕利率都是一样，甚至如果我们以后利率有所放宽，有个幅度，他能给你相对更高的利率。就算没有利率，也差不多，他的效率显然比我们高。二是这样的外国银行到中国来，显然不会派他的人到这儿做一般的业务主管，因为他也不了解中国的情况。显然，他会高薪来聘请我们在商业银行里的工作人员。当然，这样一种口头合同，必须有信用做担保，以信用作为后盾。今天我打了一个电话，几百万美元贷给你，明天不认账，那市场规则就乱了。所以，金融领域里有很多东西就是口头的，完全靠双方之间，或者几方之间的信用作为基础。如果市场缺乏信用，那怎么行？

金融问题除了银行之外，保险是非常重要的。人寿保险是一部分，那是利益很大的。证券的开放现在还在考虑，证券开放是 A 股和 B 股分开。B 股虽然放开了，将来怎么样？B 股、A 股迟早要并轨，并轨了就允许外国的资本直接投入到中国的证券市场。现在正在搞"投资基金法"，中国和外国能不能共同设立投资基金，这个也在讨论。

在服务贸易领域，除了旅游、环境外，现在又面临一个新的问题，即教育问题。我们参加 WTO 中有一条规定，要允许外国出资入股在中国设立学校，设立大学。我们对这条规定没有什么可怕的，外国到这儿办大学有什么不好？过去我们也有很多外国办的学校，我们现在的高中毕业生可能也有很多人到国外去上学，那不也受了他的教育？但是，他来了之后，我们要采取什么样的管理体制和办法？我们的《高等教育法》规定，学校实行党委领导下的校长负责制，他来了之后，你就不能再实行这种制度了。还有课程怎么办，校徽怎么设立，这涉及民办学校的一系列问题。我们医疗机构可分成营利和非营利性的，但是学校始终没有放开。教育部《民办学校条例》规定，民办学校不能以营利为目的。现在在争论这个问题。有人说私营企业家投资办学，你不让我营利，谁白白往这儿投钱？美国明确规定，凡是属于学校这样的非营利机构，不允许任何人以投资得到利润回报。非营利就是非营利。

正在草拟的民法典规定的法人，恐怕不会再按照我们现在《民法通则》，将法人划分为国家机关法人、事业单位法人、社会团体法人和企业法人。将来有可能就按照营利和非营利来划分为两大类。营利性的法人可能就是工商部门管了。如果是营利性的医疗机构怎么办呢？它的设立、注册、登记该怎么办？这些都是将马上面临的问题。学校不以营利为目的，医院也应是这样。可是，我们医院有营利和非营利的。将来也要允许外国出资办医院，关键是如何从法律制度上规定它的地位。

当前，类似律师和会计、审计的中介机构问题更大。司法部曾经搞过一次对外开放的律师资格考试，允许外国和我国港澳台地区的律师来考，考完以后，人家合格了怎么办？不让他执业。所以那次考完以后就停下来了。加入WTO后法官统一考试，能不能允许外国人来考？考上后，我不当你的法官，当律师行不行？首先我们考虑能不能中外共同来办一个律师事务所。这又有一个问题，他能不能来考取律师，能不能在这儿拿律师执照。当然这里有一个对等原则，你允许我，我也允许你。

总之，从目前来看，服务领域的准入是个很大的问题。怎么能够分步骤、分层次，以不同的形式，有的允许独资，有的只能合资，有的比例大，怎么个比例，都有这些问题。总的方向是随着开放的扩大，可以分不同的阶段，逐渐开放，允许它的主体准入我们的服务市场。

（三）WTO 有关投资协定的原则

Trips 本身是和贸易有关的投资协定和规则。所以，并没有把它独立出来，仍然属于货物贸易、服务贸易、知识产权贸易三大贸易的一个部分。但是，现在大家很重视投资的规则。服务领域里已经包含一些投资的规则，投资银行也是投资的问题。在投资措施里面，有三个很重要的目的。

（1）解除现存的国内投资限制。当然要朝这个目的走来，但是任何一个国家对外国投资不可能毫不限制。我们始终在投资领域里有限制，明确规定哪些允许进入，哪些不允许进入。这个问题，我们始终在讨论，探讨这个限制到什么程度合适。

（2）提供投资保护的最高标准。这是我们将来最难的问题，最大的问题。包括对外资企业征收如何进行充分、及时、有效的补偿。

（3）创设有效的争端解决机制。投资发生争议以后，在国际上有一个解决争端的机制。外国到中国来投资，发生争议，会不会发生解决这种投资争端过分偏向中国的机制。我们的仲裁在国际信誉不错。在国际贸易仲裁方面，加入 WTO 后，外国人要求中国和外国发生仲裁时，中方可能指定一个中国籍的人做仲裁员，美国人就找一个美国的，首席仲裁员要有一个第三国的。这提出了一个很大的问题。过去首席仲裁员都是中国的，他认为这个不合理。中国和美国发生争议，美国同意到中国仲裁委员会来仲裁中美合资纠纷，那中国找一个中国的仲裁员，美国找一个美国的，首席仲裁员则找一个既非中国，又非美国，找第三方的仲裁员。这样更好地促进对外国投资的保护，使外国更有信心来投资。仲裁是一局就终局了，没有上诉。所以，国际仲裁委员会反复研究这个问题。

我们也担心，如果首席仲裁员是由第三方担任，如果他不了解中国法律怎么办？这实际上是担心我们的利益。可见，仲裁机构到底怎么用？外国说中国的仲裁好是好，但是你们的仲裁收支两条线，大家仲裁的钱交给仲裁委员会，仲裁委员会上交国家预算，收支两条线，支的在哪儿支，你们的仲裁委员会到底是民间的，还是政府控制的？我们的地方仲裁委员会很多都跟政府有千丝万缕的联系，法制办在哪儿创设，仲裁委员会的主任是市长、副市长，等等。将来解决纠纷的机制，当然也可以选择国外的。但现在若美国到中国来投资，企业发生纠纷只限于在中国解决。投资，我们有限制。合同纠纷当然另当别论，你愿意到斯德哥尔摩仲裁也可以，但是投资我们有限制。

在 1990 年修改《中外合资企业法》时，增加了一项规定，即国家对合营企业一般不实行国有化征收，但在特殊情况下，根据社会公共利益的需要，对合资企业可以依照法律程序实行征收，并给予相应的补偿。这条规定，是适应国际经济一体化的一条非常重要的规定。允许外商设立合资企业、合作企业、三资企业，也可以是独资企业。同时必须承诺，不能随便征收。如果都没收了，那怎么行。但任何国家都有一个规定，如果社会公共利益需要，则可以征收，但要给予补偿。

1994 年北京发生过一桩土地征收纠纷。有一个麦当劳快餐店，设在北京王府井南口。这个地方要建东方广场，这家麦当劳就要搬，就要采取征收的办法，把这块地拿过来。但是人家是合法取得的，按照土地使用条件有偿转让十几年，现在才两年多一点就要征收。所以，美国两个律师事务所就质问这个问题，坚决不愿意搬。当时我就引用 1990 年修改后的条款，社会公共利益需要的时候可以征收。

实际上世界各国都有这个规定。这是国际条约、公约规定的，如果社会公共利益需要的时候可以征收。到底什么叫社会公共利益需要？这个问题，工商部门得好好研究研究。

有一个台商在上海松江县城一条主要街道上，经过外经贸部门批准，在那儿设立了一个店，经营很不错，效益很好。现在松江县政府以这个地方要规划成为文教区为由，让它搬走。这位台商不服，告到了法院，提起行政诉讼。结果对他很不利。后来这个问题请示到国务院法制办，就一个县城搞规划，属不属于社会公共利益的需要？城市到底怎么规划，是不是乡政府要规划，就可以把什么东西都圈起来，行不行？怎么看这个问题？这次民法典起草中也有一条，凡是征用财产，都要有县级以上人民政府出于社会公共利益需要，才能征收。但是不是两个县级以上政府就有权来征收？民办的和民营的，是不是可以这样？问题都来了。

我们现在允许国际上搞直销的企业在中国开展业务，安利公司进入中国已经一年多了，也找我们咨询一个案子，就是因为安利在中国搞直销，很多人被抓，包括工商部门也查它。他说，当初我们在中国搞直销是外经贸部门同意的，让我们看营业执照，营业范围就是直销经营，后来中国取缔传销，说直销就是变相传销，也要取缔。他说我是经过你们政府合法同意搞直销的。他后来就找吴仪国务委员。吴仪国务委员说，你们变个样子，不要弄成没有固定经营点。他说我们采取妥协的方式，也设置了一些固定经营点，但是下面从事直销的人员照样被抓。中国人搞直销往往变着法儿违法，安利搞这个东西也是，不都是黄头发、蓝眼睛，完全是中国人在那儿搞的。他说我们也很为难，如果再不让我们搞，我们能不能要求中国政府赔偿，因为当初是政府允许我们搞这个的。

这就面临如何赔偿的问题。三资企业法规定，社会公共利益需要的时候，可以依照法律程序实行征收，并给予相应的补偿。一个什么是社会公共利益，一个什么叫依照法律程序。到底哪级政府是县以上人民政府，还是要再高一点。再一个，什么叫相应的补偿。

1990年修改这个法的时候，我正好是法律委员会副主任。当时全国人大法律委员会讨论时，就考虑国际公约怎么讲的。在国际公约里面，如果要征收，要给予充分、及时、有效的补偿。你可以因为社会公共利益的需要，把它征收。但是，你对它的补偿必须是充分的。我们是写相应的补偿。人家就说了，什么叫相应的？如果你让我在松江县搬了，你给我什么样的相应补偿，相应是多大？国际公约讲的是充分，充分就是有多少损失，赔偿多少损失。如果王府井麦当劳在王府井南口让它搬，那么营业一年有多少收入，现在少了，预期的收入都要给予补偿。因为这个地段好，你给我一个次一点的地段，让我搬，你要把我既得的利益补偿过来。此外还有及时地、有效地补偿。国际上就提了这三个：充分、及时、有效地补偿。而我们提的是相应地补偿，当时就有争论。

我们面临哪些领域允许人家进入。进入以后，如果发生争议了，或者他认为他的利益受到侵犯了，怎么能够得到他认为最高标准的保护，使得投资者利益不受损害，这个问题也需要研究。

二、国民待遇原则

（一）国民待遇就是非歧视待遇

也就是对于外国的公民和主体，应该跟本国的公民主体是同样的待遇，优惠也是同样的优惠，豁免也是同样的豁免，承担的义务也应该是同样的。如果按照国民待遇原则，在我们加入 WTO 以后应该怎么样来体现。不论在市场的准入、优惠、豁免，在我们国家加入 WTO 所承诺的范围内，都应该给境外的主体同样的待遇。我们现在一说外国，涉外的"外"是最难办，我们的三资企业法都是涉外的。但是，香港怎么叫涉外呢？怎么是外国呀？澳门怎么是外国呀？台湾怎么叫外国？当时张友渔老先生曾经有一个建议，我们的《三资企业法》，外商投资的企业，是不是把它分成两类，一个是外商，一个是港澳台商，这样明确外商是外商，港澳台商是港澳台商。虽然内容一样，但是名词必须分开。不要把港澳台地区当做外国，但是后来没有采纳。就把涉外的"外"做了一个解释，这个"外"指境外，不是指外国。境外是什么意思呢？凡是进到中国境内有特别进出境手续的，不跟中国国籍一样的，我们的理解都是境外，这样我国的香港、澳门、台湾地区也是境外。

涉及这样一些，我们过去的飞机票、门票、旅馆票，都是不同的价格，一些外国人就提意见了，为什么对我们歧视待遇？卖给中国人那么便宜，卖给外国旅客要加好几倍？当时我们解释，因为我们有补贴，中国公民逛公园，要有多少补贴，外国人就没有这个补贴，按成本费。这个说法也不合适。在这些方面我们要逐渐采取国民待遇的原则。

这个问题现在仍然存在很大的问题，就是地方保护主义。歧视待遇，我们加入 WTO 以后，明确要求取消，但是各个地方能不能自己做一个例外规定。举例来说，我们西部地区要发展，西部地区不想让沿海地区便宜的东西打入到它那儿，它能不能这样规定？我们现在还有很多小烟厂，效益很不好，中央的意见是把它关掉。这涉及工商部门，他们说我们现在想取缔，第一我以什么理由取缔，人家烟质差一点，但是它还是营利的，还要交给县里的税收，县财政主要靠这些卷烟厂支撑，甚至百分之七八十的财政收入来源于卷烟厂，你有什么理由把它关了？可是要是不关，如果让外面的好烟到我县城来卖，它又便宜，那我的烟卖不出去，我县财政靠谁支持？于是做了一个规定，凡是外面的卷烟，甚至国外、境外的卷烟，进我们这个领域，我要加税，可以不可以？加入WTO 之后，这些东西不能有了。国与国之间的海关，我们还有一定的海关限制，到了中国境内难道还有省份的区别吗？外国商品在进入中国以后，在沿海地区一些待遇，因为西部地区困难，所以它对某些东西可以做特别的地方限制规定，可不可以？针对这个问题，我们的《合同法》在起草的时候，专门有一个第 52 条规定，违反法律和行政法规的强制性规定的合同无效。

这一条和原来的合同无效就有两大区别。原来我们讲的合同无效，笼统讲是违法，这个法可以理解为法律、行政法规，也包括地方性法规，也包括规章。违反省政府的规定，甚至违反县政府的规定，也理解为违法，那个违法是笼统的概念。第一必须违反法律和行政法规。加入WTO 以后，《合同法》也是适应了国际规则的要求。如果法有相当多的任意性规范，允许当事人自己决定。违反这些任意性的规范，不能说违法。所以，我们法律特别加了两个限制词，第一个必须是违反法律和行政法规。第二个必须违反强制性规定。

《合同法》1999 年 10 月 1 日生效。这个法律一出台，对法院的要求就很高了。经过法院审理判决合同无效，必须要引用违反哪个法第几条无效，不能笼统说违法无效。这样又出现问题了，我们有一些规定，并没有上升为法律或者行政法规怎么办？

比如说企业之间的借贷，一个企业把 500 万元投资到你那儿可以，但借给你无效。这样的规定，法律要怎么判？依据哪个法第几条判企业之间的借贷行为无效？可一查这个法律也没写，那个行政法规也没有写，只是中国人民银行的贷款通则里有。法院马上面临怎么判的问题。法院不能引用中国人民银行的贷款通则第几条，因为《合同法》第 52 条明确写了，必须是违反法律和行政法规的强制性规定才能判决无效，你引用中国人民银行的不行，引用国家工商总局的也不行。

当然我讲的不是一般的管理协议，是讲合同有效无效的问题。外国来和你做交易，交易是合同，外国来投资，这个投资是合同。这个投资和交易合同，有效无效，必须是全国统一的，不能各地方、各部门有自己的规定。

由于《合同法》刚刚生效才两年多，还存在着很多问题。去年最高人民法院李国光副院长针对这个问题，就《合同法》第 52 条做了这样一个解释。当然他的讲话只对法院有约束力，对国家工商总局没有这个约束。但是，我们可以看法院如何处理这个问题。李国光副院长是这样讲的，《合同法》生效以后，必须严格按照第 52 条的规定来确认合同的效力，只能是依据法律和行政法规的，不能扩大解释。有的地方人大通过了房屋租赁合同不登记就无效。房地产要登记备案，没说不登记无效。你规定跟国外订立合同不经过省政府批准无效，那都没有用。因为法律讲的只是法律和行政法规。

李国光副院长接着说，在合同是否有效问题上，地方、省人大、省政府，不能做特殊规定。不能说外国投资者到上海投资有效，跑到重庆就无效了，这个不行。人家说我到中国，你加入 WTO，我跟你中国定的，你里面怎么又不一样了，这是不行的。当然，在国务院的一些部门规章还没有来得及变为法律或者国务院的行政法规之前，如我们的海关、外贸、外汇、税务、金融，这样一些领域原来的规章，法院在判决的时候，还要予以尊重。这个很有意思了。你不能够轻易就说，这只是一个规章，可以不引用，那也乱了。

同样，我们国家工商总局过去所发布的一些规章，也是属于确立一种效力的问题。如果处罚的是例外，管理的是例外，你涉及某种行为的有效、无效，那还不是看跟法律或者行政法规有没有冲突？工商行政管理里面的规章究竟属于什么性质的规章？今天我们在座有许多是来自地方的同志。加入 WTO 后有一条非常重要，就要保证我们对外开放，允许外国主体进入贸易服务领域。我们的一种标准，全国必须一致。不能你到了这个地方是一种效力，到另一个地方又是另外一种效力，那就可怕了。所以，对我们来说，国民待遇原则的保证，就是法律和行政法规规定的统一，而地方的都不能算数了。甚至包括地方规章。北京市人大通过中关村科技园区条例，当然很好，但该条例是不是涉及效力的问题，就有争议了。

中关村科技园区设立的企业，可以从事任何法律不禁止的活动。这个在国际是对的，法律没有禁止的都可以从事。这条虽然全国的法律没写，应该说在中关村科技园区没有法律禁止的都可以做。

另外，中关村科技园区可以设立有限合伙。那中关村的工商部门就可以登记有限合伙，而我们的合伙企业法没有有限合伙。在别的工商部门都不行，深圳规定了有限合伙，全国只有深圳一个。北京不是所有地区，只是北京中关村科技园区，可以在这里注册登记有限合伙。这个观念对别人会不会发生争议？上海如果跟这样的有限合伙打交道，它会不会怀疑这种有限合伙？它设立的要件、信誉是不是足够？全国法律没有，你在北京中关村科技园区设立的。但是终究它不是涉及某种效力问题，确认它无效，而是设立一种新的企业形态。这些都是加入 WTO 以后，所需面临的问题。

（二）超国民待遇

超国民待遇实际是在我们依据三资企业法吸收境外投资的时候，存储对于境外主体的保护或者优惠要高于我们本国国民。《公司法》规定实收资本制必须交足 10%，对于外商投资企业不需要交足 10%，那就是对他的优惠，两年免税，三年减税，还有其他一些优惠。这部分我就不特别说了。我们现在面临很大的问题是，《公司法》等有关规定适用于三资企业，这个应该是平等的。但是，我们一方面讲《公司法》适用于三资企业，一方面又讲三资企业的规定和《公司法》规定不一致的，适用三资企业法。目前，对于这部分的争论越来越大了。因为，我们工商部门是管公司和企业的设立登记，虽然三资企业审批不是你们这儿，但是登记、批准权是你们这儿，三资企业哪些适用《公司法》，哪些不适用《公司法》，这个马上面临争议了。这里面问题就太多了。现在中外合资企业如果发生争议了，我要开股东会行不行？三资企业法里没有股东会，但是《公司法》里有股东会，我要召开股东会合法不合法？有人说，我用《公司法》，《公司法》有股东会，中方三个股东，外方一个股东，达成的协议合不合法？一系列的问题就来了。

我碰到这么一个案子。我国香港地区有一个居民，和深圳几个居民在深圳共同办了一个有限责任公司，在深圳进行了工商注册，拿了营业执照。成立以后，他想，我为什么不再申请优惠待遇？我搞合资企业，如果批准我搞合资企业，我就可以两年免税，三年减半，我还可以把利润、外汇汇往国外了。于是他又到外资部门申请搞一个合资企业，最后没有批准。没批准以后，股东之间发生纠纷，告到了法院。法院判决，这个企业根本没有设立，不承认这个企业。这些人当然不服，他们说我们怎么没有设立？我们是工商部门批准的。

按说有香港人的投资，就应该是三资企业，但外经贸部门没有批准。

我为此也问了工商部门的同志，他说按照我们的理解，凡是有境外出资的那就都是按照三资企业法，不是公司法，我们只是负责拿着批件来注册。我说难道我们有这个精神吗？公司法的公司主体究竟指什么？我们的《民法通则》笼统叫公民（自然人）。后来觉得"公民"这个词不太好，公民有国籍概念，世界各地都叫自然人，我国《合同法》适用不适用于外国公民和法人？可能我们在座的会说，《合同法》当然适用外国公民和法人。买卖合同，我们没有《涉外经济法》，都合一块了。两个法人的租赁关系，一个中国，一个外国，都用《合同法》，合同的主体没有国籍限制，他们都很清楚。但是《公司法》的主体是不是有国籍限制？是不是只限于中国公民？股份公司不允许外国公民拥有，那有 B 股干什么？

为了讲这个问题，我还特别引用了《公司法》第 75 条的规定，设立股份有限公司应当有五人以上的发起人，其中需有过半数的发起人在中国境内有住所。我们现在《公司法》里规定的股份公司，允许不允许外国公民和法人作为发起人呢？允许不允许外国人作为发起人？什么叫过半数以上在中国境内有住所？那就是半数以下在境外有住所。公司以什么为住所？我们《民法通则》写得很清楚，法人的住所、公司的住所，是指它的总公司所在地、经营所在地。如果通用汽车公司的总公司办事处设在美国，那就是它的注册地在美国。这样，半数以下境外有住所，那应该理解住所在国外的也能够作为发起人。它作为发起人，有限公司的股东可以不可以，我们不能说《公司法》里的股东，外国人可以作为股份公司的股东，但是不能作为有限公司的股东，也非常难说。

现在有两种观点。一种观点认为，凡是有外国投资的只能够适用三资企业法，不能够用中国的公司法。另外一种观点认为，除了三资企业法，仍然可以依中国的公司法来设立公司。但是依中国的公司法设立的公司，不能享受任何优惠待遇，也只能按照公司法的出资办法来办，他没有外汇，汇往国外都没有。

　　我们开放了以后，中国的公司法也是投资的法律。境外的人，我国的香港地区也好，澳门地区也好，台湾地区也好，甚至美国、日本的侨民也好，中国的华侨也好，愿意到境内来，完全跟境内公民一样的待遇来设立公司，享受利润、承担风险为什么不可以呀？非要用三资企业法，享有优惠待遇，那个才行？他不要，我给你按国民待遇原则，按照《公司法》原则设定那不行，一定要享受超国民待遇，不要跟我们中国国民一样享受国民待遇。我问了全国人大财经委员会，回答说《公司法》是一个国民待遇原则，任何国家自然人也好、法人也好，在中国依照这个设立，当然股份有限公司要经过批准。B股就是外国公民持有或者公司持有的。

　　另外关于《合伙企业法》和《个人独资企业法》的关系，有没有一个国民待遇原则？当然这里没有超国民待遇。按道理来说也是一样。从法律上说，并不禁止境外公民和两个中国公民搞一个合伙企业，但是会存在一个非常大的问题。《合伙企业法》规定，合伙人承担连带无限责任。如果一个台湾地区的人跟两个福建的人搞一个合伙企业，最后出资是一百万，负债是五百万。债权人向三个人之中的任何一个都可以要。他怎么能向台湾人要呢？台湾人有多少财产，怎么要？看起来他只能向那两个福建人来要，这样就会造成很不平等。出资是一样的，最后承担责任可能只有境内的合伙人承担。在境外的合伙人显然就占了便宜。

　　这给我们提出了一个非常重要的思考问题。合同法已经不区分公民和法人的国籍了。在组织法里，《合同法》是行为法，组织法包括公司和其他企业，这个主体有没有国籍的限制？如果有，怎么限制？

　　有人说将来三资企业法必然要走向衰亡，都变成统一的公司法，只不过对境外人给予特殊保护，或者你汇往国外的外汇利润怎么保障。投资保护约定，组织法应该是一样的。你既然是有限公司，那就按照有限公司，你是股份有限公司就按照股份有限公司，真正成为一个法。作为组织法不再搞三资企业法，大家没有争议。同时存在两个，大家就有争议。

（三）国民待遇原则在国内的体现

市场经济作为竞争经济的前提和起码的条件，是平等竞争、主体地位平等。如果在国际上我们体现的是国民待遇原则，国内的国民待遇原则应该是所有权平等的。也就是说，国际上如果有国民歧视，那么我们在国内就应该有一个所有权歧视的问题，企业也不能再以所有权不同来作为划分标准。我们一些立法文件里已经说明了。

现在有关部门已经规定了，凡是允许境外投资进入的领域，也应当允许民营资本进入。这个问题我也想给大家举几个例子来考虑，也很复杂。

第一个例子，前两年《法制日报》头版右下角有一个画框的新闻，标题用了四个字"从新从轻"。有一个侵吞公司巨额财产的罪犯被判了死刑，到最高人民法院复核的时候，按照全国人大通过的"公司犯罪"的规定，侵吞公司财产罪最高判 20 年，没有死刑。贪污公有制财产有死刑。而贪污是什么概念呢？贪污的前提是贪污公共财产、公有制财产。如果不是公有制财产，那不叫贪污，那只能叫侵吞公司财产。这个人侵吞财产的时候，是 100% 的国有企业，但是判他侵吞公司财产罪的时候改制了，改成国家控股公司了，这样就不能叫贪污罪了，因为已经不是100% 的国有财产了，所以只能判 20 年的有期徒刑。由于所有制不同，判刑就差很多。如果 100% 的国有企业，那是公有制，就是死刑。如果变成国家控股的，那就是 20 年了。

最近又出现一个争论的问题。这个人是国有企业派到公司里的，比如派到三资企业里，他拿了三资企业的钱或者拿了公司的钱，他到底按什么罪对待？他本身是上面因持股、控股派出去，派出去的是 100% 的国有企业。他被派到控股公司，他到底按哪个罪对待？按他拿的钱来说是公司的钱，那个不是 100% 国有，可是派他出去，拿工资的单位，又是100% 的国有企业，现在也有把这样的人判死刑的。他到底算侵吞谁的钱？如果按侵吞公有制财产，但这不是公有制财产，他只是公有制企业派出的，拿公有制企业的工资，而且还有一定的级别。如果照此下去，所有制不同，保护都不一样，那是不是以后我们也可以规定，也许侵吞了个人独资企业财产，可能什么事都没有了？这样所有制地位不平等。

第二个例子，春节以前，李岚清副总理到中国政法大学看望老师，顺便提了问题，我们也请教了几个问题。

一个是跟工商部门有关系。李岚清副总理问，现在有一些小煤窑，根本没有采矿许可证，滥采，禁止也禁止不了，工商部门甚至国务院的规定都没有用，非等死人以后，才能抓起来，法律有没有更强的手段来解决这些问题？

第二个问题就问了黑哨，他也管体育，这个黑哨算什么，裁判算什么身份？按照法律，贿赂只有两种，一种是利用公权力，另外就是商务人员。裁判究竟算什么人？将来再有这样的情况怎么办？比如，民办学校的老师把考题卖了，拿钱这算什么，这也不是公权力，也不是公司的商务人员，这种怎么办呢？受贿还要看不同的身份。利用公权力受贿赂，你给我钱，我给你海关放行。我是税务部门，让你减免税，这个肯定要处理得很严重。我拿钱买通你的私权利，公司采购员，花钱买我的货，那不同的，它只是行政处罚。利用公权力受贿的，当然要比你用私权利吃回扣要严重得多。但是，你要完全都这么来定，将来也麻烦。他说，你们得研究研究，以后采取什么办法。解决法制的公正性，这种情况下拿了 50 万，判重型，换个情况拿了 50 万，什么事没有。那个拿了 50 万判死刑，这个同样拿了 50 万，但变一个企业，判了 20 年，有的甚至什么事都没有。我们怎么能体现法制的公正性，这个问题怎么来解决？这些问题都涉及国民待遇原则，既要体现国民待遇平等，市场经济平等，又不能够超国民待遇，国内也应该体现这个平等。

入世与市场主体准入（下）[*]

江 平

三、民商事法律的适用

涉及民商事关系，我们国家 1986 年的《民法通则》专门有一章来讲涉外民事法律关系的事务。正在起草的民法典，也有一部分专门涉及涉外民商事法律的事务。这里我想从四个方面来说一说。

（一）世界各国通用"自然人"这个词代替"公民"

所以，我们现在的民事立法、商事立法越来越多采用这个办法，包括正在起草的民法典。应该说，在这方面，按照《公司法》，一个境外公民设立公司，不经过外经贸部门批准，也享受这些待遇，刚才我已经就这个问题做了说明，这是民商事法律的适用。实际上，也和国民待遇原则一样。所以，放在第二个问题来讲。

（二）我国现在仍然存在境外民事主体享有与国内民事主体不同待遇的情况

（1）涉外的买卖合同诉讼时效是四年，这是国际公约里所规定的。凡是涉及国外的是四年，国内的就是两年。这样你的官司要是到了法院，法院首先要看有没有涉外因素。过去我们有《涉外经济合同法》，

＊ 本文是江平教授在国家工商总局"WTO 与工商行政管理"专题培训班上的讲课内容，根据录音整理，有删改。原文载《中国工商管理研究》2002 年第 10 期。

我们可以说适用《涉外经济合同法》。现在《涉外经济合同法》统一定为《经济合同法》，但仍然没有排除经济合同里面可能有涉外的因素。有涉外因素，时效就不一样。

（2）最重要的就是涉外合同可以选择法。一份中国和美国签订的合同，除海洋石油勘探等只能够适用中国法律之外，其他的完全可以选择法律。中方和美方发生了贸易纠纷，若是选择第三国的法律，合同里面就规定第三国。如果没有选择法律，就选与合同最紧密地的法律。如果中方跟美方卖房子，标的物是在中国，可能就是以标的物所在地，按照中国的法律审理。从这点来看，对于选择法律是个问题。应该说，涉外仲裁跟国内仲裁仍然有区别。我们涉外仲裁有两类：第一类是外国仲裁机构仲裁，但是由中国的法院来执行。我们已经有这样的情况了。在斯德哥尔摩仲裁院仲裁的江苏某一个案子，中方和外方签订的合同里面明确规定如果发生争议在斯德哥尔摩仲裁院仲裁。但是，在斯德哥尔摩仲裁院作出裁决以后，拿到中国来执行，当地法院不予执行。我们中方的企业认为那个仲裁不合适，以另外一个理由，又向中国的法院提起诉讼。第二类是中国的仲裁机构仲裁。仲裁的裁决还要法院去执行，法院或者撤销仲裁的决议，或者不予执行。我们现在的地方仲裁委员会，都可以受理涉外的仲裁。包括原来的国际仲裁委员会，原来只受理涉外的，现在也可以受理国内的。这样我们就可以看到，仲裁受理案件里面，已经没有涉外或者国内这种严格的界限了。但是，在涉外方面又有特别的规定，如果出现了一些纠纷，则应执行我们国家参加了的国际仲裁裁决执行的公约。这个公约明确规定，除非这个裁决违反了程序法，比如你作出裁决，根本连当事人都没有告知，或者其他的违反程序规定，否则不能以实体的不公正或者错误来不予执行或者撤销。

鉴于我们现在发生了一些涉外的纠纷，有的还闹得很不好，人家认为我们违反了国际公约，违反了WTO的一些规定。所以，最高人民法院作出规定，凡是涉及有涉外仲裁的案件，如果当地法院不予执行或者撤销，必须报最高人民法院。这样，在仲裁问题上又出现了不一样。一般的国内仲裁的案件和涉外仲裁裁决的执行情况有很大不同。涉外的裁决如果不执行，要通报最高人民法院。

所有这些问题都集中到一点，就是怎么来确定主体资格的国籍问题。你怎么说这个案子里面有涉外因素呢？它要不要报最高人民法院呢？如果这个仲裁没有涉外的因素就不需要报。如果这个案子有涉外因素，当地法院执行有问题，就需要报最高人民法院。这样我们就需要来考虑自然人和法人的国籍确认。

现在最高人民法院有两个问题需要解决。第一个问题，哪些法院可以受理涉外案件。以前哪个法院都可以受理，但涉外案件有个选择法律的问题。我们过去法院受理了一个案件，这个案件传的提单是怎么样呢？按照这个单子，是按照货到国家的法律来审理。法院一看到哪儿呢？是加勒比海的一个很小的国家。这就是说我们在中国法院审理的时候，要适用加勒比海一个小国的法律。这在一般的法院怎么能够了解那个小国的法律呢？

现在允许当事人选择法律，如果中方跟美方，选择的是瑞士法律。当然选择了国际公约还好说一点，现在选择瑞士的，就得知道瑞士的法律是怎么规定的。这样涉及的问题就越来越大。

现在很多公司都不在本国注册，我们也面临着这个问题。因为中国注册太麻烦，手续又多，注册的成本比较高，包括你交的税等等。现在很多国家都到加勒比海去注册。在加勒比海注册没有最低注册资本额的限制，一个人也可以设立，也不是实收资本制、实权资本制。美国本来就没有最低资本注册，有 100 多美元就能设立。中国有那么多的限制，都到国外去设立了。

我们国家收到了在加勒比海一个叫 TCI 的群岛法院的判决书。这是一个在地图上都找不到的小岛，还有最高法院。很多的公司在这个小岛设立。那个小岛是英属的殖民地，它规定当公司的股权发生争议的时候，法院可以指派一个接管人去接管。那个国家的法律规定这个接管人是以公司的名义发出指令。而这家公司是在上海设立的外商独资企业，设立这个独资企业的公司，就在 TCI 群岛上，在那儿发生股权纠纷了。由于有一个股东没有出资到位，而且原来的董事是他派的，所以这个接管人就发出了一个指令，要求改变现在在上海注册的这家规模也不小的外商独资企业的董事，要撤换，就是以接管人的名义，法院派去的接管人，同时附带法院的判决，交到我们国家。

我一看材料里边还有英国使馆的信，也有美国使馆的信，我不知道和他们有什么关系，都要求按照这样来改变董事，把原有的董事撤换。上海外经贸局拿到这个东西，怎么办呢？第一，我们跟这个岛没有外交关系，他的最高法院的判决，能不能执行呢？第二，我们也不知道这个国家的法律是什么，怎么那么一个接管人，就能够以公司的名义发布指令，把派到这儿的董事撤换掉，换成另一个，我们敢不敢到外经贸部门和工商部门批准变更这个董事？按照我们的要求，是要有出资那家公司董事会的决议，董事长的签名，才好变更，你那么一个接管人，就要求变更怎么行？我们拒绝了，不同意。现在开会又研究。我们这家在上海注册的外商独资公司，它的股东是独资的出资人，是在 TCI 这个群岛，那个地方的法律就是允许法院派接管人，发生争议，解决不了就得派接管人，接管人就有权利做这个决议。我们到底服从不服从？我们到底应不应该按照这个来办？你保护不保护它？现在越来越多地出现这样一些现象。

在这种情况下，最高人民法院做了一个决定，涉及涉外案件，只能够在省政府、省府所在地的法院，再高就是较大城市的中院来受理，其他的不能受理。这一点非常重要，因为涉及涉外案件，有时候需要这个国家的法律，而那个国家的法律，往往不是一般法院的人所能够理解的。

第二个问题，是我们现在非常困惑的问题，即法人的涉外怎么定？

我们在境外设立了那么多中资企业，资产百分之百是中国的，是国有资产。但是，注册是在我国香港地区，注册是在日本。我在国际仲裁委员会受理了一个案件，就是中化日，中国化工日本公司，是在日本注册的，是日本公司。打了半天的合资企业纠纷，实际上，两方都是中国，百分之百所有权都是中国国有资产，可是你告了半天还是涉外，都是按照涉外来受理。出资给的优惠待遇也是按照外资，打起官司来，各个关系也都是外资。

相反的情况外国企业提出来了。一个美国的公司，比如美国的摩托罗拉公司，在中国设立的，我们两家公司签订了一个合同，合同虽然在中国签订，但是履行都是在境外，都是在美国，然后弄到这儿来。哪怕这个合同都不在中国签，最后适用什么法律呀？两家公司都是在中国注册，按中国说法是中国法人，两个都是中国法人，就没有涉外因素，只能使用中华人民共和国法律，不能适用涉外法律。这两个都是百分之百美国办的公司，怎么没有涉外？按照我们的法律规定，你在中国注册的公司就是中国法人，两个中国法人之间就没有什么涉外关系。

再说我们要选用美国法律可不可以？当然不行，两个中国企业怎么能选用美国法律？到美国仲裁可不可以？不行，两个国内的企业，只能在中国仲裁，不能到美国仲裁。现在已经出现这样的问题了，那就是中方与两个美国企业，发生争议，到美国仲裁可不可以？如果在中国来仲裁两个美国企业的纠纷，我们非要用中国的某种仲裁制度，用中国的法院制度去解决，怎么样呢？最高人民法院已经提到这个问题了，对于跨国公司所订立的合同，履行完全是在国外，在这种情况下应该怎么样来适用法律？我们究竟应该怎么来理解涉外的问题？

要是按照这样，实践中就会给吸引外资带来新的问题：越来越多的外商到中国来设立三资企业，而三资企业只要在中国设立就变成了中国的企业。而中国企业之间，又不能使用外国法律，也不能到外国仲裁，这样他们一听，反而不愿意到你这儿来设立了。我觉得设立是不错，但是一旦发生了适用法律和纠纷，就完全可能按照中国的企业和你自己的法律来解决。这个问题究竟怎么办？应该怎么来理解它？还没有一个很好的办法。

这里涉及工商行政登记中的国籍问题。法人的国籍有成立地说、住所地说、法人设立国籍说、实际控制说、复合标准说等。我们国家的《民法通则》规定法人以它的办事机构所在地、总部所在地、住所所在地，而在中华人民共和国领域里设立的中外合资经营企业、中外合作经营企业和外国企业，具备法人条件的，不是采取住所地说。我们《公司法》里说的是住所地，股份公司的发起人有半数以上在境内有住所，用住所地。这个矛盾将来突出怎么办。

我们《民法通则》中所讲的住所地，究竟是成立地，还是住所地？中华人民共和国刚成立的时候，我们采取的是实际控制说。开发煤矿，虽然在中国注册登记，但是，该煤矿究竟是哪个国家的公司，要看控制资本的是哪个国家。最早是英国人控制，我们说是英国公司。后来日本人控制了，我们说是日本公司。我们从来就没有说，中华人民共和国成立前这类煤矿是中国公司。如果那时候我们把所有的外国资本主义资本都看成是中国公司，实际上，我们就把帝国主义侵略给抹杀了。

将来我们能不能采取其他的办法？比如说符合标准说或者是别的办法。总之，我们要是真的承认涉外，应该说确确实实有外国的利益，我为什么说这个问题？现在已经有越来越多的民营资本到外国注册，拿出来几十万英镑，有的只有不到 100 万，在加拿大、澳大利亚就能成立一个公司，马上变成澳大利亚的公司、加拿大的公司了。到外国投资，当然是外国公司。在海外投资方面，我们虽然说发展起来了，但如何能够采取更好的办法来解决国籍问题。现在，我们看到，主体的地位，在国籍上又有第三个问题，那就是法人国籍的模糊化趋势。

（三）法人国籍模糊化的趋势

随着跨国公司的数量和作用大大增加，公司国籍的概念越来越淡化。境外设立公司越来越自由，也使公司的国籍概念淡化。在这方面，我们也应该有应对的措施。

去年中国法学会成立了一个 WTO 研究会。在会上请了龙永图做报告，讲"国际经济一体化"，很大程度表现为跨国公司的作用，现在跨国公司所占的比例要达到 70% 到 80%，基本上都是高科技领域。他在那次会上特别引用了中央关于当今国际经济形势发展的三个重要特征。今天我们再回顾起来，仍然十分真切。

（1）知识经济代替产业经济。知识经济越来越重要，世界各国也不以你生产多少钢、生产多少煤为指标，就认为你经济强大了。当然我们作为世界工厂怎么来看？前两天朱镕基总理讲了，中国要成为世界工厂。当然世界工厂有好的一面，生产都到我们这儿来。但是仅仅是产业不行，还必须有技术。韩国有一家报纸分析说，中国经济发展这么迅猛、这么快，韩国人怎么应对？有一个人一针见血地说，把工厂设在中国，只要我们掌握技术就行了。他来掌握技术，到你这儿来生产，把这儿变成世界工厂了。可能某些人家不愿意生产的，都到中国来生产。但是，中国现在是发展阶段，我们完全是产业经济，如果掌握不了技术不行。

（2）经济一体化。国际经济一体化，以我们参加 WTO 作为最有说服力的事实。经济全球化，我们进出口已经占到百分之二十几。我们参加了 WTO，意味着参加了国际自由贸易。

（3）跨国公司的作用。从企业改制来说，参加 WTO 对于我们将来企业改制的方向，具有决定性的指导意义或者影响作用。

我们最早的两大石油公司，一个中国石油天然气公司，一个中国石油化工公司，它们改制，究竟改什么？朝哪个方向改？最早的时候考虑，大家说应按照《公司法》里面的国有独资公司去改制，认为国家要控制石油资源，不仅是经济命脉，而且从利益角度来看，大家看看沿路的加油站都变成中石化的，我们要从这个方向走。但是，一改制，它并没有按照国有独资的方向去改，而是改为了股份公司、上市公司，而且上市的额度不小，变成开放式的了。

四大商业银行在《商业银行法》里面写的是国有独资公司。但是，在不久前开的全国金融工作会议上，温家宝副总理讲银行也要走上市公司的道路。银行如果上市，就不是国有独资公司了。国有独资公司，怎么能够让人家去入股呢？跨国公司最大的特点是谁都可以去注资，人人都可以去注资，我们变成一个国有独资公司，连民间的资本，都不能加入一分钱，你只有国家出钱。国有独资公司为了保证纯而又纯的国有公司，再增加资本只有国家拿钱。我在烟草公司讲，你们烟草搞国家垄断，应该说有好处，但是也有弊病，资金只能靠国家，国家没钱，技术永远不能够更新。因为你完全是拴在国家这架车上，不可能有其他方面的出资，什么都不能出资。

跨国公司给我们最大的影响就是：第一，在当今的竞争条件下，跨国公司最有竞争的实力和竞争的能力。所以，外国大的跨国公司可以进来。第二，要应对参加 WTO 以后的挑战，我们也要搞经济规模比较大的控股公司、集团公司。第三，我们也要打入国际跨国公司里面，持它的股。现在我们持跨国公司的股份越来越多。跨国公司开始可以说它是哪个国家的公司。但是，逐渐持股的人多了，可能今天是你控股，明天你卖出了一个股份，又由另外的国家什么公司把它买进去，而买进去的公司，本身又没有明确是哪个国家的，也是许多国家的资金共同持有的。在这个情况下，跨国公司本身的国籍已经很难确定了，只能说这个跨国公司在什么地方，很难说这个跨国公司的股权被哪个国家控制。

在这种情况下，我们也应该看到，将来设立公司的自由，必然会是打通国籍。就像我刚才讲的，很多我们的国有资本，都是在国外登记注册的，我们很多民营资本，也在国外设立公司。设立公司哪里自由，就到哪里去。

（四）涉及我们的法律里面又一个盲点或者争论很大的难点，就是国际法与国内法的关系

《民法通则》第142条规定，中华人民共和国缔结或参加的国际条约同中华人民共和国的民事法律有不同规定的，适用国际条约的规定，但中华人民共和国声明保留的条款除外。这个条款一直有争论。争论的问题，就是国内法与国际法究竟哪个优先。证明国际法优先的就以《民法通则》第142条为例。第142条讲得很清楚，我们国内的法律与参加的国际条约、国际公约不一样的，包括与 WTO 的规则不一样，怎么办呢？除了我们国家声明保留的，没有声明保留的就要适用国际条约，可见国内法与国际法冲突时是国际法优先。但是，反对的人认为，国际法与国内法不一样，还应该是国内法优先。理由很简单，《民法通则》第142条是在涉外民事法律关系下面适用，只是讲涉外的法律关系。对外国人来说，如果中国的法律与外国不一样，那就是国际条约优先。

请大家注意，正是由于第142条的规定在涉外民事法律关系中适用，这样就形成了双重标准。对于外国公民和法人的保护，是采取国际公约、国际条约的标准，只是我们声明的除外。对中国公民仍然要适用国内法，因为这个规定是涉外民事法律，没有讲到是中国人。

我给大家举两个例子，最能说明这个问题。1990 年起草《著作权法》的时候就遇到这个问题，即著作权在使用的过程中，如广播电台和电视台使用作者作品的时候，应该怎么办。按照国际公约的规定，广播电台跟电视台，每使用作者的一个作品就要给他一次钱。广播电台、电视台每播放作者的一个歌曲，就要付一次钱，每使用一个作品就要给一次钱，非常明确。在制定《著作权法》的时候，草案要把这个写进去，而当时的广播电影电视部坚决反对，说如果这么规定，我们吃不消，我们的电视台每播放一个作品都要给一次钱，得多少钱！特别强调的是我们的广播电台跟电视台是党的宣传工具，不是像西方国家一样是商业性电台。所以，我们不能按照这条来做。当时有些作者，尤其是作曲家，

不同意这种看法。我记得《红楼梦》的作曲家就坚决反对广播电影电视部的意见。他说你们电视台怎么不是商业性的？你那个广告黄金时间，一秒钟就是几十万块钱，怎么没有收入？他主张要跟国际公约的规定一样。最后作了一个妥协性的，大家注意到，1990 年的《著作权法》是这么规定的，广播电台、电视台在每录制作者作品的时候，要支付报酬，以后播放就不再给了。这个出来了以后，有些作曲家、作者极力反对。这十几年来一直反对，理由是我不在乎这些钱，我也知道播这么多歌曲拿不了多少钱，问题在于为什么在中国搞双重标准。为什么广播电台播了外国的歌曲，每播一次给一次钱，而播中国的作品只给一次，是中国的作品不值钱，还是中国的作者没有外国人值钱，为什么是双重标准？对他们按国际，对我们按这个？

第二个例子非常典型，就是飞机失事。按照《华沙公约》民航失事的最低赔偿标准是 20 万美元。我有一次碰到了西南航空公司的法律部主任，正好是西南政法大学的一个教授，他到温州去处理那次飞机事故。他说我们民航的最低赔偿标准是 7 万元人民币。这次大连的失事，就是以 7 万元人民币加上这些年物价变动因素，加一下变成 17 万元人民币左右了，已正式公布。我看起价还是原来的 7 万块钱。可是你跟国际标准差了很多。

西南航空公司的法律部主任跟我说，按照现在国际公约的新规定，死了人的赔偿费用没有上限的规定，可以根据乘客的特殊身份而给予特殊的赔偿。这句话什么意思？如果乘客有特殊身份，不能就拿 20 万美元打发人家。举个例子，如果乘客是帕瓦罗蒂，你给 20 万美元能行吗？他演唱一次可能就有 20 万美元的收入。

在航空领域里面，中国人的生命价钱也比外国人低多了，又是一个不同。当然其他领域还有很多，有些国家不一样。比如，我们规定的精神损害比较低，美国的精神损害比较高，每个国家的收入不一样，那是另外一个问题。但是，从法律来看，我们现在的法律是搞双重标准。现在的《民法通则》第142条就是双重标准，外国人适用我们参加的国际条约、国际公约，只要声明保留的除外，没有声明保留的，按照国际公约赔偿。对于中国人要按照中国的法律，不适用国际标准，那个直接的适用只对于外国人。

这个问题对于我们来说非常重要。中国参加WTO以后，对于我们自己公民和法人权利的保护水平，应该是一样的。WTO有关的一些规则，货物贸易也好，服务贸易也好，对外国人的侵权责任和对中国的公民、法人的侵权责任，应该是一样的，而不能够搞双重标准。这个问题仍然是我们现在需要解决的问题。

这次起草民法典对于第142条的条文也有争论。现在起草人加了三条或者说加了三个限制词。就是中华人民共和国参加的国际条约、国际公约，跟我们国家的民事法律关系不一样的时候，什么情况下能够适用国际条约呢？

（1）必须对方也参加了国际条约。只有双方都参加才能适用，我参加了，你没参加，不能适用，这个完全正确。

（2）当事人的合同里面或者当事人之间的协议里面，没有排除条款，没有排除使用国际条约、国际公约。当然有的不愿意使用国际公约的也可以。

（3）这个限制词非常重要，就是国际条约、国际公约的适用，要转化为国内法。转化为国内法，就是国内跟国际是一样的，中国人跟外国人一样。既然把它变成中国法律规定，那么，中国的法律，又是同等适用于自然人和法人，本国和外国的当然是平等了。

我前面讲了WTO里面有一个条款，WTO的一些规则要转化为国内法律，你不能够仅仅在法律适用发生冲突时，对外国的投资者、交易者，按WTO规则，那不行。WTO规则要变成国内的法律，这样才能够体现对本国公民和外国公民，本国法人和外国法人的同等保护。这是我们将来要做的工作。

四、市场准入对于企业设立、变更、终止立法和执法的影响

由于我们国家工商行政管理部门没有很重要的企业设立、变更、终止的行政权限，但这些问题仍然值得我们很好地去思考。虽然这些问题并不是直接在我们参加 WTO 时候的允诺、承诺，但是这个问题仍然面临着接轨的问题。

（一）企业立法的强制性规范和任意性规范

参加 WTO，就有跟国际接轨的问题。这在我们立法上、在法律适用上，首先要看一看强制性规范和任意性规范。参加 WTO 就意味着自由经济、自由贸易，而自由经济、自由贸易，恰恰是减少政府或者国家的控制力，给予市场主体更大的自由。而给予市场经济更大的自由，在立法上表现在哪里？主要是任意性规范。

我请大家注意合同法和公司法，再加上证券法，这三个法有什么区别？我们可以这么说，合同法有相当多的条款，都是任意性规范。在新的《合同法》中，允许当事人可以在合同里面约定一些跟法律规定不一样的东西。约定可以优先于法定，有约定的依照约定，这应该是大家公认的，我们新《合同法》里面的这个精神和原来的《经济合同法》不一样。

证券法是另外一个典型。证券应有严格的发行、交易的管理。所以，我们在《证券法》里面几乎都是强制性规范、禁止性规范。我国台湾地区是把"证券交易法"放在"行政法规"里，不放在"商法"，强调它的管理。管理公法的范畴都是强制性规范。"公司法"应该属于什么？"企业法"应该属于什么？在"企业法"里我们又会看到，合伙显然跟公司有很大不同，世界各国给予合伙企业很大的自由。因为合伙的基础是合同，合伙合同，是当事人之间的约定。

举例来说，过去世界各国有很多规定，合伙合同里面，一方当事人

死亡，合同要终止，不能承担连带无限责任。现在世界各国的合伙法都规定，自由合伙里面怎么分红，都可以自己约定。所以，大家又看到合伙性质的企业跟公司不一样，为什么？因为合伙是连带无限责任，法律限制可以少一点，个人独资承担无限责任，限制就可以少一点。但是，我要把他的财产掌握起来，最后偿还债务的能力我知道，别让他跑了就行，其他的，你跟他信任就可以订。有的独资法里面个人承担有限责任，它的强制性规范就要相对多一点。

我们现在的《公司法》仍然是过多的强制性规范。比如说美国公司里面有CEO（首席执行官），但是中国《公司法》里面只写董事长、经理，没有写CEO，CEO权力也不小，自己能不能在章程规定，算不算违法？在章程里面设立董事长、经理，还有CEO，他的权限如何，而《公司法》里面没有CEO，合不合法？有些公司规定了董事会的人数，算不算违法？很多这类问题来了。表决程序，我自己办公会议的表决程序跟你的不一样，行不行？

美国耶鲁大学有一个著名的教授，他的一本书是克林顿访华的时候，按照两国元首的洽谈项目，经江泽民主席跟克林顿总统洽谈，翻译美国的100多本著作，第一本就是这本书。他到我们学校来做报告，我们学生就问他一个问题，"公司法里面哪些是强制性规范，哪些是任意性规范？"这个教授想了想，他说，保护债权人利益的规定，应该都是强制性的。要不然，权利得不到保障，公司拿了钱都跑了，不行。保护这些人的利益，必须是强制性的。但是，涉及公司内部管理的东西，应该是任意性多一些。管理怎么投票，设什么机构，董事会、股东、监事会不能少，董事长是法定代表人不能变，但涉及怎么样投票，哪些是经理的权限，设置什么人，都是你自己的事，国家不要管得那么多，那么死。

类似这样一些东西，都是我们将来在管理的立法、机制里面，需要很好考虑的一些问题。现在世界各国企业的形态多样化。适应这种情况，我们现在正在制定有限合伙法，或者是合伙企业法加进有限合伙法，还要制定有限责任合伙法。

这个有限责任合伙是什么？我们现在的合伙企业里面，合伙人都不承担连带无限责任。这个趋势太重要了。为什么美国有这么大的律师事务所？搞合伙制，合伙人可以有上百人。律师搞合伙制，而合伙如果规模大了，这合伙人可了不得，除了合伙之间，如果再加上经理人员，再加上雇员，很多律师是雇员。但如果他们所造成的一切损失，都由这几个合伙人承担连带无限责任，那就没有人愿意搞合伙，风险太大。所以，它规定合伙人的无限责任不是绝对的，只是在业务经营范围内承担连带无限责任，而其他雇员、经理造成了损失，越权、侵权，开汽车撞了人，都不承担连带无限责任，由你自己去承担。这样，原来什么情况下都是连带无限责任，现在把它控制在业务范围里面的负债承担无限连带责任，其他越权、侵权不承担了。

美国最近 10 年之内颁布了统一有限责任公司法，又出现了一种新的有限责任公司形式，英文简称为 LC，或者 LLC，跟我们传统的有限责任公司不一样。这种公司里面就不叫股东，跟合伙差不多，可以不设股东会，要那么复杂干嘛？两三个人的本钱也不多，干嘛搞股东会？股东会可以不设立，也没有监事会，什么都没有。三个人找一个合伙人来管就行了，很简单，可以找一个经理人来管，也可以按照信托找一个受托人来管。

这种公司形式最大的特点是什么？这样的公司出资人，一方面承担有限责任，另外一方面纳税只按合伙来纳税。我们现在也变了，有限责任公司中的股东、出资人能够承担有限责任，但是，它是按照合伙来纳税了。

美国现在千方百计搞各种简便又高效的组织形态，合伙就很简便，合伙就是合同的形式，也不需要注明，它可以不叫企业，可以不必有企业登记，成本又可以低，税又可以方便，责任又要清，尽量变成了有限责任，或者无限责任也受限制。这个趋势我们一定要考虑，要不然别人都到那儿注册公司，将来国际竞争，参加 WTO，怎么争取人家到你这儿来注册公司？美国是世界上注册最方便的国家之一，一是没有最低注册资本额，二是一个人就可以设立有限责任公司，一个自然人，或一个法人。三是授权资本制。就这样还有人跑到加勒比海去注册。现在有人开玩笑说马克思讲了无产阶级没有祖国，现在是资本主义真正没有祖国了。资本才没祖国，什么地方能赚钱，什么地方设立，资本就流到哪儿去。如资本在中国设立无非考虑两点：一个是赚钱多不多；一个是设立成本的问题。如果设立成本过高、税过高，赚钱就是多一点，它也不愿意来。如果赚钱少一点，但是税设立很方便，保护很好，可能愿意到这儿。如果不是这样，可以到别的地方去注册，为什么非要到你这儿注册公司呢？在别的地方注册也可以到你这儿来投资。我的意思是，我们必须对企业的设立、它的自由和它的成本，做一个考虑。

（二）企业设立登记准则主义的趋势

我们《公司法》第 8 条写得是很漂亮，第一讲了只要符合《公司法》的规范，你就可以注册为有限责任、股份公司，不符合就不注册，没有经过批准，符合就可以设立。但是，实际上是这样吗？不是这样的，尤其是股份公司的设立更加麻烦。现在股份公司的设立需要省部批准。将来我们搞股份公司，还是这么麻烦的一套东西，登记再有这么多的手续批准，那会有很大影响。

登记的效力问题仍然是现在争论很大的问题。《合同法》第 44 条已经讲了，合同要登记备案才生效。但是，对此却有争论，究竟是登记备案主义还是登记生效主义？我们现在已经承认了在中国的登记，我是讲合同登记，还不像企业登记。合同登记现在分为两种：第一个是登记生效主义。应该说，抵押合同要登记，不经登记不生效，这是明确讲的登记生效主义，不登记不生效。第二个就是登记备案主义。我们的《房地产管理法》规定，房屋租赁合同和商品房预售合同是登记备案，没有备案应该影响它的效力。没有备案你可以给予行政处罚，万一你租给了一些搞非法经营的，怎么办？现在已经面临着这个问题了，已经碰到好几次的争议。

有限公司的股权转让，当事人之间的股权转让，协议也签订了，也签字盖章了。有些公司的股东会议上也做了决议，同意转让，股东的公司名字也变更了。最后在工商部门没有变更，当事人一方反悔了，那么这个合同成立不成立？有的说工商部门是登记生效要件，没有登记没有变更，对外部没有公告，那就是没有生效。但是，也有人认为，这只是备案。按照《公司法》规定只要有协议，只要有股东会决议，只要有股东名册变更，变更完了就生效了，登记只是一个备案。

我对这个问题现在也有点困惑，我认为工商部门的企业登记，有些东西是生效主义。比如说，我们企业设立的一些登记，没有怎么行？当然是不是也有一些登记可作为备案。如果现在变更了某些东西，是不是必须登记才能最后生效。股权转让，股东会决议了，股权转让协议有了，是不是就因为注册部分没变更，这些都不承认了呢？

究竟工商部门登记的效力如何，将来还会碰到跟法院的关系问题。坦率地说，这次民法典制定提到这个问题，比如说房屋产权经法院判决以后发生了变化，但是，房产产权登记没有变化，还是保持原来的登记，到底这个产权是谁的？我们现在确定产权是登记主义，登记为谁的就是谁的。现在房管局登记的是这样，法院判的是那样，法院判了以后，房管局就不给变更，到底应该按谁的？现在《民法通则》写得很清楚，法院做了判决就以法院判决为准。企业登记，现在按国有企业登记，但法院判决实际上是个人出资，究竟这个东西怎么来定？将来怎么确定性质，又涉及工商部门和法院判决之间的效力关系。将来这部分对外要有说法。你这个判决里面究竟以哪个为准？法院判决了，工商部门不变更，法院也不能强迫你变更，法院没有这个权力。西方国家法院有，我们这里没有。这些问题将来我们对外都应该有一个统一的答案。

（三）公司终止以后的清算问题目前比较混乱

几个月前最高人民法院召开会议讨论一个方案，就是企业由于上级部门的决定或者自愿终止的清算办法。这个方案的一个中心意思，由于某些原因，甚至还有违法经营，只能够注销和吊销营业执照，而不能把法人资格给注销掉。因为没有经过清算，清算没有完毕。在这个会议上，国家工商总局的人也参加了，就坚决反对。我们都参加 WTO 了，在这个问题上，法院跟工商部门不能取得一致意见，将来如何对外？

按国际来说，任何一个企业没有经过清算，怎么能终止法人资格呢？《民法通则》也有这个意思。企业终止要清算，清算完毕了才能取消法人资格。我们现在很大的一个案件，"协城大厦"的案件，在最高人民法院开了 5 天的会，就是争论这个问题。这个企业应该怎么来退出，国家工商总局的答复还是按现在的文件。好几年了，还是当时的文件，就是两种不同情况。吊销和一年以上没有从事经营活动的，先吊销，后清算。我是代表深圳市政府打这个官司，在这点上，企业是先在这里注销，一年没有经营的情况，注销了再清算。另外先清算，后注销。我们的企业法就变成了两种：一个是先清算后注销，一个是先注销后清算。而我国《公司法》规定的，所有的公司不论什么原因，都必须先清算，然后才能够注销。三资企业绝不可能变成先吊销后清算。三资企业法明确规定，三资企业不论什么原因，必须先清算。外商也会说，我由于有违法活动，先使我法人资格没了，然后再清算，那怎么清算？

因此，造成我们现在存在这样的情况：有一些人为了逃避债务，干脆不去年检，也不从事经营活动。过了一年、两年，年检不合格，注销，法人资格没了，告到法院，找谁去？这个公司早已经解散了，公司已经终止了，已经消灭了。这个问题我们必须找到办法，否则我们没法交代。我们正在搞统一的商事登记法，这个非常必要。我们再不能对不同企业用不同办法。国有企业一套办法，公司一套办法，三资企业一套办法，这不行，我们必须建立统一的办法。

　　我国香港地区回归以前，我碰到香港地区的一个人，给我一个名片，名片上写的是清算师。当时看了我还很奇怪，我在各个地方看到有会计师、审计师、评估师，清算师还是头一次看见。我问，清算师是干什么的？是怎么产生的？他说，在香港一个公司要去消灭它的法人资格，去注销它的登记，必须要有我的签字，才能够生效。显然第一个必须有清算，因为没有清算不行。而且照他的说法，报告还必须最后他签字。那就是说，如果清算漏掉了一笔债务，没有清偿，这个企业就终止了，那个债权人就永远拿不到。因为已经终止了，财产已经分了，你再找它也没用。最高人民法院原来说，这个公司终止了，钱还没有还，怎么办？可以告第一大股东，第一大股东不在，可以告第二大股东，这个问题在讨论的时候有争议。你这个股份有限公司不存在了，那你干嘛找第一大股东呢？第一大股东是不是就负有清偿义务？他说我出资已经到位了，我为什么还要清偿？没有理由再找他。如果第一笔债务没有清偿，公司就消灭了，就不存在了，那债权人就要受保护，必须要经过法律。他说我们将来必须在清算的制度上，有一个严格的要求、把关。我们现在必须要解决这个问题，就是企业终止的时候，必须要很严格。

　　从西方国家大概可以看到这个规律：企业设立的时候比较自由，但是企业终止的时候还是要把关的，没有清算完毕怎么能够终止？债权债务没有还，税没有纳清，怎么能够终止？设立可以相当自由，而终止要有一个最后的把关。而我们国家现在是设立的时候很难，终止的时候可能无声无息就没了，自然就死亡了。所以，有人说法人能不能跟自然人一样，叫自然死亡？我是坚决反对叫自然死亡的，法人的死亡，必须要经过严格的一套法律手续，完毕了以后才能死亡。我们需要制定一个很完整的商事登记法，这是我们参加 WTO 企业管理方面非常重要的。

论公司内部监督机制的一元化[*]

江　平　邓　辉

一般而言，在公司治理的框架下，对公司经营者的监督来自两个方面：一为股东通过行使股东权利所实施的监督，它包括股东个体直接实施的监督和通过股东会实施的监督；二为公司内部监督机构或监督人员所实施的监督。前者是股东自己实施的监督，后者是作为股东的代理人或受托人所实施的监督，后者以前者为基础但又不同于前者。由于股东与公司之间存在着区隔机制，因此本文将前者称之为外部监督，而由于内部监督机构或人员是公司组织体的一部分，因此本文将后者称之为内部监督。本文将以公司内部监督作为论述对象，在阐述内部监督权力不可分割性的基础上得出公司内部监督机制一元化的结论，并据此对我国公司监事会制度的完善提出一些建议。

一、公司内部监督权力的不可分割性

在德国、日本、韩国以及中国等国家的公司法中均规定了专司监督职能的监事会制度，而在英美等国的公司法中则没有设置专司监督职能的机构，而是由董事会"一身两任"，兼具经营上的指挥权与监督权。但是，公司作为一个营利性组织，其组织机构的设置亦应符合效率的原则，从提高监督实效、减少监督成本的角度出发，本文认为，公司内部

---

　　* 原文载于《中国法学》2003 年第 2 期，系与博士生邓辉合著。

监督权力不应被分割，换言之，公司内部监督权力应集中行使，亦即应确立本文所言的一元化内部监督机制。当然，为补内部监督者监督能力之不足以及出于制衡监督者的需要，内部监督权力由有限的第三方进行分享是必要的。

（一）监督权力按监督的内容可区分为业务监督权与财务监督权

由于英美公司治理结构是一元制的，董事会享有公司所有权力，集经营上的指挥与监督权于一身，而立法并未限制董事会对公司高级职员的监督权，因此，董事会在监督方面的权力包括对公司的业务执行及会计事务进行监察和复议[1]。在德国，监事会既拥有对公司业务进行监督的权力，也拥有对公司财务进行监督的权力[2]。日本监事（日本采独任监事制）的职权也是兼具业务监督与财务监督两方面的监督权力[3]。另外，考虑到财务监督需要专门知识，且大型公司财务监督工作量极为巨大，同时也为提高财务监督的客观独立性，英国公司法规定了由股东大会选任的审计人制度[4]，美国公司法上并没有设置常设审计人，但在实践中，美国公众公司董事会下设由外部董事所组成的审计委员会进行财务监督[5]，德国公司法上有股东选举的决算审查人制度和对特定事件进行审查的特别审查人制度[6]，日本则有由股东大会选任的会计监察人制度和检查人制度[7]。

---

〔1〕 有关董事会的职权参见罗伯特·C. 克拉克：《公司法则》，胡平等译，李静冰译校，中国工商出版社1999年版，第78~79页。

〔2〕 参见《德国股份法》第111条、第90条、第172条。

〔3〕 参见《日本商法典》第274条。但小股份公司监事只有会计监察的权限，参见《日本商法典特例法》第22条。

〔4〕 参见1985年《英国公司法》第5编第119条第384节之一。

〔5〕 何远卿："公司独立董事制度研究"，载《复旦民商法学评论》2001年9月刊，法律出版社2001年版，第156页。

〔6〕 参见《德国商法典》第316~324条、第90条、第172条；《德国股份法》第142~145条。

〔7〕 参见《日本商法典特例法》第2~8条，《日本商法典》第184条、第237条、第238条、第430条等。

通过以上对公司法规范的考察，我们发现，在这些国家公司内部监督机制中，业务监督权与财务监督权都得到区分，但这两种权力未被分割为由不同的主体享有，而是由单一的监督者所享有。同时我们还发现，除监事（会）或董事会享有财务监督权外，这些国家（除美国外）均有经股东大会选任的另一个财务监督主体。业务监督权与财务监督权的区分以及第三人分享财务监督权的事实说明了什么呢？首先关于区分业务监督权与财务监督权的原因。监督者对被监督者的监督范围涉及被监督者（董事、高级职员）执行业务的一切事项，监督方式也以监督业务执行所必须为标准，就此而论，监督权力都可以称之为业务监督权。因此，所谓财务监督权是当然包括在业务监督权之内的，财务监督只是业务监督权的行使方式之一而已。而财务监督权从业务监督权中独立出来，其原因乃在于财务监督的专业性和重要性在专业机构或人士享有财务监督权的同时，监督者仍应保留财务监督权，这是因为监督者一旦失去了财务监督权其实也就失去了了解公司运营状态的最主要的信息渠道，监督者对被监督者的监督往往将难以启动，即便启动也往往会因缺乏凭据而难以确认不当经营行为，监督实效必将大打折扣。因此，糅合上述分与不分的理由，两全之策只能是外部财务专业机构或人士分享而不是独占财务监督权，监督者保留但却不能独享财务监督权。

在上述各国公司监督机制中，监事（会）或董事会的监督权是较为完整的，它们均享有业务监督权和财务监督权，虽然外部财务专业机构或人士可以分享财务监督权，但它们的分享并没有损及监事（会）或董事会固有的财务监督权。公司的内部监督权的行使仍以监事（会）或董事会为主干，通常情况下，外部财务专业机构或人士不过是在财务会计方面为他们执行职务提供帮助而已[1]。业务监督权与财务监督权有机统一是监督机制发挥实效的客观需要，而且这一客观需要已得到经验支

---

[1] 有关日本的相关分析见汤欣：《公司治理与上市公司收购》，中国人民大学出版社2001年版，第138~139页。

撑，因此，业务监督权与财务监督权统一行使的客观需要是公司内部监督机制一元化的一股原动力。财务专业机构或人士分享财务监督权的事实尚不能表明监督权力一元化行使的局面已被打破，这是因为分享本身并不影响监督者的固有监督权，而且分享的主要目的乃在于为监督者执行职务提供帮助以补监督者能力之不足。

（二）监督权力按监督的范围可区分为合法性监督权与妥当性监督权

监督者应仅享有合法性监督权，还是同时应享有妥当性监督权，这一问题可以转换成另一个实质上完全相同的问题，即监督与经营的关系，合法性监督权与妥当性监督权的区分，其实质意义在于界定监督与经营的关系。

在这里我们有必要廓清以下两个问题：其一，监督者是否应享有妥当性监督权，如果享有，妥当性监督权又应该在什么情况下发动；其二，经营者的妥当性监督权与监督者的妥当性监督权的关系。对第一个问题我们需要从监督的目的出发来分析。监督的目的，积极地说在于提升公司的价值，消极地说在于防止损害公司的价值。如果监督者仅仅享有合法性监督权，仅对经营者执行职务时违反法律、法规、公司章程以及股东大会决议的行为进行监督，经营者经营判断的自由得到保障，但监督者对于显著不当的经营行为亦无权监督，则监督的目的必将部分旁落，因为对公司利益的损害不仅来自经营者的违法行为，更来自于经营者的不当经营行为。使公司利益免受侵害是监督者的固有任务，因此，应该理解为监督者被当然授予了妥当性监督权[1]。诚然，如果监督者的监督权仅限于合法性监督，那么监督者的地位更像是执法者，即国家或公共利益的维护者，而非公司利益的维护者。但很快我们就会陷入另一个困难，即如果监督者拥有妥当性监督权，经营者的经营判断就会受

---

[1] [日]末永敏和：《现代日本公司法》，金洪玉译，人民法院出版社 2000 年版，第169 页。

到束缚，经营者的自发性就会受到抑制[1]，而且，如果监督者的经营判断优先于经营者的经营判断，这也有违于公司内部机关分化和职权划分的基本宗旨[2]。再者，监督者能否正确判断业务执行的妥当性，也是有疑问的，反而会强加于监督者较困难的任务[3]。看来，在监督者是否应享有妥当性监督权问题上，不应将答案限于全有或全无的两极，而应在两极之间寻找答案。为界定监督与经营之间的关系，我们认为基于实现监督目的的需要，应肯定监督权力既包括合法性又包括妥当性监督权，在此基础上将妥当性监督权的行使条件限制为仅针对严重不当的经营行为，并且监督者的妥当性监督权限于消极性的行使方式，即只有在监督者知道严重不当的经营行为发生时才产生此项权利与义务。在立法例上，德国公司法赋予监事会对董事的很大的监督权，监事会甚至享有对特殊种类行为的同意权[4]，监事会享有妥当性监督权应属无疑。日本商法也赋予监事会于特定情形下的妥当性监督权[5]。从英美公司法中董事及高级职员的谨慎、勤勉义务可以推导出监督者的妥当性监督权，只不过英美法院基于商业判断原则而不愿介入有关妥当性监督权的纠纷而已[6]。总之，为保障监督目的得以实现，监督者享有合法性监督权与特定情况下的妥当性监督权是必要的。

（三）监督权力按监督的过程可区分为事前、事中、事后监督权

从控制论的角度看，公司内部监督机制运作的效果取决于它对经营

---

[1]　[日]末永敏和：《现代日本公司法》，金洪玉译，人民法院出版社 2000 年版，第168 页。

[2]　[韩]李哲松：《韩国公司法》，吴日焕译，中国政法大学出版社 2000 年版，第 531页。

[3]　[日]末永敏和：《现代日本公司法》，金洪玉译，人民法院出版社 2000 年版，第168 页。

[4]　参见《德国股份法》第 111 条。

[5]　参见《日本商法典》第 275 条、第 281 条之三的第 2 款第 8 项。

[6]　参见［加］布莱恩·R. 柴芬斯：《公司法：理论、结构和运作》，林华伟、魏旻译，法律出版社 2001 年版，第 333~378 页。

者行为过程的监控，有效的监督应该是贯穿全过程的。

一个经营行为可以划分为事前、事中、事后三个阶段，对经营行为事前监控的实际作用在于减少事中、事后监督的盲目性以及防患于未然。但事前监督也有它的限度，亦不应与公司内部分权制衡的结构相冲突，即事前监督也必须在监督与经营区分的框架下进行。事前监督是对经营规划行为的监督，其内容主要包括：第一，对经营者选任的参与。监督者之所以应参与对经营者的选任，是因为参与有助于监督者理解和把握经营者的任务，从而使监督行为具有较强的针对性，而且参与的事实显然会提高监督者的权威，从而有助于监督者更便利地获取经营信息以及监督结论的贯彻。按照德国公司法，监事会具有选任董事会成员的权力[1]。英美董事会具有业务执行权和监督权，董事会具有授权下属委员会或高级职员执行某些业务的权力[2]。可见，英美德公司中的监督者在公司经营者的选任问题上具有最终的决定权，这一点有效地保障了监督者的权威，确保了监督的实效。与英美德不同，日本公司法中，董事和监事均由股东大会选举产生，监事对董事的选任只能进行有限的参与，即可以在股东大会上就董事的选任陈述其意见[3]，但无权直接选任董事。这种监督机制使得监事只能对董事产生有限的权威，加之董事会中心主义在日本公司法上确立以后，依现行法，监事的人选是由董事会的议案提出的[4]，这样一来，监事不仅缺乏对董事的真正影响力，在实践中反而受制于董事会，缺乏独立性，所以缺乏监督的实效性[5]。我们认为，监督者对公司经营者选任的参与程度是影响监督绩效乃至整个治理绩效的重要因素，较高的参与程度是有效的公司内部监督机制的

---

〔1〕 参见《德国股份法》第 84 条。

〔2〕 罗伯特·C. 克拉克：《公司法则》，胡平等译，李静冰译校，中国工商出版社 1999 年版，第 83 页。参见《美国示范公司法》第 8.40 节，1985 年《英国公司法》第六部分。

〔3〕 参见《日本商法典》第 275 条之三。

〔4〕 ［日］酒卷俊雄：《日本的企业治理结构论与公司法的修改》，李黎明译，载李黎明主编：《中日企业法律制度比较》，法律出版社 1998 年版，第 12 页。

〔5〕 参见《德国股份法》第 111 条。

内在要求。第二，对经营决策的监督。对经营决策的监督是监督机制的重要环节，因为通常情况下损害公司利益的行为导源于经营决策，因此若要构筑公司风险的控制机制就必须赋予监督者对经营决策的监督权。监督者监督经营决策的作用一方面在于通过了解有关经营决策的信息，为对经营决策的实施行为进行监督提供信息基础，因为监督是以知情为条件的；另一方面则在于通过对经营决策提出建议和意见，一定程度上减少盲目和失误，在经营者的决策有使公司产生重大损害之虞，监督者阻止决策的实施可以有效地控制损害的发生。在这里尤有必要强调监督与经营的界限，监督者的职责在于监督，经营者的职责在于经营，而经营者的主要职责就是经营决策，因此，对监督者对经营决策的监督权的内容必须予以清晰界定。对经营决策的监督权不应逾越经营权的范围，经营决策权仍属于经营者，经营者对经营决策事项拥有决断权，监督者只是这一过程中的第三者，扮演着倾听者、观察者、建议者、质询者以及对危及公司重大利益的决策的阻止者的角色。因此，监督者对经营决策的监督权的内容主要表现为重大经营决策的报告请求权、董事会出席权、意见陈述权以及重大不当经营决策实施的阻止权等。当然，现代经营需要迅速的决策，因此对经营决策实施的阻止权只有在公司利益受到明显的、重大的危害时才能实施。各国有关对经营决策的监督权的内容不尽相同，德国公司法中，对经营决策的监督权主要包括同意保留权、听取报告权等[1]，日本公司法则有报告请求权、董事会出席权、意见陈述权以及董事违法行为的停止请求权等[2]。英美公司中的董事会自己享有经营决策权，如董事会自己进行经营决策，则在公司内部并不存在第三者对经营决策的监督。实际上，英美公司中主要是通过股东的诉权来制约经营决策的，如果公司董事会中有独立董事，则独立董事对经营决策有一定的监督作用，但这仍属于董事会内部的监督。如果董事会

---

〔1〕 参见《德国股份法》第111条、第90条。
〔2〕 参见《日本商法典》第274条、第260条之三。

授权下设委员会或公司高级职员行使董事会的某些业务执行权，则董事会与委员会或高级职员的关系就以董事会的规定或公司章程或工作细则来进行界定[1]。

通过对英美德日公司法中有关事前监督规定的考察，可以发现，英美公司法有关事前监督的规定立足于规范董事会对下设委员会或高级职员的授权行为，即经营者的选任权，相反对经营决策的监督权则未予规定；德国公司法则不仅规定了监事会对董事会成员的选任权，而且还规定了监事会对经营决策的监督权；按日本公司法，监事会不享有对董事的选任权，但监事会却享有较强的经营决策的监督权。这一立法例上的差异正好可以帮助我们理解对经营者的选任权与对经营决策的监督权之间的关系，通过下文的分析，我们将发现在对经营者选任权问题上的不同理解和安排其实正是英美、德、日三种不同的公司治理结构的分野之所在。在英美公司法中，董事会处于对公司事务享有全面权力和承担全面责任的地位，董事会有权选任除董事之外的经营者，董事会与被授权者之间是上下级关系，二者之间的关系被纳入到兼具代理与信托性质的法律框架之中。因此，在董事会对被授权的经营者具有完全控制能力的情况下，公司法将界定二者之间关系的任务交由董事会自行确定或由公司章程事先确定或交由代理或信托方面的法律去解决，这种立法上的安排既尊重当事人的意愿，具有相当弹性，但又疏而不漏。与英美公司中的董事会相同，德国公司中的监事会也具有选任经营者即董事会成员的权力。但是，监事会与经营者之间的关系在德国公司法中却不能被解读为上下级关系，虽然监事会对董事会拥有很大权力，但二者之间却不是代理或委任或信托的关系，而是分权制衡的关系[2]。既然监事会与董事会的关系是分权制衡关系，那么，监事会对董事会经营决策的监督权就是不可能从监事会对董事的选任权中推导出来的，公司法自然就有必

---

[1] 参见《美国示范公司法》第 8. 25 节、第 8. 40 节、第 8. 41 节。
[2] 参见《德国股份法》第 76 条、第 78 条、第 111 条等。

要明确规定监事会对董事会经营决策的监督权。在日本公司法中，监事会与董事会之间的关系也被界定为分权制衡关系，但监事会对董事却没有选任权。同样，日本公司法也明确规定了监事会对经营决策的监督权，只是与德国公司法上监事会的相关权力相比，其内容更为详细，不仅包括报告请求权，还包括董事会的出席权、意见陈述权以及董事违法行为的停止请求权等。对经营决策监督权的强化应理解为是为了补监事会缺乏董事任免权之不足，其实质是在立法上寻求权力的平衡。总之，监督者对经营者任免权之有无以及对这一选任权性质的不同理解将影响到公司法有关监督者对经营决策监督权的安排，一般而言，对经营者的选任权与对经营决策的监督权二者之间在搭配上是此强彼弱、此消彼长的关系。因此，在事前监督权的立法安排上应注意权力资源的合理搭配，以免导致权力关系的不和谐。总的来说，事前监督权中的对经营者的选任权对事前监督的实效有着决定性影响，因为选任权作为一种人事权，与经营者个人利益攸关，因此对于制约经营者行为具有长期、稳定、深入的作用，而对经营决策的监督权若缺乏对经营者任免权的配合也难以发挥实质性作用。因此，应该强调监督者对经营者的选任权在事前监督权力中的关键性地位。

事实上，公司内部之所以需要监督者，从根本上说就是需要监督者防范损害公司利益的不当经营行为的发生，而非仅仅在损害行为发生以后去进行调查。因此监督机制的立足点应该在于事前和事中的监督，而非事后的监督。事中的监督在于对经营行为进行监督，它也是监督机制中不可或缺的一环，失去了事中的监督，整个监督机制就会蜕变成一个归责机制，而非一个风险控制机制。对经营行为监督的实效取决于经营行为的可观察度，即监督者得到公司经营活动的全面与真实信息的程度[1]。而经营行为的可观察度又取决于公司内部有关经营行为的信息

---

〔1〕 田志龙、蔡希贤："我国公司治理内部监控机制有效运作的思路"，载《经济体制改革》1997年第5期。

系统的完善程度以及面向监督者的开放程度。公司内部有关经营行为的信息系统主要是记录公司业绩及交易行为结果的财务会计系统和经营者的报告系统，因此，事中的监督就主要表现为监督者对财务和资产状况进行检查的权力、请求经营者就重大经营事项进行报告的权力以及不当经营行为的停止请求权。

事后监督的主要任务是发现问题并追究责任。发现问题远比追究责任更为困难，其原因在于经营绩效是各种因素共同作用的结果，它既受国家宏观政策与经济政策、行业景气程度、行业竞争状况甚至天灾等自然因素以及其他一些随机因素的影响，还受公司经营者管理水平等公司治理因素的影响[1]。因此，准确区分各种不同因素与公司业绩的相关程度是相当困难的，甚至常常是不可能的，评价经营行为对公司业绩的影响当然也是极不容易的。但评价的困难并不意味着不当经营行为对公司绩效的影响都会被掩盖，实际上经营行为对于公司业绩的影响具有一定的可测度性。经营行为的结果表现为财务方面和非财务方面的，因此，监督者对经营行为的结果进行测度或评价的方式主要就是财务检查权和对特定事项的调查权。根据事后监督所形成的结论，如经营者对公司经营业绩的失败负有责任，则应对经营者采取相应的法律措施，其中最有力量的措施应是请求损害赔偿和启动免职程序。因此，监督者应相应享有代表公司向经营者提起损害赔偿的请求权和启动免职程序乃至直接免除经营者职务的权力。德日公司法中均赋予监事（会）针对公司与董事之间的诉讼代表权[2]。英美公司中的董事会拥有公司代表权，得代表公司起诉高级职员。至于启动免职程序乃至直接免除经营者职务的权力，则是与选任权相对应的权力，它与选任权一样应在事后监督机制

---

〔1〕 张正堂、陈蔓生："对企业经营者报酬理论主流观点的质疑"，载《当代财经》2002年第3期。

〔2〕 参见《德国股份法》第112条；《日本商法典》第275条之四。

中处于关键地位。英美德公司法中，监督者对经营者具有免职权[1]，得直接免除经营者的职务。依日本公司法，监事有权在股东全会上就董事的解任陈述其意见[2]，但这种陈述意见权在性质上仍不属于免职启动权。

监督就是对被监督行为的过程监督，脱离了过程监督其实就不存在监督，换言之，脱离过程的监督只会是有名无实的监督。监督者对经营行为的监督贯穿从经营者选任、经营决策、决策实施到经营结果评价乃至责任认定、追究的全部过程，不仅对经营系统的输出因素（经营结果评价、责任认定及追究）有能力进行监督，而且对具体的经营行为以及经营系统的输入因素（经营者选任、经营决策监督）有能力进行监督，只有这样才能保障监督机制中信息系统的开放、连贯、畅通，也只有这样才能保障监督机制中监控措施的及时与妥当，因此公司内部监督机制中的监督权应覆盖整个经营系统，监督者对经营者行为的监督权应该是事前、事中、事后三种监督权力构成的有序整体，从系统论与控制论的角度来看，这是公司内部监督机制取得实效的内在要求。也就是说，我们虽然可以将监督权力区分为事前、事中、事后三种样态，但却不应将这三种权力决然分开，更不应将其分别委与不同的监督者。总之，事前、事中、事后的监督权具有集中化行使的内在要求，而这种内在要求正是公司内部监督机制一元化的另一股原动力。

（四）监督权力按监督对象的不同可区分为对经营者的监督权和对监督者本身的监督权

首先必须明确本文所讨论的内部监督机制仅限于对经营者的监督而不包括对监督者本身的监督，也就是说，本文是限于对经营者的监督权的范围内区分监督权的不同类型的，对监督者的监督问题在文中虽有涉

---

[1]　英美公司中作为监督者的董事会只有权选任和罢免高级职员，而无权选任和罢免作为经营者的董事，故本文所言监督者对经营者的选任和罢免权仅针对公司的高级职员而言。

[2]　参见《日本商法典》第275条之三。

及但并非本文主旨。显然对经营者的监督权与对监督者的监督权属于两种不能统一行使的监督权，对监督者的监督权必须由监督者之外的第三者来行使，而这个第三者显然也不是指经营者，由监督者监督经营者，反过来又由经营者监督监督者，这种循环监督的模式会侵蚀监督所必需的独立性，因而是不可取的。那么应该由谁来监督监督者呢？从理论上来讲，可以在公司内部设置一个对监督者进行监督的监督者，但是这样做必然引发多重监督的问题，因为监督监督者的监督者也应该被监督，如此衍生下去，将会形成一个无法穷尽的监督链条，不仅监督成本会极其高昂，监督机制也会因监督权力之间的纠缠与冲突而陷于不能动弹之境地。因此，对监督者的监督的环节应尽可能地少，实际上对监督者的监督从根本上只能依靠最终的监督者即公司成员，而不是公司委任的其他代理人或受托人。

在公司立法例上，前已述及的英国的审计人制度、美国的独立董事制度以及审计委员会制度、德国的决算审计人制度以及特别审查人制度、日本的会计监察人制度以及检查人制度在功能上都具有监督、制衡监督者的作用。

综上所述，公司内部监督权力的不可分割性具体表现为：其一，业务监督权与财务监督权的不可分割性，但为补监督者财务监督能力之不足以及制衡监督者的需要，允许具有财务专能的人士或机构分享财务监督权。其二，合法性监督权与妥当性监督权的不可分割性，经营者也可以享有妥当性监督权，但经营者的妥当性监督权源于其自身的业务经营权，既非从监督权当中分割而来，亦非与监督权分享的结果。为保障监督与经营的区分，监督者的妥当性监督权只能针对严重不当的经营行为且一般以消极方式行使。其三，事前、事中、事后监督权的不可分割性。监督者对经营全过程进行监督的具体权能可以表现为经营者任免权或对经营者任免的相当影响力、财务和资产检查权、报告请求权、会议列席权、意见陈述权以及不当经营行为阻止权、损害赔偿请求权等。并且，如果监督者缺乏对经营者任免事项的决定权或实质性影响力，那么，其他监督权项将得到强化。其四，对监督者监督的有限性。对监督者的监督控制在有限的几种方式中，诸如独立的会计审计及特定事项的调查，对监督者的监督权只能由监督者和经营者之外的第三人享有。

二、我国公司内部监督机制的一元化问题

（一）我国公司内部监督机制的多元化现象

我国公司内部监督机制存在着多元化的现象，总的表现就是内部监督权力的碎片化以及监督机构的分散化。内部监督权力的碎片化首先表现为我国公司法中存在着一套以维护股东利益为目的的监督机制、一套以维护职工利益为目的的监督机制。前一套监督机制表现为监事会制度，从法律条文来看，监事会对股东大会负责，并不对职工负责，监事所需要担当的也只是全体股东利益，职工代表进入监事会并不意味着它应该以维护职工利益为己任，在现行的公司治理框架下，职工代表进入监事会的做法理解为职工参与公司民主管理的方式更为妥当。事实上，我国的职工监事制度是德国模式的监事会与职工是企业的主人这样一种中国传统观念的混合体。后一套监督机制则表现为职工对涉及职工切身利益问题的决策、涉及生产经营重大问题的决策和重要规章制度的制定的参与权以及在国有性质的有限责任公司中职工通过职代会民主管理的权力。内部监督权力的碎片化还表现为在国有性质的公司中，国有股权的代理人越过公司治理结构直接行使监督权，不同的国有股权代理人既分享着股东的监督权，也分享着内部监督者的监督权。例如，在中央层面，对国有性质的公司的内部监督权被分散在不同的部门：金融工委、大型企业工委和人事部负责公司高层管理者的任免；财政部负责资本金管理；稽查特派员公署负责财务审计；国家经贸委和国家计委负责对公司经营活动（包括融资、投资、资产出售以及内部重组等）的监控。另

外，在国有性质的公司中，还存在着以确保非经营性任务（如保障充分就业、社会稳定、意识形态等）的完成为内容的监督。上级党务部门以及公司内部的党务部门、各级政府部门还肩负着监督非经营性任务完成情况的职责，这导致对管理层的监督又被纳入政治监督体系之中。

内部监督权力的碎片化以及监督机构的分散化使得各项监督之间存在职能冲突，不能形成合力，影响了监督的实际效果。"监督、制约功能形不成合力。在企业财务上，国务院向大型企业派驻特派员，然后逐步演变为外派监事会；在企业高管人员的任免上，加强了上级党组织对其监督和评价的功能；战略决策则仍旧由经理层来决定。从公司治理结构的国际经验上来看，对财务和经营负责人方面的制衡、制约机制与对公司战略决策的监督制衡作用还没有结合在一起。我们注意到当前的制衡作用有了进步，但还是分离的和不够完整有效的。"[1]在现行的国有性质公司的实践中，具有监督功能的机构除监事会外，还可能包括职工系统的职代会、工会，股东系统的国有资产管理部门、稽查特派员、中央大型企业工委、行业主管部门等，这些机构分享或独享着按内部监督机制一元化要求本应专属于监事会的某些监督权力。董事会中的独立董事、董事会下设的审计委员会、提名委员会、薪酬委员会等也具有监督功能，但它属于经营者的自我监督，因此，不属于分割内部监督权力的情形。

与公司内部监督权力的碎片化、监督机构的分散化相伴生的必然是公司监事会监督权力的弱化。依我国公司法，监事会具有如下职权：（1）检查公司财务；（2）对公司董事、经理执行公司职务时违反法律、法规或者公司章程的行为进行监督；（3）当董事和经理行为损害公司利益时，要求董事和经理予以纠正；（4）提议召开股东临时会；（5）公司章程规定的其他职权。另外，监事还有列席董事会会议的权力。比照上文对内部监督权力的分类及监督权力集中行使的要求，监事会职权存在

---

〔1〕 周小川："上市公司治理结构的改进"，载《中国证券报》2001年5月31日，第17版。

如下不足：其一，我国公司监事会具有业务监督权与财务监督权，但业务监督权的监督对象仅限于董事和经理，而不包括公司其他管理人员，监督对象较为狭窄。行使业务监督权的具体措施在公司法上亦尚付阙如，业务监督权难免落空。至于财务监督权，由于监事会中没有成立那些在工业化国家中非常普遍的财务和审计委员会，监事会缺乏落实财务监督权的组织保障，而且公司法亦未明确行使财务监督权的具体措施，因此，财务监督权亦难免流于形式。其二，监事会具有合法性监督权，但不具有妥当性监督权。在合法性监督权方面，监督权的内容不包括对董事、经理违反股东会决议的行为亦是重大缺漏。监事会的第（3）项职权似乎隐含着妥当性监督权，其实不然，因为董事、经理损害公司利益的行为从性质上应理解为违反法定或约定受托义务的违法行为，它并不能包含董事、经理实施的所有显著不当的行为。监事会只享有合法性监督权的事实也可以从《上市公司治理准则》中有关监事会职权的规定得到印证。其三，监事的事前监督权只有董事会会议列席权以及（违法或违反公司章程经营决策的）纠正请求权，未规定对提升监督效能具有关键作用的董事任命权或赋予监事对董事任命事项以实质性的影响力（诸如提名权等），也没有规定监事的报告请求权或董事、经理的重大经营事项报告义务，因此事前监督权是极为薄弱的。另外，监事有列席董事会会议权，但如果仅规定列席权，而无其他权力配套，列席权就会蜕变为旁听权，至多成为了解决策信息的管道而已，难有其他实效。在公司实务中，监事们的主要信息来源就是列席董事会会议以及董事长和总经理的工作报告。至于纠正请求权的法律效力，公司法亦语焉不详。至于作为事中监督权的财务检查权以及报告请求权等，其中报告请求权或董事、经理的重大事项报告义务在公司法中没有规定，财务监督权则缺乏操作性规定。至于事后监督权，我国公司法未赋予监事会免除董事、经理职务的决定权或启动权，也未赋予监事会对董事、经理的损害赔偿请求权及相应的诉权（董事、公司间诉讼代表权），至于事后环节的财务监督权同样缺乏操作性规定。监事会虽然享有提议召开临时股东会的权力，但如果董事会怠于或不愿召开临时股东会，监事会则又将陷于无所作为的地步。事实上，监事们既没有参与对董事和经理层的选任，也没有对他们进行约束的手段。

（二）我国公司内部监督机制一元化的构想

监督权力的集中行使是有效的内部监督机制的内在要求，因此，应按一元化的要求重新构造我国公司内部监督机制。为此，应当将那些分割出去的监督权力整合进监事会制度之中，重新构造监事会与董事会的关系，构建一个较为完整的监事会职权体系。

公司法有必要从监督权力完整性的角度对监事会权力作如下建构：其一，监事会的业务监督权及于业务执行行为，无须将业务监督权仅限于对董事和经理的业务执行行为，不过公司法同时需明确监事会无权指挥公司的业务执行，董事会也不得将业务执行权移转或事实上移转于监事会，否则监督与经营的界限将会模糊。其二，增强监事会财务监督权的操作性，规定监事会可以查阅和审查公司的账簿和文件以及财产。其三，监事会不仅应享有合法性监督权还应享有妥当性监督权，只是妥当性监督权应限于在业务执行行为严重不当的情形下方得行使，并以消极行使方式为原则。其四，为确保监事会的知情权，应赋予监事董事会会议列席权以及陈述意见权、营业报告请求权、业务财产状况调查权，还应规定董事会对监事会负有重大经营事项报告义务，对于何为重大经营事项，公司法可以列示或由公司章程规定。其五，应赋予监事会对董事会成员任免的实质意义上的影响力，具体做法可以是效仿德国监事会任免董事的规定，也可以规定监事会有提名权以及免职提起权。即便监事会有权任免董事，这也不能表明监事会是董事会的上级机构，二者的关系是由法律界定的。赋予监事会对董事任免的实质意义上的影响力，其目的并不是要使董事会受监事会的控制，而是要使监事会有足够的能力保证其独立性和权威。其六，在事后监督权中还应赋予监事会停止请求权、诉讼代表权。其七，监事会除在公司与董事间的诉讼中有代表公司的权力外，还应赋予监事会在董事与公司存在利益冲突情况下的公司代表权。其八，监事会应有权召集临时股东大会。其九，应赋予监事会，为执行其职务，在必要时对子公司的营业报告请求权、业务财产状况调查权，但子公司有正当理由时可以拒绝。

信托制度在中国的应用前景[*]

江 平

一、信托制度在中国的继受

一百多年前，英美式样的信托就出现在中国，但信托事业在中国的发展却历经曲折，信托的制度建设更是空白，信托的观念和运用长期处于误解和歧义之中。

2001 年中国颁布了自己的《信托法》，这部历经 8 年努力起草的法律，最终将源自普通法系的信托引进了经济快速增长的中国。《信托法》颁布和实施的两个背景非常重要，一是我国民法体系正处于建立和完善的过程中，尤其是物权法正在制定过程中；二是社会结构处于深刻的变革中，经济发展处在全球化的浪潮中。《信托法》的颁布和实施是建立和发展我国信托制度的基石，是我国信托事业发展中的里程碑。《信托法》的实施为运用信托提供了有力的制度保证，这将极大地促进信托的应用，使这一在普通法系国家深具社会功能的制度，在我国发挥应有的作用。

二、民事信托在中国的应用

《信托法》第 3 条规定，"委托人、受托人、受益人（以下统称信托

---

* 原文载于《法学》2005 年第 1 期。江平教授曾任中国《信托法》专家起草小组组长。

当事人）在中华人民共和国境内进行民事、营业、公益信托活动，适用本法"。该条中提到了"民事信托"，目前多数人将其与营业信托放在一起作出解释，但我倾向于将其与公益信托一起作出对立的解释，即将我国《信托法》中的民事信托解释为普通法系的私益信托，而"营业信托"只不过是受托人为经营信托业务的机构的一类民事信托，这样的理解比较符合《信托法》的原意以及信托的理论。

所谓私益信托，即为确定的或能够确定的私人利益而创设的信托，其目的与公益信托的目的截然相反，《信托法》中的绝大部分条款都是围绕民事信托进行规范的，设立民事信托必须符合《信托法》的规定，才能创设有效的信托法律关系。

（一）家庭领域的运用

普通法系国家在决定是否及如何创设私益信托时，税法上的考虑通常很重要，许多信托的主要目的在于减少或避免收益、遗产、继承以及赠予税，英美法上的遗产规划在财富传承及管理当中占有重要地位。私益信托常见的目的，即委托人运用信托这一设计，将其财产分配于其家庭及其朋友，信托条款通常规定收益归终生受益人或信托条款规定的受益人，保留信托本金，并最终将信托本金转让予其亲属、朋友或公益目的（委托人惯常运用本金和收益分离的信托达其私益目的），有时这种信托被称为"家庭信托"（Family Trust）。

但在我国，由于目前有关的受税法驱动的民事信托还并非主流，运用民事信托的领域主要体现在有效率的财产管理上，我国目前财富的管理分散化严重，这不仅效率低下，而且造成了巨额财富的损耗和浪费，因此信托法重要的立法目标在于建立一套完善的财产管理制度。而与此关联地必然是，如何使国民通过信托的管道实现财富的聚集和分配，我国的婚姻家庭和继承制度使委托人可以支配的财产非常有限，并且遗产管理的手段落后、效率低下，家庭财富因为继承制度的原因分散化严重，巨额的民间财富的管理一直以来缺少有效的制度设计。发展民事信托，克服作为家庭财产管理和遗产管理的信托"先天不足"，应是信托功能发挥的重要领域。

（二）商业领域的运用

以共同基金、退休基金和资产证券化为代表的商业信托法制在全球的迅猛发展，改变了传统上对信托应用领域的狭隘认识，商业信托中受托人的权力得到了极大的扩张。信托以其灵活的弹性设计，在大规模的财产管理方面提供了其他制度无法替代的功能，资金雄厚和信誉卓著的机构受托人凭借较低的信用风险和破产风险赢得了广大投资人的青睐。

《信托法》颁布后，监管部门先后修订和制定了《信托投资公司管理办法》《信托投资公司资金信托管理暂行办法》等规章，初步搭建了营业信托发展的平台。目前营业信托业务广泛，但真正意义上的信托商品却不多，信托机构应当配合金融形势的发展，研发信托品种，逐步累积经营业绩与受托人声誉，才能赢得社会的信赖。未来的信托业发展空间非常巨大，仅就目前而言，信托业至少在以下几个方面大有可为。

（1）与职工福利或退休制度结合的信托业务：如办理企业职工持股信托、企业职工储蓄信托或退休金信托业务，客户以中大型企业为主，未来发展空间很大。

（2）与金融机构中长期债权结合的信托业务：目前银行办理的长期住宅贷款，贷款期间长者可达30年，所涉及的信用、利率、流动性及提前还款风险，均由银行自行承担。若能通过贷款债权信托业务，将贷款债权信托或出售，将有助于银行降低经营风险。

（3）与其他金融商品结合的信托业务：信托业可就货币市场工具、金钱债权、外汇、不动产等投资标的，以发行受益证券或记账方式来募集共同信托基金。

（4）与不动产结合的信托业务：通过信托业办理不动产信托业务以进行融资，或募集共同信托基金投资不动产。

三、公益信托在中国的应用

公益信托，是以促进和举办公益事业为目的的信托，其目的在于为社会公众谋求利益，而不是为特定的个人谋私利。通过设立公益信托，能够有效实现各种公益目的，促进社会公益事业的发展。公益信托设立简便灵活，享受税收的优惠支持，运用非常广泛。目前，中国各方面的公益需求非常巨大，立法也非常明确地鼓励公益事业的发展，现在大量从事慈善、科技、学术、宗教、环保等公益事业的，主要以基金会的形式出现，其目前拥有庞大的公益基金。不过，随着《信托法》的实施和普及，公益信托的灵活和便捷的制度安排将有非常巨大的应用空间。

（一）公益信托的认定

一般而言，公益信托即是使社会受益的信托，但并非使社会受益的每一个目的都符合公益信托的目的，早期如1601年《英国慈善用益法》序言中所列举关于公益目的的类型，现代如1959年《美国信托法重述》（第2版）第368条所列举的公益目的，但即使如此，英美法院在解释、运用上述公益目的时仍并非十分确切，问题是谁为公益信托的真正受益人。公益信托系使社会为其真正受益人的信托，以区别于以单独的私人为受益人的私益信托，但这不意味着公益信托不可以有确定的受益人。

根据我国《信托法》第60条的规定，为了下列公共利益目的之一而设立的信托，属于公益信托：（1）救济贫困；（2）救助灾民；（3）扶助残疾人；（4）发展教育、科技、文化、艺术、体育事业；（5）发展医疗卫生事业；（6）发展环境保护事业，维护生态环境；（7）发展其他社会公益事业。《信托法》只规定了公益信托的目的（性质）认定，并没有规定具体的认定标准，这需要进一步的解释。

（二）发展公益信托的障碍

其一，国家鼓励发展公益信托的措施，例如税收措施还没有出台，影响了委托人设立公益信托的积极性。其二,《信托法》规定,"公益信托的设立和确定其受托人,应当经有关公益事业的管理机构(以下简称公益事业管理机构)批准。未经公益事业管理机构的批准,不得以公益信托的名义进行活动"(第 62 条)。但由于公益事业管理机构没有明确到位,致使公益信托的受托人资格和公益信托的有效性大打折扣。其三,按照《信托法》的规定,公益信托管理中很多事项需要管理机构的批准,但因公益事业管理机构没有明确到位,致使公益信托的有效管理很难实现。

(三) 与基金会的区别

2004 年 6 月 1 日实施的《基金会条例》第 2 条对基金会作出了明确的定义,"本条例所称基金会,是指利用自然人、法人或者其他组织捐赠的财产,以从事公益事业为目的,按照本条例的规定成立的非营利性法人"。《基金会条例》对基金会的设立、变更和注销、组织机构、财产的管理和使用、监督管理和法律责任都作出了详细的规定,基金会依照章程从事公益活动,应当遵循公开、透明的原则。基金会章程必须明确基金会的公益性质,不得规定使特定自然人、法人或者其他组织受益的内容。此点对于《信托法》中公益信托的具体认定标准具有借鉴意义。

按照目前的规定,基金会的设立成本和管理成本较高,程序比较繁琐,与公益信托相比并没有明显的成本优势,不过,其具有更现实的可操作性。

企业家的"四不"责任[*]

江 平

　　企业界的精英当然负有历史的责任，负有社会的责任。我自己本身是从事法律教育的，给我这个题目"企业家的社会责任"，包含了某些法律的内容，但又显然不完全包含法律的内容，所以我思考了一段时间，究竟从哪个角度来讲。

　　我觉得讲企业家的社会责任，当然一部分肯定要涉及企业的社会责任。讲到企业的社会责任，我们就要看到世界上有一个企业社会责任运动。现在也有另外一个提法，就是企业公民。从法律角度来说，企业是一个法人，和自然人一样，构成了现代社会的两大主体。但是在人们的心目中，企业更多只是一个法人，而不像一个自然人那样，有血、有肉、有文化、有教养，这样就形成了一个割裂的概念。提出企业公民，我理解就是要把企业看作人一样，至少这个主体应当有它的文化背景和素质要求，要对社会承担责任和义务。

　　中国现在经济发展了，国际地位提高了，但是我们的一些国际形象，无论是某些自然人、公民的素质，还是我们企业生产的产品，包括我们企业在国际上知识产权的形象，严格说来并不是很高的。这个反差我们应该充分看到。我们在中欧国际工商学院解决的绝不是简单的管理知识或管理技能，而是我们在社会中应该承担一个什么样的责任，建立

---

　　* 原文载于《中国企业家》2006 年第 7 期。本文为江平教授在中欧国际工商学院 EMBA2006 级开学典礼上的演讲，根据录音整理，发表时有删节。

一个什么样的形象，起到一个什么样的作用。

企业家也要考虑"利益相关者"

我们国家在起草有关企业法律的时候曾经争论一个问题，要不要把"以营利为目的"写进法律？当然我还是主张写进去，这并不等于它就是"经济动物"，但是法律最后没有写进去，并不等于说它的目的就是多么纯粹，多么高尚。起码我们可以看到这个争论的背后确实体现了一种观念。在中国现今老百姓的心目中，如果认为企业不顾一切只顾营利，企业家只顾自己发财致富，你就不是一个好的企业家，你这个企业终究是有欠缺的，你这个企业终究是一个"经济怪兽"。

提出企业公民的概念，还有一个重要的思想，企业不仅被法律赋予很多权利，同时也要承担义务。公民是权利义务的综合体，我们过去在这点上虽有强调但不是很多。这次《公司法》修改有一个很大的争论，就是在《公司法》里面要不要写进去企业应该承担"社会责任"这几个字。有人说千万不要写进去，否则就糟糕了，地方摊派就来了……这种担心是可以理解的。但是环顾一下世界各国，先进国家的公司法里面都写了社会责任。美国的企业难道不是以营利为目的的吗？但是现在却把企业对社会所承担的责任提到了很重要的地位。我们要考虑到现在世界企业文明发展是怎么样的一个趋势。

另外我们也要看到世界各国发展过程中，在重视个人利益保护的时候，同时也要考虑到社会利益这个问题……我们制定物权法，特别强调私人财产只有在法律有明确规定的情况下才可以限制和剥夺。这一点应该说跟世界接轨了。社会公共利益跟个人利益发生冲突的时候要服从社会公共利益，但是社会也要给你合理的补偿。但什么是社会利益需要现在又有争论了，土地被征用，房屋被拆迁，难道都是社会公共利益需要吗？没有私人的利益吗？没有商业的利益吗？又发生问题了。所以现在立法要研究怎么确定是社会公共利益。

我们在合同法里也讲了，如果违反了"公序良俗"，这个合同是无效的。什么叫"公序良俗"？公共秩序和善良风俗，这也是我们很重要的准则。我们每天讲市场经济，市场经济是什么？我想市场经济无非是三大自由，市场经济给企业家提供了三大自由：第一是财产自由，企业的财产谁也不能随便剥夺，所有权自由；第二是合同自由、交易自由；第三是营业自由、投资自由。市场经济如果体现了这三大自由，当然比过去进步多了，发展多了。但是这三大自由都有限制：财产自由也不是绝对的，社会公共利益需要的时候可以征收；合同自由是现在更多的，但是违反了"公序良俗"也不行；设立公司，投资营业自由，但是你也要承担社会责任。

如果进一步来看会发现，世界各国公司法和合同法有一个很大的差别。订立合同无非是双方当事人之间的权利义务关系，从法律上来讲是相对性，跟第三方没有关系。而公司则不然，公司必然要涉及其他人的利益。我们过去老理解公司除了内部利益之外也就是债权人的利益了，所以《公司法》修改的时候也加强了对债权人利益的保护。但是不是这样就够了呢？现在看来又不够了。吉化公司苯泄漏，使得整个松花江流域受到污染甚至波及俄罗斯，侵犯了人们的利益，这个问题就显得突出了。它显然不仅仅只是一部分人的利益，甚至会涉及众多的利益相关者。你生产的产品还有与消费者之间的权利义务关系。

由此我想到美国副国务卿佐立克在谈到中美关系的时候用了一个词"stakeholder"（利益相关者），引起中国人很大的兴趣。政治上如果有这样的概念，那么企业家也应该看到，你的公司不仅有 shareholder（股东），也有很多 stakeholder。一个公司如果仅仅为了股东的利益，而不顾职工的利益，现在看显然不行了，公司法很大一个问题就是解决职工利益的保护。我们再倒过来看看，也许公司照顾了股东利益、职工利益、高层管理人员利益、债权人利益，而置消费者的利益和周围环境的利益于不顾，这种情况更多了。

企业家的"四不"责任

社会责任怎么来剖析呢？《公司法》修改只讲了一些企业的社会责任，还不是讲企业家。我认为企业家的社会责任跟企业的社会责任有相同的地方也有不同的地方。企业家是企业的主导者，所以企业的责任当然也落在企业家的身上，但是某些企业家的社会责任也不能仅仅用企业的社会责任所涵盖。我把这部分概括为四个"不"。

我认为企业的社会责任，或者叫企业家的社会责任，第一个"不"，用最通俗的语言来说，就是不给社会添灾难。

中国的灾难太多了，矿难是灾难，环境污染是灾难，资源破坏是灾难……我们是搞法律的，知道这个情况，一个社会老处在这种群发性的事件、群发性灾难的情况下，我们企业能够很好地生存吗？我们的企业家能够很好地生存吗？这个问题确实需要我们很好的思考。

这次人大会议召开，大家讨论了不少的法律，呼声很高的就是要立即制定一部"环境污染赔偿法"。原来我们的《物权法》制定以后就要制定《侵权法》。现在没有这个东西，就让那些造成污染的企业逍遥法外。人们提出了一个很大的课题，凡是以后给环境造成污染，赔偿责任应该有明确的法律规定。在这个问题上，我们的社会责任也好，社会义务也好，赔偿责任也好都需要加强，否则的话实际上在鼓励企业给环境造成更大的破坏而不承担任何责任。所以，这应该是我们文明的要求，我们素质的要求，一定要做好这项工作。

第二个"不"，很重要的就是不给消费者添麻烦。

《公司法》这次规定了社会责任也包含另外一层意思，就是企业和公司的社会责任要对消费者负责。这个问题应该说当前最大的是诚信的问题。如果说环境资源涉及更大的是公共秩序，对于消费者我们实际上承担了很大的诚实信用的义务。从各国的法律历史来看,中国现在在保护消费者利益方面还是比较差的。世界各国都叫"产品责任法",只要产品不好,有瑕疵,给人们造成了人身和财产的损失就要负赔偿责任。而我们叫"产品质量法"。区别在哪里?"产品质量法"就是我们有行政管理的职责,行政管理重要不重要?重要,但是行政管理会带来副作用。中国拥有大量执法人员,但是往往制止不了。我们缺乏对产品质量更严格的责任。所以,企业不仅要对社会承担提供更好的产品和服务的责任,而且如果这些产品和服务给人们造成了损失,企业还要承担更大的赔偿责任,可以赔得你倾家荡产。而现在总的来说是罚得比较轻的。

第三个"不",我想讲一讲我们企业家不要忘掉弱势群体。

这个问题大家也听了很多了,弱势群体和我下面要讲的第四个"不",是中国改革开放到今天发生争论最大的问题。改革开放造成了一部分富者和穷者之间的差距、东部和西部地区的差距加大。市场经济法律应该保障每个人都有同样的机会,但改革开放以来抱怨的恰恰是有些人利用手中的权力支配资源,从中得到好处。这就是人们对于腐败原因的争论。有一些学者认为腐败的原因就是因为搞了市场经济,而吴敬琏教授,我也赞成他的观点,认为因为改革还不彻底,仍然有些行政机关掌握着资源。我们可以看到,解决腐败很重要的是要解决机会的平等。但形式上的平等并不等于事实上的平等,国家要向弱势群体、西部地区倾斜,这就要靠第二次分配,税收这个杠杆来解决。

我在1987年左右到比利时讲学,讲到民法继承制度的时候有一个教授问我一个问题,中国有没有遗产税?我心想,那时候中国连房子也没有,汽车也没有,就有两辆自行车,有啥遗产税啊?没想到他很惊讶,中国居然没有遗产税,这么美好的国家,我们死在中国吧。当然是开玩笑了。我问他遗产税为什么那么可怕?他说遗产税简直就是杀富济贫,财产越多的遗产税越高。有一次我跟吴敬琏教授对话,他说英国有一段时期最高遗产税累计到105%了。为什么生前赠与税跟遗产税那么高？比利时教授说，不劳而获嘛，所得税是劳动所得，遗产税和赠与税是不劳动所得的，当然要收高税率。我觉得我真的在那儿受了一场社会主义教育了。这税拿来干嘛？让那些因为各种原因竞争不过的人也过着体面人的生活。我想这就是我们今后所需要解决的。

中国的老百姓有仇富的心理和仇权的心理，你不要太责怪老百姓。为什么有些人仇富？他认为有的人就是为富不仁。为什么仇权呢？他认为掌握权的人就利用权力来谋私。企业家一个重要的责任是，不要忘了社会上还有这么多的人可能因为种种原因竞争不过你，任何市场经济必然有一部分失败者，那么他们怎么才能过上正常人的、体面人的生活？当然我们不能仅仅靠国家，还需要企业包括企业家本身。现在大家公认，中国的企业家和中国的企业可能是世界上慈善做得最差的。美国很多的企业家，包括比尔·盖茨，赚的钱很多都给了慈善事业、公共事业、慈善基金会等。有人说，不是富人不想捐钱，而是想捐钱没有路子，这也是一种观点。在中国想做慈善事业，政府有的还要管很多。但是总的说来，中国的企业家缺这个东西。中国的企业家可以一顿饭吃88888元，但是税征收不上来，我们应该感到很痛心。

最后，第四个问题，我想讲一讲企业家在当前非常重要的一个社会责任就是不要让改革倒退。

中国今天面临着第三次改革的大争论。如果说经济学家先从郎咸平开始说国有企业被贱卖了，被瓜分了，后来更明确讲改革方向出现问题了，改革到今天应该问姓"社"姓"资"了。法学家相对还比较好一点，但是北京大学有一位法学教授巩献田，把公开信在网上一登，说《物权法》是违宪的，还得到一些人的支持……

今天我们大概可以说这场争论至少领导人发言了。这次人大开会胡锦涛主席明确讲了，改革不能倒退，改革继续前进，改革方向不能动摇。温家宝总理在记者招待会上说，"知难不难，迎难而上，知难而进，永不退缩，不言失败"。实际上改革绝对不能动摇，改革没有退路，往后退是死路一条。

我始终觉得企业家应该是改革的急先锋。如果说学者中还有一些保守思想，或者说用传统的概念反对改革，如果说政府机构里面仍然有这种思想，都可以理解。而企业家应该是天生的改革派，没有市场经济我们国家怎么能发展到今天呢？在这个意义上来说，企业家应该是坚持改革的旗手。我相信，从郎咸平提出争论到现在也快两年了，估计再有一段时间，关于争论的风波就大体结束了，但是深层次的问题仍然要思考。我们很高兴"十一五"规划，包括这次的人大，已经注意到改革在这个脚步上的调整，改革大方向不能变，但是改革某些领域里出现的问题需要解决。

如果我们的企业家和经济学家、法学家坚持这个方向，我相信中国改革的历史潮流、历史脚步不会倒退。我希望企业家有更大的社会责任感，使中国社会不要倒退，而且使中国社会还要再进一步发展。

金融危机与法制建设[*]

江 平

　　我今天来是有点不自量力，第一个不自量力呢，金融不是我的专长，第二个不自量力呢，到江西财经大学来讲金融危机这不是班门弄斧？恐怕来听讲座的不只有学法律的，还有学财经的，但是我想既然来了就要讲点尖锐的问题或前瞻性的问题。一来，江西财经大学也算是我的学校，因为我也是这里的兼职教授，所以在路上我跟邓辉教授说，讲得好讲不好这是次要问题，讲不讲这是态度问题。第二，我也特别提倡法律能多跟经济和财经相结盟，大家知道我和吴敬琏教授共同创办了上海法律与经济研究所。最近我也参加了经济学界的一些聚会，谈到这次的全球金融危机，我们发现金融法制有许多问题。这次我也对金融危机做了一些梳理，这次的全球金融危机恐怕深不见底，原来想可能差不多到谷底了，但从现在看起来却是深不可测，将来谷底到什么程度还说不清，但至少这场危机的来龙去脉应该大概知道了。这场金融危机对中国的影响，将来中国法制建设应该怎么来完善大体是有门路了。

　　我把这场从美国开始继而席卷全球的金融危机分为六个问题，这六个问题有密切的联系。第一个问题是过度的提前消费或叫消费透支。这场经济危机比起 1929 年从美国开始的世界经济危机从性质上说究竟有什么不同，或者说这两者有什么可比的地方呢？1929 年的世界经济危机从性质上说是生产过剩，消费萎缩造成的经济危机，这场经济危机造成

---

　　* 原文载于《甘肃社会科学》2009 年第 1 期。

了工厂大量倒闭、工人大量失业，这种现象今天还没有看到，也许再发展下去还可能出现这种状况，但至少目前没有看到。今天这场危机是从消费开始，但这个消费是过度的提前消费，从这个问题上说消费是个核心问题。美国1929年以后罗斯福开始实施"罗斯福新政"，"罗斯福新政"一个很重要的措施就是刺激消费，刺激消费首先从房地产开始，鼓励老百姓买房屋，那时老百姓的购买力也比较低，美国政府就成立了"两房"即房利美和房地美来为老百姓提供担保，让老百姓提前消费。从这一点来说，经济危机都是和消费本身有密切的关系，要么是生产过剩，消费不足，要么是提倡提前消费。从我们国家看来，也存在提前消费的问题，现在我们很多人收入不多，但也学会了美国的那一套消费观念——觉得现在与其花钱租房子，不如花钱买房子，信贷买房，到时候把贷款还完了，还可以赚一套房子。现在中国的年轻人也越来越提倡提前消费，但是中国的情况显然不可能跟美国完全一样。我们知道，中国也好，日本也好，人民都比较注重储蓄，提前消费的还是比较少的一部分人，更多的人还是把钱存在银行里，为了以后的医疗，为了子女的将来，为了以后自己的需求，所以从这点来看我们和美国不太一样。那么这场危机是金融危机还是产业危机，我问过一些经济学家，到底这次金融危机是金融造成的还是产业造成的？这次美国的金融危机是由房地产的崩溃引起的，从某种意义上来说，经济危机是从某个产业里面出现了消费或过度消费或提前消费造成的问题产生的，那么这样产生的结果就很不一样了。今天从房地产开始所造成的问题现在已经是金融问题，可以把这场危机定为全球性的金融危机，而且这场危机还不是商业银行的危机而是投资银行的危机，经济学家对这场经济危机的看法可以说差不多，对我们学法律的人来说，也应该考虑这个问题。中国现在考虑这个问题也是要解决消费问题，我们现在面临一个主要问题是，国内消费市场所占比例还是比较低的，我们很多东西出口，现在出口又碰到金融危机，所以从某种意义上来说如何解放农村的消费市场又是现在面临的主要问题。现在马上要闭幕的十七届三中全会，还是要解决农民的富裕问题，农民富裕了以后他的购买力就可以提高，购买力提高以后就可以解决消费问题。我们国家生产消费过多依赖国外，依赖提前消费这是可怕的，长期如此存在的问题就会比较多，我国的房地产市场也面临下滑的问题，深圳的房地产价格下跌了25%，北京的房地产市场现在打折一度打到百分之十几了，所以房地产市场现在存在的问题也是比较多。现在关于消费信贷的问题还没有一部完善的法律。现在消费信贷已经构成了一个很特殊的领域，这个领域的法律秩序应该怎么样？在我国只有银行提供贷款，不像美国还有两房公司，而银行提供贷款让居民买房子，从某种意义上来说是靠合同来规制，而这个合同可以说是一种由银行一方制定的格式条款，这些条款发生争议了怎么来解决，我国并没有相关消费信贷的法律来规制。消费信贷所存在的问题，个人财产怎么来偿还债务，美国有个人破产法，我国还没有个人的破产，如果买房的人又碰到很多的债权人，那么这种债权债务该怎么来解决？很多问题的解决在法律上都留下了空白。这就是第一个问题，现在这一场金融危机的基础就在于过度消费或消费信贷所带来的问题。

第二个问题涉及不良贷款的问题。这场金融危机的导火线是次贷，我们国家也有次贷，三十年前的时候报上登过一个消息，说中国人民银行批准四家国有商业银行发行次级债券，当时我很注意，次级债券的意思就是购买这些债券的人是最后一顺位受偿者。报上登了这则消息后，过几天又登了一则消息，说这几家国有商业银行的次级债券销路非常红火，这种次级债券不是个人去买，而是由单位去买，那为什么次级债券或者说垃圾债券市场会这么红火呢？大家知道，优级债券风险小，那它当然利益也小啊，所以报上登了次级债券的利息显然要比优级债券高，高两三个百分点就不少了。那为什么有的人愿去买这种次级债券呢？看它利息啊，再看是由中国人民银行特别批准的那心里就踏实了，所以它才会发行得很红火。我最近碰到对外经贸大学的沈达明教授，是留法的，在商法领域很有研究。我就问他，最近在研究什么，他就在研究次贷，不过他研究的是公司法里面的次级债权，公司法里面的次级债权是从美国的一个判例开始的，这个判例形成的一个规则叫"深石规则"（Deep rock doctrine），深石规则理念来源于著名的深石案件，在该案中，控股公司为被告，深石公司为其从属公司，法院认为深石公司在成立之初即资本不足，且其业务经营完全受被告公司所控制，经营方式主要是为了被告的利益，因此，判决被告对深石公司的债权应次于深石公司其他债权受清偿。该项制度在美国作为对付关联企业的主要手段，是防止关联企业发生对外欺诈的手段，其目的是和揭开公司法人面纱一致的，都是为了防止子公司的其他债权遭受不正当侵害。此项原则是一项根据股东是否有不公平行为，而决定其债权是否应略后于其他债权人受偿的原则。根据该原则，控制公司在某些情况下对从属公司的债权在从属公司支付不能或宣告破产时，不能与其他债权人共同参与分配，或者分配顺序应次于其他债权人，如果母公司合资公司同时发生支付不能或宣告破产时，为贯彻此原则，由母子公司合并组成破产财团，按照比例清偿母子公司的债权人的债权，以保护从属公司其他债权人的利益。从这个例子我们可以得出一个结论，次债本质上是债权的优和劣的问题，是债权的偿还顺序问题，能够优先偿还的债务就是优债，劣后偿还的就是次债，从这一点来说这应该是我们法律里面一个很重要的问题，物权法在起草的过程中就讨论要不要写入优先权，优先权就是债权偿还的优先还是劣后，是劳动的报酬先偿还，还是税款先缴，等等。法律的一个很重要的问题，我们既要看到物权与物权哪个优先也要看到物权与债权哪个优先，是不是在每一种情况下都优先，我们也要看到债权和债权哪个优先。所以次贷问题本质说来是一个法律问题，这个次债并不是债权的次债，它是一个抵押，老百姓买房子到两房借钱，然后拿房子作担保，这就是按揭，那次贷为什么会出现这么大的问题？第一个，我到银行办理抵押贷款按揭买房子，第二个就是次贷。美国消费信贷利率是不同的，如果信用较高的人贷款，他不仅有房子，而且还有固定的收入，每年的收入有几百万，还有车子等其他的财产，那他的偿还能力当然是足可信的，这时银行把钱贷给你利率可以低一点，可以低到年利率7%。但如果银行把钱贷给一个蓝领的工人，这个工人收入也不高，而且他可能被解雇，虽然他拿房子来贷款了，那要是房价跌了怎么办呢？你可能这时没有其他财产，甚至还可能欠其他人的钱，这时银行的风险肯定更大了，这时贷给这个蓝领的利率肯定就要高了，可以高到10%。这样前一个人是优质贷款，后一个人的贷款就是次级贷款。如果一个美国人买了一座房子，价值是40万美元，贷款为期30年，如果7%的利率，30年以后是300万；如果是10%的利率，则是700万，就是说30年以后3%的利率之差就会差到400万之多，这400万显然就是优贷与次贷的风险的价格，如果一个人信用度高，用7%的利率，30年后还不了债怎么办？银行帮忙偿债。如果信用度不高，只能用10%的利率去贷，到时候我要还700万，那到时候还不起怎么办？问题就出在这里，按现在的资料来看，次贷的比例在十年前只占到整个房屋贷款的比率的5%，而十年以后的今天增添到20%，也就是说，次贷的比率增添到20%，那么房地产价格一旦跌下来，那些富人有足够的财产来偿还债务，而那些穷人还不起了，如果要拿房子来抵债，房子折旧了，房子价格又在下跌，他再不去找别的钱就没有力量偿还，这就引起了次贷的风险急剧增加。其实爆发点就这一点，就是次贷危机的爆发引起了全球的经济危机。我们在这里又要思考，中国有没有次贷呢？我们银行也有一些不良资产、坏账，我们现在也有按揭，但规模绝对没有美国那么大，从这方面来说中国的次贷风险是比较小的，但是潜在的危机是不小的。

　　第三个问题是房屋贷款公司。在美国提供贷款的不是银行，是由国家批准的公司（房利美和房地美）借钱给老百姓，而这两家公司又是"罗斯福新政"时期由联邦政府资助成立的，具有很浓厚的官方背景，房立美的全称是联邦国家按揭联合会，房地美是联邦还贷按揭公司。为什么说这两家公司是"罗斯福新政"的产物呢？这两家公司的成立为什么能够促进老百姓的消费呢？那时候政府鼓励老百姓买房，只要老百姓先交一部分钱就可以把房子拿走，接下来以后每年交一部分钱，最后就可以拿到房屋的产权，这就是两房产生的背景，后来两房慢慢变成了公司的性质，但是两房与政府机构仍然有千丝万缕的联系。这两家公司控制了美国房地产市场按揭份额的50%，有五万亿美元，也就是说全部按揭贷款有十万亿。美国人口有两亿多，平均下来每一个人就有五万美元，这个数字也不小啊，再加上美国还有男女老少，还有一些人已经有了房子了，所以我们可以看到这个按揭的市场有十万亿这个数字，而这个数字里面20%是次贷，也就是两万亿。现在房地产价格突然下滑，房地产公司亏损，房地产公司的利益减少，两房作为上市公司的股票已经下跌了90%，这就引起了股东的恐慌，包括债权人的恐慌，所以我们可以看到房屋贷款公司在美国存在的问题，现在人们还在争论搞按揭贷款是银行好还是公司好，我没有很好的研究，我认为不能说哪一个绝对的好或绝对的不好，中国那么多银行拿那么多钱给老百姓买房，它用的是谁的钱？它用的是老百姓的存款，用老百姓的存款贷给其他老百姓买房，如果那些贷款的人信用不好还不起款怎么办？那些存款的老百姓风险就太大了，所以现在建设银行就把一部分老百姓贷款给一部分老百姓买房子的钱打包上市，搞资产证券化，可见，银行也是要用投资人的钱来代替老百姓的钱，所以从这个意义上说，有一个公司的钱借给老百姓买房子是不是绝对的坏事，我想这比较难说。但是有一条要说明的，就是这些房地产公司它的钱从哪儿来？这些公司没有老百姓的存款，不能搞储蓄，那钱要么是它的自有资金，就是注册资本金，一家公司注册资本金几千个亿那还了得，那股东也会不干。要么是借贷来的，借贷可以通过银行借贷，或发行债券。如果到银行借贷那拿什么作抵押呢？公司自己财产也不多，这个问题就是美国次贷危机的第三个问题，专门由提供贷款的公司来放贷。那么我们国家有没有这种问题呢？今天上午宁波大学的教授就讲到在浙江宁波允许成立小额贷款公司，这是金融改革中很重要的内容，浙江有很多民营企业，像温州、义乌很多民营企业都关闭了，为什么？借钱借不到啊，现在世界金融危机出现了，银行更要小心放贷，现在民营企业，特别是小型民营企业一直在叫嚷贷款很难，于是中央决定，允许浙江还有其他一些地方建立小额信贷公司，小额贷款公司一个是要解决地下钱庄问题，地下钱庄的利率是非常高的，而且这些地下钱庄主要是把钱借给一些小的民营企业，这些民营企业信用并不高。如果是小额信贷公司借给这些小的民营企业钱，民营企业不能还，就会给小额信贷公司造成很大的损失。所以现在看来我们也有公司性质的贷款机构，那我们有没有金融性质的公司，金融性质的是不是专指银行？我看不见得，我们知道典当行也是小额贷款，典当是动产质押，我到你的典当行借两万块钱，把动产像首饰质押在这里，在这个意义上说也是借贷性质，那典当行由谁批准呢？典当行是由商务部批准的，银监会不管典当行，认为典当行所经手的数额较小，不会扰乱金融秩序，小额信贷公司也是一样，但如果以后小额贷款公司越来越多，我们国家会不会形成带有金融性质的金融公司，我们现在企业之间的借贷，一个公司借贷给另一个公司，或公司借贷给个人那是不行的，那小额贷款公司的出现是不是说企业之间的借贷放开了？小额贷款公司可以名正言顺地借贷了，从这方面来说，我国的金融出现了一个很大的变化，从由银行来垄断金融业务，到公司也能从事金融业务，而公司的设立是不需要经过银监会批准的，只要符合公司法的规定就行了。

危机发生以后，因为两房有政府的背景，从两房的问题开始，政府要不要救市就变为明显的两派。今天上午我在会上的发言也说，格林斯潘听说两房要由政府接管非常不赞成，他说这样相当于把股东赶走，把两房国有化，本来两房属于私人公司有政府背景，现在变成由政府接管过来了，这种政府接管的行为就相当于把利润私有化，把损失大众化，就是赚了钱股东拿走了，赔了钱由大众来负担。由于中国有好几家银行有两房的债券，如果两房一旦破产，中国银行持有的股票也好，债券也好，也要遭受损失。如果美国救市了，这倒减少了我们的顾虑，要是处理不好，就相当于外国人买房还不起款拿我们中国老百姓的钱来填补，所以从这个意义上来讲美国救市也救了中国，虽然数量不大。

第四个问题是关于资产的证券化。如果只是提前消费，如果只是次贷，如果只是两房的贷款，也不会造成这么大的风险，造成这么大风险的一个原因就是一个重要的流通工具即金融资产的证券化，金融资产的证券化是使这些次贷风险能够转移的一个重要工具，但是我们如果从两房的性质来看，两房既然自己没有钱，自己的自有资金也不是很充足，却发放那么多的贷款，那么它这些钱从哪来啊，它的钱就是靠发行债券来的，美国允许上市公司发行债券，美国法律对上市公司发行债券没有那么多的限制，当然发行债券的数量和比例都有一定的规定。这样一来我们就可以看到原来有的风险，通过金融产品的证券化不断地扩展。资产证券化了以后我们怎么办呢，资产证券化了以后我们可以看到一个现象，如果房地产市场火爆了，股票价格就会上升，借款的债权人也可以拿到比较多的报酬，但是一旦房地产价格跌下来，这些问题就来了，按照我们现在的情况来看，中国现在有 1.5 万亿的外汇，其中大部分是美元，截至去年的 6 月份，中资机构买进美国的各种债券一千多亿，所以现在我们国家也面临很大的问题，像国家拿我们的外汇储备搞中投，中投也在亏损。我们可以看到金融资产证券化以后我们面临的情况也比较复杂。

第五个问题就涉及金融衍生产品。金融衍生产品为金融危机的发生起了推波助澜的作用，根据相关材料 20 年以前这种金融衍生产品没有什么市场，2006 年这种金融衍生产品的规模达到三百七十万亿，相当于当年全球所有国家 GDP 的 8 倍多，两年后的 2008 年达到一千万亿美元。金融衍生产品到底是什么东西？我们就拿美国信贷市场这个例子看看，刚才我讲了，如果我在美国买了一套房子，40 万美元一套，30 年还完贷款，如果我是一个信用很高的人，我只要还 7% 的利息，30 年以后我只要还 300 万，如果我是一个信用低的穷光蛋，那我就要付 10% 的利息，30 年以后我要付 700 万，中间相差了 400 万，这 400 万如果我拿房子作抵押，风险是比较小，问题是美国人创造了一个方法，他们把 10% 的利息分成两部分，7% 的利息是跟普通人的利息一样，跟优质的贷款一样，用房子作担保，另外把 3% 的利息单独拿出来作成债券卖出去，没有任何抵押，这时风险和获利就无限扩大了，如果 30 年以后买房人还了钱，那买了这种债权的人就百分之百可以获利，获利数百万，如果到时候买房的人一分钱都还不了怎么办？那买债权的人就全亏了。再比如说，现在我有一个信用比较差的贷款，有一千万，我想让你买，这时你就很担心，最终要是买房的人违约了怎么办？那么我卖给你这个风险很大的次级债券，我就做了一个类似保险里的保证人，也就是说到时候要是买房的人还不起钱，我保证来赔你，要不到时候我就把债券买回来，不让你受损失。但是你得每个月给我保险金，我保证到时候不让你受损失，发行这样一种基金当然也不会只有一种，买了这种基金的人获利很大，对双方都有利，但是这种不是买卖也不是借贷，这是一种违约保险。在这种情况下房地产一旦发生问题，就会导致一系列的问题。这样的金融衍生产品也就是美国现在所说的金融创新制度，在这个金融创新里面，利益扩大了几百倍几千倍上万倍，风险也相应扩大了。在这样的情况下，这种风险基金，在某种情况下也有点像期货交易，期货交易就是看将来的涨或跌，反正期货交易具有到期保值的作用，但是你可以联系到，比如说你买进明年一月份的原油多少多少，如果明年一月份原油的价格涨了那你就亏了，如果到时原油的价格下跌了，那你就赚了。如果我是卖出呢，如果到时原油价格涨了那我就赚大钱了。所以现在买卖债权像是赌博了，就赌买房的人能不能还钱，如果到时候还钱了，那大家皆大欢喜，大家都赚钱，如果还不了钱呢，那全部都亏损啦。这里还有一个我们需要注意的问题，我常常说这是巴菲特和索罗斯之争，我现在听到的是两派观点，一派赞成巴菲特，一派赞成索罗斯，当然索罗斯后来成为慈善家这一点我们没有任何争议，但是索罗斯作为金融之鳄，他的作为怎么样，巴菲特号称股神，他能在股票下跌的时候买进，但他并没有在涨的时候卖出，他甚至要控股，他是长期的投资，最后把企业搞好，而索罗斯呢？大家知道他搞各种基金，特别是我们讲的对冲基金，那么在我们将来的金融市场上到底哪一种更好呢？实际上在中国的经济学家里面也有两派，有的比较推崇索罗斯，认为这才是现代金融的精髓，靠把各种财产的风险更好地组合起来，有能力判断市场将来会出现什么样的情况，我只要看好这个市场，我就一次把这些资产打包上市，集中起来，一转就可以获得超过很多倍的利益。我们国家实际上也就反映了在股市上是短期的好还是长期的好，围绕着这一点我们也可以看出来很多经济学家更多还是推崇长期的投资，那对那种短期的投资行为怎么来评价，不同的经济学家有不同的看法，有些经济学家推崇投机，过分投机最终的后果还是要自己承担，所以我们国家也存在着这个问题，现在信托不断在搞不同的新产品，有的信托新产品有它有利的地方，有的新产品实在是有问题。我们不是说金融创新可以减少风险，它只不过是把风险转移、分摊。

第六个问题就是投资银行垮台。如果前面五个问题都具备了，没有投资银行在里面起的作用，金融危机也不会发展得这么严重。前面的五个问题都出现了那就存在很大风险了，现在投资银行的问题需要我们好好地思考一下，我们知道衍生产品造就了投资银行，投资银行促进了衍生产品的卖点，所以可以说金融衍生产品和投资银行有密切的关系，我们知道美国是独立的投资银行最发达的国家，中国没有这种商业性的投资银行，中国只有计划性的投资银行，所以我国就不会有那么大风险。美国这种独立的商业银行有什么特殊的地方呢？第一它不从属于商业银行，它完全独立于商业银行之外。第二它不受传统的银行监督机构的监管，它是投资性质的，它也不受商业银行的一些风险防范，因为商业银行的风险防范是针对储户的。传统投资银行不能有储蓄存款，也不能放款，传统的投资银行就是来做经纪人的业务，来搞上市，搞承销，收取佣金。那投资银行靠收佣金能赚多少钱？所以近 10 年来美国的投资银行纷纷转向了搞自营业务，自营业务是与直接投资联系在一起，所以投资银行就变成了私募基金和投资基金的主力，私募基金现在我们已经有了。而且私募基金设立的法律条件成熟了。但是私募基金范围才多大？利益才多少？不多，所以美国的投资银行更多的是搞高风险的对冲基金，由它们来设立，由它们来发行。所以我们可以看到这次的金融危机是从去年的 8 月，从贝尔斯登投资银行对冲基金的崩盘开始的，从这方面看，这次的金融危机主要是投资银行的危机，虽然商业银行也受到影响。这次金融危机冲击到这五家投资银行，我们就要来看看它们的利润从哪里来的，按照现在来看，美国的投资银行主要是靠资金的杠杆作用在起作用。我们知道投资银行投入那么多，那它的自有资金有多少？它自有的资产不多，注册资本金也不是很高。它要到商业银行去借贷也很困难，它没有什么资产可以抵押，它靠的就是资金的杠杆作用。按照美国现在的法律，比如说允许摩根斯坦利最高可以投资到 33 倍，就是说现在 1 美元的资金可以投入到 33 美元的资产里面，有的还可以更高，小的投资银行像华尔街投资银行可以到 60 倍。照此我们来计算，我拿 1 美元就可以投到 33 美元里，我拿 10 美元就可以做 300 美元的交易。如果我只要有 3.3% 的利润率，那我就可以一下子把本钱赚回来了，相反的，我拿 10 美元买 300 美元，如果亏损率达到 3.3% 我就会血本无归。从这点来说利润是很高的。投资银行的钱只能不断地滚，所以它只能不断地借新债还旧债，而且它只有一些票据什么的来做担保，我们可以想一下，要是它的资金链断了，如果它借的钱还不了，那你们说后果会是什么？肯定很严重。现在我们中国主要的问题还是我们是要分业经营还是要混业经营，首先我们可以承认我们现在没有什么独立性的商业投资银行，但是我们又面临着我们的投资银行能不能搞投资，我们现在的投资银行利润的空间是比较小的，光靠利率的利差赚不了多少，要是我们的商业银行如果能够放开，能够投资到各种金融资产里面去，那风险就可以大得多了，现在还是有很多人主张我们还是要开展混业经营，我们现在也成立了包括中国银行等各种金融集团，也希望在金融集团下面什么业务都可以开展，对于这些问题我们应该考虑将来怎么办。

以上六个问题就是引发这次经济危机的主要原因。最后，我想讲一下政府的干预和救市，到底美国现在救什么，救市场还是救公司？还是救金融？还是救信用？还是救经济？现在看起来已经从金融危机发展到经济危机，还有信用危机。从这方面来说美国这是救美元的信用和美国的整个信贷中的信用，它发行了这么多的债券最后有没有信用啊？格林斯潘和保尔森之争实际上是怎么救美国。现在看起来这个问题已经扩展到投资，亚洲情况还好办一些，在中国现在仍然有中国经济是冷还是热的争论，现在有些经济学家认为现在经济是冷了，股票市场、信贷市场现在都面临着这些风险，所以要求信贷放宽，要求我们的其他政策出台，也包含政府救市的政策，像救股市，救房地产，如果股市现在到了两千点以下，如果现在房地产还有什么很大的波动，房地产所涉及的整个链条大概有28%的产业要受到影响，如果汽车市场也出现什么问题，中国的经济增长速度降低1%的话，那失业率上升，中国的就业压力就更大了。但是现在还有一种观点认为，中国现在还有很大的投资的冲动，像汶川地震以后还有很大建设投资的空间，国家现在还有那么多的铁路、公路要建，地方的投入也还需要很多，所以现在不是冷的问题，而是热的问题。不管怎么说，我们现在应该看到是软着陆还是硬着陆，怎么来处理中国的经济问题，实际上与这次中国政府怎么来决策应对金融危机有很大的关系。有两个领域是不能回避国家干预的，一个是金融，一个是土地。我们可以看到最近我们国家的学者，还有各级政府都在关注两个市场，一个是金融所产生的国际冲击波，一个是十七届三中全会马上要通过的发展农村城乡一体化，加速农村土地流通，增加农民的购买力。这两个问题都需要国家的干预，国家如果不干预土地，耕地就得不到保证，这里面就有国家什么时候干预，干预到什么程度的问题，所以这是我们现在面临的很需要思考的问题，法律界要思考这个问题，各级部门也需要思考。

这就是我今天演讲的内容。

保护中小投资者需要及时立法[1]

　　保护中小投资者利益其中一个重要的手段是法律手段。既然是法律手段，那么，就应该弄清楚中小投资者究竟是强者还是弱者这个问题。

　　从民法的角度来说，民法是平等保护。但是，应该说民法的保护方针在这些年里面也发生了变化。

　　最早英国在三四百年以前的法律是明确规定了让买者小心，如果你是卖方，那么买的人应该自己小心，所以在这样的情况下，更多的是保护卖者的利益。然而，随着时代变迁，卖者也有很多的义务，比如告知义务、产品质量义务等等，所以不能够仅仅用"买者小心"来保护当事人的利益。

　　我们也看到从自由竞争到反垄断法的出现更是体现了这个方针。反垄断法就是反对强者，过分强者的利益怎么能来保护呢？所以，把反垄断法看作是市场经济的小宪法，是有道理的。

　　目前，对于消费者利益保护方面越来越强调，各个国家对于保护消费者利益都特别重视。现在，保护消费者已经从一般的商品保护提高到金融产品的消费者利益的保护，这是一个很重要的标志。金融投资者也可以作为消费者来加以保护，所以从这个意义上来看，我们应该从金融消费者利益保护的角度来看我们的法律倾向性。

　　实际上，民法的保护是从完全平等的保护，逐渐走向了向弱者利益保护的方向，应该说这是一个很重要的趋势。那么投资者究竟是强者还

---

　　〔1〕　原文载于《投资者报》2013年第2期。本文根据2013年1月5日江平教授在第二届中国投资者大会上的发言整理。

是弱者呢？辩证地来看，如果在劳动者面前，可能资本拥有者是强者，但是对于大资本的拥有者，中小投资者又是一个弱者，从这个意义上来说，我们应该特别强调对于中小投资者利益的保护。

第二，我想谈谈中小股东利益保护的问题。因为中小投资者利益保护问题在许多方面有规定，我着重讲一个问题，就是当公司管理体制改变的时候，他的地位如何，这是什么意思呢？世界上的公司管理模式曾经发生改变，最早是股东会中心主义，股东出资来办企业当然股东是中心，当然老板的利益高于一切，所以最早的公司都是实行了股东会中心主义。但是，后来逐渐变成了董事会中心主义，因为股东觉得我有钱但是我不见得会管理，能管理的人并不一定有资本，所以他感觉到在管理公司的模式中，这些董事、专业人才可能比出资的人管得更好，这样就逐渐地从股东会中心主义变成了董事会中心主义。

其实，我们国家的公司法是以董事会中心主义来制定的。世界上有些国家现在又从董事会中心主义转到了经理人中心主义，尤其是像美国这样的一些上市公司，经理人、CEO 的作用越来越大，在这种情况下就出现了许多的弊病。

因此，中小股东的利益在不同的模式里面起到不同的作用，应该说很值得我们思考，如何保护中小投资者利益的问题。

最后，我想说发生在十多年前的美国经济危机，对于我们的立法也有一些启示。

我们知道，十多年前美国的经济危机不像最近一次金融危机体现的是衍生产品这样的一种危机。那个时候，实际上是安然公司一个公司的危机，这个公司危机表现在什么地方呢？表现在经理人滥用他的权利，表现在对于公司业绩制造的一些假象，这样造成了很著名的大上市公司的危机出现了。

因为这场危机，美国通过了一个萨班斯法案，人们把它叫做公司严打的法案。该法案就是要防止上市公司出现不考虑股东利益，仅仅考虑经理人利益，仅仅考虑为了使中介人从中获得好处而制造一些虚假账目。这些问题造成的危害是相当大的。

其实，我们现在回过头来看，中国证券市场的危机，基本上还是表现在诚信不够，这个诚信不够表现为两个方面，一个是经理人的诚信不够，管理公司的人往往只考虑自己拿了非常高的薪金，而不考虑股东的利益，这是一个很突出的现象。

另外一个情况就是中国现在的证券市场没有信用的情况、欺诈的情况比较普遍，内幕交易、操纵市场等问题要严格查起来是比比皆是。这些问题证监会都没有很好地、认真地查处。

美国对我们来说有一个非常值得借鉴的地方，每当它发生了公司危机之后，能够在很短的时间里面马上通过一个法律来纠正当时出现的问题，这可以说是一个效率很高的立法反应。几个议会里的议员就可以提出一个法案来通过。我们现在做不到这一点，原因在哪里？我们的立法是计划的，立什么法都是事先有计划才能够提上日程，通过一部法律非常难，修改一部法律也非常难，立法缺乏一个灵活快速的反应机制。本来法律就应该调整社会生活，本来法律就应该及时地纠正当前经济中出现的问题，但是我们的法律反应非常迟钝。

印度最近出现轮奸妇女的丑闻之后，现在提出来马上要制定一部关于性犯罪的法律，这就说明立法要能够迅速地反映人民的要求，要能够很快地反映社会的要求，才能够体现法律的威力，法律如果滞后了，它的效率就会差很多。

从这一点来说，我们的立法从《证券法》通过到现在，实际上并没有在诸多方面有很大改进，或者没有作出一些及时的改进，这可能与我们没有及时出现一些经济方面的问题有关，但是也反映了我们立法的迟钝现象。

我觉得我们的法律保护，应该从这些方面来加以改正，使得我们在法律上，在保护中小投资者方面能够作出很迅捷的反应。